高等院校物流专业精品系列教材

运输与仓储技术

吴承健　彭建良　编著

中国物资出版社

图书在版编目（CIP）数据

运输与仓储技术/吴承健，彭建良编著．—北京：中国物资出版社，2009.3

（高等院校物流专业精品系列教材）

ISBN 978-7-5047-3012-1

Ⅰ.运…　Ⅱ.①吴…②彭…　Ⅲ.①物流—货物运输—高等学校—教材②仓库管理—高等学校—教材　Ⅳ.F252　F253.4

中国版本图书馆CIP数据核字（2008）第203726号

策划编辑　钱　瑛
责任编辑　钱　瑛
责任印制　方朋远
责任校对　孙会香　梁　凡

中国物资出版社出版发行
网址：http：//www.clph.cn
社址：北京市西城区月坛北街25号
电话：（010）68589540　邮编：100834
全国新华书店经销
三河鑫鑫科达彩色印刷包装有限公司印刷

开本：787mm×1092mm　1/16　印张：24　字数：569千字
2009年3月第1版　2009年3月第1次印刷
书号：ISBN 978-7-5047-3012-1/F·1177
印数：0001—4000册
定价：38.00元

前　言

运输与仓储无论在传统的物资流通领域还是在现代物流活动过程中都占据着非常重要的位置，“运通有无、储平余缺”是中国古代人对于物流两个最基本要素的认识。物流的关注对象是物的流转，运输实现了流转的“空间价值”而仓储实现了流转的“时间价值”。物流的发展离不开交通运输，运输是物流活动的主要组成部分，是物流系统中的动脉系统，在物流系统整体功能合理化的过程中发挥着中心环节的作用，而且运输活动的合理与否直接或间接影响到其他物流活动的合理化程度，没有运输就没有物流；同样，仓储也是物流过程中重要的必不可少的环节，从传统的物质存储、流通中心发展成为现代物流网络的节点，发挥着整体物流协调的作用，亦成为产品制造环节的重要延伸。

物流离不开运输与仓储。仓储现代化，要求仓储系统高度的机械化、自动化、标准化，组织起高效的人、机、物系统。运输现代化，要求建立铁路、公路、水路、空运与管道的综合运输体系，实现“一条龙”服务。运输与仓储活动及其管理的优劣，直接关系到生产流通成本的高低、生产流通速度的快慢以及效率的升降，也直接关系到构建供应链、价值链和服务链的战略目标。

进入21世纪以来，运输与仓储的内涵以及人们对它的认识都发生了深刻的变化，传统的运输与仓储技术正面临挑战，许多传统储运企业正向现代化物流企业转型。现代物流不再孤立地看待参与物流的各个环节，而是从系统的角度综合考虑物流管理中的各项职能：运输、储存保管、包装、装卸搬运、流通加工、配送和物流信息等。强调服务的专业化、系统化、网络化、信息化和规模化，实现物流、资金流、信息流一体化管理的理念渗透到物流活动的每个环节。现代物流科学是现代技术科学和现代经济科学完美的结合。

全书以现代供应链物流管理理念为指导，以物流运输与仓储技术为主线，较为系统地介绍了物流运输与仓储的基本理论和基本方法，内容包括：物流运输与仓储概论、运输方式与业务流程、国际货物运输、运输决策、运输业务管理、仓储设施与仓储规划技术、物流仓储运营、仓储作业管理、库存控制与管理技术、运输与仓储中的信息技术应用以及特种货物的运输与储存等。在内容的编排上，既有物流运输与仓储管理理论、技术的一般描述，又有实务操作的具体表述。

本书注重理论与实践的紧密结合，突出作业流程及其实践技术的可操作性描述；总体表达通俗易懂，结构科学，叙述严谨流畅。本书可作为高校物流工程与物流管理专业的教材及参考书，也可作为物流领域从业人员的自学用书和工具书。

本书由浙江工商大学吴承健、彭建良老师编写。在编写过程中，参阅引用了大量的专著和相关资料，在此谨向这些专家、学者表示衷心的感谢。同时，浙江工商大学物流管理系和信息学院的领导及同事们对本书的编写给予了大力支持，研究生和高年级本科生孟林华、蔡震宇、何伟、许娜飞、龚剑虹等人也协助参与了大量的资料收集和整理工作，并提出了许多宝贵的意见和建议，在此一并表示衷心的感谢！

由于我国物流行业业态和管理技术发展变化很快，编者水平有限，书中难免存在不足之处，恳请读者、专家不吝赐教。

编　者

2008年10月

目　录

1 概 述

学习目标

- 了解现代物流的发展历史和发展趋势；
- 掌握物流运输的含义、功能和原理；
- 认识运输与物流的关系及其在物流系统中的作用；
- 认识仓储在现代物流中的意义与作用；
- 了解现代仓储业的发展趋势。

1.1 现代物流概述与发展趋势

1.1.1 引言

自古以来，人们所需产品的生产地和消费地经常不同，或者在人们需要购买商品时却得不到。食品和其他产品分布虽然很广，但只在每年的某些时期供给丰富。早期人们面临的选择是，要么就地消费，要么将产品转移到更需要的地点储存起来留待以后使用。然而，由于没有良好的运输、仓储系统，产品的移动限制在人力所及的范围内，因此，易腐产品只能储存很短的时间。运输—仓储系统的局限性迫使居住在产品产地附近的人们消费极其有限的几种产品。

即使是今天，在世界的某些地区，生产和消费也只能在极为有限的地理范围内进行。在亚洲、南美洲、大洋洲和非洲的一些国家仍有些突出的例子。在这些地区，多数人口生活在自给自足的小村落里，居民所需的多数产品出产于紧邻地区，只有极少数是从其他地区运入。在这种经济中，生产率和生活水平通常很低。而高度发达、成本低廉的物流系统将会推动这些地区与其他地区间的产品交换。

【案例引导】

假设美国和韩国的消费者需要购买 DVD 机和计算机软件。在未来的一年里，将要购买计算机软件和 DVD 机的消费者数量大致相同。由于两地劳动力成本、关税、运输和产品质量的差异，产品对消费者的有效价格不同，如表 1－1 所示。在韩国的一个消费者和在美国的一个消费者（两个经济体总计）总共需支付 1450 美元来满足他们的需求。

表 1－1　购买本地产品的价格　（单位：美元）

消费者所在地	DVD 机	计算机软件	个人消费总额
韩国	250.00	500.00	750.00
美国	400.00	300.00	700.00
两个经济体总计			1450.00

现在，如果两国相互交易其有成本优势的产品，消费者和整个经济体的利益都会改善。韩国生产 DVD 机的劳动力成本低，而美国生产低成本、高质量的软件有优势。随着廉价、可靠的运输系统的出现，专门生产成本最低的产品而从其他国家购买其他产品就会有经济收益。在运输成本合理的情况下，韩国就可以在美国销售比在当地更便宜的 DVD 机。相反，美国可以在韩国销售比当地产品更便宜的软件。经过改良后的经济情况见表 1－2。两国的两个消费者共节约了 250 美元。而昂贵的运输会使进口产品的到岸价格高于本地产品价格，从而阻碍了两国之间的贸易以及经济利益的实现。

表 1－2　运输价格低廉时的贸易价格　（单位：美元）

消费者所在地	DVD 机	计算机软件	个人消费总额
韩国	250.00	350.00①	600.00
美国	300.00②	300.00	600.00
两个经济体总计			1200.00

注：①从美国进口的价格；②从韩国进口的价格。

随着物流系统的改进，消费和生产开始出现地域分化。各地区专门生产那些生产率最高的产品。富余的产品以廉价的方式运到其他生产（或消费）地，同时进口当地需要但不生产的产品。将这种交换方式进行放大就是当今出现的大规模国际贸易。高效的物流系统使得全球各企业得以利用各地土地和劳动生产率不等的优势获得经济收益。物流正是贸易的核心，随着世界经济的快速发展和现代科学技术的迅猛发展，物流产业作为国民经济中一个新兴的服务部门正在全球范围内迅速发展。当今国际上，物流产业已被作为国民经济的命脉和基础产业，其发展程度已成为衡量一个国家现代化程度和综合国力的重要指标之一，被誉为促进经济发展的“加速器”。

1.1.2 现代物流概述

1. 发展历史

从20世纪初至今，物流管理从最初孤立地看待运输、仓储等各个环节，发展到从总成本角度综合考虑实物分拨中的储、运等各项活动，到整合企业原材料、半成品、产成品的储运等环节的管理，提出一体化物流管理概念，到90年代与供应链管理思想相结合经历了漫长的过程。从时间跨度上看，人们一般将其发展划分为三个阶段，即物流萌芽阶段、物流管理体系形成阶段和物流管理一体化发展阶段。

（1）物流管理萌芽阶段

20世纪初至第二次世界大战结束初期的近半个世纪，现代物流管理都处于一种萌芽阶段。此间，物流活动并不普遍，处于一种零星潜隐的状态，主要以“实物供应”（Physical Supply）一词出现在西方市场营销的基础教科书中，其内涵包括物资运输、仓储等业务。之后，“实物供应”一词逐渐被“实物分拨”或译为“实物分销”（Physical Distribution）所取代，现代物流管理的雏形开始显露。但其内涵仍是从有利于商品销售的角度，对“实物分拨”和“实物分布过程”进行管理与运作。物流管理仍然只是市场营销的功能之一，此时人们只是孤立地看待搬运、仓储、运输等各项物流活动，系统管理的概念尚未建立。

（2）物流管理体系形成阶段

第二次世界大战中，军事后勤借助战争在观念上、实践上得到飞速发展。当时，出于保证战争胜利的目的，美国军事部门为解决军需品的供应问题，运用当时新兴的运筹学方法与电子计算机技术对军需品供应、运输线路、库存量进行科学规划，再结合战时发展起来的叉车技术等众多学科的支持，物流（Logistics）逐渐上升为一门独立的边缘科学。

第二次世界大战以后，众多在战时发展起来的技术逐渐走向民用化。与此同时，世界经济环境发生了深刻变化：技术革新层出不穷、管理科学的飞速发展、生产方式的改变、市场的变化，物流管理逐渐引起学术界、企业界以至整个社会的重视。此间，随着物流管理理论和实践的迅速发展，物流的内涵也不再仅仅限于战前隶属于营销领域的实物分拨（Physical Distribution，PD），物流的系统管理思路逐渐拓展到物料管理（Material Management，MM），即采购（Procurement）、库存控制（Inventory Control）和仓储（Warehousing）等活动。此时，一般认为物流管理包括物料管理与实物分拨两大组成部分。

由此，物流活动开始向企业管理的其他领域渗透，物流管理从市场营销的外壳中剥离出来，成为独立发展的体系。图1-1较清楚地表述了第二次世界大战以后物流的概念从实物分拨向企业物流管理（Business Logistics Management）的拓展。

总之，从20世纪50年代到70年代末期，是物流管理发展成型的阶段。物流管理从

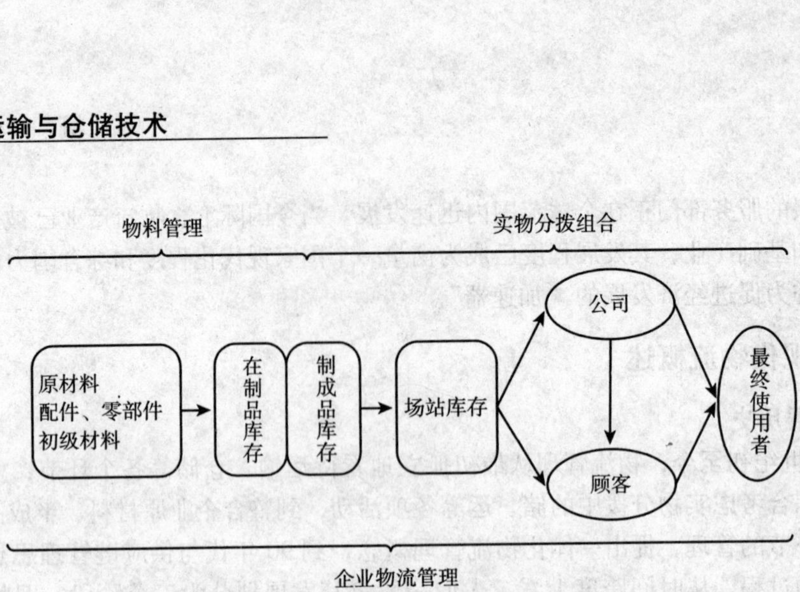

图1-1　第二次世界大战以后物流概念的拓展

市场营销中脱颖而出，成为一个具有独特内涵和作用的系统，物流管理学也形成了一门独立发展的新兴管理学科，具有一定的学科体系和研究内容。这一时期，企业开始在实物分拨领域实行有效的一体化管理，挖掘降低企业生产成本的潜力，总成本观念在企业管理中逐步得到运用。然而，此时企业管理者的主要注意力仍集中在产成品配送或实物分拨领域，包括产成品的运输、储存、库存管理、顾客服务等。

(3) 物流管理一体化发展阶段

20 世纪 80 年代以来，越来越多的西方企业将物流战略视为其获得市场竞争优势的重要依据，对物流全过程实施统一管理也变得越来越有必要。1984 年，Graham Sharman 在《哈佛商业评论》上发表题为《物流再认识》的文章中明确指出：现代物流对市场营销、生产和财务活动都具有重要影响，企业管理者应该从战略高度对物流管理的重要性重新认识。

科学技术的进一步发展、政府管制的变化、市场竞争的加剧等不断促进物流管理思想进一步发展。一体化物流管理（Integrated Logistics Management）的概念开始逐步形成。

在一体化物流管理的初级阶段，即企业内部各环节的一体化管理阶段，管理者试图将企业内部物料流动所涉及的所有环节（包括信息管理）联系起来，从原料采购到成品的交付，物流管理贯穿始终，消除了企业内部物料流动各环节之间的障碍，普遍减少库存量，使企业整体物流成本降到最低。同时，从战略高度促进物流管理与企业的营销、生产等各部门的协调，提高客户服务水平，强化企业赢利能力。同期所做的一些调查也显示，越来越多的美国企业这一时期增设了物流高级主管职位，物流管理的战略地位得到更多的认可。

进入 90 年代后，物流管理的内涵越来越广阔，几乎渗入社会经济生活的每一角落。雄心勃勃的西方顶级企业开始进入外部一体化阶段，即跳出企业自我的思维定式，试图通过位于供应链上游的经销商、制造商、原料供应商和位于下游的批发零售商之间的更紧密的合作，强化对市场变化的反应能力，提高供应链的整体效率，实现整个供应链范围的物流系统效益最大化，以期实现供应链上各合作伙伴双赢的理想境地，例如：通过更紧密的协作，减少企业内向物流（Inbound Logistics）中的外部环节（即供货商）的库存，削减供货商额外的库存持有成本，减少被计入企业原材料价格中的费用，最终削减企业的成本，强化产品的市场竞争力。目前，无论国内还是国外这一趋势正变得越来越显著。图1－2较清楚地描述了物流管理一体化的过程。图中，采购是从供货商到制造商（或再加工或再包装者）的物料流动；生产是从初加工到最终制成品的物料流动；实物分拨是从制成品至最终消费者之间的物料流动。

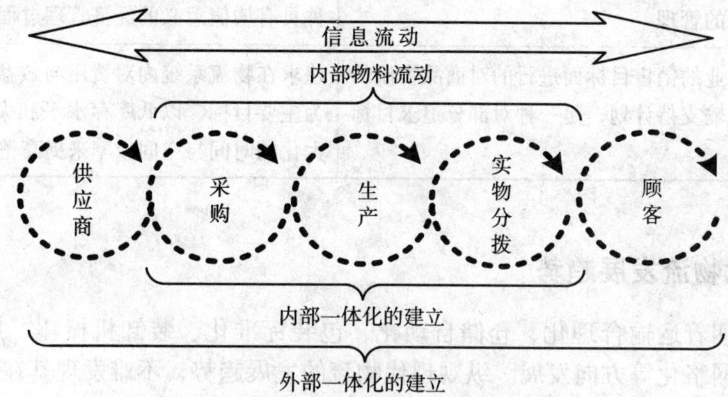

图1－2 物流管理的一体化过程

20世纪80年代以来的短短20年，物流管理经历了内部一体化和外部一体化的两度嬗变，物流管理活动的广泛渗透，深刻地影响着社会经济的方方面面。与此同时，社会其他方面的变革也影响着物流管理的演变过程。从物流管理在20世纪的发展轨迹来看，物流管理经历了一个缓慢发展并逐渐成熟、迅速发展变化的过程。进入21世纪，随着现代通信技术的快速发展，网络技术、电子商务的推动，物流管理将以前所未有的速度向前发展、寻求变革，并将得到更广泛的应用，发挥更强大的威力。

2. 传统物流管理与现代物流管理的比较

传统的物流管理是指对企业传统的物流观念主要涉及的仓储和运输环节的管理，也就是对仓库及车队的资源管理，是一种对基于定量库存的分配管理与对企业商品销售的运输送达的管理。而现代物流提出了物流系统化或叫总体物流、综合物流管理的概念，并付诸实施。具体地说，就是使物流向两头延伸并加入新的内涵，对企业供需物流所涉及的原材料与配件采购环节的采购、储运与保管，生产环节中的半成品/产成品入库与储存、出库，批发与销售环节的货物配送，售后技术服务环节的配件及备件储运管理，以及物流废弃物的回收及退货处理等进行全过程的系统管理。它要求企业建立专门的物流管理体系并实现面对物流流程对象的管理。可以这样讲，现代物流包含了产品从“生”到“死”的整个物理性流通的全过程。传统物流管理与现代物流管理存在的差别如表1－3所示。

表 1－3　　传统物流管理与现代物流管理比较

方面	传统物流管理	现代物流管理
管理对象	面向物流过程的销售环节中的商品库存与车队运输的管理	面向企业物流流程的全过程管理，涵盖企业采购物流与生产物流及销售物流等各环节
管理方式	企业资源约束下的被动的、固定化的物流管理	基于顾客需求拉动的、动态的、有效敏捷的物流系统管理
管理性质	附加性质的、从属于销售环节的对商品库存与车队运输的管理	涵盖全部采购、生产、销售、退货等环节的一种具有增值意义的经济管理过程
管理目标	为完成企业的销售目标而进行的对商品物流的库存与运输支持计划，是一种对部分追求目标的管理	追求在物流系统内对费用与效益达到全体最优为主要目标，以低库存水平和大量的输送、扩大化的时间与空间效率来提高整体的效益

1.1.3　现代物流发展趋势

现代物流朝着运输合理化、仓储自动化、包装标准化、装卸机械化、加工配送一体化、信息管理网络化等方向发展。纵观现代物流的发展趋势，不难发现其在下述八个方面表现得尤为突出。

1. 物流流程系统化

现代物流包含了产品从“生”到“死”的整个流动过程，以达到效益最大化和成本最小化的目的，同时满足用户需求不断变化的客观要求。物流系统也就成了一个跨部门、跨行业、跨区域的社会系统。这样，就可适应全球“经济一体化”、“物流无国界”的发展趋势。物流的系统化可以形成一个高效、通畅、可调控的流通体系，可以减少流通环节，节约流通费用，实现科学的物流管理，提高流通的效率和效益，进而提高国民经济的质量与效益。

2. 物流信息化

受全球经济一体化趋势的影响，当前物流业正向高科技、现代化和信息化发展。电子数据交换技术与国际互联网的应用，使物流质量、效率和效益的提高更多地取决于信息管理技术。物流的信息化是指商品代码和数据库的建立、运输网络合理化、销售网络系统化、物流中心管理电子化、电子商务和物品条形码技术应用等。电子商务（EC）所涵盖的内容包括电子数据交换（EDI）和互联网上贸易（IC）两个主要方面。物流条形码是指物流过程中用以标识具体实物的一种特殊代码，利用识读设备可以实现自动识别、自动数据采集。可以说，商品从生产厂家到运输、交换的整个物流过程中都可以通过物流条形码来实现数据共享，使信息的传递更加方便、快捷、准确，提高整个物流系统的经济效益。

3. 物流中心、批发中心、配送中心社会化

随着市场经济的发展，专业化分工越来越细，一个生产企业生产某种产品，除了一些主要部件自己生产外，大多采用外购的方式。生产企业与零售商所需的原材料、中间产品、最终产品大部分由不同的物流中心、批发中心或配送中心提供，以实现小库存或零库存。其最明显的特征就是物流业中出现“第三方物流”和“第四方物流”等模式。第三方、第四方乃至未来发展形成的第 N 方物流都是随着物流业发展到一定阶段必然出现的产物。在某种意义上，可以说它是物流过程产业化和专业化的一种形式。目前国外采用配送的商品已十分广泛，这种配送中心或物流中心、批发中心不仅可以进行集约化物流，在一定半径之内实现合理化物流，从而大量节约流通费用，而且可以节约大量的社会流动资金，实现资金流的合理化，既提高经济效益，又提高社会效益。

4. 仓储、运输现代化与综合体系化

物流离不开运输与仓储。仓储现代化要求整个系统高度的机械化、自动化、标准化，组织起高效的人、机、物系统。运输的现代化要求建立铁路、公路、水路、空运与管道的综合运输体系，实现“一条龙”服务。货物的存储保管、装卸搬运、分类包装、流通加工等各个环节中信息技术的应用，都要求必须有一套科学的作业标准，以实现高效的物流运作。近年来，专家系统、人工智能、仿真学、运筹学、智能商务、数据挖掘和机器人等相关技术在国际上已经有比较成熟的研究成果，并在实际物流作业中得到了较好的应用。采用先进的物流技术，开发新的装卸机械，应用现代化物流手段和方式（比如发展集装箱运输、托盘技术等），使仓储与运输呈现综合体系化趋势。

5. 物流与商流、信息流一体化

按照流通规律，商流、物流、信息流是三流分离的，商流解决的是商品价值与使用价值的实现，经过商流，商品变更了所有权；物流解决的是商品生产地与销售地的位移、生产时间与销售时间的变更和商品价值的实现；信息流解决的是商流和物流之间的信息传递，它们是纵横交错、相互交织的信息流的综合。在现代社会，不同产品形成了不同的流通方式与营销途径，比如：生产资料不仅有直达供货与经销制，还有配送制、连锁经营、代理制等，这就要求物流随之而变化。据资料显示，许多国家的物流中心、配送中心已实现了商流、物流、信息流的统一，而且这种“三流”一体化趋势已逐渐为物流界人士所认可。

6. 供应链成员协同和信息共享

供应链管理强调链上成员的协作和社会整体资源的高效利用，以最合理的、最少的资源来最大化地满足整体市场的需求。只有通过资源、信息、技术、知识、业务流程等的共享，才能实现社会资源优化配置和供应链上物流业务的优势互补，以及更及时地对终端市场和整个供应链上的需求做出响应。供应链上的企业在互惠互利的共赢伙伴关系的基础上，实现了与供应商和客户的实时沟通与协同。近年来，一些新型的供应链管理策略，如供应商管理库存（VMI）、第四方物流（4PL）、准时制（JIT）、协同计划、预测和供给（CPFR）、零售商—供应商伙伴关系（RSP）以及分销商一体化（DI）等，都能很好地使供应链上的企业有效地实现信息、技术、知识、客户和市场等资源的共享化。

7. 物流服务柔性化

柔性化最早是在生产领域提出来的。20 世纪 90 年代，生产领域为了更好地满足消费者的个性化需求，实现多品种、小批量以及灵活易变的生产方式，国际制造业推出柔性制造系统（Flexible Manufacturing System，FMS），实行柔性化生产。随后，柔性化作业又扩展到了流通领域，根据供应链末端市场的需求组织生产、安排物流活动。物流作业的柔性化是生产领域柔性化的进一步延长，它可以帮助物流企业更好地适应消费需求的“多品种、小批量、多批次、短周期”趋势，灵活地组织和完成物流作业，为客户提供定制化的物流服务来满足他们的个性化需求。

8. 物流作业全球化

为了实现资源和商品在国际间的高效流动与交换，促进区域经济的发展和全球资源优化配置，物流运作必须要向全球化的方向发展。在全球化趋势下，物流目标是为国际贸易和跨国经营提供服务，选择最佳的方式与路径，以最低的费用和最小的风险，保质、保量、准时地将货物从某国的供方运到另一国的需方，使各国物流系统相互接轨，它代表物流发展的更高阶段。

1.2 运输与物流

1.2.1 运输概述

1. 运输的含义

运输是人类社会的基本活动之一，是一项范围广泛、与社会生产和人民生活密切相关的经济活动，被马克思称为采掘业、农业和加工工业之外的“第四物质生产部门”。今天，运输已经渗透到人类社会生活的方方面面，并且成为最受关注的社会经济活动之一。

所谓运输，是指人员或物品借助运力系统在一定空间范围内产生的位置移动。其中，运力系统是指由运输设施、路线、设备、工具和人力组成的，具有从事运输活动能力的系统。运输包括客运和货运。人员的运输称为客运；货物的运输称为货运。

2. 物流运输的含义

随着现代物流的产生与不断发展，运输被赋予了新的含义。它与其他物流环节保持着密切的联系，并在物流系统中占有重要的地位，发挥了巨大的作用。

我国《物流术语》国家标准（GB/T 18354—2006）将运输定义为：“用设备和工具，将物品从一地点向另一地点运送的物流活动，其中包括集货、分配、搬运、中转、装入、卸下、分散等一系列操作。”可见，运输是物流的一个环节或一项基本功能。

从上述定义中可以看出，物流中所提到的运输与前面所述的运输有诸多不同之处，主要表现在以下两个方面：

（1）两者的劳动对象不同

从运输的定义可知，一般意义的运输是人员与物品利用交通工具在一定范围内产生的空间位移，既包括物品的空间位移（货运），又包括人员的空间位移（客运）；而物流中的运输仅仅是物品在供应地与需求地之间的实体运送，不包括人员的空间位移。

（2）两者的工作范围不同

一般意义的运输主要指流通领域的运输，不包括生产领域的运输；而物流中的运输作为物流系统的一个重要组成部分，不仅包括流通领域的运输，还包括生产领域的运输。流通领域的运输作为流通领域里的一个重要环节，在较大范围内是将物质产品从生产领域向消费领域在空间位置上进行物理性转移的活动，既包括物品从生产所在地直接向消费所在地的移动，也包括物品从生产所在地向物流网点和从物流网点向消费所在地的移动。生产领域的运输一般在生产企业内部进行，因此又称为厂内运输。厂内运输包括原材料、在制品、半成品和成品的运输，是直接为物质产品生产服务的，有时也称为物料搬运。厂内运输或物料搬运不包括在一般意义的运输之中，但却是物流运输的主要活动之一。一般运输与物流运输之间的关系可以用图 1－3 来表示。

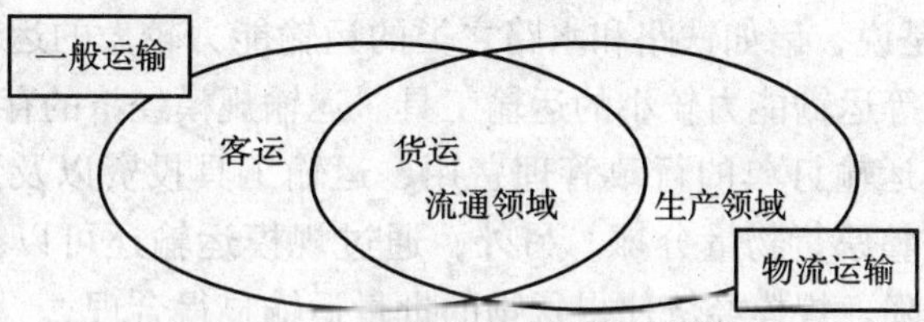

图 1－3　一般运输与物流运输的关系

综上所述，物流运输是指流通领域和生产领域中货物的运输。鉴于物流运输与一般运输的区别，本书仅将物流运输作为研究对象，若无特别说明，下面所提到的运输均指物流运输。

3. 物流运输的功能

一般来说，物质产品的生产地与消费地是不一致的，即存在位置背离，只有消除这种位置背离，物质产品的使用价值才能实现。也就是说，物质产品只有通过运输，才可能进入消费领域，从而实现物质产品的使用价值，满足社会各种需求。从这个意义上说，运输有以下两大功能：

（1）物品转移

运输的主要功能就是使产品在价值链中移动，即通过改变产品的地点与位置，消除产品的生产与消费之间在空间位置上的背离，或将产品从效用价值低的地方转移到效用价值高的地方，创造出产品的“空间效用”。另外，因为运输的主要目的是以最少时间完成产品从原产地到规定地点的转移，所以运输能使产品在需要的时间内到达目的地，创造出产品的“时间效用”。

（2）短时储存

如果转移中的产品需要储存，且又将在短时间内重新转移，而卸货和装货的成本费用也许会超过储存在运输工具中的费用，这时，可将运输工具作为暂时的储存场所。因此，运输也具有临时的储存功能。

通常以下几种情况需要将运输工具作为临时储存场所：一是货物处于转移中，运输的目的地发生改变，产品需要临时储存；二是起始地或目的地仓库储存能力有限的情况下，将货物装在运输工具内临时储存起来，可以采用迂回路径或间接路径运往目的地。

当然，用运输工具储存货物可能是昂贵的，但如果综合考虑物流总成本，包括运输途中的装卸成本、储存能力的限制、装卸的损耗或延长的时间等，那么，选择运输工具对货物进行短时储存往往是合理的，有时甚至是必要的。

4. 物流运输原理

指导运输和营运的两条基本原理是规模经济和距离经济。

(1) 规模经济（Economy of Scale）

运输规模经济的特点是随装运规模的增长使单位重量的运输成本降低，如图 1－4 所示。例如，整车运输（即车辆满载装运）的每单位成本低于零担运输（即利用部分车辆能力进行装运）。就是说，诸如铁路和水路之类的运输能力较大的运输工具，每单位的费用要低于汽车和飞机等运输能力较小的运输工具。运输规模经济的存在是因为转移一批货物有关的固定费用（运输订单的行政管理费用、运输工具投资以及装卸费用、管理以及设备费用等）可以按整票货物量分摊。另外，通过规模运输还可以获得运价折扣，使单位货物的运输成本下降。规模经济使得货物的批量运输显得合理。

(2) 距离经济（Economy of Distance）

距离经济是指每单位距离的运输成本随距离的增加而减少，如图 1－5 所示。距离经济的合理性类似于规模经济，尤其体现在运输装卸费用的分摊上。如 800 公里的一次装运成本要低于 400 公里的二次装运。运输的距离经济也指递减原理，因为费率或费用随距离的增加而减少。运输工具装卸所发生的固定费用必须分摊到每单位距离的变动费用中，距离越长，平均每公里支付的总费用越低。在评估各种运输决策方案或营运业务时，这些原理是重点考虑的因素。其目的是要使装运的规模和距离最大化，同时满足客户的服务期望。

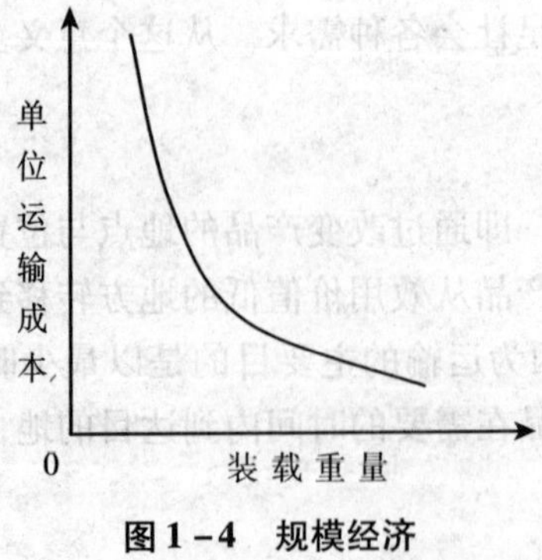

图 1－4　规模经济

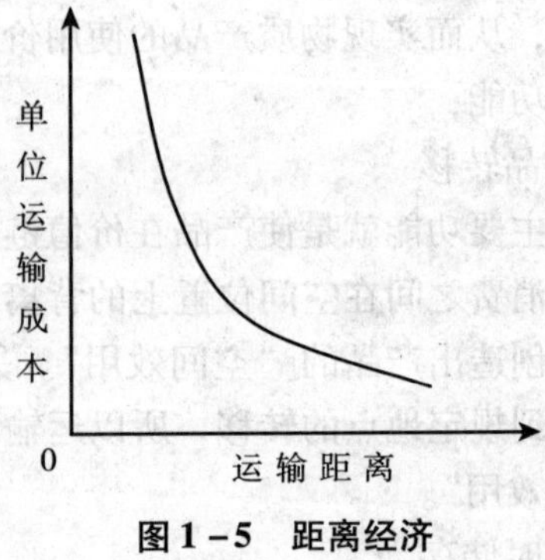

图 1－5　距离经济

1.2.2 运输与物流的关系及其在物流系统中的作用

1. 运输与物流各活动的关系

(1) 运输与储存的关系

储存是货物暂时停止的状态，是货物投入消费前的准备，其最终目的是将货物分拨到合适的地点。高效的运输分拨系统，可以降低库存量，提高库存周转率。如果运输活动组织不善或运输工具不得力，不仅会增加库存量、降低库存周转率，而且还会造成货物损耗的增大。同时，储存活动同样也是运输过程的调节手段。例如：当巨型集装箱货轮停靠在港口时，货物不可能及时被分拨到需求地点。因此，需要储存活动对运输活动进行调节，以便使巨型集装箱货轮能够及时地离开港口。

(2) 运输与包装的关系

运输与包装的关系可以说是相互影响的。货物的包装材料、包装程度、包装规格都会不同程度地影响运输方式的选择以及同一种运输方式对运输工具的选择，即使确定了货物的包装规格（包装物的长、宽、高），货物在车厢内如何码放，也会直接影响到运输的效率。只有当包装的外廓尺寸与承装车厢的内廓尺寸构成可约倍数时，车辆的容积才能得到最充分的利用。因此，货物的包装材料、包装程度、包装规格以及码放方法应该与所选择的运输工具相吻合，这对于提高车辆的装载率、物流效率与效益都具有重要意义。

(3) 运输与装卸及搬运的关系

要想完成整个物流过程，运输活动必然伴随有装卸与搬运活动。一般情况下，完成一次运输活动，往往伴随两次装卸与搬运活动，即运输前与运输后的装卸与搬运作业。货物在运输前的装卸与搬运活动是完成运输活动的先决条件。装卸与搬运活动的质量，包括车辆装载是否合理、装卸工作组织是否得力等因素将会直接影响运输活动的顺利进行。当货物通过运输到达目的地后，装卸是最终完成运输任务的必要补充。除此之外，装卸与搬运又是实现各种运输方式有效衔接的重要环节，特别是在多式联运的情况下，装卸与搬运的效率直接影响着运输过程的整体效率。

(4) 运输与配送的关系

一般情况下，我们经常将“运输”和“配送”这两个词放在一起使用，其原因是要完成整个物流活动，往往需要通过运输与配送两个活动过程之后才能将货物送达消费者手里。配送是指在经济合理区域范围内，根据用户要求，对物品进行拣选、加工、包装、分割、组配等作业，并按时送达指定地点的物流活动。它是从最后一个物流节点到用户之间的物资空间移动过程。从两者各自的定义可以看出运输和配送重要的区别在于：运输是两点之间货物的输送，而配送是一点对多点的货物运输过程。因此，配送是基于支线运输而言的概念，从狭义上讲，货物运输分为干线部分的运输和支线部分的配送。从工厂仓库到配送中心之间的批量货物的空间位移称为运输，从配送中心向最终用户之间的多品种、小批量货物的空间位移称为配送。两者的关系如表 1－4 所示。

表1－4　运输与配送的比较

内容	运输	配送
运输性质	干线运输	支线运输、终端运输、区域内运输
运输特点	少品种、大批量	小批量、多品种
运输工具	大型货车或火车、船舶	小型货车
管理重点	效率优先	服务优先
附属功能	装卸、捆包	装卸、保管、包装、分拣、加工、订单处理等
节点关系	两点之间货物的输送	一点对多点的货物运输

2. 运输在物流系统中的作用

(1) 运输是物流系统功能要素的核心

一般来说，运输功能创造了物品的空间效用，储存功能创造了物品的时间效用，流通加工功能则创造了物品的形态效用，而物流系统的其他功能活动都是围绕这三大功能进行的。但是，三者在物流中的地位是不同的。在社会化大生产的条件下，产品生产和消费在位置空间上的背离矛盾不但不会消除，而且会呈现出扩大的趋势。这种趋势带来的直接影响就是对物流业，特别是对运输业务越来越大的需求。与此同时，随着生产技术的发展和管理水平、信息化程度的提高，生产企业可以做到柔性化和定制化，以此缩短产品生产与消费在时间上的差距。同时，流通和消费企业可以做到计划采购或计划订货，以此缩短商品流通与消费在时间上的差距。企业可以根据流通和消费企业的订货计划和要求，将企业用户需要的原材料、零配件或商品按品种和数量，及时准确地运送到生产线或消费地，进入消耗或消费，使生产、流通和消费之间做到“无缝链接”。这些变化强化了运输和其他物流功能的作用，降低或消除储存功能的作用，使得通道储存保管实现物品的时间效用呈现出弱化趋势。流通加工只有借助运输或配送才能实现物品的形态效用。

(2) 运输是实现物流合理化的关键

物流的合理化是指在各物流子系统合理化的基础上形成最优的物流系统整体功能，即系统以尽可能低的成本创造更大的空间效用、时间效用和形态效用，或者说以最低的成本为用户提供更好的物流服务。

物流系统由7个功能要素的子系统构成，其整体的合理化是在各物流子系统合理化的基础之上，通过物流各子系统之间的有机结合来实现的。不过物流各功能要素在物流整体功能合理化的过程中所发挥的作用有所不同，其中，运输是实现物流合理化的关键，这是因为：首先，在科学技术不断进步、生产的社会化和专业化程度不断提高的今天，一切物质产品的生产和消费均离不开运输，由此，运输作为物流系统中的动脉系统，在物流系统整体功能合理化的过程中发挥着中心环节的作用；其次，运输与物流活动中的其他环节有着较为密切的关系，运输活动的合理与否能直接或间接影响到其他物流活动的合理化程度；最后，运输费用在全部物流费用中占有较大比重，是影响物流成本的一项重要因素。

【小看板】表1-5是美国和加拿大2001年物流成本的构成情况。从表中可以发现运输成本超过了总物流成本的1/3。

表1-5 美国、加拿大物流相关环节的成本占物流总成本的比例 (单位:%)

成本内容	美国	加拿大
客户服务/清关	8	8
仓储	25	25
运输	37	36
管理	9	8
搬运	21	23

(3) 运输体系的完善是实现物流社会化的基础

目前，物流运输业正在不断发展与完善，建立集约化的物流中心，实行物资的及时与共同配送正成为交通运输业的主要发展方向。在运输体系不断完善的过程中，交通运输业的内部也形成了自己的专业化分工。行业的基础层是公路、铁路、水运和航空运输公司。它们主要实现运输线路的畅通，并能及时进行运输工具的调度，以确保运输时间与运输质量满足客户的要求；行业的另一层面是那些直接承接运输业务的综合性物流公司，它们根据客户的具体要求，为客户设计出完整的运输方案，并综合运用多种运输方式，及时完成物品在交易主体之间的转移，这样就形成了一个立体的运输网络，每个企业都能够通过这个网络以较低的成本构建自己的供应链，实现自己的物流计划，从而为物流社会化的实现提供基础条件。

(4) 运输影响着物流系统其他构成因素

例如：运输方式的选择决定着装运货物的包装要求；使用不同类型的运输工具决定其配套使用的装卸搬运设备以及接收和发运站台的设计；企业库存储备量的大小直接受运输状况的影响，发达的运输系统能比较快速和可靠地补充库存，以降低储备水平。

1.2.3 现代运输业

1. 从物流系统的观点看现代运输

从物流系统的观点来看，有三个因素对运输来讲是十分重要的，即成本、速度和一致性。

运输成本是指为两个地理位置间的运输所支付的款项以及与行政管理和维持运输中的存货有关的费用。物流系统的设计应该利用能把系统总成本降到最低程度的运输，这意味着最低费用的运输并不总是导致最低的运输总成本和物流总成本。

运输速度是指完成特定的运输所需的时间。运输速度和成本的关系，主要表现在以下两个方面：首先，能够提供更快速服务的运输商要收取更高的运费；其次，运输服务越快，运输中的存货越少，无法利用的运输间隔时间就越短。因此，选择期望的运输方式时，至关重要的问题就是如何平衡运输服务的速度和成本。

运输的一致性是指在若干次装运中，完成某一特定的运次所需的时间与原定时间或与前面若干次运输所需时间的一致性。它是运输可靠性的反映。多年来，运输经理们已把一致性看做是高质量运输的最重要的特征。如果运输服务缺乏一致性，就需要安全储备存货，以防预料不到的服务故障。物流信息新技术的应用，可帮助运输经理们找到既快捷又能保持一致性的方法。因此，速度和一致性相结合，才是运输服务质量的必要条件。

2. 现代物流运输的特征

（1）系统化

物流运输不是运输、保管等活动的简单叠加，而是通过彼此的内在联系形成的一个系统，构成系统的功能要素之间存在着相互作用的关系。在考虑物流最优的时候，必须从系统的角度出发，通过物流功能的最佳组合实现物流运输整体的最优化目标。局部的最优并不代表物流系统整体的最优化，树立系统化观念是搞好物流运输管理、开展物流运输活动的重要基础。

（2）信息化

物流运输可以理解为物资的物理性流通与信息流通的结合，信息在实现物流系统化、实现物流作业一体化方面发挥着重要作用。传统物流的各个功能要素之间缺乏有机的联系，对物流活动的控制属于事后控制。而物流运输通过信息将各项物流功能活动有机结合在一起，通过对信息的实时把握控制物流系统按照预定的目标运行。准确地掌握信息，如库存信息、需求信息，可以减少非效率、非增值的物流活动，提高物流效率和物流服务的可靠性。

（3）设施现代化

现代物流运输活动中，广泛使用现代化的运输、仓储、装卸搬运、包装以及流通加工设施，运输设施的大型化、高速化、专用化，装卸搬运机械的自动化，包装的单元化、模块化，仓库的立体化、自动化以及信息处理和传输的计算机化、电子化、网络化等为物流运输发展提供了坚实的物质保证。

（4）服务多样化

物流运输的一个重要特点是根据自己的优势从事一定的补充性加工活动，使得服务多样化，虽然仅仅是从事商品的完善、补充、增加性质的加工活动，但这种活动必然会提高劳动对象的附加价值。加工附加价值原本是指通过生产、制造或组装过程实现对商品的增值，这并非物流的本来职能，但有时物流也可以创造加工附加价值。例如：运输业借助分装和产品规格组合等活动，从事补充的物流加工活动，改变装运规模和包装特点，使不同的原料按照技术要求改变产品形态，产生了加工效用，也就使产品价值增加。

(5) 服务柔性化

随着需求的多样化、个性化，物流运输需求呈现出小批量、多品种、高频次的特点。订货周期变短、时间性增强，物流需求的不确定性提高。因此物流服务柔性化就是要以顾客的运输需求为核心，对顾客的需求作出快速反应，及时调整物流作业，有效地控制物流运输成本。

1.3 仓储与库存管理

1.3.1 仓储与仓储管理概述

1. 库存、储备与仓储的概念

在物流的学科体系中，经常涉及库存、储备及仓储的概念，而且经常被混淆。事实上，它们各有特定的含义，是既相互联系又相互区别的。

(1) 库存

库存是指仓库中处于暂时停滞状态的物资。它包含两方面的内容：①货物所停滞的位置。货物不是在生产线上，不是在车间里，也不是在非仓库中的任何位置，比如汽车站、火车站等类型的流通节点上，而是在仓库中。②货物的停滞状态。它包括能动的储备、被动的超储和完全的积压三种形态。

(2) 储备

物资储备是一种有目的的储存物资的活动，物资储备的目的是保证社会再生产连续不断地、有效地进行，所以物资储备是一种能动的储存形式，或者说，是有目的的、能动的生产领域和流通领域中物资的暂时停滞，尤其指在生产与再生产，生产与消费之间的暂时停滞。

储备和库存的本质区别在于：第一，库存明确了停滞的位置，而储备这种停滞所处的地理位置比库存广泛的多，储备的位置可能在生产及流通中的任何节点上，可能是仓库中的储备，也可能是其他形式的储备；第二，储备是有目的的、能动的、主动的行为，而库存有可能没有特定的目的，或者是完全盲目的。

(3) 仓储

仓储是通过仓库对物品进行储存和保管。其中，“仓”也称仓库，是存放物品的建筑物或场所，它可以是房屋建筑物、大型容器、洞穴或其他特定的场所，具有存放和保护物品的功能；“储”表示收存以备使用，具有积蓄、保管和交付使用的意思。“仓储”即是利用仓库存放、储存未使用物品的行为，一般指从接收储存物品开始，经过储存保管作业，直至把物品完好地发放出去的全部活动过程。

仓储的活动可以分为两大类：一类是基本生产活动；另一类是辅助生产活动。相应地，其作业主要表现在两个方面：一是完好地保证货物的使用价值和价值；二是为将货物配送给用户，在物流中心进行必要的加工活动而保存。仓储是每一个物流系统不可缺少的部分，仓储用尽可能低的总成本提供理想的客户服务水平，是生产者和消费者之间的重要纽带。

2. 仓储的基本功能

在物流系统中，仓储也是重要的构成因素。和运输的概念相对应，仓储是以改变"物"的时间状态为目的的活动，从克服产需之间的时间差异而获得更好的效用。随着经济的发展，物流由少品种、大批量进入到多品种、小批量或多批次、小批量的时代，仓储功能从重视保管效率逐渐变为重视如何才能顺利地进行发货和配送。

仓储的价值主要体现在其具有的基本功能、增值功能以及社会功能三个方面。

（1）基本功能

指为了满足市场的基本储存需求，仓库所具有的基本的操作或行为，包括：储存、保管、拼装和分类等基础作业。其中，储存和保管是仓储最基础的功能。通过基础作业，货物得到了有效的、符合市场和客户需求的仓储处理，例如，拼装可以为进入物流过程中的下一个物流环节做好准备。

（2）增值功能

是指通过仓储高质量的作业和服务，使经营方或供需方获取除这一部分以外的利益，这个过程称为附加增值。这是物流中心与传统仓库的重要区别之一。增值功能的典型表现方式包括：一是提高客户的满意度。当客户下达订单时，物流中心能够迅速组织货物，并按要求及时送达，提高了客户对服务的满意度，从而增加了潜在的销售量。二是信息的传递。在仓库管理的各项事务中，经营方和供需方都需要及时而准确的仓库信息。例如，仓库利用水平、进出货频率、仓库的地理位置、仓库的运输情况、客户需求状况和仓库人员的配置等信息，这些信息为用户或经营方进行正确的商业决策提供了可靠的依据，提高了用户对市场的响应速度，提高了经营效率，降低了经营成本，从而带来了额外的经济利益。

（3）社会功能

仓储的基础作业和增值作业会给整个社会物流过程的运转带来不同的影响，良好的仓储作业与管理会带来正面的影响，例如，保证了生产和生活的连续性；反之会带来负面的效应。这些称之为社会功能。社会功能主要从三个方面理解：第一，时间调整功能。一般情况下，生产与消费之间会产生时间差，通过储存可以克服货物产销在时间上的隔离（如季节生产，但需全年消费的大米）。第二，价格调整功能。生产和消费之间也会产生价格差，供过于求、供不应求都会对价格产生影响，因此通过仓储可以克服货物在产销量上的不平衡，达到调控价格的效果。第三，衔接商品流通的功能。商品仓储是商品流通的必要条件，为保证商品流通过程连续进行，就必须有仓储活动。通过仓储可以防范突发事件，保证商品顺利流通。例如：运输被延误，卖主缺货。对供货仓库而言，这项功能是非常重要的，因为原材料供应的延迟会导致产品的生产流程延迟。

3. 仓储管理的概念及发展过程

简单地说，仓储管理就是对仓库和仓库内储存的商品所进行的管理，是仓储机构为了充分利用所拥有的仓储资源来提供仓储服务所进行的计划、组织、控制和协调的过程。这种对仓库和仓库储存商品的管理工作，是随着储存商品品种的多样化、仓库结构、技术设备的科学化、现代化而不断发展的。因此，概括起来，仓储管理主要经历了简单仓储管理、复杂仓储管理和现代仓储管理三个发展阶段。

在仓库出现的初期，以及后来相当长的时间内，由于生产力水平低下和发展缓慢，产品的库存数量和品种都很少，仓库结构简单、设备粗陋。因此，仓储管理工作也就比较简单，主要负责产品出入库的计量及看管好库存物资使之不受损失。这种情况下的仓储活动，称之为简单仓储管理。

随着生产力水平的提高，特别是机器生产代替手工生产之后，社会储存产品数量增加、品种复杂、产品性质各异，对储存条件提出了不同的要求。同时，由于社会分工越来越细，许多生产性活动也逐渐转移到流通领域，使得仓库职能发生了变化：不仅仅是单纯地进行储存和保管商品的场所，还增添了商品的分类、挑选、整理和加工等活动，从而增加了商品的价值。由于储存商品的复杂化和仓储职能的多样化，必然引起仓储建筑结构的变化以及技术设备的变化。机械进入仓库，使得仓储活动向复杂化方向发展，称之为复杂仓储管理。

伴随着科学技术的进步，特别是电子计算机的出现和发展，给仓储业带来了一系列的重大变化。在整个仓储活动过程中，可以使用计算机进行控制。现代仓库的出现，要求仓储工作人员专业化，仓储管理科学化，仓储手段现代化。目前，许多先进国家的仓储活动已经不是原来意义上的仓储了，而变成一个经济范围巨大的商品配送服务中心，并发展成为现代化的仓储企业。

1.3.2 仓储与现代物流

1. 现代物流与传统仓储的区别

现代物流与传统的物资流动、物资流通相比，具有以下几点不同：

（1）经济背景不同

传统仓储是在生产力水平较低的情况下发展起来的，企业多在本地区内寻找原材料、资金、劳动力来进行生产，区域、国际间的经济贸易以产成品交换为主。随着生产力水平的提高和经济全球化、区域经济一体化趋势的增强，为适应跨国公司在世界范围内寻找原材料、零部件、资金、劳动力的来源，选择适合全球市场的配送中心和集散仓库，必须建立起高效、安全、可靠的现代物流服务网络，因此现代物流具有国际化的特点。

（2）被动管理与主动服务

传统仓储管理中，生产部门根据自身的采购、生产、销售计划向物流企业或部门提出运输、储存等要求，物流承担方则往往被动地满足要求，根据订单或合同提供服务。这就造成供应链中的各职能部门和各企业通常只追求本部门的利益，缺少相互之间有效的信息沟通和集成，结果导致即使微小的市场波动也可能引起对工业企业生产的巨大影响，即所谓的“牛鞭效应”（如图1－6所示）。

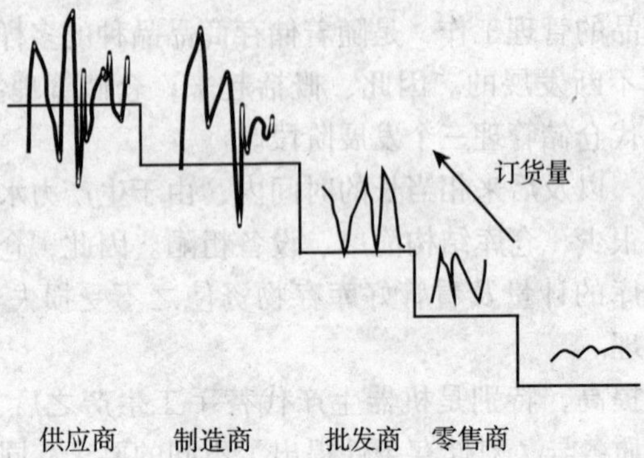

图1－6 牛鞭效应

显然这种现象会对企业造成严重的后果：产品库存积压严重、服务水平不高、产品成本过高及质量低劣等问题。而现代物流的主动性表现在物流活动嵌入到整个企业管理的全过程中。物流承担方更多地介入企业的生产经营管理活动，参与企业采购、生产、销售战略的制订和实施，以便在企业价值链的每一个环节提供增值服务，与企业主体经营活动共同发挥作用，构筑起现代企业核心竞争优势，企业之间的竞争更多地表现为供应链之间的竞争。最终消费者对成本、质量、服务等要求以及实现总利润最大化成为供应链中所有参与者共同的目标，上下游企业之间由过去的孤立甚至敌对关系转变为紧密合作的伙伴关系。

(3) 分散管理与系统管理

传统仓储对各部分活动的分割管理造成企业在进行成本—效益分析时，追求单一环节成本最低。但由于各部分活动是有机地结合在一起的，有些活动具有天生的效益背反关系，因此每一部分活动成本最低并不代表总的成本最低，而且经常不是最低成本水平。现代物流从系统的角度综合考虑物流管理中的各项职能——运输、储存保管、包装、装卸搬运、流通加工、配送、物流信息等。

(4) 物流管理专业化、信息化

在理论上，现代物流应用博弈论、运筹学等工具对物流的各项活动系统加以考察；在技术上，现代物流高度依赖于对大量数据、信息的采集、分析、处理和即时更新，条形码技术、RFID技术、自动化技术、网络技术、智能化和柔性化技术得以广泛应用，为数众多的无车船和固定物流设备的第三方物流正是依赖其信息优势展开全球经营的；运输、仓储、装卸等也普遍采用专业化、标准化、智能化的物流设施设备。这些现代技术和设施设备的应用大大提高了物流活动的效率，扩大了物流活动的领域。

(5) 物流服务社会化

物流服务社会化突出表现为第三方物流与配送中心的迅猛发展。随着社会分工的深化和市场需求的日益复杂，生产经营对物流技术和物流管理的要求也越来越高。众多工商企业逐渐认识到依靠企业自身的力量不可能在每一个领域都获得竞争优势。它们更倾向于采用资源外购的方式，将本企业不擅长的物流环节交由专业物流公司，或者在企业内部设立相对独立的物流专业部门，而将有限的资源集中于自己真正的优势领域。专业的物流部门由于具有人才优势、技术优势和信息优势，可以采用更为先进的物流技术和管理方式取得规模经济效益，从而达到物流合理化——产品从供方到需方全过程中，达到环节最少、时间最快、路程最短和费用最省。

2. 仓储在现代物流中的意义与作用

现代物流不仅单纯地考虑从生产者到消费者的货物配送问题，而且还考虑从供应商到生产者对原材料的采购，以及生产者本身在产品制造过程中的运输、保管和信息等各个方面的问题，现代物流全面地、综合性地提高经济效益和效率的问题。因此，现代物流是以满足消费者的需求为目标，把制造、运输、销售等市场情况统一起来考虑的一种战略措施。

在当今的电子商务时代，全球物流产业有了新的发展趋势。目前，美国的物流业所提供的服务内容已远远超过了仓储、分拨和运送等服务。物流公司提供的仓储、分拨设施，维修服务、电子跟踪和其他具有附加值的服务日益增加。

（1）仓储在现代物流中的意义

仓库和堆场是用于储存、保管货物的场所，它伴随着生产的产品剩余而产生。人类社会跨入 21 世纪，以信息技术为引导的现代物流在社会经济中的地位日益凸显，作为物流系统重要环节的物流仓储正在发生巨大变革，成为追求第三利润的重要来源。

在社会生产与生活中，由于生产与消费节奏的不统一，总会存在现在用不上或用不了或有必要留待以后用的东西。如何在生产与消费或供给与需求的时间差里，妥善地保持物质实体的有用性是物流仓储环节所要解决的问题。

随着经济的发展，需求方式出现了个性化、多样化的改变；生产方式也变为多品种、小批量的柔性化。物流的特征由少品种、大批量变为多品种、小批量或多批次、小批量，仓库的功能也从重视保管效率逐渐变为重视流通功能的实现。储存相当于物流体系的一个节点，在这里，物流实体在化解其供求之间在时间上的矛盾的同时，也创造了时间效益（如时令上的差异等）。因此，仓储是物流的重要环节，储存功能相对于整个物流体系来说，既有缓冲和调节的作用，也有创造与增效的功能。

（2）仓储在现代物流中的作用

现代物流是从原材料的采购、产品生产到产品销售过程的实物流的统一管理，是实现促进产品销售和降低物流成本的管理。物流过程需要经过众多的环节，其中仓储过程是最为重要的环节，也是必不可少的环节。仓储从传统的物质存储、流通中心发展成为物流的节点，作为物流管理的核心环节而存在并发挥着整体物流协调的作用，亦成为产品制造环节的延伸。仓储在现代物流中的作用如表 1－6 所示。

表 1－6　仓储在现代物流中的作用

仓储所处位置	作用	具体表现
物流操作中	运输整合和配载	大批量的运输是节省费用的有效手段，将不断产出的产品集中成大批量进行运输，或者将众多供货商所提供的产品整合成单一的一票运输等运输整合就需要通过仓储来进行。在运输整合中还可以对商品进行成组、托盘化、集装化等作业，使运输作业效率提高。运输服务商也在仓储中整合众多小批量的货物，进行合并运输或运输配载
	分拣和产品组合	在仓库里根据流向、流出时间的不同进行分拣分类，配载不同的运输工具，配送到不同的目的地或消费者。生产商对于众多的零配件，由分散的供应商送到指定的仓库，由仓库进行虚拟配装组合，再送到生产线上进行装配，还包括将众多小批量的货物组合成大的运输单元，实现运输成本的降低
	流通加工	包括产品包装、装潢包装、贴标签、改型、上色、定量、组装、成型等。虽然流通加工往往比在生产地加工成本更高，但能够及时满足销售、促进销售，还能降低整体物流成本
	平衡生产和保证供货	通过一定时间持续的生产，将产品通过仓库储存，在销售旺季集中向市场供货，并通过仓储点的妥善分布实现及时向所有市场供货。部分集中生产而常年销售的产品，也需要通过仓储的方式稳定地、持续地向市场供货。仓储可以说是物流的时间控制开关，通过仓储的时间调整，使物品按市场需求的节奏进行流动，满足生产与销售的平衡需要
	存货控制	存货意味着资金运转停滞、资金成本增加、保管费用增加，并会产生耗损、浪费等风险，通过存货的控制来降低成本是物流管理的重要内容之一，包括存量控制、仓储点的安排、补充控制、出货安排等工作
物流成本管理中	实现物流成本的降低	产品在仓储中的组合、妥善配载和流通包装、成组等流通加工就是为了提高装卸效率、充分利用运输工具，从而降低运输成本的支出；合理而准确地仓储会减少商品的换装、流动，减少作业次数，采取机械化和自动化的仓储作业，都有利于降低作业成本；优良的仓储管理，对商品实施有效的保管和养护，准确的数量控制，可大大降低风险成本
在物流增值服务功能实现中	提高产品销售的收益	众多的物流增值服务在仓储环节进行，流通加工在仓储环节物质流动停顿时开展，通过加工提高产品的质量、改变功能、实现产品个性化；控制仓储的时间，使生产节奏与消费节奏同步，实现物流管理的时间效用价值；通过仓储的商品整合，开展消费个性化的服务等

1.3.3 现代仓储业的发展

1. 现代仓储业发展趋势

随着生产的发展和流通规模的扩大，我国经济融入国际经济体系的速度加快，我国仓储业也将发生一系列的变化，体现在：

（1）仓储社会化

我国传统的仓储管理模式是条块分割、自成体系，因而造成了以部门或地区为单位的仓库分布和组织形式，多数仓库不面向社会和市场，其结果是占用了大量的资源，但利用率不高。随着改革开放和市场经济的发展，条块分割和行政管理模式逐一被打破，很多行业和企业的仓库直接参与市场竞争。面向社会、面向市场，提供合理、快速、安全的流通渠道集散地是仓储业社会化发展的趋势。

（2）仓储产业化

随着仓储业技术含量的增加，仓储在商品流通过程中提供的功能增多和实现的价值增大，仓储业也必然向着产业化的方向发展。大型物流中心、配送中心将承担越来越多的连接生产商与销售商的中心节点的作用，流通加工、再包装等工作将转移到仓库中完成。

（3）仓储标准化

为了提高物流效率，保证物流的统一性与各物流环节的有机联系，并与国际接轨，必须制订仓储标准。仓储标准化是物流标准化的重要组成部分。

（4）仓储现代化

仓储现代化是现代物流的重要组成部分。商品流通的快速化、小批量、多品种的趋势要求现代物流中心为其提供相应服务。传统的库房逐渐被淘汰，取而代之的将是配备现代信息系统、装备高技术的现代化物流中心。

2. 传统仓储企业向现代物流的转变

虽然我国传统仓储企业与现代物流之间存在较大差距，但由于现代物流与传统储运在业务功能上有继承性，加之传统储运企业有向现代物流转化的物质条件（近50年来国内储运业积累下的设施与设备基本上可为发展现代物流所采用），又有适合我国国情的具体管理经验，这些传统储运向现代物流转化是可行的。

传统仓储企业向现代物流的转变途径有如下几种。

（1）完善物流配送功能

从现代物流的角度看，在一些外延有所延伸、内涵有所深化的配套性、系列化代理服务中，有些服务已属物流范畴，可由物流经营者提供。如代买卖双方结算贷款、进行市场调查和预测、提供采购信息和咨询服务、代理供应商承担一定的商品促销、店铺商品陈列等活动，这些在国外都叫增值服务，是现代物流所大力提供的。

【小看板】这些增值活动只是物流的辅助活动，物流商并没有运用大量流动资金去从事实际的商品买卖，即物流商仓库中的商品是别人的而不是自己的，这与批发商或经营其他业务的服务商有很大的区别。

传统仓储企业今后的功能定位应在为购销双方提供专业化、社会化的物流和配送服务上，它应该成为真正的物流和配送专家，属于购销之外的第三方，即提供第三方物流。传统仓储企业为了完善功能，根据现代物流的特征与要求，也可以提供一些外延有所延伸、内涵有所深化的配套性、系列化代理服务。

(2) 以传统储运为基础，建立多种形式的物流、配送中心

与厂商、批发商、零售商及其他机构共建物流中心，成为他们的存货商、运输商、中转商、配送商、流通加工基地及厂商自由物流基地的后援，为社会提供第三方物流服务。独立建立物流中心，为厂商、批发商、零售商及其他机构提供第三方物流服务。

(3) 加强横向联合，开放各自的物流资源

传统储运业画地为牢、部门分割的现象比较严重，不同行业的仓储企业尽管在同一城市同一地区，各自的储运设施不过一墙之隔，但不能共用、不能形成网络，这就影响了企业大范围内合理组织物流活动的能力。现代物流要求仓储企业有能力在最短的时间内完成任何区域内的物流任务，同时物流成本还应合理。没有这种能力，商品供应、补货及配送的及时性就得不到保证，就会影响商品的市场占有率。而要完成这种任务，就必须建立任意区域的物流网络，打破部门分割、地区竞争，为加快实现仓储业的社会化、市场化和现代化创造条件。

【课后思考】

1. 现代物流的发展有哪几个阶段？简述各阶段的主要特点。
2. 简述现代物流的发展趋势。
3. 简述物流运输原理。
4. 简述运输在物流系统中的作用。
5. 简述仓储的基本功能。
6. 简述现代仓储业发展趋势。

【案例分析】

中储从传统储运企业业向现代物流企业转变

中国物资储运总公司占地面积1300万平方米，货场450万平方米，库房200万平方

米，仓储面积总量居全国同类企业之首。与新建物流企业相比，中储的成本极其低廉，具有大批量中转和多批次、小批量配送的先天优势，具备将仓库转变成大型物流中心的条件，便于各类企业物流业务的集中管理，形成规模效应，降低成本。

1. 中储的传统优势

中储的各物流中心共有铁路专用线 129 条，总长 144 公里，与全国各铁路车站可对发货物并存放在中储仓库，无论从产地出货，还是从消费地进货，客户都能获得铁路运输直接入库的经济、安全和便利。这是形成中储全国物流与区域配送相结合的服务特色的重要基础。

中储在推行现代企业制度的过程中，建立了以资产为纽带的母子公司体制，理顺了产权关系，形成了集团公司的框架。中储所属 64 个仓库分布在全国各大经济圈中心和港口，形成了覆盖全国、紧密相连的庞大网络。中储利用这一网络，不仅提供仓储运输等物流服务，还有效地整合商流资源，成为金属材料、纸制品、化肥等生产企业的代理分销商。物流重在网络，没有网络，就没有统一的服务标准、单证和结算体系，就不能真正做到“门到门”服务。中储有一个天然的网络，这是跻身市场、建立现代物流配送中心的基础。

2. 中储的增值服务

（1）现货交易及市场行情即时发布。中储的 20 多个仓库根据区域经济的需要，成为前店后库式的商品交易市场。包括：金属材料、汽车、建材、木材、塑料、机电产品、纸制品、农副产品、蔬菜水果和日用百货等市场，并在中储网站上发布全国各大生产资料市场的实时行情。

（2）物流的中间加工。中储的各大金属材料配送中心都配有剪切加工设备，如在天泽与上海宝钢、日本三菱商社合资兴建的天津宝钢储菱物资配送有限公司，总投资 1.3 亿元人民币，从日本引进具有国际先进水平的钢材横剪、纵剪生产线，年加工能力 10 万 ~ 12 万吨。

（3）全过程物流组织。中储凭借 40 年的储运经验和专业的物流管理队伍，运用现代信息技术为用户设计经济、合理的物流方案，整合内外部资源，包括：不同运输方式的整合、仓储资源与运输资源的整合和跨地区资源的整合等，组织全程代理和“门到门”服务，实现全过程物流的总成本最低。

（4）形式多样的配送服务。第一，生产配送。作为生产企业的产成品配送基地，为生产企业提供产前、产中、产后的原材料及产成品配送到生产线及全国市场的配送服务。如中储的天津唐家口仓库、陕西咸阳仓库等为周边的彩电生产厂提供配送服务。第二，销售配送。生产企业在产品出厂到销往全国市场途中，中储担当其地区配送中心的角色。生产企业将产品大批量运至中储各地的物流中心，由中储提供保管及其众多销售网点的配送服务。如：海尔、澳柯玛、长虹等企业的产品已通过中储各地的物流中心销往全国市场。第三，连锁店配送。为超级市场和连锁商店提供上千种商品的分拣、配送服务。如上海沪南公司为正大集团易初莲花超市提供随叫随到的配送服务。第四，加工配送。中储的许多物流中心为用户提供交易、仓储、加工、配送及信息服务的一条龙服务。

3. 运用现代物流技术

面对新经济给传统产业带来的严峻挑战和物流市场发展的巨大潜力，传统储运业务将退居从属地位，具备现代物流组织管理和实现内部信息化管理的新兴物流企业将成为行业的中坚。中储的目标是充分发挥中储股份的龙头作用，利用国内外两个资源及中储的内部资源，采取收购、兼并等手段，实现全国合理布局，建成一批与现代物流需求相适应的物流中心，进而推动中储整体向现代物流企业转变的步伐，与国际接轨把中储建成服务一流的现代物流企业。为此，中储总公司加快了系统信息化建设，投资成立“中储物流在线有限公司”，目的是将虚拟的电子网络和有形的物流网络有机结合，整合国内外资源，提升传统业务。在实施过程中，充分发挥自身的优势，首先完成系统内部物流网建设，包括：数据源、单证和业务流程的标准化，再造业务流程等，通过对传统企业的电子化改造，使之成为能够满足现代物流需求的数码仓库。实现以电子化配送中心，仓库、运输网络为基础，以数码仓库完备的现代物流组织为纽带，以中储电子商务物流平台为核心，横向联合运输网络系统、纵向连接行业分销系统，建立布局合理、运转高效的现代物流配送和分销电子商务网络体系。中储通过运用现代物流技术实现了从传统储运企业向现代物流企业的跨越。

通过以上资料，试总结中储向现代物流企业转变的主要特征。

2 运输方式与业务流程

学习目标

- 掌握现代物流运输方式及技术经济指标；
- 掌握运输方式选择的影响因素及方法；
- 了解各运输方式的组织与流程；
- 掌握不合理运输的主要形式；
- 了解运输合理化的有效措施。

2.1 运输方式及技术经济指标

2.1.1 现代物流运输方式

按运输设备及运输工具分类，现代物流运输方式可分为以下五种。

1. 公路运输

公路运输是指主要使用汽车，也使用其他车辆（如人、畜力车）在公路上进行客货运输的一种方式。公路运输主要承担近距离、小批量的货运，水运、铁路运输难以到达地区的长途大批量货运，铁路、水运优势难以发挥作用的短途运输。

2. 铁路运输

铁路运输是使用铁路列车运送客货的一种运输方式。铁路运输主要承担长距离、大批量的货运。在没有水运条件的地区，几乎所有大批量货物都是依靠铁路运输。

【小看板】全国主要铁路干线

表 2-1　全国主要铁路干线

南北铁路干线	东西铁路干线
京哈线：北京—哈尔滨	京包—包兰线：北京—包头—兰州

续 表

南北铁路干线	东西铁路干线
京广线：北京—广州	陇海—兰新线：连云港—兰州—乌鲁木齐
京九线：北京—九龙	沪杭线：上海—杭州
京沪线：北京—上海	浙赣线：杭州—株洲
太焦—焦柳线：太原—焦作—柳州	湘黔线：株洲—贵阳
宝成线：宝鸡—成都	贵昆线：贵阳—昆明
成昆线 ：成都—昆明	滨洲—滨绥线：满洲里—哈尔滨—绥芬河

3. 水路运输

水路运输是指利用船舶、排筏和其他浮运工具，在江、河、湖泊、人工水道以及海洋上运送旅客和货物的一种运输方式。水运主要承担大批量、长距离的运输，是在干线运输中起主力作用的运输形式。

【小看板】我国内河航运比较发达的水系有长江、京杭运河、珠江、松花江等，其中长江航线又被称为“黄金水道”。

4. 航空运输

航空运输是使用飞机或其他航空器进行运输的一种形式。

5. 管道运输

管道运输是利用管道输送气体、液体和粉状固体的一种运输方式。其运输形式是靠物体在管道内顺着压力方向循序移动实现的，和其他运输方式的重要区别在于，管道设备是静止不动的。

2.1.2 运输方式的技术经济特征

物流运输方式的技术经济特性可以用一定的技术经济指标来反映，即运营技术指标、实物指标和经济价值指标。其中，运营技术指标包括：运送的速度、运输能力、运输的连续性、运输的通用性、运输的机动性以及运输的安全性和可靠性等；实物指标包括劳动生产率、燃料和电力（能量）的单位需要量以及金属和其他材料的单位需要量；列入经济价值指标的有：运输成本、基建投资需要量、运输生产基金需要量、在途货物所需的国民经济流动资金，以及与运送时货物的灭失、腐烂和损坏有关的损失和非生产性支出等。

下面列举几个重要的技术经济特性加以详细说明。

1. 运输速度

物流运输的产品是货物的空间位移，以什么样的速度实现它们的位移是物流运输的一个重要技术经济指标。决定各种运输方式运输速度的一个主要因素是各种运输方式载体能达到的最高技术速度。作为运输工具，它的最高技术速度决定于通常的地面道路交通环境下允许的安全操作速度。

【小看板】目前，我国各种运输方式的技术速度分别是：铁路 80 ~160 千米/小时，海运 10 ~25 海里/时，河运 80 ~120 千米/小时，航空 900 ~1000 千米/小时。就运输速度而言，航空速度最快，铁路次之，水路最慢。

---

2. 运输工具的容量及线路的运输能力

由于技术及经济的原因，各种运输方式的运载工具都有其适当的容量范围，从而决定了运输线路的运输能力。公路运输由于道路的制约，其运载工具的容量最小，通常载重量是 5 ~10 吨，我国一般铁路的载重量是 3000 吨，水路运输的载重能力最大，从几千吨到几十万吨的船舶都有。

3. 运输成本

物流运输成本主要由四项内容构成：基础设施成本、转运设备成本、营运成本和作业成本。以上四项成本在各种运输方式之间存在较大的差异。铁路方面基础设施及运转设备方面的成本比重较大。评价各种运输方式的成本水平要考察多种因素。

4. 经济里程

运输的经济性与运输距离有紧密的关系。不同运输方式的运输距离与成本之间的关系有一定的差异。例如：铁路运输距离增加的幅度要大于成本上升的幅度，而公路则相反。从国际惯例来看，300 公里内被称为短距离运输，该距离内的客货量应该尽量分流给公路运输。一般认为，运输在 300 公里内主要选择公路运输，300 ~500 公里内主要选择铁路运输，500 公里以上则选择水路运输。

5. 环境保护

运输业是污染环境的主要产业部门之一，运输业产生环境污染的直接原因有以下几个：

①在空间位置移动的过程中，所必需的能源消耗以及交通运输移动体的固定部分与空气接触，产生噪声振动、大气污染等。

②交通设施的建设往往破坏植被，改变自然环境条件，破坏生态平衡。

③运输业动力装置排出来的废气是空气的主要污染源之一，在人口密集的地区尤其严重。油船溢油事故严重污染海洋，公路建设大量占用土地。

铁路、公路、水路、航空和管道五种运输方式的技术经济特征各有其特点。每一种运输方式有其优势但同时又存在不足。

1. 铁路运输的技术经济特性

(1) 铁路运输的优点

①运送速度较快。常规货运铁路列车的运行速度一般为每小时 60 ~ 80 公里，少数的常规铁路列车运行时速可高达 140 ~ 160 公里，高速铁路运行时速可达 210 ~ 260 公里。

②运输能力大。对于陆上运输而言，铁路运输的运送能力是最大的。一般来讲，一列货车可装 2000 ~ 3500 吨货物，重载列车可装 2 万吨以上的货物。

③运输适应性强。依靠现代科学技术，铁路几乎可以在任何需要的地方修建，可以实现全年全天候不停地运营，而且运输过程受自然和气候条件的限制很小。同时，铁路运输还具有较高的连续性和可靠性，适合各类货物长、短途的双向运输。

④运输的安全性高。随着先进技术的不断出现和在铁路运输中的应用，铁路运输的安全性越来越高。在各种现代化的运输方式中，按所完成的货运周转量计算的事故率，铁路运输是最低的。

⑤运输到发时间准确性较高。由于铁路运输统一调度并具有专用路权，因此，铁路运输能保证运输到发时间的准确性。

⑥运输能耗小。铁路运输轮轨之间的摩擦阻力小于汽车车轮和地面之间的摩擦力，铁路机车车辆单位功率所能牵引的重量约比汽车高 10 倍，所以铁路运输的单位能耗小。与此同时，铁路运输可以采用电力牵引，在节能方面占有优势。

⑦环境污染小。铁路运输对环境和生态的影响要比公路运输和航空运输小得多，其排放的废气对环境的污染约是汽车的 1/30，造成的噪声和能源消耗等也比公路运输小。电气化铁路对环境和生态平衡的影响则更小。

⑧单位成本较低。铁路运输由于运距长、运量大，单位成本较低，一般说来，铁路运输成本分别是汽车运输成本的 1/17 ~ 1/11，民航运输成本的 1/267 ~ 1/97。

(2) 铁路运输的缺点

①初期基本建设投资高，建设周期长。铁路运输固定资产的投资比例要远远高于其他运输方式，初始建设的投资包括：铁路线路的修建和机车的购买成本；占地多，随着人口的增长，这将给社会增加更多的负担。

②灵活性较差，营运缺乏弹性。这主要表现在：a. 铁路运输不能随着货源所在地的变更而变更其营运路线；b. 车站固定，不能随处停车；c. 不能实现“门到门”运输；d. 铁路运输只有达到一定的运输量，才能保证其经济性。

③货损较高。由于铁路运输在运输过程中需要编组，会对货物进行多次装卸搬运，如果不能精心处理，势必会造成货物的损坏。因此，铁路运输对货物的包装要求较高。

综合考虑以上所有因素，铁路适于在内陆地区运送中长距离、大运量、时间长、可靠性高的一般货物；在没有水运条件的地区，几乎所有大批量货物都依靠铁路来进行运送；从投资效果看，在运输量比较大的地区之间建设铁路比较合理。由于铁路运输途中作业需要一定时间，可能会出现货物滞留时间长的情况，因此，一般不适宜紧急运输。

2. 公路运输的技术经济特性

（1）公路运输的优点

①机动灵活。机动灵活是公路运输最显著的特点。它主要表现为：a. 空间上的灵活性。汽车运输在直达性上有明显的优势，最易实现“门到门”的运输。b. 时间上的灵活性。汽车运输能灵活制定运营时间表，运输中的伸缩性极大，通常可实现即时运输，根据货运的需求随时起运。c. 批量上的灵活性。汽车的运载量可大可小，小的单车运输可载运0.25吨的货物；大的拖挂运输可载重几十吨、几百吨，甚至上千吨的货物。d. 运输组织方式的灵活性。既可自成体系组织运输，又可作为其他运输方式的接运方式，与铁路、水路联运，为铁路、港口集散货物。e. 服务上的灵活性。能够根据货主的具体要求提供有针对性的服务，最大限度地满足不同性质货物的运送要求。f. 运行条件的灵活性。汽车对到达地点的设施要求不高，服务范围能深入工厂、矿山、车站、码头、山区、城镇街道及居民区等地点；普通货物的装卸对场地、设备没有专门的要求，停靠的站点可以灵活设置。

②原始投资少，资金周转快，技术改造容易。修建公路的材料和技术较容易解决，且公路建设的周期短；汽车车辆的购置费较低，原始投资的回收期短。

③货损、货差小，包装成本低。由于公路运输自身具有快速直达的特点，装卸搬运次数较少，运输途中的货物撞击少，因此，货物的破损率低、损耗小，一般不需要精细和特殊的包装，从而降低了包装成本。

（2）公路运输的缺点

①运输能力小。每辆普通载货汽车每次只能运送5吨货物，仅相当于普通货物列车运输能力的1/36～1/30。因此，相对于铁路运输而言，公路运输的运输能力是有限的。同时，由于汽车容积小，运送大件货物较为困难。

②运输能耗大。汽车运输能耗分别是铁路运输能耗的10.6～15.1倍、远海运输能耗的11.2～15.9倍、内河运输能耗的13.5～19.1倍、管道运输能耗的4.8～6.9倍，但比航空运输能耗小，只有航空运输能耗的6%～8.7%。

③运输成本高。由于公路运输的运输量小，相对于铁路运输和水路运输而言，公路运输的单位成本较高。公路运输成本分别是铁路运输成本的11.1～17.5倍、远海运输成本的27.7～43.6倍、管道运输成本的13.7～21.5倍，但比航空运输成本低，只有航空运输成本的6.1%～9.6%。

④劳动生产率低。衡量某种运输方式的生产效率主要看完成每吨公里运输所使用的人员数量。由于公路运输的运量低，装卸设备的机械化水平相对较低，因此，公路运输相对铁路运输和水路运输而言，生产效率较低。公路运输的劳动生产率只有铁路运输的10.6%、远海运输的1.5%、内河运输的7.5%，但比航空运输的劳动生产率高，是航空运输的3倍。

除此以外，公路运输的缺点还表现在：公路建设占地较多，随着人口的增长这一问题将表现得更为突出；公路运输造成道路的拥挤情况加重，对环境的污染较为严重。

3. 水路运输的技术经济特性

（1）水路运输的优点

①运输能力大。在五种运输方式中，水路运输能力最大。尤其是随着远洋运输船舶大型化的发展，承载3000万～4000万吨标箱的第四代集装箱船早已成为集装箱的主流船型。目前，第五代集装箱船和第六代集装箱船也得到了迅速的发展和广泛的应用。

②水路建设投资少。水路运输只需利用江河湖海等自然水力资源，除必须投资船舶、建设港口之外，运输航道的开发几乎不需要投资。即便航道的疏浚需要一定的费用，但比起修筑铁路的费用要少得多。

③运输能耗小，成本低。尽管由于港口建设项目的费用较大而使水路运输的场站费用较高，但是，由于船舶的载运量较大、运输里程长、燃料利用率高，所以水路运输的单位成本较低。

④运输通用性好。水路运输能运输各类不同的货物，尤其是大件货物，同时还能方便地实现集装箱运输和多式联运。而且对于海上运输来说，在运输条件良好的航道，通航能力几乎不受限制。

⑤劳动生产率高。水路运输因其运量大而劳动生产率较高。一般来说，沿海运输的劳动生产率是铁路运输的6.4倍，长江干线运输的劳动生产率是铁路运输的1.26倍。

（2）水路运输的缺点

①航速较低。船舶体积较大，水流阻力大，导致水路运输的航速较低。因此，作为五种运输方式中最慢的运输方式，水路运输的在途货物多、运输时间长，会在一定程度上增加货主的流动资金占用。

②受自然条件的影响较大。由于内河航道和某些港口受季节影响较大，冬季结冰、枯水期水位变低等均难以保证全年通航。同样，海上运输易受暴风和大雾的影响。另外，船舶到达港口时，如果航道水深不够会限制船舶入港。

③可达性差。水路运输只能在固定的水路航线上航行，不能实现“门到门”的运输，因此，大部分水路运输需要其他运输手段的配合和衔接，才能最终完成整个运输过程。

④由于船舶在行驶过程中受风浪的影响容易颠簸、摇晃，导致水路运输的货物破损较多。

⑤由于船舶在运输途中受天气、港口等多方面因素的影响，运输时间难以保证，因此，水路运输的可靠性较差。

综合考虑以上所有因素，水路运输的综合优势较为突出，比较适宜于运距长、运量大、时效性要求不太高的各种大宗货物的运输，特别是适合于集装箱运输以及国际贸易运输，对于矿石、煤炭、石油、粮食等散货的运输也较为适合。

4. 航空运输的技术经济特性

（1）航空运输的优点

①运送速度快。与其他运输方式相比，运送速度快是航空运输最显著的特征。在非常注重时间价值的现代社会，快速是其他任何运输方式都无法比拟的特殊优势。

②机动性大。飞机在空中飞行，其运输航线既可以跨洋越海，又能够翻山越岭，无须建路搭桥，开凿隧道，又无须占用大量土地；飞机飞行基本不受地理条件的限制，几乎可以飞越各种天然障碍，可以到达其他运输方式难以到达的地方。因此，航空运输的机动性

也是其他运输方式所无法比拟的优势。尤其是在执行对灾区的救援、供应以及对边远地区的急救等紧急任务方面，航空运输已成为必不可少的手段。

③安全性高。与其他运输方式相比，航空运输的管理制度比较严格、完善，而且航空运输的中间环节较少。因此，运输过程中发生意外损失的机会也就少得多。现代喷气式飞机的飞行相当平稳，商品的破损率也比较低。按单位货运周转量或单位飞行时间的损失统计，航空运输的安全性比其他任何运输方式都高。

④基本建设周期短，投资少。从设备条件上讲，发展航空运输只要购置飞机和修建机场，这与修建铁路和公路相比，具有建设周期短、占地少、投资省、收效快的优势。

⑤货物包装要求低。因为飞机飞行的平稳性和自动着陆系统的使用，可大大降低货损的比率，所以空运货物的包装要求通常比其他运输方式要低。

（2）航空运输的缺点

①载运量小。由于飞机的机舱容积和载重量的限制，航空运输的载运量相对比较小，因此，不能承运大型、大批量的货物。

②运输成本高。飞机购置、租借、维修费用高，燃油消耗量大，因此，航空运输成本一直居高不下，目前仍然是一种最昂贵的运输方式，这在很大程度上也限制了航空运输的发展。

③易受天气条件的影响。因为飞机的飞行条件要求较高，航空运输在一定程度上受天气条件的影响较大，如遇大雨、大雾、台风等天气，不能保证货物运送的准点性和正常性。

④可达性差。通常情况下，航空运输难以实现“门到门”的运输，必须借助于其他运输工具来转运才能实现。

综合考虑以上所有因素，航空运输比较适合运输体积小、价值高的贵重物品，以及时间性强的鲜活、易腐和季节性强的特殊物品，例如，精密仪器、电子产品、成套设备中的精密仪器等；鲜花、食品、海鲜、高档时装等；还有航空邮件、救灾物资等。

5. 管道运输的技术经济特性

（1）管道运输的优点

①运量大。由于管道能够进行不间断的输送，输送连续性强，不产生空驶，因而运输量大。

【小看板】管径 529 毫米的管道，年输送能力可达 1000 万吨；管径 630 毫米的管道，年输送能力可达 1500 万吨；管径 720 毫米的管道，年输送能力可达 2000 万吨，这几乎相当于一条单线铁路单方向的输送能力；管径为 1200 毫米的管道，年输送能力可达 1 亿吨。

---

②管道建设周期短，费用低，占地少。管道建设只需要铺设管线、修建泵站，工程量比修建铁路要小且建设周期短。

③运输安全可靠，连续性强。由于石油、天然气易燃、易爆、易渗漏，采用管道运输方式，既安全又可大大减少挥发损耗，同时由于渗漏导致空气、水和土壤的污染也可大大减少。也就是说，管道运输能较好地满足运输工程的绿色环保要求。此外，由于管道基本埋在地下，其运输过程在恶劣多变的气候条件下，也可以确保运输系统长期、稳定地运行。

④能耗小，成本低，效益好。由于采用密封设备，在运输过程中可避免散失、丢失等现象，也不存在其他运输方式容易产生的无效运输的问题。所以，在各种运输方式中，管道运输能耗最小，每吨千米的能耗不足铁路运输的1/7，而在大批量运输时能耗与水路运输接近，运输成本低。以石油运输为例，管道运输、水路运输、铁路运输的运输成本之比为1∶1∶1.7。

（2）管道运输的缺点

①专用性强，灵活性差。管道运输功能单一，只能运输石油、天然气及固体料浆，只能在固定的管道中实现单向运输，不能随便扩展管线，所以，管道运输不如其他运输方式灵活，不能实现“门到门”的运输服务。

②管道建设的初期投资建设成本较大。此外，在运输量明显不足时，运输成本会显著地增大。

综合考虑以上所有因素可以看出，管道运输比较适合于担负单向、定点、量大的流体状货物的运输。另外，在管道中运输固态货物（如粮食、砂石、邮件等）也有良好的发展前景。

表2-2　各种运输方式的技术经济特征

运输方式	铁路运输	公路运输	水路运输	航空运输	管道运输
运输成本	低于公路	仅比航空运输成本低	一般较铁路低	成本最高	与水运接近
速度	长途快于公路运输，短途慢于公路运输	速度较快	速度较慢	速度极快	气体、液体流动速度较快
能耗	能耗低于公路和航空运输	能耗高于铁路和水路运输	能耗低，船舶单位能耗低于铁路	能耗极高	能耗最小，在大批量运输时与水运接近
便利性	机动性差，需要其他运输方式的配合和衔接才能实现“门到门”运输	机动灵活，能够进行“门到门”运输	需要其他运输方式的配合和衔接，才能实现“门到门”运输	难以实现“门到门”运输，必须借助其他运输工具进行集疏运	运送货物种类单一，且管线固定，运输灵活性差

续 表

运输方式	铁路运输	公路运输	水路运输	航空运输	管道运输
投资	投资额大、建设周期长	投资小，投资回收期短	投资少	投资较少	建设费用比铁路低60%左右
运输能力	能力大，仅次于水路	载重量不高，运送大件货物较为困难	运输能力最大	只能承运小批量、体积小的货物	运输量大
对环境的影响	占地多	占地多，环境污染严重	土地占用少	占地少，污染小	占地少，对环境无污染
适用范围	大宗低值货物的中、长距离运输，也适用于大批量、时间性强、可靠性要求高的一般货物和特种货物的运输	近距离、小批量的货运或水运铁路难以到达地区的长途、大批量货运	运距长，运量大，对送达时间要求不高的大宗货物运输，也适合集装箱运输	价值高、体积小、送达时效要求高的特殊货物	单向、定点、量大的流体状且连续不断的货物的运输

2.2 运输方式选择

2.2.1 运输方式选择的影响因素

综上所述，现代运输主要有铁路、公路、水路、航空和管道五种运输方式。在这五种基本运输方式的基础上，可以组成不同的综合运输，各种运输方式都有其特定的运输路线、运输工具、运输技术、经济特性及合理的使用范围。所以，只有熟知各种运输方式的效能和特点，结合商品的特性、运输条件、市场需求，才能合理地选择和使用各种运输方式，获取较好的运输绩效。

为了选择正确的运输方式，降低运输成本，必须考虑下面几个因素。

1. 货物的种类

货物的价格、单件重量、体积、形状、危险性、变质性等都是影响运输方式选择的重要因素。

2. 运输量

运输量对运输工具的选择也有重大影响。一般来说，15～20 吨以下的货物宜采用公路运输；20 吨以上百吨以内的货物宜采用铁路运输；数百吨以上的粗大笨重货物可选择船舶运输。

3. 运输距离

运输距离的远近决定了各种运输工具运送货物时间的长短，运输时间的长短对能否及时满足顾客需要，减少资金占用有重要影响。所以，运输距离是选择运输工具时应考虑的一个重要因素。一般情况下，运距在300千米以内宜采用公路运输；300～500千米的区间可采用铁路运输；500千米以上的可采用船舶运输。

4. 运输时间

运输时间与客户要求的交货日期相联系，与运输企业的服务水平相联系。对于市场急需的商品，承运人必须选择速度快的运输工具，如航空或汽车直达运输，以免贻误时机；反之则可选择成本较低而速度较慢的运输工具。

5. 运输成本

运输成本会因货物的种类、重量、容积、运距不同而不同，而且运输工具也会影响运输成本。运输成本的高低将直接影响企业经济效益的高低。

6. 运输工具的可得性

由于时间、地点条件的限制，不是所有承运人都能很容易地获得所需要的运输工具。例如，将木材从大兴安岭运到北京，采用水路运输是最经济的。因为木材是散装的，不需要专门的保护，而且能承受较长时间的运输。但大兴安岭没有水路，因而只能通过汽车运输到火车站，然后通过铁路运到北京。这说明在选择运输方式时，往往只能在现有的运输工具中进行选择。

7. 运输的安全性

运输的安全性包括所运输货物的安全、运输人员的安全以及公共安全。货物的特性以及对安全性的要求直接影响到运输工具的选择。对运输人员和公共安全的考虑也会影响到货物的安全措施，进而影响到运输方式的选择。如对于危险品运输要采取更加安全的措施，尤其是航空运输，因为航空运输安全与否造成的后果远比其他运输方式严重。

8. 其他影响因素

运输方式的选择除了受上述列举的因素影响外，还受法律环境、经济环境、社会环境等因素的影响。例如：随着物流量的增大，噪声、振动、大气污染、海洋污染、交通事故等问题日益严重，政府为解决这些问题所制定的法律、法规相继出台，并日益严格；对于公路运输超载货物、超速运行的现象，对于航空、水路、铁路、公路运输中特种货物的运输，分别做出相应的规定等，这些都会影响托运人对运输方式的选择。

对于托运人和承运人来说，上述各种因素的影响是不同的，所以在具体的运输业务中，承运人可根据货主或托运人的要求，比较不同运输方式的不同运输特性进行最优选择。由于上述因素是相互关联、相互作用的，所以在选择运输方式时应综合考虑和协调各影响因素的关系。

2.2.2 运输方式的选择方法

在各种运输方式中，如何选择适当的运输方式是物流合理化的重要问题。一般来讲，应根据物流系统要求的服务水平和可以接受的物流成本来决定，采取定性分析与定量分析的方法进行考虑，可以选择一种运输方式，也可以选择使用联运的方式。

1. 定性分析法

定性分析法主要依据完成运输任务可用的各种运输方式的运营特点及主要功能、货物的特性以及货主的要求等因素，对运输方式进行直观选择的方法。

（1）单一运输方式的选择

单一运输方式的选择，就是选择一种运输方式提供运输服务。在决定运输方式时，应以运输工具的服务特性作为判断的基准。一般要考虑的因素是：

①运费的高低。

②运输时间——到货时间的长短。

③频度——可以运、配送的次数。

④运输能力——运量的大小。

⑤货物的安全性——运输途中的破损及污染等。

⑥时间的准确性——到货时间的准确性。

⑦适用性——是否适合大型货物运输。

⑧伸缩性——是否适合多种运输需要。

⑨网络性——和其他运输工具的衔接。

⑩信息——货物所在位置的信息交流和传递。

在这些因素中必须根据不同的运输需要来确定，一般认为，运费和运输时间是最为重要的选择因素，具体进行选择时应从运输需要的不同角度综合加以权衡。公路、铁路、水路、航空和管道五种基本运输方式各有自身的优点与不足，可以根据五种基本运输方式的优势、特点，结合运输需求进行恰当的选择。同时，在考虑运输的经济性时，不能只从运输费用本身来判断，还要考虑因运输速度加快缩短了货物的备运时间，使货物的必要库存减少，从而减少了货物保管费的因素，若要保证运输的安全、可靠、迅速，成本就会增多等。

（2）多式联运的选择

多式联运的选择，就是选择两种以上的运输方式联合起来提供运输服务。多式联运的主要特点是可以在不同运输方式间自由变换运输工具，以最合理、最有效的方式实现货物的运输。多式联运的组合方法很多，但在实际运输中，一般只有铁路与公路联运、公路或水路与铁路联运、航空与公路联运得到较为广泛的应用。

铁路与公路联运，即公铁联运，或称为驮背运输，是指在铁路平板车上载运卡车拖车进行的长距离运输。驮背运输综合了汽车运输灵活、方便以及铁路运输长距离、经济、准时的优势，运费通常比单纯的卡车运输要低。采用驮背运输，卡车运输公司可以延伸服务范围，而铁路部门也能够分享到长距离“门到门”货物运输的便捷。因此，驮背运输，即公铁联运成为目前最受欢迎的多式联运方式。

公路或铁路与水路联运，也称为鱼背运输，是指将卡车拖车、火车车厢或集装箱转载驳船上或大型船舶上进行的长距离运输。鱼背运输的最大优势是运量大、运费低，所以在国际多式联运中被广泛采用。

航空与公路联运也是被广泛采用的运输方式，这种将航空运输快捷、公路运输灵活方便的多种优势融合在一起提供的运输服务，能以最快的方式实现长距离“门到门”的货物运输。

2. 定量分析法

运输方式选择的定量分析法有综合评价法、成本比较法、考虑竞争因素的方法等多种方法，应用时可根据实际情况选择其中的一种进行定量分析。但由于运输问题影响因素复杂，很难用一种计算结果来决定一切，计算结果可以作为决策的重要参考依据。

（1）综合评价法

运输方式的选择应满足运输的基本要求，即经济性、迅速性、安全性和便利性。由于运输对象、运输距离和货主对运输时限要求不一样，对经济性、迅速性、安全性和便利性的要求程度也不同，因此可采取综合评价的方法来进行运输方式的确定。

假设评价运输方式的重要度为：

①经济性（F_1）：主要表现为费用（运输费、装卸费、包装费、管理费等）的节省；在运输过程中，总费用支出越少则经济性越好。其重要度，即权重系数为 b_1。

②迅速性（F_2）：指货物从发货地到收货地所需要的时间，即货物在途时间，其时间越少，迅速性越好。其权重系数为 b_2。

③安全性（F_3）：安全程度通常指货物的完整程度，以货物的破损率表示。破损率越小，安全性越好。其权重系数为 b_3。

④便利性（F_4）：各种运输方式的便利性的定量计算比较困难，实际因素很多，如换装次数、办理手续的方便度与时间等。为简便计算，在一般情况下，可以近似利用发货人所在地至装车（船、飞机）地之间的距离来表示。距离越近，便利性越好。其权重系数为 b_4。

则各运输方式的综合重要度为：

$$F = b_1F_1 + b_2F_2 + b_3F_3 + b_4F_4$$

设铁路以 T 表示，公路以 G 表示，水路以 S 表示，航空以 H 表示，则：

$$F(T) = -[b_1F_1(T) + b_2F_2(T) + b_3F_3(T) + b_4F_4(T)]$$
$$F(G) = -[b_1F_1(G) + b_2F_2(G) + b_3F_3(G) + b_4F_4(G)]$$
$$F(S) = -[b_1F_1(S) + b_2F_2(S) + b_3F_3(S) + b_4F_4(S)]$$
$$F(H) = -[b_1F_1(H) + b_2F_2(H) + b_3F_3(H) + b_4F_4(H)]$$

注意，经济性费用支出 C 越大，经济性越差，所以应用“－”号；同理，迅速性中，运输时间越长，迅速性越差；安全性中，破损率越高，安全性越差；便利性中，发（到）

货地到装（卸）载地的距离越长，其便利性越差，也都用“－”号。

比较其值，数值最大者为应选运输方式。由于 F_1、F_2、F_3、F_4 的数值难以确定，所以先分别计算出经济性、迅速性、安全性、便利性在各种运输方式中的平均值，再以某种运输方式值与平均值比较，得到其相对值。

经济性：各种运输方式的平均费用为

$$C^* = \frac{C(T) + C(G) + C(S) + C(H)}{4}$$

式中：C^*——四种运输方式费用支出的平均值；

$C(T)$——铁路运输费用的支出；

$C(G)$——公路运输费用的支出；

$C(S)$——水路运输费用的支出；

$C(H)$——航空运输费用的支出。

各种运输方式的经济性，可用相对值表示如下：

$$F_1(G) = \frac{C(G)}{C^*} \qquad F_1(T) = \frac{C(T)}{C^*}$$

$$F_1(S) = \frac{C(S)}{C^*} \qquad F_1(H) = \frac{C(H)}{C^*}$$

迅速性：

$$D^* = \frac{D(T) + D(G) + D(S) + D(H)}{4}$$

$$F_2(G) = \frac{D(G)}{D^*} \qquad F_2(T) = \frac{D(T)}{D^*}$$

$$F_2(S) = \frac{D(S)}{D^*} \qquad F_2(H) = \frac{D(H)}{D^*}$$

式中：D^*——四种运输方式所需运输时间的平均值；

$D(T)$——铁路运输所需运输时间；

$D(G)$——公路运输所需运输时间；

$D(S)$——水路运输所需运输时间；

$D(H)$——航空运输所需运输时间。

安全性：

$$E^* = \frac{E(T) + E(G) + E(S) + E(H)}{4}$$

$$F_3(G) = \frac{E(G)}{E^*} \qquad F_3(T) = \frac{E(T)}{E^*}$$

$$F_3(S) = \frac{E(S)}{E^*} \qquad F_3(H) = \frac{E(H)}{E^*}$$

式中：E^*——四种运输方式货物破损率的平均值；

$E(T)$——铁路运输的货物破损率；
$E(G)$——公路运输的货物破损率；
$E(S)$——水路运输的货物破损率；
$E(H)$——航空运输的货物破损率。

便利性：

$$L^* = \frac{L(T) + L(G) + L(S) + L(H)}{4}$$

$$F_4(G) = \frac{L(G)}{L^*} \qquad F_4(T) = \frac{L(T)}{L^*}$$

$$F_4(S) = \frac{L(S)}{L^*} \qquad F_4(H) = \frac{L(H)}{L^*}$$

式中：L^*——四种运输方式发（到）货地到装（卸）载地距离的平均值；
$L(T)$——铁路运输发（到）货地到装（卸）载地的距离；
$L(G)$——公路运输发（到）货地到装（卸）载地的距离；
$L(S)$——水路运输发（到）货地到装（卸）载地的距离；
$L(H)$——航空运输发（到）货地到装（卸）载地的距离。

根据以上的计算结果，代入下面公式，可得到各 $F(T)$、$F(G)$、$F(S)$、$F(H)$ 的值，其数值最大者为最优。

$$F(T) = -\left[b_1 \frac{C(T)}{C^*} + b_2 \frac{D(T)}{D^*} + b_3 \frac{E(T)}{E^*} + b_4 \frac{L(T)}{L^*}\right]$$

$$F(G) = -\left[b_1 \frac{C(G)}{C^*} + b_2 \frac{D(G)}{D^*} + b_3 \frac{E(G)}{E^*} + b_4 \frac{L(G)}{L^*}\right]$$

$$F(S) = -\left[b_1 \frac{C(S)}{C^*} + b_2 \frac{D(S)}{D^*} + b_3 \frac{E(S)}{E^*} + b_4 \frac{L(S)}{L^*}\right]$$

$$F(H) = -\left[b_1 \frac{C(H)}{C^*} + b_2 \frac{D(H)}{D^*} + b_3 \frac{E(H)}{E^*} + b_4 \frac{L(H)}{L^*}\right]$$

（2）成本比较法

如果不将运输服务作为竞争手段，那么能使该运输服务的成本与该运输服务水平导致的相关间接库存成本之间达到平衡的运输服务就是最佳的服务方案。这里必须注意的是运输服务与运输成本之间、运输成本与其他物流成本之间存在“效益背反”关系，也就是说，运输的速度和可靠性会影响托运人和买方的库存水平（周转库存和安全库存）以及他们之间的在途库存水平，这种关系如图 2－1 所示。如果选择速度慢、可靠性差的运输服务，物流渠道中就需要有更多的库存。这样，就需要考虑库存持有成本可能升高，而抵消运输服务成本降低的情况。因此，方案中最合理的应该是，既能满足顾客需求，又使总成本最低的服务。

【例 2－1】某公司欲将产品从坐落位置 A 的工厂运往坐落位置 B 的公司自有仓库，年运量 D 为 70 万件，每件产品的价格 C 为 30 元，每年的存货成本 I 为产品价格的 30%。

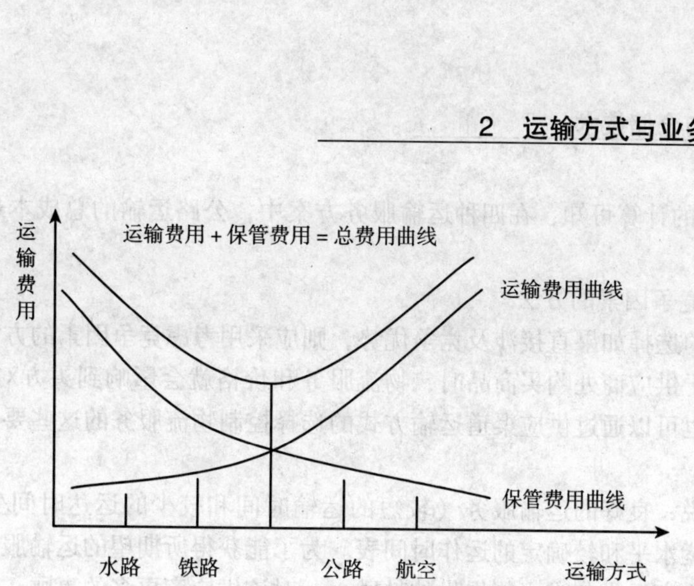

图2-1　运输方式与运输费用的关系

公司希望选择使总成本最小的运输方式。据估计，运输时间每减少一天，平均库存水平可以减少1%。各种运输服务的有关参数如表2-3所示，试确定最优的运输方式。

表2-3　各运输服务的有关参数

运输方式	运输费率 *R*（元/件）	运达时间 *T*（天）	每年运输批次	平均存货量 *Q*/2（件）
铁路运输	0.10	21	10	100000
驼背运输	0.15	14	20	50000×0.93
公路运输	0.20	5	20	50000×0.84
航空运输	1.40	2	40	25000×0.81

在途运输的年存货成本为*IDCT*/365，两端储存点的存货成本各为*ICQ*/2，但其中的*C*值有差别，工厂储存点的*C*为产品的价格，购买者储存点的*C*为产品价格与运费之和。运输服务方案比较见表2-4。

表2-4　运输服务方案比较表

成本类型	计算方法	运输服务方案			
		铁路运输（元）	驼背运输（元）	公路运输（元）	航空运输（元）
运输费用	*RD*	70000	105000	140000	980000
在途存货	*ICDT*/365	362465	241644	86301	34521
工厂存货	*ICQ*/2	900000	418500	378000	182250
仓库存货	*I*（*C*+*R*）*Q*/2	903000	420593	380520	190755
总成本		2235465	1185737	984821	1387526

由表 2 - 4 的计算可知，在四种运输服务方案中，公路运输的总成本最低，因此应选择公路运输。

(3) 考虑竞争因素的方法

运输方式的选择如果直接涉及竞争优势，则应采用考虑竞争因素的方法。当买方通过供应渠道从若干供应商处购买商品时，物流服务和价格就会影响到买方对供应商的选择。反之，供应商也可以通过供应渠道运输方式的选择控制物流服务的这些要素，影响买方的消费决策。

对买方来说，良好的运输服务（较短的运输时间和较少的运达时间变动）意味着可保持较低的存货水平和较确定的运作时间表。为了能获得所期望的运输服务，从而降低成本，买方对供应商提供其唯一能提供的鼓励——对该供应商更多的惠顾。买方的行为是将更大的购买份额转向能提供较好运输服务的供应商，供应商可以用从交易额扩大而得到的更多利润去支付由于特殊的运输服务而增加的成本，从而鼓励供应商去寻求更适合于买方需要的运输服务方式，而不是单纯追求低成本。这样，运输服务方式的选择成了供应商和买方共同的决策。当然，当一个供应商为了争取买方而选择特殊的运输方式时，参与竞争的其他供应商也可能做出竞争反应，而他们会做出怎样的竞争反应就很难估计了。因此，下述的例子说明的是在不考虑供应商的竞争对手反应的情况下，买方向能提供特殊运输服务的供应商转移更多交易份额的程度。

【例 2 - 2】某制造商分别从两个供应商处购买了共 3000 个配件，每个配件单价 100 元。目前这 3000 个配件是由两个供应商平均提供的，如供应商缩短运达时间，则可以多得到交易份额，每缩短一天，可从总交易量中多得 5% 的份额，即 150 个配件。供应商从每个配件可赚得占配件价格（不包括运输费用）20% 的利润。

于是供应商 A 考虑，如果将运输方式从铁路运输转到公路运输或航空运输是否有利可图。各种运输方式的运费率和运达时间如表 2 - 5 所示。

表 2 - 5　　各运输方式的运费率和运达时间

运输方式	运费率（元/件）	运达时间（天）
铁路运输	2.50	7
公路运输	6.00	4
航空运输	10.35	2

显然，供应商 A 只能根据他可能获得的潜在利润来对运输方式进行选择。表 2 - 6 所示的是供应商 A 使用不同的运输方式可能获得的预期利润。

如果制造商对能提供更好运输服务的供应商给予更多份额的交易的承诺实现，则供应商 A 应当选择公路运输。当然，与此同时，供应商 A 要密切注意供应商 B 可能做出的竞争反应行为，如果出现这种情况，则可能削弱供应商 A 可能获得的利益，更为严重的是利益化为泡影。

表 2－6 供应商 A 使用不同运输方式的利润比较表

运输方式	销售量（件）	毛利（元）	运输成本核算（元）	净利润（元）
铁路运输	1500	30000.00	3750.00	26250.00
公路运输	1950	39000.00	11700.00	27300.00
航空运输	2250	45000.00	23287.50	21712.50

通过上述关于运输服务选择问题的讨论应该认识到，在考虑运输服务直接成本的同时，有必要考虑运输方式对库存成本和运输绩效对物流渠道成员购买选择的影响。除此之外，还有其他一些因素需要考虑，其中有些是决策者不能控制的。

第一，如果供应商和买方对彼此的成本有一定了解将会促进双方的有效合作。但供应商和买方如果是相互独立的法律实体，二者之间若没有某种形式的信息交流，双方就很难获得完全的成本信息。在任何情况下，合作都应该朝着更密切关注对方对运输服务选择的反应或对方购买量的变化的方向发展。

第二，如果分拨渠道中有相互竞争的供应商，买方和供应商都应该采取合理的行动来平衡运输成本和运输服务，以获得最佳收益。当然，无法保证各方都会理智行事。

第三，还没有考虑对价格的影响。假如供应商提供的运输服务优于竞争对手，他很可能会提高产品的价格来补偿（至少是部分补偿）增加的成本。因此，买方在决定是否购买时，应同时考虑产品价格和运输绩效。

第四，运输费率、产品种类、库存成本的变化和竞争对手可能采取的反击措施都增加了问题的动态因素，在此并没有直接涉及。

第五，这里没有考虑运输方式的选择对供应商存货的间接作用。供应商也会和买方一样，由于运输方式变化改变运输批量，进而导致库存水平的变化。供应商可以调整价格来反映这一变化，反过来又影响运输服务的选择。

2.3 运输组织与流程

由于货物千差万别，品种繁多，批量各异，并且要求相应的运输工具与之相适应，所以为了有效地满足人们的需求，物流运输便产生了多种不同的运输组织形式。这些组织形式在各种运输条件下形成了自己的特色并发挥出独特的作用。

2.3.1 铁路运输的组织与流程

1. 组织形式

根据托运人所托运货物的数量、体积、形状等条件，结合铁路车辆和设备情况，其组织形式可分为三种：整车运输、零担运输和集装箱运输。

（1）整车运输

整车运输，是指一批货物的重量、体积、性质或形状需要用一辆或一辆以上的货车来装运（用集装箱装运除外）的运输组织形式。整车运输应符合以下条件。

①货物的重量或体积：我国现有的货车以棚车、敞车、平车和罐车为主，标记载重量（简称为标重）大多为50吨、60吨及以上，棚车的容积在100立方米以上。达到这个重量或容积条件的货物，应按整车运输。有一些专为运输某种货物的专用货车，如毒品车、散装水泥车、散装粮食车、长大货物车、家畜车等，需按专用货车的标重、容积确定货物的重量与体积是否需要一辆货车装载。

②货物的性质或形状：有些货物虽然重量、体积不够装载一车，但按其性质、形状需要单独使用一辆（阔大货物至少需要一辆）货车时，也应按整车运输。下列货物除按集装箱运输外，应按整车运输办理（即不得按零担运输的货物）：a. 需要冷藏、保温或加温运输的货物；b. 根据规定应按整车运输的危险货物；c. 易于污染其他货物的污秽品；d. 蜂蜜；e. 不易计算件数的货物；f. 未装容器的活动物；g. 单件货物重量超过2吨、体积超过3立方米或长度超过9米的货物（经始发站确认不影响中转站和到站装卸作业的除外）。

（2）零担运输

零担运输，是指一批货物的重量、体积、性质或形状不需要用一辆货车装运的运输组织形式。为了保证货物拼装后的安全，便于装卸作业和仓库保管，零担托运的货物一般需具备两个条件：一是单件货物的体积最小不得小于0.02立方米（单件货物重量在10千克以上的除外）；二是一张运单托运的货物不得超过300件。

（3）集装箱运输

集装箱运输，是指利用集装箱运输货物的方式，是一种既方便又灵活的运输方式。它可以进行机械装卸，在与其他运输方式联运或中途中转时，无须进行转载，可直接从一种运输工具换到另一种运输工具上。适合采用集装箱运输的货物，一般被称为适箱货。

2. 车站货物作业组织

车站货物作业组织，按运输过程分为发送作业、途中作业和到达作业。

（1）货物的发送作业

主要包括：托运人向作为承运人的发车站申报运输要求，提交货物运单办理托运，然后交货装车并交付运费，将领货凭证递交收货人；发车站受理托运人的运输要求，审查货物运单，验收货物及其运输包装、收费，与托运人共同完成承运手续。承运时机因运输种类不同而异，整车货物先装车后承运，零担和集装箱货物则是先承运后装车。

（2）货物的途中作业

主要包括：途中货物的交接和检查、货物的换装整理、运输合同解除或变更及运输障碍处理等。为了提高货物运输质量，运输过程中的各个作业环节必须密切配合，严格按规定操作，尽可能减少非正常途中作业的发生。除上述作业外，零担货物和集装箱货物的中转作业、易腐货物的途中加冰、加盐或控温也属于货物的途中作业，其作业方式按铁路相关规章办理。

（3）货物的到达作业

货物到站所进行的各项作业，统称为货物的到达作业。主要包括：收货人向承运人的到站查询、缴费、接收货物运单、领货，与到达站点共同完成交付手续；到达站作为承运人向收货人发出货物催领通知，接收到货查询、收费、交货、交单，与收货人共同完成交付手续。

到达站在向收货人点交货物或办理交接手续后，即交付完毕；发车站由托运人组织装车，到达站由收货人组织卸车，到达站在货车交接地点交接完毕，即交付完毕。

铁路货物作业流程如图 2－2 所示。

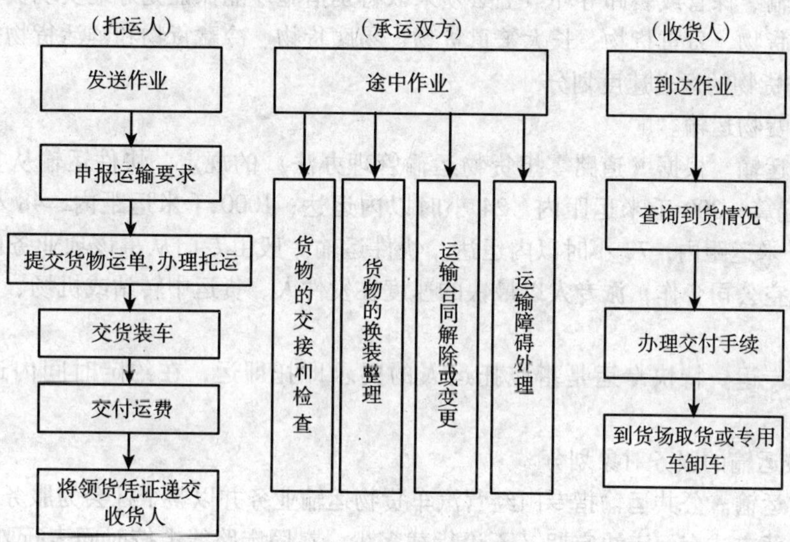

图 2－2 铁路货物作业流程

2. 3. 2 公路运输的组织与流程

1. 组织方式

科学、合理地组织车辆运行，可以取得十分显著的效果。从不同的角度出发，公路运输的组织形式可以有多种划分方法。其中，较为常见的有按货物的营运方式划分的组织形式，按货物的类别划分的组织形式，按货物的运送速度划分的组织形式，按运输的服务对象划分的组织形式等，应从实际情况出发加以选用，并加强对它们的组织。

（1）按货物的营运方式划分

①整车运输。整车运输指托运人一次托运货物的重量必须在 3 吨以上（含 3 吨）的运输组织形式。如果货物重量虽在 3 吨以下，但不能与其他货物拼装运输，需单独提供车辆办理运输，则也可视为整车运输，例如鲜活货物、需用专车运输的货物、危险品、易于污染其他货物的污秽货物、难以计数的散装货物等必须按整车运输办理相关的托运手续。

②零担运输。零担运输是指托运人一次托运货物的重量不足3吨的运输组织形式。零担货物具有运量零星、批数较多、流向分散、品种繁杂、货物的运输组织工作较为复杂等特点。零担运输可以采取定线路、定时间、定班次、定人员的运输形式。

③联合运输。联合运输的方式有公铁联运、公水联运和公航联运等。

④集装箱运输。集装箱运输是利用集装箱组织的汽车运输。

（2）按货物的类别划分

①普通货物运输。普通货物是指在运输、保管及装卸工作中没有特殊要求，不必采用专用汽车运输的货物。

②特种货物运输。特种货物是指货物的本身性质、体积、质量和价值等方面具有特别之处，在运输、保管或装卸等环节上必须采取特别措施才能保证完好地实现货物运送，具体包括危险货物、贵重货物、长大笨重货物、易腐货物、冷藏货物和鲜活货物等。

（3）按货物的运送速度划分

①一般货物运输。

②快件运输。根据《道路零担货物运输管理办法》的规定，快件运输从货物受理的当天15时起算，300千米运距内，24小时以内运达；1000千米运距内，48小时以内运达；2000千米运距内，72小时以内运达。快件运输一般由专门从事该项业务的公司和运输公司、航空公司合作，派专人以最快的速度在发件人、货运中转站或机场、收件人之间递送急件。

③特快专运。特快专运是指应托运人的要求即托即运，在约定时间内运达的运输方式。

（4）按运输的服务对象划分

①公共运输。公共运输指专门经营汽车货物运输业务并以整个社会为服务对象的运输形式，其经营方式有：定线定期（不论货载多少，在固定路线上按时间表行驶）、定线不定期（在固定路线上视货载情况，派车行驶）、定区不定期（在固定的区域内根据货载需要，派车行驶）。

②契约运输。契约运输按照托运人与承运人签订的运输契约来运送货物。托运人一般都是一些大型企业，常年运量较大且稳定。契约期限一般都比较长，短的有半年、一年，长的可达数年。按契约的规定，托运人保证提供一定的货运量，承运人保证提供所需的运力。

③自用运输。自用运输指工厂、企业、机关自购汽车，专为运送自己的物资和产品，一般不对外营业。

④代理运输。代理运输指公路货运代理人本身既不掌握货源也不掌握运输工具，他们以中间人的身份一面向货主揽货，一面向运输公司托运，借此收取手续费用和佣金。

（5）其他划分方法

①双班和多班运输。这是按照车辆工作的班次多少来划分的。双班运输是指在一昼夜内车辆工作两个班次的运输形式；多班运输是指在一昼夜内车辆工作两个以上班次的运输形式。采用双班或多班运输的目的是增加车辆的工作时间，从而提高车辆的利用率，降低

运输成本。一般情况下，双班运输比单班运输可提高60% ~70%的车辆利用率。

②普通载货汽车运输和拖挂运输。这是根据汽车是否有挂车来划分的。拖挂运输是利用牵引车和挂车组成的汽车、列车进行运营的一种运输形式。它有定挂运输和甩挂运输两种形式。定挂运输是指牵引车与挂车不分离，一直作为一个整体进行运输活动；甩挂运输是指载货汽车或牵引车不固定挂车，而是按照一定的运输计划更换挂车运行的形式。

公路货物运输的作业流程是指货物从受理托运开始到交付收货方为止的运输作业，与铁路运输相似。按照货运过程的不同阶段，车站货运工作可分为发送工作、途中作业和到达工作。

2. 公路货物运输运行组织

(1) 货物运输生产计划

企业在正确预测目标利润基础上，应同时编制与之相应的货物运输生产计划。货物运输生产计划是实施货物运输的纲领，编制质量良好的货物运输生产计划，对多、快、好、省地完成货物运输具有重要意义。

编制货物运输生产计划，首先要列出货物运输任务，计划它们的运输量，确定货物运输量计划；其次要精确地计算企业内部拥有的货车与吨位数，确定车辆计划；最后借助于车辆运用指标，计算车辆运用水平和车辆生产率，确定车辆运用计划。此外，道路运输部门还应加强月度货运计划，以便对运输生产过程做出具体的安排。

(2) 车辆运行作业计划

车辆运行作业计划是有计划地、均衡地组织企业日常运输生产活动，建立正常运输生产秩序的重要手段。它的主要任务是：一方面把运输企业车队、车站和车间以及有关的职能部门有机地组织起来，协调一致地开展工作；另一方面不断提高运输效率，保证企业按时、按期、均衡地完成运输任务，全面地完成各项技术经济指标。因此，车辆运行作业计划是运输生产计划的具体化，它规定了应该完成的运输任务、允许的作业时间、必须达到的效率指标以及有关注意事项，是车辆运行和运输工作人员进行工作的标准。

(3) 车辆运行调度工作

车辆运行调度工作是企业运输生产活动中最为核心的组成部分。其任务是通过汽车运输企业所建立的各级调度机构，及时、全面地了解运输生产进程，保证车辆运行计划的执行。调度工作以车辆的运行为中心，通过车辆运行作业计划的实施，将企业内部各生产环节连接成一个有机的整体。同时，通过车辆运行作业计划，保持与企业外港口、铁路站场、物资仓库和车船运行等的衔接和配合。

2.3.3 水路运输的组织与流程

按照船公司船舶经营方式的不同，水路运输可分为班轮运输和租船运输两种组织形式。

1. 班轮运输

班轮运输（Liner Transport），也称为定期运输，指船舶在特定航线上和固定港口之间，按照事先公布的船期表进行有规律的、反复的航行。班轮为所有的托运人提供货运空间，不论船舶是否被装满都要按计划日期起航。班轮主要承运件杂货，并以成组化方式运输，其中，以集装箱化最为突出。

【小看板】最早的班轮运输是1818年美国黑球轮船公司开辟的纽约—利物浦的定期航线，用帆船进行运输，用以运送海外移民、邮件和货物。

班轮运输具有以下特点：

（1）具有“五定”特点

固定船舶按照固定的船期表、沿着固定的航线和港口来运输，并按相对固定的运费率收取运费，因此，它具有“五定”的基本特点。

（2）没有滞期费或速遣费

由船方负责配载装卸，装卸费包括在运费中，发货方不再另付装卸费，船货双方也不再计算滞期费或速遣费。

（3）班轮提单是运输合同的证明

班轮运输的承运人按照国际公约和有关国内法规，拟订承运人和托运人双方的义务、责任和免责条款的班轮提单，是承、托运双方争议处理的依据。提单由承运人（或其代理人）或船长签发给托运人。

（4）没有规定货物的装卸时间

由于班轮须按船期表规定的时间到港和离港，装卸作业均由随运人负责，所以在班轮运输中没有规定货物的装卸时间的问题。

2. 租船运输

租船运输（Shipping by Chartering），也称为不定期运输，是指租船人向船舶所有人租赁船舶用于运输货物的一种运输组织形式。租船运输与班轮运输不同，它没有固定的航线、港口、船期和运价。在租船运输业务中，船舶航行的时间、行驶的航线、停靠的港口和船方收取的运费或租金以及装卸费用等均由出租方（船舶所有人）与租船人双方临时议定。

租船双方的权利和义务由租船合同规定。如在定程租船方式中，合同应明确船方是否负担货物在港口的装卸费用。如果船方不负担装卸费，则应在合同中规定装卸期限或装卸率，以及与之相应的滞期费和速遣费。如果租方未能在限期内完成装卸作业，为了补偿船方因此而造成延迟起航的损失，应向船方支付一定的罚金，即滞期费。如果租方提前完成装卸作业则由船方向租方支付一定的奖金，称为速遣费。通常，速遣费为滞期费的一半。

目前，在国际上主要的租船方式有定程租船、定期租船、包运租船和光船租船四种。

（1）定程租船（Voyage Charter）

定程租船是以航程为基础的租船方式，又称为程租船或航次租船。它是船舶所有人按双方事先议定的运价与条件向租船人提供船舶全部或部分舱位，在指定港口之间进行一个或多个航次，运输指定货物的租船业务。在这种租船方式下，船长及船员由船舶所有人指派并由其指挥；船舶所有人负责船舶的营运；租船人要支付约定的运费。

（2）定期租船（Time Charter）

定期租船是租船人按一定时间租用船舶所有人的船舶进行运输的方式，又称为期租船。在这种租船方式下，依照租船合同的规定，船舶所有人向租船人提供约定的由所有人配备船员的船舶，由租船人在约定的期间内按照约定的用途使用，并支付租金；船长及船员由船舶所有人指派，但应听从租船人指挥；租船人负责船舶的运营；租期短的仅几个月，长的可达几年或十几年甚至一直到船舶报废时为止；除租船合同另有规定外，租船人可将租赁的船舶作为班轮营运，或作为程租船使用，或将其转租给第三者。

（3）包运租船（Contract of Affreightment）

包运租船是19世纪70年代国际上发展起来的一种租船方式，是指船东在约定的期限内，派若干条船，按照同样的租船条件，将一大批货物由一个港口运到另一个港口，航程次数不作具体规定，合同针对待运的货物。这种租船方式可以减轻租船压力，对船东来说，营运上比较灵活，可以用自有船舶来承运，也可以再租用其他的船舶来完成规定的货运任务；可以用一条船多次往返运输，也可以用几条船同时运输。包运合同运输的货物通常是大宗低价值散货。

（4）光船租船（Bare Boat Charter）

光船租船是一种比较特殊的租船方式，通常认为它是一种财产租赁，而不是运输承租方式。在这种方式下，船舶所有人向租船人提供一艘特定的"裸船"，要求租船人在合同规定的租期内，按确定的租金支付租金并自行配备船员，负责船舶的经营管理和航行等事宜。光船租船方式的特点有：

①船长和全部船员由租船人指派并听从租船人的指挥；

②船舶所有人不负责船舶的运输，租船人以承运人的身份经营船舶；

③船舶的一切损失风险完全由租船人承担，即使在船舶修理期间，仍继续计算租金；

④在租赁期间，租船人实际上对船舶有着支配权和占有权，并承担船舶营运的全部责任。

3. 班轮运输的业务流程

（1）货运安排

包括揽货与订舱和确定航次货运任务。

（2）接货装船

货物装船方式分为由托运方自理装船和由港口装卸公司装船两种。除了特殊货物通常采取现装或直接装船的方式外，其他由托运方自理装船的仅限于整船装运的货物，并须经过承运方同意后，方可在托运方专用码头或其他地点自理装船。自理装船的运输手续由托运方所在港口统一办理。对于普通货物的交接装船，通常采用由班轮公司在各装货港指定装船代理人，由装船代理人在各装货港的指定地点（通常为港口、码头、仓库）接收托运人送来的货物。办理交接手续后，将货物集中整理，并按次序进行装船，这就是所谓的“仓库收货，集中装船”的形式。

(3) 运输

货物装船完毕，船、港双方办妥交接手续后，则意味承运方的责任开始，运输途中由于承运方的过失造成货物的丢失、损坏由承运方负责赔偿。

(4) 卸船

卸船方式与装船方式一样，有收货方自理卸船和港口装卸公司卸船两种。由收货方自理卸船的货物，应事先在卸船港办理运输手续、支付费用，并在商定的时间内完成卸船作业。在实际业务中为加速船舶周转，托运方自理卸船的货物，可由承运方与收货方订立卸船合同，商定卸船时间和条件。

由港口装卸公司负责卸船则须在货物到达后核对各项单证，并按实际积载顺序、运单、标志等卸船。卸船过程中如发现有混票、货损等，应及时会同船方编制记录。

(5) 到达交货

货物的到达交货是运输过程中的最后一环，到达交货即已完成运输合同的责任。货物到达后，承运方向交货方发出运达通知，承运方和收货方均经检查核实并确认货物无误后，收货方支付一切运输费用并提走货物。

4. 租船运输的业务程序

租船业务是通过租船市场进行的。国际上的租船业务，几乎都是通过租船经纪人来进行的。租船程序与国际贸易的商品交易一样，主要包括询盘、报盘、还盘、接受和签订租船合同五个环节。

(1) 询盘

询盘是指租船人或船舶所有人（通常是租船人），以相应洽租条件，直接或通过租船经纪人在租船市场上要求租用或承揽货物的做法。

(2) 报盘

报盘是指在租船过程中，船东或租船人（一般由船东先报盘）根据实际情况报价，通常以一个租船合同范本为依据，针对其中的可变项进行洽租。报盘根据其是否附加条件而有虚实之分，实盘是指报盘中的条件不可改变，并在有效的时间内接受才能有效，否则无效；虚盘是有条件的报盘，这种报盘的有效性必须以满足某种条件为前提，如以船未租出、货未订妥、船再确认等为前提。

(3) 还盘

在接受对方报盘中部分条件的同时，提出自己不同意的条件就是还盘。还盘也有虚实之分，对于实的还盘必须按时答复。

(4) 接受

船东和租船人经过反复多次还盘后，双方对合同主要条款意见一致，即最后一次还实盘的全部内容在时限内被双方接受，就算成交。

(5) 签订租船合同

正式的租船合同实际上是在合同条款被双方接受后开始编制的。双方签订的订租确认书，实质上就是一份供双方履行的简式的租船合同。如果确认书与正式合同有不符，经船东和租船人双方签署的正式合同的效力则高于订租确认书。

2.3.4 航空运输的组织与流程

1. 航空运输组织形式

目前，航空运输的组织形式主要有：班机运输、包机运输、集中托运、联合运输、航空快递业务。

（1）班机运输

班机运输（Scheduled Airline）是指通过在固定航线上定期航行的航班所进行的运输，即有固定始发站、固定经停站和固定目的站的运输。因此，班机运输又称为定期航班运输。

（2）包机运输

包机运输（Chartered Carrier）分为整机包机和部分包机。当货物批量较大，而班机不能满足需要时，一般就采用包机运输。整机包机是指，航空公司和包机代理公司按与租机人双方事先约定的条件和运价，将整架飞机租给租机人，从一个或几个航空站装运货物至指定目的地的运输方式。它适合于运输大批量货物。部分包机可能是几十家航空货运代理人（或发货人）联合包租一架飞机，或者由包机公司把一架飞机的舱位分别租给几家航空货运代理公司。这种包机方式适合于1吨以上但不足整机的货物。

（3）集中托运

集中托运（Consolidation）是指航空货运代理公司把若干批单独发运的货物组成一整批，向航空公司办理托运，采用一份总运单集中发运到同一站，或者运到某一指定的目的站，由航空货运代理公司到指定的目的地代理收货，然后再报关并分拨给各实际收货人的运输方式。这种集中托运业务在国际航空运输业中开展比较普遍，也是航空货运代理的主要业务之一。

（4）联合运输

联合运输是包括空运在内的两种以上运输方式的联合。具体的做法有陆空运输（Train－Air，TA），陆空陆联运（Train－Air－Truck，TAT）等。

伴随着国际航空运输的快速发展，铁路直接连通机场已成为当代发展最为显著的方式，既促进了航空事业，也为铁路运输开辟了一个新的市场。目前，全球范围内铁路与机场的连通线已有62条，正在兴建和计划兴建的有116条。1998—2000年相继开通的线路约20条，包括慕尼黑、纽伦堡、马德里、斯德哥尔摩、米兰、汉堡、汉诺威、波恩、悉尼、旧金山、纽约、新加坡等机场。仅1998年5～10月就有布鲁塞尔、柏林、伦敦、中国香港国际新机场等机场铁路线先后开通。

（5）航空快递业务

由专门经营航空快递业务的公司与航空公司合作，向货主提供快速投递服务。具体做法：公司派专人从发货处提取货物后，以最快的方式将货物送往机场，装上最近的航班，随即电告国外的代理商航班号、货名、收货人，以备接货。航班抵达目的地后，由专人接机提货，办妥进关手续后，直接送达收货人。这种方式称为“桌至桌”运输，是一种最为快捷的运输方式，特别适用于传送各种急需物品和文件资料。

2. 航空运输的业务流程

(1) 货物的托运和收运

第一，发货人要凭本人的身份证件填写货物托运书。

第二，托运人和承运人之间签订航空货运单。航空货运单是托运人和承运人之间订立的运输合同和货物运输的凭证，同时也是运费收据和保险证明。

第三，货物的收运。承运人在收运货物时要根据运输能力，按货物的性质和急缓程度，有计划地收运；收运时，承运人要检查托运人的证件和限制运输物品的有效证明，要检查托运货物的包装，对不符合航空运输要求的货物包装要由托运人重新妥善包装后方可办理收运；承运人对收运的货物应当进行安全检查，对收运后 24 小时以内装机发送的货物，要开箱检查或使用专门仪器进行特殊安全检查，以防止有破坏性的爆炸物夹运，其他货物则施行一般安全检查。

(2) 货物的运送

货物运送一般包括货物出港、运输、进港作业过程。承运人一般在机场组织出港和进港作业。航空公司通常委托航线机场进行出港、进港的组织和管理。大型航空公司一般在基地机场自行组织货物出港和进港。图 2－3 和图 2－4 简要地描绘了航空货物出港和进港的流程。

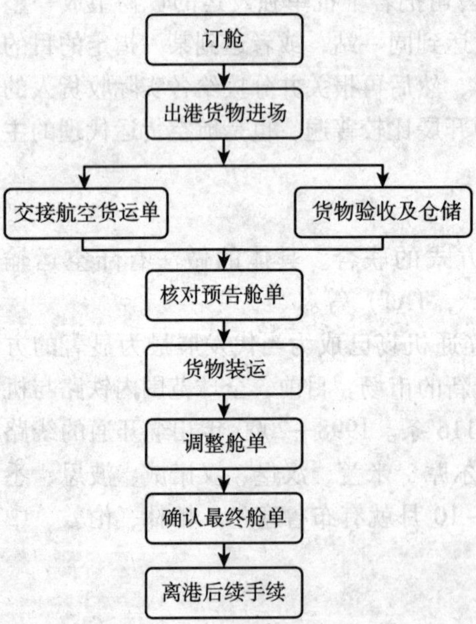

图 2－3　航空货物出港流程图

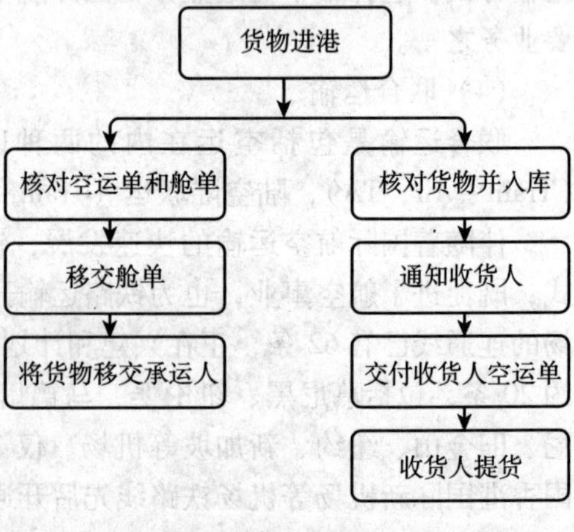

图 2－4　航空货物进港流程图

(3) 货物的到达和交付

货物到达目的地后，承运人应当及时向收货人发出到货通知，收货人凭到货通知和有关证件提取货物。自承运人发出到货通知的次日起，承运人为收货人免费保管货物3日。逾期提取，承运人可按规定核收保管费。收货人收到货物后，对货物进行认真检查，如果没有短缺、损坏，收货人在货运单上签收而未提出异议，表示货物已经完好交付。

【小看板】如果货物自发出到货通知的次日起14日无人领取，到达站应通知始发站，征求托运人对货物的处理意见；如果满60日之后无人领取且未收到托运人的处理意见，就作为无法交付货物交由有关部门处理。

2.3.5 管道运输的组织与流程

管道运输（Pipeline Transportation）是货物在管道内借高压泵的压力向目的地输送的一种运输方式。它是随着石油的生产而产生和发展的一种特殊的运输方式，与普通货物的运输形态完全不同，普通货物运输是货物随着运输工具的移动货物被运送到目的地，而管道运输的运输工具本身就是管道，是固定不动的，只是货物本身在管道内移动。

1. 管道运输的组织形式

(1) 输油管道

输油管道由输油站和管线两部分组成。输送轻质油或低凝点油，原有的管道不需要加热；对易凝、高黏油品，需要采用加热输送的方法。热油输送管道不仅要考虑摩擦损失，还要考虑散热损失，输送工艺更为复杂。

(2) 输气管道

输气管道系统主要由矿场集气管网、干线输气管道（网）、城市配气管网以及与此相关的站、场等设备组成。这些设备从气田的井口装置开始，经矿场集气、净化及干线输送，再经过配气管网送入管道，形成一个统一的、密闭的输气系统。

(3) 固体物料的浆液管道

用管道输送各种固体物质的基本措施是将待输送固体物质破碎为粉粒状，再与适量的液体配制成可泵送的浆液，通过管道把这些浆液送到目的地后，再将固体与液体分离送给用户。目前，工业管道主要用于输送煤、铁矿石、磷矿石、铜矿石、矾土和石灰石等矿物，配制浆液主要是水，还有少量采用燃料油或甲醇等液体作为载体。

2. 管道运输生产管理与组织

在管道运输过程中，利用技术手段对管道运输实行统一指挥和调度，以保证管道在最优状态下长期安全而平稳地运行，从而获得最佳经济效益。管道运输生产管理包括管道输送计划管理、管道输送技术管理、管道输送设备管理和管道线路管理。前两者又合称为管道运行管理，是生产管理的中心。

(1) 管道输送计划管理

根据管道所承担的运输任务和管道设备状况编制合理的运输计划，以便有效地进行生产。首先编制年度计划，根据年度计划再编制月计划、批计划、周计划等。根据这些计划安排管道全线运输计划、编制管道站、库的输入输出计划等。

(2) 管道输送技术管理

根据管道输送的货物特性，确定输送方式、工艺流程和管道运行的基本参数等，以实现管道生产最优化。包括检测管道运行状况、分析运输条件变化、采取适当措施调整运行参数以充分发挥输送设备效能。

(3) 管道输送设备管理

对管道站、库的设备进行维护和修理，以保证管道的正常运行。

(4) 管道线路管理

对管道线路进行管理，以防止线路受到自然灾害或其他因素的破坏。

(5) 管道运输生产管理的检测和监控

管道运输线路长，站、库多，输送的货物易燃、易爆、易凝或易沉淀，且在较高的输送压力下连续进行。这就要求管道运输生产管理具有各种可行的检控技术设备，主要有管道监控、管道流体计量和管道通信。

3. 管道运输技术

(1) 管道运输方案

管道除了输送石油及其制品以及天然气，还可用于输送其他如矿石、煤炭、粮食等物料。目前，物料的管道运输有两种方案：

第一种方案是把散状或粉尘状物料与液体或气体混合后沿管道运输，这种与液体混合的方式叫浆液运输，它适用于煤、天然沥青、砂、木屑、浆料等货种。由于这种方案受物料性质、颗粒大小与重量等因素的限制，运输距离不能太长，同时能耗较多，对管道的磨损也较大。

第二种方案是用密封容器装散状物料，放在管道的液流中或用专用载货容器车装散状物料置于管道气流中靠压力差的作用运送物料，这种用容器车进行管道运输的方法能运送大量的不同的货物。

(2) 管道防腐技术

管道系统中管道和储罐的腐蚀，不仅会造成因穿孔而引起的油、气、水跑漏损失与污染，在维修时还会出现材料和人力的浪费，而且还可能引起火灾与爆炸。针对发生腐蚀的原因，通常可采取下列措施：

①选用耐蚀材料，如聚氯乙烯管，含钼和含钛的合金钢管等；

②在输送或储存介质中加入缓蚀剂抑制内壁腐蚀；

③采用内外壁防腐绝缘层，将钢管与腐蚀介质隔离；

④采用阴极保护法。

目前，国内外普遍采用的经济可靠的方法是：防腐绝缘层加阴极保护的综合措施。

(3) 管道清洗技术

管道运输是原油、天然气最主要的运输方式。但因油、气中含有各种盐类、杂质、硫化物和细菌等，管线经长期运行而造成结垢、被腐蚀等影响生产的因素，因此，需对管道进行清洗和修复。目前，管线清洗技术主要分为三大类：物理清洗法、化学清洗法、物理和化学结合清洗法。物理清洗与化学清洗多种方法结合使用已成为当今清洗技术发展的一种趋势，现已开发出多种实用的复合清洗技术，可获得最佳的效果。

2.4 运输合理化

2.4.1 运输合理化概述

1. 运输合理化的含义

物流合理化是指在一定的条件下以最少的物流运作成本而获得最大的效率和效益。物流合理化是一个动态过程，其趋势是从合理到更加合理。由于运输是物流系统最重要的功能要素之一，因此，在现代物流的合理化中，物流运输合理化占据非常重要的地位。所谓物流运输合理化，即物流运输配送优化，是指从物流的总体目标出发，运用系统理论和系统工程原理和方法，充分利用各种运输方式的优点，扬长避短，以运筹学等方法建立模型与图表，选择和规划合理的运输路线和运输工具，以最短的路径、最少的环节、最快的速度和最少的费用以及最好的服务，组织好物品的运输和配送活动，取得最佳的经济效益。合理运输是一个相对的概念，它不仅是对运输里程作单纯的几何线条的比较，主要还涉及如何对运输体系中各种运输方式进行合理统筹安排，使各种运输方式得到有效地综合利用。

2. 运输合理化的影响因素

运输合理化的影响因素很多，起决定性作用的有五个方面的因素，称作合理运输的“五要素”。

(1) 运输距离

运输时间、运输货损、运费、车辆或船舶周转等运输的若干技术经济指标，都与运输距离有一定比例关系。运距长短是运输是否合理的一个最基本因素。缩短运输距离从宏观、微观上都会带来好处。

(2) 运输环节

每增加一次运输，不但会增加起运的运费和总运费，而且必然要增加运输的附属活动，如装卸、包装等，各项技术经济指标也会因此下降。所以，减少运输环节，尤其是同类运输工具的环节，对合理运输有促进作用。

(3) 运输工具

各种运输工具都有其使用的优势领域，对运输工具进行优化选择，按运输工具特点进行装卸运输作业，最大限度地发挥所用运输工具的作用，是运输合理化的重要手段。

（4）运输时间

运输是物流过程中需要花费较多时间的环节，尤其是远程运输，所以，运输时间的缩短对整个流通时间的缩短有决定性作用。此外，缩短运输时间有利于加速运输工具的周转；充分发挥运力的作用有利于货主资金的周转，有利于运输线路通过能力的提高，对运输合理化有很大贡献。

（5）运输费用

运费在全部物流费用中占很大比例，运费高低在很大程度上决定整个物流系统的竞争能力。实际上，运输费用的降低，无论对货主企业来讲，还是对物流经营企业来讲，都是运输合理化的一个重要目标。运费的高低，也是各种合理化实施是否行之有效的最终判断依据之一。

从上述五个方面考虑运输合理化就能取得预想结果。

3. 运输合理化的重要意义

运输合理化的重要意义主要表现在以下几点：

（1）合理运输，有利于加速再生产进程，促进国民经济持续、稳定、协调地发展

组织货物的合理运输，可以使物质产品迅速地从生产所在地向消费所在地转移，加速资金的周转，促进社会再生产过程的顺利进行，保持国民经济稳定、健康地向前发展。

（2）合理运输，能节约运输费用，降低物流成本

运输费用是构成物流费用（成本）的主要组成部分。物流过程的合理运输就是通过运输方式、运输工具和运输路线的选择，进行运输方案的优化，实现运输合理化。运输合理化必然会达到缩短运输里程，提高运输工具的运用效率，从而达到节约运输费用、降低物流成本的目的。

（3）合理运输，缩短了运输时间，加快了物流速度

合理组织运输活动，可使被运输货物的在途时间尽可能地缩短，达到到货及时的目的，因而可以降低库存商品的数量，实现加快物流速度的目标。因此，从宏观的角度讲，物流速度加快，减少了商品的库存量，节约了资金的占用，相应地提高了社会物质产品的使用效率，同时也利于促进社会化再生产过程。

（4）运输合理化，可以节约运力，缓解运力紧张的状况，还能节约能源

运输合理化克服了许多不合理的运输现象，从而节约了运力，提高了货物的通过能力，起到合理利用运输能力的作用。同时，由于货物运输的合理性，降低了运输部门的能源消耗，提高了能源利用率。这些对于缓解我国目前交通运输和能源紧张的情况具有重大的现实意义。

2.4.2 不合理运输

不合理运输是指在组织货物运输过程中，违反货物流通规律，不按经济区域和货物自

然流向组织货物调运，忽视运输工具的充分利用和合理分工，装载量低，流转环节多，从而浪费运力和加大运输费用的现象。

货物运输不合理就会导致货物流转过程中出现迂回、倒流、过远、重复等现象，势必造成货物在途时间长、环节多、流转慢、损耗大、费用高，浪费运力和社会劳动力，影响企业生产和市场供应。

目前存在的不合理运输形式主要有下述几种：

1. 返程或起程空驶

空车或无货载行驶，可以说是不合理运输最为严重的形式。在实际运输组织中，有时候必须调运空车，从管理上不能将其看成不合理运输，但是，因调运不当、货源计划不周、不采用运输社会化而形成的空驶，是不合理运输的表现。造成空驶主要有以下几种原因：

①能利用社会化的运输体系而不利用，却依靠自备车送货、提货，这往往出现单程重车、单程空驶的不合理运输。

②由于工作失误或计划不周造成货源不实，车辆空去空回。

③由于车辆过分专用，无法搭运回程货，只能单程实车、单程空回周转。

2. 对流运输（Convective Transportation）

亦称“相向运输”、“交错运输”，指同一种货物，或彼此间可以互相代用而又不影响管理、技术及效益的货物，在同一线路上或平行线路上做相对方向的运送，而与对方运程的全部或一部分发生重叠交错的运输。已经制订了合理流向图的产品，一般必须按合理流向图的方向运输，如果与合理流向图指定的方向相反，也属于对流运输。

其表现形式又可分为两种：明显对流和隐蔽对流（见图 2－5、图 2－6）。明显对流是指同一种商品在同一条线路上互相向对方的方向运输，与对方发生了全部运程或部分运程的对流。隐蔽对流是指运送同一种商品的不同运输方式，在平行的两条线路上朝着对方的方向运输。它不易被发现，故称为隐蔽对流。

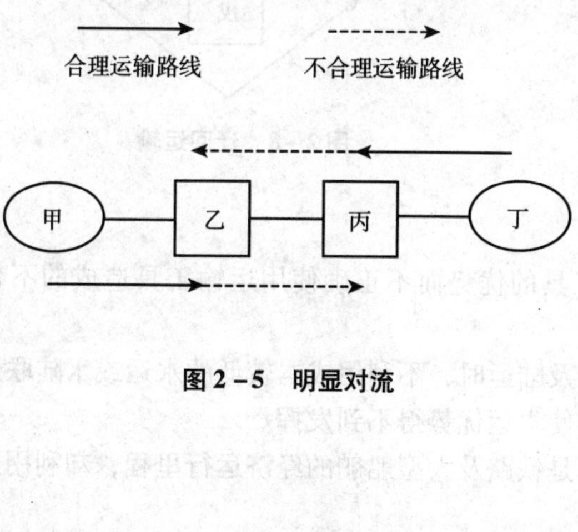

图 2－5　明显对流

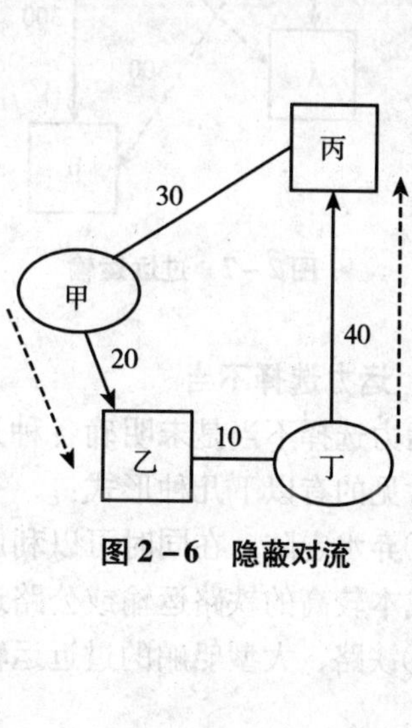

图 2－6　隐蔽对流

3. 倒流运输（Flow Backwards Transportation）

倒流运输是指货物从销地或中转地向产地或起运地回流的一种运输现象。其不合理程度要甚于对流运输，其原因在于往返两程的运输都是不必要的，形成了双程浪费。倒流运输也可以看成是隐蔽对流的一种特殊形式。

4. 重复运输

这是指一种货物本可直达目的地，但由于某种原因而在中途停卸并重复装运送达目的地的不合理运输现象。重复运输一般虽未延长运输里程，但增加了非必要的中间装卸环节，因而延缓了流通速度、增加了费用、增大了货损。

5. 过远运输

这是一种舍近求远的商品运输，即有可能由距离较近的产地（或供应地）采购的商品，却从距离较远的地区采购并运送（如图 2－7 所示）。或者同一商品有两个产地，不是分别供应邻近的销地，而是调运供应给较远的销地。过远运输占用运力时间长，运输工具周转慢，物资占压资金时间长，又易出现货损，增加费用开支。

6. 迂回运输（Bypass Transportation）

这是指商品可以按直线进行运输的（距离最短），却采取绕道运输的不合理形式（如图 2－8 所示）。迂回运输有一定复杂性，不能简单处之。只有当计划不周、地理不熟、组织不当而发生的迂回，才属于不合理运输。如果最短距离有交通阻塞、道路情况不好，或有对噪声、排气等特殊限制而不能通行时发生的迂回，则不能称为不合理运输。

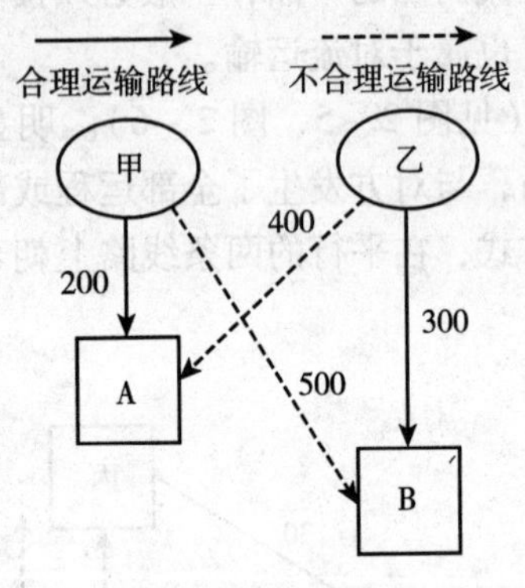

图 2－7　过远运输

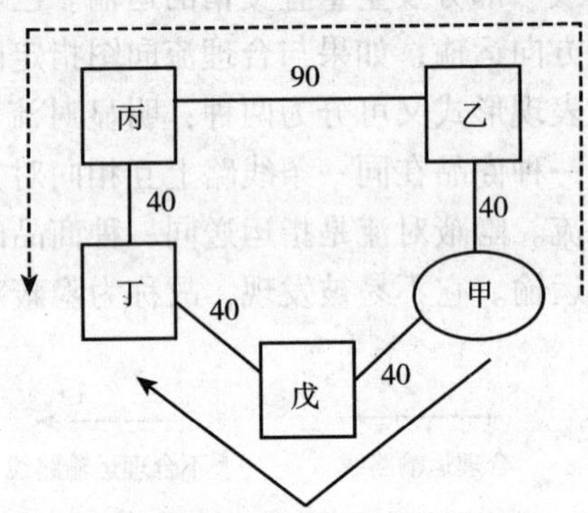

图 2－8　迂回运输

7. 运力选择不当

运力选择不当是未明确各种运输工具的优势而不正确使用运输工具造成的不合理现象，常见的有以下几种形式：

①弃水走陆。在同时可以利用水运及陆运时，不利用成本较低的水运或水陆联运，而选择成本较高的铁路运输或公路运输，使水运优势得不到发挥。

②铁路、大型船舶的过近运输。不是铁路及大型船舶的经济运行里程，却利用这些运

力进行运输。其主要不合理之处在于，火车及大型船舶起运及到达目的地的准备、装卸时间长，且机动灵活性不足，在过近距离的货运中利用这一运力发挥不了运速快的优势；相反，由于装卸时间长，反而会延长运输时间。另外，和小型运输设备相比，火车及大型船舶装卸难度大，费用也较高。

③运输工具承载能力选择不当。不根据承运货物数量及重量选择，而是盲目决定运输工具，造成过分超载、损坏车辆或货物不满载、浪费运力的现象。尤其是“大马拉小车”现象发生较多。由于装货量小，单位货物运输成本必然增加。

8. 托运方式选择不当

对于货主而言，托运方式选择不当是指可以选择最好托运方式而未选择，造成运力浪费及费用支出加大的情况。例如，应选择整车而未选择，反而采取零担托运，应当直达而选择了中转运输，应当中转运输而选择了直达运输等，都属于这一类型的不合理运输。

上述的各种不合理运输形式都是在特定条件下表现出来的，在进行判断时必须注意其不合理的前提条件，否则就容易出现判断的失误。再者，以上对不合理运输的描述，主要是就其形式本身而言的，是从微观观察得出的结论。在实践中，必须将其放在物流系统中做综合判断。单从一种情况来看，避免了不合理，做到了合理，但它的合理却使其他部分出现了不合理。只有从系统角度综合进行判断，才能有效避免“效益背反”现象，从而优化全系统。

2.4.3 运输合理化的有效措施

为了克服不合理的运输现象，在物流运输管理过程中需要采取一些措施来组织合理的运输。长期以来，人们在生产实践中探索了不少运输合理化的途径，积累了不少经验。运输合理化的途径主要有以下几种：

1. 提高运输工具实载率

提高实载率的意义在于：充分利用运输工具的额定能力，减少车船空驶和不满载行驶的时间，减少浪费，从而求得运输的合理化。

【小看板】我国曾在铁路运输上提倡“满载超轴”，其中，“满载”的含义就是充分利用货车的容积和载重量，多载货，不空驶，从而达到合理化的目的。这种做法对推动当时的运输事业发展起到了积极作用。当前，国内外开展的“配送”形式，优势之一就是将多家需要的货和一家需要的多种货实行配装，以达到容积和载重均充分合理运用的目的。比起以往自家提货或一家送货车辆大部分空驶的状况，这是运输合理化的一个进步。在铁路运输中，整车运输、合装整车、整车分卸及整车零卸等具体做法，都是提高实载率的有效措施。

---

2. 采取减少动力投入、增加运输能力的有效措施，求得合理化

这种合理化的要点是：少投入、多产出，走高效益之路。运输的投入主要是能耗和基础设施的建设，在设施建设已定型和完成的情况下，尽量减少能源投入，是少投入的核心。做到了这一点，就能大大节约运费、降低单位货物的运输成本，达到合理化的目的。

【小看板】国内外在这方面的有效措施有：

1．“满载超轴”。其中“超轴”的含义就是在机车能力允许的情况下，多加挂车皮。我国在客运紧张时，也采取加长列车、多挂车皮的办法，在不增加机车的情况下增加运输量。

2．水运拖排和拖带法。竹、木等物资的运输，利用竹、木本身的浮力，而不用运输工具载运，采取拖带法运输，可省去运输工具本身的动力消耗，从而求得运输合理化；将无动力驳船编成一定队形，一般是“纵列”，用拖轮拖带行驶，有比船舶载乘运输运量大的优点，从而求得运输合理化。

3．顶推法。顶推法是我国内河货运采取的一种有效方法，是将内河驳船编成一定队形，由机动船顶推前进的航行方法。其优点是航行阻力小，顶推量大，速度较快，运输成本较低。

4．汽车挂车。汽车挂车的原理和船舶拖带、火车加挂基本相同，都是在充分利用动力能力的基础上增加运输能力。

---

3. 发展社会化的运输体系

运输社会化的含义是发展运输的大生产优势，实行专业分工，打破一家一户自成运输体系的状况。一家一户的运输小生产需求有限，难以自我调剂，因而经常容易出现空驶、运力选择不当（因为运输工具有限，选择范围太窄）、不能满载等浪费现象，且配套的接货发货设施、装卸搬运设施也很难有效地运行，所以浪费颇大。实行运输社会化，可以统一安排运输工具，避免对流、倒流、空驶、运力不当等多种不合理形式，不但可以追求组织效益，而且可以追求规模效益，所以发展社会化的运输体系是实施运输合理化的重要措施。

【小看板】我国在利用联运这种社会化运输体系时，创造了“一条龙”货运方式。即对产、销地及产、销量都较稳定的产品，事先通过与铁路、交通等社会运输部门签订协议，规定专门收、到站，专门航线及运输路线，专门船舶和泊位等，有效保证了许多工业产品的稳定运输，取得了很大成绩。

---

4. 开展中短距离铁路公路分流、“以公代铁”的运输

这一措施的要点是，在公路运输经济里程范围内，或者经过论证，超出通常平均经济里程范围，也尽量利用公路。这种运输合理化的表现主要有两点：一是对于比较紧张的铁路运输，用公路分流后可以得到一定程度的缓解，从而加大这一区段的运输通过能力；二是充分利用公路“门到门”和在运输中速度快且灵活机动的优势，使铁路运输服务水平得到提高。

【小看板】目前我国“以公代铁”在杂货、日用百货运输及煤炭运输中较为普遍，一般在200千米以内，有时可达700～1000千米。例如，山西煤炭外运公司经过缜密的技术经济论证，得出用公路代替铁路将煤炭运至河北、天津、北京等地是合理的结论。

5. 尽量发展直达运输

直达运输是追求运输合理化的重要形式，其对合理化的追求要点是通过减少中转、过载、换载，从而提高运输速度，省去装卸费用，降低中转货损。直达的优势，尤其是在一次运输批量和用户一次需求量达到了一整车时表现最为突出。此外，在生产资料、生活资料运输中，通过直达建立稳定的产销关系和运输系统，也有利于提高运输的计划水平。

6. 提高技术装载量

提高技术装载量不仅可以最大限度地利用车船载重吨位，而且可以充分利用车船装载容积。具体做法有以下几种：

（1）组织轻重装配

它是把实重货物和轻泡货物组装在一起，既可以充分利用车船装载容积，又能达到装载重量，以提高运输工具的综合利用率。

（2）实行解体运输

它是针对一些体积大且笨重、不易装卸又容易碰撞致损的货物所采取的一种装载技术。例如，大型机电产品、科学仪器、自行车等，可将其拆卸分别包装，以缩小其所占用的空间位置，达到便利装卸搬运和提高运输装载效率的目的。

（3）堆码技术的运用

应根据车船的货位情况及不同货物的包装状态、形状，采取有效的堆码技术，如多层装载、骑缝装载、紧密装载等技术，以达到提高运输效率的目的。与此同时，改进包装技术，逐步实行单元化、托盘化，对提高车船技术装载量也有重要意义。

7. “四就”直拨运输

“四就”直拨是减少中转运输环节，力求以最少的中转次数完成运输任务的一种形式。一般批量到站或到港的货物，首先要进分配部门或批发部门的仓库，然后再按程序分拨或销售给用户。这样一来，往往出现不合理运输。“四就”直拨，首先是由管理机构预先筹划，然后就厂或就站（码头）、就库、就车（船）将货物分送给用户，而不需再入库了。

8. 发展特殊运输技术和运输工具

依靠科技进步是运输合理化的重要途径。例如，专用散装及罐车，解决了粉状、液状物运输损耗大、安全性差等问题；袋鼠式车皮、大型半挂车解决了大型设备整体运输问题；“滚装船”解决了车载货的运输问题，集装箱船比一般船只能容纳更多的箱体，集装箱高速直达车船加快了运输速度等，都是通过运用先进的科学技术来实现合理化的。

9. 通过流通加工，使运输合理化

有不少产品，由于产品本身形态及特性问题，很难实现运输的合理化，如果进行适当加工，就能够有效解决合理运输问题。例如，将造纸材料在产地预先加工成干纸浆，然后压缩体积运输，就能解决造纸材料运输不满载的问题。轻泡产品预先捆紧包装成规定尺寸，装车就容易提高装载量；水产品及肉类预先冷冻，就可提高车辆装载率，并降低运输损耗。

10. 分区产销平衡合理运输

在组织物流活动中，对某种货物，使其在一定的生产区固定于一定的消费区。根据产销分布情况和交通运输条件，在产销平衡的基础之上，按照近产近销的原则，使货物运输线路最短，实现合理运输。

【课后思考】

1. 按运输设备及运输工具分类，现代物流运输方式有哪几种？简述各运输方式的技术经济特征。

2. 运输方式选择的影响因素有哪些？

3. 简述水路运输的组织与流程。

4. 简述运输合理化的影响因素。

5. 不合理运输主要形式有哪些？

6. 运输合理化的有效措施有哪些？

7. 下表几种货物从起点运到终点，选择什么运输方式最合适，请在表中相应的空格内打“√”。

	货物种类	起点至终点	铁路	公路	河运	海运	航空
1	2 箱急救药品	北京—乌鲁木齐					
2	2 吨活虾	郊区—市区					
3	5000 吨大米	武汉 — 上海					
4	10 万吨原油	科威特— 日本					
5	20 万吨煤炭	太原 — 长沙					

【案例分析】

蔬菜运输方式的选择和应用

蔬菜运输方式需根据蔬菜种类的特性而定。一般选择有利于保护商品、运输效率高且成本低廉，而又受季节、环境变化影响小的运输方式。目前我国铁路、公路、水路、空运等各种运输方式均已被广泛采用，它们优势互补，已逐渐形成较完整的运输网络，这为全国性的蔬菜流通开创了前所未有的优越条件。

（一）运输方式

1. 铁路运输

它运载量大，成本低，受季节变化影响小，虽中间环节多，灵活性、适应性差，但仍然是目前蔬菜运输的主要方式。适用于大宗蔬菜的中、长距离运输。

2. 公路运输

它成本较高、运输量小；路面不平时震动大，产品易受损，但具有较强的灵活性和适应性；它无须换包装即可直送销地，甚至可实现“门到门”运输；还可深入到非铁路沿线的偏远城镇或工矿企业。这是其他运输方式所不能替代的。随着全国公路国道的不断扩建、新建以及“绿色通道”的确立，公路中短途及长途运输日趋发展。

3. 水路（包括内际和海上）运输

它成本低、较平稳、运载量大，但水运连续性差、速度慢，联运中要中转、装卸，也会增加货损。故而它只适用于近距离运输以及耐储运蔬菜或蔬菜加工制品的远距离运输。

4. 航空运输

它速度快、保质好、受损小，但运价高，运量少。空运特别适于新鲜柔嫩、易受机械伤害而变质的高档次蔬菜，如石刁柏、鲜食用菌和结球生菜等，有时也为特需供应作特运。

5. 集装箱运输

它可实现整件吊装，不仅会极大地提高装卸效率，更重要的是便于不同运输方式之间的联运，大有潜在的发展前景。

（二）运输工具

因地制宜地选择蔬菜运输工具是实现蔬菜运输经济、高效的关键。如在江河、湖泊沿岸或沿海地区，可采用水路运输。短途调运销售一般选择木船、小艇、拖驳船等。鉴于在自然环境的常温条件下运输，产品质量下降快，要求快运快销。远途运输需采用大型船舶或远洋货轮等，但装货船舱应有保温或控温设施，以保持在适宜的温湿度条件下运输。我国目前主要以公路、铁路运输为主。

1. 公路运输

短途运输工具可选择用人力或畜力拖车和拖拉机。中长途运输应选用汽车，有普通货运大卡车和冷藏汽车。长途调运不仅需要包装还要合理装码。如用普通卡车则要有防冷防热的措施，最理想的是选用冷藏汽车。应先预冷，散去田间热和部分呼吸热；装车后要调控到适宜的温度并保持其稳定。只有全面实施蔬菜保鲜运输方案，才能达到最佳的储运效果。

2. 铁路运输

蔬菜铁路运输具有悠久历史，运输工具很多，主要的铁路运输工具有：

(1) 普通棚车

它是一种常温运输工具，车厢内无温湿度调控装置，因受自然气候影响大，仅能靠自然通风（或夹放冰块降温），加盖草帘或棉被保温。虽然运费低廉，但品质下降快、损耗大。南菜北运若在炎热的北京深夏，损耗可高达40%～60%。所以只能用于对温度要求不严格的蔬菜。

(2) 冷藏车

车体气密性较好或设有保温层，它能隔热并有冷却装置，可实现控温运输，但费用较高。它可分为加冰冷藏车和机械制冷冷藏车两种，前者费用低于后者。

①加冰冷藏车，又称冰保车，在车体内设有保温隔热层，顶部装有储冰箱。运货时可加入冰或加冰盐混合物，用以降低车厢内温度。但须在铁路沿线需设加冰点。此法有一定降温效果，但不易控制其最适温度，而且局部温差大，重心偏上，不宜高速运行。

②机械制冷冷藏车，又称机保车，属控温运输设施。车体隔热，密封性能好，并安装了机械制冷设备。具有与冷库相同的效应。它能调控适宜的储运条件，可收到保持品质、减少损耗的效果，是理想的铁路运输工具。

(3) 隔热通风车，属保温运输设施

车体四周有很好的隔热装置，但无制冷和调控湿度的设备，只有可控制的通风孔。良好的隔热性能可以减少车内外的热交换，使车内温度波动不大、呼吸代谢相对稳定。通过调节通风孔可使运输温度的波动不超过通风的波动，便能维持适宜环境。这种车辆的造价低、能耗少、管理简便，适合快速、中距离运输，并可取得很好的经济效益。现在发达国家已广泛应用此类车，我国也已试用并取得较好的运效。

(4) 冷藏集装箱

它是在集装箱的基础上增加隔热层以及制冷和加温设备而成的。可随时调控箱内的温、湿度条件，借以保持物品的鲜嫩品质。它省力、省时，还可与汽车联运，方便快捷，是新世纪冷链运输的发展方向。

通过以上资料，试简述蔬菜运输方式选择过程中的参考因素。

3 国际货物运输

学习目标

- 了解国际货物运输的对象和组织方式；
- 掌握国际货物运输方式的组织流程；
- 掌握国际多式联运的基本条件；
- 了解国际多式联运的主要方式；
- 了解国际多式联运实务。

3.1 概述

3.1.1 国际货物运输的性质和特点

国际货物运输是指在国家与国家、国家与地区之间的货物运输，包括国际贸易货物运输和国际非贸易物品（如展览品、援外物资、个人行李、办公用品等）运输。由于国际货物运输主要是国际贸易货物运输，非贸易物资的运输往往只是贸易物资运输部门的附带业务，所以，国际货物运输通常又被称为国际贸易运输，对国家来说就是对外贸易运输，简称外贸运输。

国际货物运输由于运输距离较长，涉及面广，中间环节多，情况复杂多变，加之时间性又很强，所以风险比国内运输要大。为了转嫁运输风险的损失，一般进出口货物和工具都要办理运输保险。国际货物运输涉及国际关系问题，在组织国际货物运输过程中，需要经常同国外发生广泛的联系，这不仅仅是经济上的问题，也会牵涉国际政治问题。对于各种运输业务的处理，常常会涉及国际关系问题，是一项政策性很强的工作。因此，从事国际货物运输的人不仅要有经济观念，而且要有国家政策观念。

3.1.2 国际货物运输的意义

1. 国际货物运输是国际贸易中不可缺少的重要环节

在国际贸易中，进出口商品在空间上的流通范围极为广阔，没有运输，要进行国际间的商品交换是不可能的。商品成交以后，只有通过运输，按照约定的时间、地点和条件把商品交给对方，贸易的全过程才算最后完成。

2. 国际货物运输是交通运输的重要分支

交通运输可按运输的对象和运送的范围分为国内旅客运输、国际旅客运输、国内货物运输和国际货物运输四类。从世界范围来说，海上运输的绝大部分货运量属于国际货物运输；航空运输中的国际货运量也占有较大的比重；国际货运量在铁路运输中所占比重较小一些，但由于时间紧、运输要求高，常常是优先运送的对象；此外，国际货运量在公路运输中也占有一定的比例。尤其是在国际贸易高度发达、国土面积较小、公路发达的欧洲，国际公路货运占有重要的地位。

3. 国际货物运输能够促进国际贸易的发展

国际货物运输工具的不断改进，运输体系结构、经营管理工作的逐步完善和日趋现代化：一方面使得开拓越来越多的国际市场成为可能；另一方面，由于交货更为迅速、准时，运输质量更高，运输费用更节省，可以大大提高对外贸易的经济效益，进而使得国际间的经济联系日益加强，国际分工日趋深化，国际贸易愈加发展。

4. 国际货物运输能够促进交通运输的发展

竞争激烈的国际贸易市场，迫使各国的外贸运输部门不断地根据新形势的要求，及时采用和引进国外先进的运输组织技术，开辟新的运输渠道，这就大大加速了交通运输部门对国外先进技术的推广与应用。

5. 国际货物运输是平衡国家外汇收入的重要手段

如前所述，国际货物运输是一种无形的国际贸易，它用于交换的是一种特殊的商品——运输能力。所以，就一个国家来说，投入国际货运的力量越大，效益越高；投入国际市场的商品越多，外汇收入越多。

3.1.3 国际货物运输对象

1. 按货物装运方式分

（1）散装货物

散装货物简称散货，以重量承运，是无标志、无包装、不易计算件数的货物。以散装方式进行运输，一般批量较大，种类较少。

（2）件装货物

件装货物以件数和重量承运，一般批量较少，票数较多，称为件杂货。有标志，包装形式不一，性质各异。

（3）成组装货物

成组装货物是指用托盘、网格、集装袋和集装箱等将件杂货或散货组成一个大单元进行运输的货物。

2. 按货物形态的角度分

（1）包装货物

为了保证货物在装卸运输中的安全，必须使用一些材料对它们进行适当的包装，这种货物就叫做包装货物。按货物包装的形式和材料，通常可分为箱装货物、桶装货物、袋装货物、捆装货物和其他形态的包装货物。

（2）裸装货物

不加包装而成件的货物称为裸装货物，如钢材、生铁、有色金属和车辆及一些设备等。它们在运输过程中需要采取防止水湿锈损的安全措施。

（3）散装货物

散装货物指某些大批量的低值货物，不加任何包装，采取散装方式，以利于使用机械装卸作业进行大规模运输，把运费降到最低。散装货物包括干质散装货物和液体散装货物。

3. 按货物重量和体积比例的大小分

按照货物的重量和体积比例的大小来分，可分为重量货物和体积货物两种。如海运货物根据国际上统一的划分标准，凡1吨重的货物，体积小于1立方米则称重量货物；凡1吨重的货物，体积大于1立方米时，这种货物就是体积货物，也称为轻泡货物。

此外，还有从货物价值的角度来分，分为低值货、高值货和贵重货物。还有从货物运输工具与载量关系来分，即整箱货物、拼箱货物和零担货物。

3.1.4 国际货物运输组织

1. 一般组织机构

世界上国际货物运输的组织机构五花八门、数不胜数，但基本上可以归纳为三个方面，即承运人、货主（也称托运人或收货人）和货运代理人。这三方面的业务组成国际货物运输工作的主体结构。它们之间在工作性质上有区别，在业务上则有着密不可分的关系。

（1）承运人（Carrier）

承运人是指专门经营水上、铁路、公路、航空等客货运输业务的交通运输部门，如轮船公司、铁路或公路运输公司、航空公司等。它们一般都拥有大量的运输工具为社会提供运输服务。

【小看板】世界著名航运公司：中远（COSCO）、中海（CS）、中外运（SINOTRAN）、海陆（SEALAND）、日本邮船（NYK）、东方海外（OOCL）、马士基（MAERSK）等。

（2）货主（Cargo Owner）

货主是指专门经营进出口商品业务的外贸部门或进出口商。它们为履行贸易合同，必须组织办理进出口商品的运输，是国际货物运输工作中的托运人（Shipper）或收货人

(Consignee)。

(3) 运输代理人 (Freight Forwarder)

运输代理人是指根据委托人的要求，代办货物运输业务的机构。其中有的代理承运人向货主揽取货物，有的代理货主向承运人办理托运，有的兼营两方面的代理业务。它们属于运输中间人性质，在承运人和托运人之间起着桥梁作用。此外，国际货物运输工作与海关、商检、保险、银行以及包装、仓储等部门也有着较为密切的关系。

2. 运输代理人

运输代理人在国际运输中起着非常重要的作用。由于国际货物运输的业务范围遍布国内外广大地区，涉及面广、头绪多，而且情况复杂，任何一个运输承运人或货主都不可能亲自处理每一项业务，有些工作需要委托代理货运代理行或代理人。

按照代理业务的性质和范围的不同，可将运输代理分为租船代理、船务代理、货运代理和咨询代理四大类。

(1) 租船代理 (Charters Agent)

租船代理又称租船经纪人 (Ship Broker)，它是以船舶为商业活动对象而进行船舶租赁业务的人，它的业务活动是在市场上为租船人 (Charter) 寻找合适运输船舶或为船东 (Ship Owner) 寻找货运对象，它以中间人身份使船租双方达成租赁交易，从中赚取佣金。因此，根据他所代表的委托人身份的不同又分为船东代理人 (Owners Agent) 和租船人代理人 (Charters Agent)。

(2) 船务代理 (Shipping Agent)

船务代理是指接受承运人的委托，代办与船舶有关的一切业务的人。船务代理的业务范围很广，主要包括船舶进出港业务、货运业务、船舶供应等业务以及其他业务等。

(3) 货运代理 (Freight Agent)

货运代理是指接受货主的委托，代表货主办理有关货物报关、交接、仓储、调拨、检验、包装、转运、订船业务的人。他与货主的关系是委托和被委托关系，在办理代理业务中，他是以货主的代理人身份对货主负责并按代理业务项目和提供的劳务向货主收取代理费。

(4) 咨询代理 (Consulting Agent)

咨询代理是专门从事咨询工作，按委托人的需要，以提供有关咨询情况、情报、资料、信息而收取一定报酬的人。

3.2 国际货物运输方式

3.2.1 国际海洋货物运输

海洋运输按航行的区域划分，有沿海运输、近洋运输和远洋运输。通常情况下国际海洋运输主要指远洋运输。

1. 海洋运输的特点

海洋运输之所以被如此广泛运用，是因为它与其他国际货物运输方式相比，有下列明显的优点：

(1) 通过能力大

海洋运输不像火车、汽车一样受道路限制，可以利用天然航道，通过能力很大。

(2) 运量大

海洋运输船舶的运载能力，远远大于铁路和公路运输车辆。如一艘万吨船舶的载重量相当于250~300个火车车皮的载重量。

(3) 运费低

随着海洋运输船舶日趋大型化，规模经济性日益突出，分摊于每货运吨的运输成本很少。在货运成本上，海洋运输只相当于铁路运输的1/30或汽车运输的1%。

(4) 对货物适应性强，易于改进运输工艺

随着国际贸易发展的需要，各种专业船舶如木材船、油船、液化气船、散装船等应运而生，它们在专业运输中舱位利用率高，经济效益也好。

(5) 专业化

为适应货运需要、提高装载能力、加速船舶周转、降低运输成本，现代的船舶发展日趋专业化。如矿砂船、液化天然气船、滚装船、载驳船和集装箱船发展迅速，每载重吨经营成本不断下降。

(6) 高速化和自动化

船舶的运行速度不断提高，大大加速了船舶的周转。自动化程度的提高通过驾驶、机舵和装卸等得以展现，降低了航运风险，提高了海运效率。科学技术将进一步推动运输技术的发展，海洋运输的发展又促进了国际贸易的发展。由于海洋运输技术水平及效率的提高，现代国际贸易更注重交货时间、质量和价格。海运已成为国际贸易的一个重要组成部分。随着分工的细化，货运代理、船舶代理、理货等行业应需而生，作用日益显现。

海洋运输虽然有许多优点，也存在不足之处。例如，海洋运输受气候和自然条件的影响大；海洋运输的速度也较慢；行期不易确定；运输风险较大。

2. 进出口货物海运实务

(1) 出口海运业务程序

我国的出口贸易合同，多数以CIF或CFR价格条件成交并采用信用证支付方式。执行这类出口合同的运输业务，涉及的工作环节较多，涉及的面也较广，办理的手续也较复杂。因此，出口企业应根据签订的合同内容，结合货源准备和运输能力两方面的情况，分清轻重缓急，力求做到证、货、船三方面的衔接和综合平衡。

第一步：落实货证齐备。根据合同及信用证的规定，对应交货物进行清点、加工整理、刷制运输标志及办理申报检验和领证等工作。外贸企业应在检验证书规定的有效期内将货物出运。如需超过有效期装运出口，应向检验检疫局申请延期，并由检验检疫局进行

复检合格后才能出口。凡经检验不合格的货物，一律不准出口。

【小看板】常见的检验证书

1. 检验证明书（Inspection Certifiate）；
2. 品质证明书（Quality Certificate）；
3. 重量证明书（Weight Certificate）；
4. 卫生证明书（Sanitary Certificate）；
5. 兽医证明书（Veterinary Certificate）；
6. 植物检疫证明书（Plant Quarantine Certificate）；
7. 价值证明书（Value Certificate）；
8. 产地证明书（Origin Certificate）；
9. 证明其他检验、鉴定工作的“检验证书”，例如验舱证书、货载衡量等证书。

第二步：托运订舱。出口企业委托货运代理人向承运人或其代理办理出口运输业务叫做托运。货主与货运代理商定装货数量、装运时间、装卸港口、所需舱位、运费、杂费和其他条件以后，向货运代理人出具出口运输代理委托书。

第三步：准备相关单据。托运时出口企业应准备托运单据，托运单据分成两类：一类为基本单据，即通常每批托运货物都必须具备的单据，主要有托运单、出口收汇核销单、出口货物报关单、商业发票、装箱单以及合同等；另一类为托运其他单据，即基本单据以外根据国家规定，按不同商品、不同业务性质、不同国别地区向海关交验的各类单据。

第四步：装运。安排工厂（仓库）将货物运往指定区域集港后，配齐报关资料，填上箱号、港区，向海关办理报关手续，在海关验货放行后即可装船。在装船时，应及时了解装船情况，处理意外事故，保证装船质量。

第五步：制单结汇。货主在货物装船后应按照信用证和合同的规定，制作有关结汇单据，并在信用证有效期内，连同取得的提单一起向所在地外汇银行办理议付结汇手续。

第六步：通知收货人提货。国外银行收到单据后，一般会通知进口人前来付款赎单，进口人到当地银行付款后，即从银行取得提单和其他单证。船舶到港后，凭正本提单向船东或代理公司换取货物提货单，向海关申办进口手续后，即可到港区提货。

(2) 进口海运业务程序

我国的进口货物，一般都按 FOB 价格、即期信用证支付条件成交。进口海运的履行程序一般包括下述步骤。

第一步：落实货证齐备。进口合同签订后，应按约定期限向银行办理信用证开证手续，并与出口方联系，落实货物是否按合同规定的品质、规格、数量、包装等备齐。

第二步：准备相关单证。海运进口货物单据一般分为商务单据和船务单据两种。商务单据指买卖双方办理货物交接和货款结算所需的单据，主要有合同、发票、提单、装箱单、重量单、品质证书和保险单等。船务单据指箱单、产地证、商检通关单、许可证等进出口单据以及运输单据。

第三步：委托租船。订舱进口企业按照承运商品的性质、规格及其他要求与国内港口货运代理及船公司谈妥运价、装运、付款和代理佣金等条件，签订代理运输协议，并在交货期前的30天左右将进口订舱联系单交给货运代理，由货运代理向船公司订舱。

第四步：督促装货。催促出口方按合同规定的时间和所配船只及时装运货物。对数量较大或很重要的进口物资，可派人就地监装或请我驻外机构协助监装。如国外出口方要求延期装船，应根据对方提出的理由是否充分，酌情做出适当的处理。

第五步：保险。按FOB或CFR条件进口的货物，应由我方办理保险手续。国外装船后，卖方应按合同规定的内容，电传通知我方，俗称装船通知，以便我方及时办理保险和接货等手续。

【小看板】为了简化投保手续，多年来国内进出口企业与中国人民保险公司均签有预约保险合同。凡海运进口货物由我方在国内保险的，都包括在预约保险范围之内，对于各种商品应保的险别及费率等，在预约保险合同中均有具体规定。进出口企业在收到装船通知后，只需将船名、提单号、商品名称、数量、装运港及起运日期等内容通知保险公司，或直接填写《国际运输预约保险起运通知书》后交保险公司，即作为已经办妥投保手续。

第六步：付款赎单。在进口业务中，我方开出的信用证多采取审单后付款的办法，国外出口方在装运后将整套装运单据提交开证银行，开证银行审核单据份数、金额，和信用证规定相符后，再转交进口公司作进一步审核。进口公司审核无误，即应在3天内通知银行对外付款；若有不符，则应立即酌情做适当的处理，如拒付全部或部分货款，或要求国外修改等。

第七步：货物交接及报关报验。进口货物到港后，由货运代理负责港口的交接工作，由当地货运代理根据进口单据填写“进口货物报关单”，并随附合同副本、发票、提单、装箱单、品质证书、进口许可证及有关减免税文件等单据，在船舶抵达目的港后14天内向当地海关办理报关手续。

第八步：审核账单，正确结算滞期/速遣费。进口企业应认真审核账单和班轮运费清单，并及时支付运费。对我方派船进口的大宗货在国外发生的滞期/速遣费，应根据合同（附件）的规定，及时与出口方办理结算，并根据租约规定，与船方办理结算。对在国内港口发生的滞期/速遣费，可通过当地的船务代理公司根据租约或合同规定及时向船方或出口方结算。

第九步：索赔。进口商品常因品质、数量、包装等不符合合同的规定而需向有关方面提出索赔。根据所造成损失原因的不同，进口索赔的对象主要有三个：出口方、船公司和保险公司。

3. 海运提单（Ocean Bill of Lading，Ocean B/L）

（1）提单的内容

海运提单包括班轮提单和租船合同项下的提单两种。这两种提单的格式不同，其内容也有很大差别。前者除提单正面列有托运人和承运人分别填写的有关货物与运费等记载事项外，背面还印有涉及承运人与货方之间的权利、义务与责任豁免的条款；后者仅在提单正面列有简单的记载事项，并标明“所有其他条款、条件和例外事项按某年某月某日租船合同办理”，提单背面无印就的条款。

（2）提单的分类

①按签发提单时货物是否装船来分，有已装船提单（Shipped or On Board B/L）和备运提单（Received for Shipment B/L）。

• 已装船提单是指货物装船后，由承运人签发给托运人的提单。提单上必须载明装货舱名和装船日期。已装船提单在国际贸易中被广泛使用。

• 备运提单是指承运人在收到托运货物等待装船期间，向托运人签发的提单。这种提单没有肯定的装货日期，往往不注明装运船舶的名称，因而买方和银行一般不接受备运提单。备运提单如经承运人加注“已装船”字样，并注明所装船的名称、装船日期并签字证明，也可转为已装船提单。

②按提单有无不良批注，可分为清洁提单（Clean B/L）和不清洁提单（Unclean/Foul B/L）。

• 清洁提单是指货物交运时外表状况良好，承运人未加有关货损或包装不良或其他有碍结汇批注的提单。清洁提单是国际贸易中被广泛采用的提单。

• 不清洁提单是指承运人加注货物外表状况不良或存有缺陷等批注的提单，如“包装不全”、“破包”等。

③按提单收货人抬头分类，有记名提单（Straight B/L）、不记名提单（Open B/L）和指示提单（Order B/L）。

• 记名提单是指在收货人栏内，具体填明收货人名称的提单。它只能由提单上所指定的收货人提货，不能转让，又称为“不可转让提单”。记名提单一般只用于运输贵重物品或有特殊用途的货物。

• 不记名提单又称“空白提单”，是指收货人一栏内不填写收货人名称而留空的提单。提单持有人可不作任何背书转让或提取货物。由于这种提单风险大，国际贸易中很少使用。

• 指示提单是指在“收货人”栏内填写“凭指示”（To Order）或“凭某人指示”（To Order of ...）字样，承运人依照该指示交付货物的提单。

【小看板】背书：在票据的背面签字或作出一定的批注，表示对票据作出转让的行

为。分为：

1．空白背书：背书人只签名，不加注。

2．记名背书：背书人签名后并加注该票转让给指定的人。

3．限制背书：背书人签名后并加注该票的限制性条件。

提单的背书是仅对于指示提单（Order B/L）来说的，其他提单，像记名提单（Straight B/L）、不记名提单（Bearer B/L）都不用背书。

---

④按运输方式分，有直达提单（Direct B/L）、转船提单（Transshipment/Through B/L）和联运提单（Multimodal Transport B/L）。

● 直达提单是指货物从装运港装船后，中途不换船而直接运到目的港使用的提单。直达提单上仅列有装运港和目的港的港口名称。

● 转船提单是指货物须经中途转船才能到达目的港口，由承运人在装运港签发的全程提单。

● 联运提单是指须经两种或两种以上运输方式（海陆、海河、海空、海海等）联运的货物，由第一承运人收取全程运费后，在起运地签发到目的港的全程运输提单。联运提单虽然包括全程运输，但签发提单的承运人只对自己运输的一段航程中所发生的货损负责，这种提单与转船提单性质相同。

⑤按提单的签发日期分，可以分为预借提单（Advanced B/L）、倒签提单（Anti－dated B/L）、顺签提单（Postdate Bill of Lading）和过期提单（Stale B/L）。

● 预借提单是指承运人在货物未装船或未装船完毕时签发的提单。在托运人需要提前取得运输单据办理贷款结算手续或派作其他用途时，通常会要求承运人签发预借提单。

● 倒签提单是指承运人在提单上签注的货物装船完毕的日期早于货物实际装船完毕的日期。这种提单与“预借提单”一样，通常被认为是非法的和欺诈性的，应禁止使用。

● 顺签提单指在货物装船完毕后，承运人或其代理人应托运人的要求，以晚于该票货物实际装船完毕的日期作为提单签发日期的提单。如果货物实际装船完毕的日期早于有关合同中装船期限的规定，按实际装船日期签发提单会影响合同的履行时，托运人就可能要求承运人按有关合同装船期限的规定“顺填日期”签发提单。

● 过期提单指晚于货物到达目的港时间的提单，由于航线较短或银行单据流转速度太慢都会出现这种情况。过期提单影响买方及时提货、转售并可能造成其他损失，因而为防止买方以此为借口而拒付货款，银行一般都拒收过期提单。

⑥根据提单内容的繁、简可分为全式提单（Long Form B/L）和简式提单（Short Form B/L）。

● 全式提单又称繁式提单，是在提单的背面详细注明承运人和托运人之间各自的权利、义务的提单。

● 简式提单只注明承运货物的基本情况和托运人的名称、地址、收货人等基本情况的提单。

⑦其他海运提单

• 集装箱提单（Container Bill of Lading）是指用集装箱装运货物，由承运人签发给托运人的提单。

• 舱面提单（On Deck Bill of Lading）是指货物装在船舶甲板上运输时所签发的提单，故又称甲板提单。

• 交换提单（Switch Bill of Lading）是指起运港签发的提单。凭起运港签发的提单，在中途港由承运人的有关代理换取另一套提单用于提货。换发的提单或将装货人更改为他人，或以中途港作为装运港。

【小看板】交换提单的这种做法主要是为了适应贸易上的需要。例如：信用证开证人为防止供货人与收货人直接发生关系，不愿意将实际供货人泄露给其买家而更改装货人，或者因进口国家对起运地国家的货物限制进口而须以中途港作为货物的装运港。

• 电子提单（Electronic Bill of Lading）是为适应新兴的电子商务中EDI的需要而设计的非书面化提单。承运人在接收发货人货物后给予发货人一个收到货物的电信通知，通知内容中还包括一个日后传输电信的密码。

【小看板】我国的主要海港有：秦皇岛、大连、天津、烟台、青岛、连云港、上海、宁波、温州、厦门、福州、汕头、广州、海口等。

3.2.2 国际铁路货物运输

1. 国际铁路货物运输的优点

国际铁路货物运输是指在两个或两个以上国家铁路运输中，使用一份运送单据，并以连带责任办理货物的全程运送，在由一国铁路向另一国铁路移交货物时，无须发、收货人参加。通过国际上有关国家之间的协商，订立国际铁路货物联运协定或协议，使得相关国家的铁路在货物运输组织上相互衔接，为国际贸易货物的交流提供了一种经济便捷而又安全的运输方式。自新中国成立以来，我国与欧亚有关国家开展的国际铁路货物联运，在我国对外政治、经济和文化交流中发挥着重要的作用。

国际铁路货物联运具有以下优点。

(1) 简化手续，方便收、发货人

虽然货物在全程运送中要经过多个国家，涉及多次交接甚至多次换装等作业，但作为发货人只需在始发站办理一次性托运手续，即可将货物运抵另一个国家的铁路到站，发货人或收货人无须在国境站重复办理托运的繁杂手续。

（2）便于在国际贸易中充分利用铁路运输的优势

铁路运输具有成本较低，运输连续性强，运输风险小和不易受天气、季节变化的影响等优势。实行国际铁路联运后，参加联运的铁路连成一体，形成国际铁路运输网络，便于发货人根据货物的运输要求，充分利用铁路运输优势和选择运输路径，既可加快其送达速度，又能节省有关费用支出。

（3）可及早结汇

发货人利用国际联运办理完出口货物的托运手续后，即可凭车站承运后开据的有关联运凭证和其他商务单证办理结汇，而无须等到货物到达目的地后才能办理。这样既能保证发货人收取货款，又加速了资金的周转，便于国际贸易的开展，对贸易双方均有利。

（4）促进铁路沿线外向型经济及铁路运输企业的发展

通过开展国际联运，为铁路沿线的外向型经济的发展提供了有利的条件，特别是亚欧第二大陆桥的贯通，为沿线的我国东部地区及中亚国家的经济发展又提供了一次良好的机遇。

2. 国际铁路运输出口货物流程

国际铁路运输出口货物运输组织工作，主要包括计划的编制、货物的托运、承运、装车、运送和交付。货物的托运与承运的过程即为承运方（铁路）与托运方（发货人）缔结运输合同的过程。发货人按车站指定日期将货物搬入车站或指定货位，经车站根据运单的记载事项查核实货，并确认符合国际联运的有关规定后即予以接收。在发货人付清一切应付运送费用后，车站在所提交运单上加盖车站日期戳。运单在加盖车站日期戳后，即标志承托双方以运单为凭证的运输合同开始生效，参加联运的铁路承运人对货物负有从始运地运送至运单上指定的目的地的一切责任。

3. 国际铁路运输进口货物流程

通过国际铁路运输进口货物，均需办理报关、报检、铁路货物单证的交接等工作。

（1）进口合同资料工作

合同资料是国境站核放货物的重要依据，也是向各有关部门报关、报检的凭证。各进出口公司在对外合同签字后，要及时将一份合同中文抄本寄给货物进口口岸的分支机构。对于由外运公司分支机构接收的分拨小额订货，必须在抄寄合同的同时，按合同内容填附货物分类表。

（2）进口货物的现场核放工作

进口货物的交接首先是票据的交接，对方交接所将进口货物票据交中方交接后，我方工作人员主动到中方铁路办公处索取我方公司所代理单位的进口货物票据。然后抄制进口货物明细单，查验合同所附带有关进货的材料是否齐全。接着按海关要求填报进口货物报关单，并连同合同及有关证明批件向海关申报放行货物。

（3）进口货物的交付

联运进口货物到站后，铁路根据运单或随附运单的进口货物通知单所记载的实际收货人发出货物到达通知，通知收货人提取货物。收货人接到通知后，必须向车站领取货物并附运送费用。在收货人付清一切应付运送费用后，铁路必须将货物连同运单一起交付收货人。

4. 铁路运输单据（Railway Bill, B/L）

铁路运单是铁路承运人收到货物后所签发的铁路运输单据。铁路运输分为国际铁路联运和通往港澳地区的国内铁路运输，分别使用国际铁路货物联运单和承运货物收据。

（1）国际铁路货物联运单（International Cargo Agreement Transportation）

该运单为发送国铁路和发货人之间缔结的运输合同，运单签发即表示承运人已收到货物并受理托运；装车后加盖承运日戳，即为承运。运单正本随同货物送至终点站交收货人，是铁路同收货人交接货物、核收运杂费用的依据。运单副本加盖日戳后是卖方办理银行结算的凭证之一。

（2）承运货物收据（Cargo Receipt）

内地通过国内铁路运往港澳地区出口货物，一般都委托外贸运输公司承办。货物装车发运后，由外运公司签发一份承运货物收据给托运人，托运人以此作为结汇凭证。承运货物收据既是承运人出具的货物收据，也是承运人与托运人签署的运输契约。

3.2.3 国际公路货物运输

1. 国际公路货物运输概述

国际公路货物运输（International Road Freight Transport）是指国际货物借助一定的运载工具，沿着公路跨越两个或两个以上国家或地区的移动过程。目前，世界各国的国际货物运输一般以汽车作为运输工具，所以它实际上也就是国际汽车货物运输。

国际公路运输有以下几方面的特点。

①运量少，机动灵活；

②直达性能好，可以实现“门到门”的运输；

③适应性较强，受地理、气候条件影响小且运行范围广，可以穿街巷、进山区、到工厂，直接把物资运到仓库、商店、工矿企业等地点；

④它既是一个独立的运输体系，也可以广泛地参与到与其他运输方式的联运中，是港口、机场、铁路、车站物资集散的必要手段。

为了统一公路运输所使用的运输单证和承托双方的责任和权利，联合国所属欧洲经济委员会负责起草了《国际公路货物运输合同公约》，并于1956年5月19日在日内瓦由欧洲的法国、英国等17个国家参加的会议上一致通过，1961年7月2日生效。该公约共有12章51条，就公约的适用范围、承运人和托运人责任、合同的签订与履行、索赔与诉讼以及连续承运人履行合同等作了较详细的规定。

2. “浮动公路”运输

“浮动公路”运输利用一段水运衔接两端陆运，衔接方式采用将车辆开上船舶，以整车货载完成这一段水运，到达另一港口后，车辆开下继续利用陆运的联合运输方式。“浮动公路”运输又称车辆渡船方式，这种联合运输的特点是在陆运水运之间，不需要将货物从一种运输工具上卸下，再转换到另一种运输工具上，而仍利用原来的车辆作为货物的载体。其优点是两种运输之间有效衔接，运输方式转换速度快，而且在转换时，不触碰货物，因而有利于减少和防止货损，也是一种现代运输方式。

受地理环境结构的影响，公路运输在国际贸易运输中的地位不及海运，也不及铁运。但在边境贸易中，公路运输占有重要地位；在国际公路干线网络密集的欧洲国家间，公路运输在国际贸易货运中的地位尤为突出。

3. 大陆桥运输

大陆桥运输（Land Bridge Transport）是指利用横贯大陆上的铁路或公路运输系统，把大陆两端的海洋连接起来的中间桥梁。一般是以集装箱为运输单位，所以也可以叫做“大陆集装箱运输”。

这种运输方式以集装箱为核心，采用水运、铁运、汽运相结合的联合运输方式，它有以下几个优点：

（1）简化作业手续

大陆桥运输手续简便，可以一次托运，一票到底，一次结汇。货物委托给一个货物运输代理人，即可帮其办理国际集装箱运输的全程手续。可采用“门到门”的方式，货主一旦委托后，便由承运人负责全程运输，因而对货主来讲大大简便了操作手续，这是货主乐于采用这种方式的重要原因。

（2）物流速度快

“大陆桥”与海运相比，不仅运输里程大大缩短，而且装卸集装箱的时间也大大减少，再加上铁路运输速度本身就高于海运，因而物流速度大大加快，时间显著缩短。

（3）物流风险小，时间保证程度高

采用大陆桥运输，气候、季节的影响小，而海运常由于气候等自然因素形成的风险，延迟船期。

（4）资金周转速度快、成本低

由于“大陆桥”运输系统健全，结汇速度快，比海运可提前10～15天结汇，有利于资金周转，从成本看，可降低3%～5%。“大陆桥”运输同时极大地减少了行程的迂回，简化了中间环节和包装作业，降低了运输费用。

（5）运输质量好

由于采用集装箱货物运输，在装卸搬运过程中，只需换装集装箱，而不需搬动箱内的货物，从而大大保证了货物的运输安全，并为简化货物包装、节约包装材料和费用创造了条件。

目前，世界上主要有西伯利亚大陆桥运输路线、美国的大陆桥运输路线、小陆桥运输路线、微陆桥运输路线等，这些都是国际贸易运输的重要渠道。

（1）西伯利亚大陆桥（Siberian Land Bridge，SLB）

即远东—欧洲大陆桥，是运用国际标准化组织规格的国际大型集装箱，经过西伯利亚铁路进行的日本—欧洲间的国际多式联运的运输路线。这是当今世界上最长的一条大陆桥运输线，由俄罗斯方面担任总经营人，签发货物过境许可证，签发统一的全程联运提单，承担全部联运责任，以用户委托、承运的接力方式实行联运。这条大陆桥东起纳霍德卡港、东方港等港口，西至荷兰鹿特丹，全长1.3万千米。通过这条路线，比经过好望角和苏伊士运河的海上运输线缩短运距1/3，运费节约20%～25%，运期节省35天左右，这对货主的吸引力很大。

（2）新亚欧大陆桥

它是在亚欧大陆上的第二条大陆桥，该大陆桥的中国和哈萨克斯坦区段于1992年12月1日正式开通。亚欧第二大陆桥连接大西洋和太平洋两大经济中心带，给中亚地区的振兴与发展创造了新的契机，并已逐步成为我国中西部地区与中亚、中东和欧洲地区之间的新的经济带。东起我国连云港，经陇海铁路到新疆，出阿拉山口至鹿特丹，横贯西亚各国，波兰、俄国、德国、荷兰等30多个国家和地区，全线1.08万千米。

【小看板】与西伯利亚大陆桥相比，新亚欧大陆桥具有明显的优势：第一，地理位置和气候条件优越。整个陆桥避开了高寒地区，港口无封冻期，自然条件好，吞吐能力大，可以常年作业。第二，运输距离短。新亚欧大陆桥比西伯利亚大陆桥缩短陆上运距2000～2500千米，到中亚、西亚各国，优势更为突出。一般情况下，陆桥运输比海上运输运费节省20%～25%，而时间缩短一个月左右。第三，辐射面广。新亚欧大陆桥辐射亚欧大陆30多个国家和地区，总面积达5071万平方公里，居住人口占世界总人口的75%左右。第四，对亚太地区吸引力大。除我国（大陆）外，日本、韩国、东南亚各国、一些大洋洲国家和我国的台湾、港澳地区，均可利用此线开展集装箱运输。

（3）北美大陆桥（North American Land Bridge）

北美大陆桥是远东至欧洲运输途经北美的大陆桥，包括美国大陆桥和加拿大大陆桥。美国大陆桥运输始于1967年，它包括两条路线：一条是连接太平洋与大西洋的路线；一条是连接太平洋与墨西哥湾的路线。加拿大大陆桥运输于1979年开通使用，与美国大陆桥是平行的，是连接太平洋与大西洋的大陆通道。

（4）美国小陆桥（American Mini - land Bridge）

所谓小陆桥运输，也就是比大陆桥的海—陆—海运输缩短一段海上运输，成为陆—海或海—陆联运方式的运输。美国小陆桥是在1972年由美国的船公司和铁路公司联合创办的，它是将日本或远东至美国东部大西洋口岸或美国南部墨西哥湾口岸的货运，由原来的全程海运改为由日本或远东装船至美国西部太平洋口岸或南部墨西哥湾口岸，以陆上铁路或公路作为桥梁把美国东海岸与西海岸和墨西哥湾连接起来。小陆桥运输避免绕道巴拿马运河，可以享受铁路集装箱专用优惠价，降低了运输成本，缩短了运输时间。

（5）美国微型陆桥（American Micro - land Bridge）

所谓微型陆桥运输，就是没有通过整条陆桥，而只利用了部分陆桥区段，是比小陆桥更短的海陆运输方式，又称为半陆桥运输。美国微型陆桥运输是指从日本或远东至美国中西部地区的货运，由日本或远东运至太平洋港口后，再换装铁路或公路续运至美国中西部地区。微型陆桥运输由于在时间费用等方面优越性更大，因而近几年来发展迅速。

(6) 内陆公共点运输（Overland Common Point，O. C. P. 运输）

目前，从远东运往美国中部、南部以及墨西哥湾各个港口的集装箱货物一般都经美国内陆运输，因此，远东—美国太平洋岸的集装箱运输实际上已发展到可经由美国太平洋沿岸港口，将集装箱货物运至美国内陆城市，特别是美国中、西部的集装箱均使用多式联运方式。此种运输方式替代原来由收货人、发货人安排的货物从港口经由铁路中转至内陆城市的运输。对货主来说，不仅可节省运输时间，提前交付、接收货物，而且手续简便，在货运量集中时，铁路还可给予货主一定的优惠。这种运输就是 O. C. P. 运输。

【小看板】O.C.P. 运输只适用于美国或加拿大内陆区域，所以，货物的最终目的地必须属于 O.C.P. 地区范围。签订贸易合同时应在运输条款中予以明确，同时也要明确是集装箱运输。O.C.P. 运输方式必须经由美国西海岸港口中转，以 CFR/CIF 美国西岸港口作为价格条款。为方便制单结汇，信用证也要作出相应规定："自 XXX（装运港）至 XXX（美国西部港口）O.C.P.XXX（内陆地点）"，在 O.C.P. 运输单据中必须注明 O.C.P. 字样。

3.2.4　国际航空货物运输

1. 国际航空货物运输概述

国际航空运输是一种新兴的运输方式，一般来讲，国际航空货物运输指一国的提供者向他国消费者提供航空飞行器运输货物并获取收入的活动。航空运输（Air Transport）与海洋运输、铁路运输相比，有运输速度快、运输路程短的特点，适合鲜活易腐和季节性商品的运输；同时，因运输条件好，货物很少产生损伤、变质，适合贵重物品的运输；可简化包装，节省包装费用；航空运输迅速准时，在商品买卖中，有利于巩固现有市场和提高信誉。但航空运输运量小，运输费用高。由于新技术的发展和深化，产品生命周期日益缩短，产品由厚、重、长、大向薄、轻、短、小方向发展。因此，今后适用航空运输的商品将会越来越多，航空运输的作用也会日益重要。

航空货物运输需要基本条件支持，设施设备等主要硬件有以下几个：

①航空港站，供航空器停放、起飞、降落、维修，以及确保空港、航空器安全的设施与设备。

②供货物进出空港、接收、保管、安排运输、保税、装拆箱、分拨、检验、交付等用

途的航空货运站、货物仓库和作业设备。

③航空器，包括符合适航条件的客货两用飞机和货运飞机。

④航线，即按规定运行的空中交通线，包括飞行的方向、航路的高度和宽度、经停地点和两端港站，跨越国境通达其他国家的航线称为国际航线。

⑤航班，指飞机按预先拟定的时间由始发港站起飞并按照规定的航线经过经停站至终点港站做运输生产飞行的时间编排，航班分为出港和进港航班，或去程和回程航班。

⑥装货器具，包括航空载货托盘、航空集装箱和用于多式联运的国际标准集装箱。后者仅可用于宽体货运飞机或混合航空器的主甲板。

2. 国际航空货物出口流程及主要单证

国际航空货物出口程序是指航空货运公司从发货人手中接货到将货物交给航空公司承运这一过程所需通过的环节、所需办理的手续以及必备的单证，它的起点是从发货人手中接货，终点是把货交航空公司。

(1) 托运受理

托运人即发货人。发货人在货物出口地寻找合适的航空货运公司，为其代理空运订舱、报关、托运业务；航空货运公司根据自己的业务范围、服务项目等接受托运人委托，并要求其填制航空货物托运书，以此作为委托与接受委托的依据，同时提供相应的装箱单、发票。

(2) 订舱

航空货运公司根据发货人的要求及货物本身的特点（一般来说，非紧急的零散货物可以不预先订舱）填写民航部门要求的订舱单，注明货物的名称、体积、质量、件数、目的港、时间等，要求航空公司根据实际情况安排航班和舱位，也就是航空货运公司向航空公司申请运输并预订舱位。

(3) 货主备货

航空公司根据航空货运公司填写的订舱单安排航班和舱位，并由航空货运公司及时通知发货人备货。

(4) 接单提货

航空货运公司去发货人处提货并送至机场，同时要求发货人提供相关单证，主要有报关单证，例如报关单、合同副本、商检证明、出口许可证、出口收汇核销单、配额许可证、登记手册、正本的装箱单、发票等。

对于通过空运或铁路等其他运输方式从内地运往境外的出口货物，航空货运公司可以按发货人提供的运单号、航班号及接货地点、接货日期代其提取货物。

(5) 缮制单证

航空货运公司审核托运人提供的单证，缮制报关单，报海关审核。

(6) 报关

持缮制完的航空运单、报关单、装箱单、发票等相关单证到海关报关放行。海关将在报关单、运单正本、出口收汇核销单上盖放行章，并在出口产品退税的单据上盖验讫章。

（7）货交航空公司

将盖有海关放行章的航空运单与货物一起交给航空公司，由其安排航空运输，随附航空运单正本、发票、装箱单、产地证明、品质鉴定书等。航空公司验收单、货无误后，在交接单上签字。

（8）信息传递

货物发出后，航空货运公司及时通知国外代理人收货。通知内容包括航班号、运单号、品名、数量、质量、收货人的有关资料等。

（9）费用结算

费用结算主要涉及发货人、承运人和国外代理人三个方面，即向发货人收取航空运费、地面运费及各种手续费、服务费，向承运人支付航空运费并向其收取佣金，可按协议与国外代理结算到付运费及利润分成。

出口业务涉及的主要单证有：

（1）出口货物报关单

出口货物报关单一般由发货人自己填写。一般出口货物填写报关单一式两份，转口输出货物需要一式三份，需要由海关核销的货物增加一份，并使用专用报关单。

（2）国际货物托运书

国际货物托运书由发货人填写并由其签字盖章，该托运书需要用英文缮制出两份交给航空货运公司。

（3）装箱单及发票

装箱单上应注明货物的唛头、体积、质量、数量及品名等。发票上应注明收货人和发货人的名称、地址、货物的品名、单价、总价、原产国家等。装箱单和发票都必须由发货人签字盖章。

（4）航空运单

航空运单分为航空总运单和分运单两种，是航空运输中最重要的单据。它是承运人或代理人出具的一种运输合同，但不能作为物权凭证，是一种不可议付的单据。

（5）商检证明

出口货物的商检分为法定商检和合同商检。法定商检是国家为维护出口商品质量，而规定某些商品必须经过商检机构检验并出据检验证书；合同商检是指进口商为保证商品质量而要求出口方出据的商检证书。

（6）出口许可证

凡出口国家限制出口的商品均应向出境地海关交验出口许可证。

【小看板】我国实行出口许可证管理的商品主要有：珍贵稀有野生动植物及其制品、文物、金银制品、精神药物、音像制品等。

---

(7) 出口收汇核销单

我国出口收汇管理办法于1991年1月1日起实施。出口收汇核销单由出口单位向当地外汇管理部门申领，出口报关时交出境地海关审核。

(8) 配额许可证

我国自1979年以来，先后与美国、加拿大、挪威、瑞典、芬兰、奥地利以及欧盟签订了双边纺织品贸易协定，这些国家对从我国进出的纺织品的数量和品种进行限制。因此，凡向上述国家出口纺织品必须向有关部门申领纺织品配额许可证。

(9) 登记手册

凡以来料加工、进料加工和补偿贸易等方式出口的货物均需向海关交验《登记手册》。

3. 国际航空货物进口流程及主要单证

国际航空货物进口程序是指航空货物从入境到提取或转运的整个过程中所需通过的环节、所需办理的手续以及必备的单证。

(1) 到货

航空货物入境后，即处于海关监督之下，相应地，货物存在海关监管仓内。同时，航空公司根据运单上的收货人发出到货通知。若运单上的第一收货人为航空货运公司，则航空公司会把有关货物运输单据交给航空货运公司。

(2) 分类整理

航空货运公司在取得航空运单后，根据自己的习惯进行分类整理，其中，集中托运货物和单票货物、运费预付和运费到付货物应区分开来。集中托运货物需对总运单项下的货物进行分拨，对每一份运单的货物分别处理。分类整理后，航空货运公司可对每票货编上公司内部的编号，以便于用户查询和内部统计。

(3) 到货通知

航空货运公司根据收货人资料寄发到货通知，告知其货物已到港，催促其速办报关、提货手续。

(4) 缮制单证

根据运单、发票及证明货物合法进口的有关批文缮制报关单，并在报关单的右下角加盖报关单位的报关专用章。

(5) 报关

将制作好的报关单连同正本的货物装箱单、发票、运单等递交海关，向海关提出办理进口货物报关手续。海关在经过初审、审单、征税等环节后放行货物。只有经过海关放行后的货物才能提出海关监管场所。

(6) 提货

凭借盖有海关放行章的正本运单到海关监管场所提取货物并送货给收货人，收货人也可自行提货。

(7) 费用结算

货主或委托人在收货时应结清各种费用，如国际段到付运费、报关费、仓储费、劳务费等。

进口业务涉及的主要单证有：

（1）进口货物报关单

进口货物报关单与出口货物报关单格式大体相同。

（2）装箱单、发票

与出口业务的装箱单、发票相同。

（3）航空运单

（4）进口许可证

凡进口国家限制进口的商品，均需申领进口许可证。我国属于进口许可证管理的商品很多，可参阅中国海关总署公布的《实行进口许可证商品目录》。

（5）商检证明

凡进口属于法定商检的商品，均需向海关交验国家商检机构及有关检验部门出具的检验证书。

（6）其他单证

对于其他特殊货物或特殊情况应依海关规定提交不同的文件、证明、单证，如无线电管委会证明、登记手册、减免税证明、保证函、赠送函、接收函等。

3.2.5 国际管道运输

1. 国际管道运输概述

管道运输是借助高压气泵的压力将管道内货物输往目的地的一种运输方式。一个多世纪以来，汽油能源的开发促进了管道运输的发展，而管道运输技术的提高又为能源开发创造了条件。管道运输在国内和国际货物运输中起着重要的作用。

自1861年美国建成世界上第一条输油管道至今，管道运输业已有140多年历史。管道运输主要用于能源运输，普遍用于石油、天然气运送。煤、磷灰石、铁矿石、铜矿石等固体散装物料的管道运送也正在被开发。在全球180多万平方米管道中，输油管道占近40%，输气管道占50%左右，化工和其他管道占约10%。管道运输在世界各国各地区的油田、油港和炼油中心之间起着纽带作用，在原油和油品的进出口贸易中，成为与油轮相辅相成的重要运输方式。

2. 管道运输业在我国的发展

目前，全国陆上油气管道运输的货物周转量达6000多亿吨/公里，已跻身五大运输业之列，对国民经济的建设和发展发挥了重要作用。与此同时，管道运输技术亦形成了相当独立的专业技术体系。但是，与世界管道运输相比，仍有较大差距：一是管道运输在我国综合运输体系中所占比例太低，管道规模小、覆盖面窄，最适合管道输送的成品油在我国仍然主要靠铁路运输，商用成品油管道运输几乎为零，煤浆管道至今仍未实现零的突破；二是专用于油气管道的钢材、直缝制管、高效泵机组、阀门等几乎都要依赖进口；三是管道技术比较落后。

同时，在国家综合运输体系中，管道运输业缺少统一的规划和布局以及与其他运输方式的合理分工。管道运输的发展相对于铁路、公路、水运、航空而言发展较慢。现在涉及管道运输的有陆上石油、海洋石油、石化、煤炭、冶金等部门和企业，各自都在为满足本行业的发展而行动，把适于管道运输的液体、气体、浆体介质运输分割在多个部门进行纵向管理，阻碍了管道运输业的发展。

3.2.6 国际集装箱货物运输

1. 国际集装箱货物运输概述

集装箱是一种容器，是具有一定规格强度的专为周转使用的货箱，也称货柜，这种容器和货物的外包装不同，它是进行货物运输、便于机械装卸的一种成组工具。

目前，国际标准化组织共规定了 5 个系列、13 种规格的集装箱。现在海运和陆运普遍使用的 20 英尺和 40 英尺集装箱，是第一系列中的 IC 和 IA 型。集装箱船舶的集装箱装载能力，通常是以能装多少个 TEU（Twenty - foot Equivalent Unit）为衡量标准。

【小看板】TEU：即 20 英尺标准集装箱，也称国际标准箱单位。通常用来表示船舶装载集装箱的能力，也是集装箱和港口吞吐量的重要统计、换算单位。其宽、高、长为 8 英尺 ×8 英尺 ×20 英尺。

集装箱货物运输（Container Transport）是以集装箱作为运输单位进行货物运输的一种现代化的运输方式，它适用于海洋运输、铁路运输及国际多式联运等。集装箱运输之所以如此迅速发展，是因为同传统海运相比，它具有下列优点：

①提高装卸效率和港口的吞吐能力，加速船舶周转和港口疏港；

②减少货物装卸次数，有利于提高运输质量，减少货损货差；

③节省包装费、作业费等各项费用，降低货运成本；

④简化货运手续，便利货物运输；

⑤把传统单一运输串联成为连贯的成组运输，从而促进了国际多式联运的发展。

2. 集装箱货物形态及交接方式

集装箱货物在流通过程中可分为两种形态，即整箱货和拼箱货。

整箱货（Full Container Load，FCL）是指货主将货物装满整箱后，以箱为单位托运的集装箱。一般做法是由承运人将空箱运到工厂或仓库后，在海关人员的监督下，货主把货装入箱内、加封、铅封后交承运人并取得站场收据（Dock Receipt），最后凭站场收据换取提单。

拼箱货（Less Than Contain Load，LCL）是指承运人或代理人接收货主托运的数量不足一整箱的小票货物后，根据货类性质和目的地进行的分类、整理、集中、装箱、交货等工作，均在承运人码头集装箱货运站（CFS）或内陆集装箱转运站进行。

集装箱运输中，根据整箱货、拼箱货的不同，其交接地点可以是装运地发货人的工厂或仓库和交货地收货人的工厂或仓库（Door），装运地和交货地的集装箱堆场（CY），装运地和卸货地的集装箱货运站（CFS）以及装运港和卸货港的船边（Hook or Rail），因此，集装箱货物的交接方式有以下 6 种：

（1）门到门交接（Door to Door）

习惯上只有一个发货人、一个收货人，由承运人负责内陆运输，也就是说承运人在发货人工厂或仓库接收货箱后，负责将货箱运至收货人的工厂或仓库。门到门交接的货物是整箱货。

（2）门到场交接（Door to CY）

在发货人的工厂或仓库接收货箱后，由承运人负责运至卸货港集装箱码头堆场交货，目的地的内陆运输则由收货人自己负责安排。门到场交接的货物也为整箱货。

（3）门到站交接（Door to CFS）

在发货人的工厂或仓库接收货箱后，由承运人负责运至目的地集装箱货运站交货，即整箱货接收、拼箱货交付。

（4）门到钩交接（Door to Hook）

在发货人的工厂或仓库接收货箱后，由承运人负责运至卸货港码头，并在船边交货，通常为整箱货。

（5）场到门交接（CY to Door）

在装货港集装箱码头堆场接收货箱，由承运人负责运至收货人工厂或仓库交货的交接方式，即整箱接收、整箱交付。

（6）场到场交接（CY to CY）

在装货港集装箱码头堆场接收货箱，并将其运至卸货港集装箱码头堆场的交接方式。这种交接方式应用十分普遍。

此外还有场到站交接（CY to CFS）、场到钩交接（CY to Hook）、站到门交接（CFS to Door）、站到场交接（CFS to CY）、站到站交接（CFS to CFS）、站到钩交接（CFS to Hook）、钩到门交接（Hook to Door）、钩到场交接（Hook to CY）、钩到站交接（Hook to CFS）、钩到钩交接（Hook to Hook）。

在以上 6 种交接方式中，凡涉及 Door 者，常属于多式联运，且在全集装箱船运输中通常不涉及 Hook。因此，海上集装箱班轮运输中，集装箱货物的交接地点通常为 CY 或 CFS，而 CY to CY 交接方式是最常见的一种。

3. 集装箱进出口程序

（1）集装箱运输出口程序

第一步：订舱。出口公司根据贸易合同事先向船公司（或其代理）办理订舱手续。

第二步：装箱单。船公司确认订舱后，签发装箱单，分送集装箱堆场和集装箱货运站，据以安排空箱和货运交接。

第三步：发送空箱。整箱货运所需的空箱，由船公司送交，发货人领取。拼箱货运所需的空箱一般由货运站领取。

第四步：拼箱货装箱。集装箱货运站根据订舱单核收托运货物并签发站场货物收据，经分类整理，然后在站内装箱。

第五步：整箱货装箱。发货人收到空箱后，自行装箱并按时运至集装箱堆场根据订舱单、装箱单验收并签发站场货物收据。

第六步：集装箱货运交接。站场收据是发货人发货和船公司收货的凭证。

第七步：提单。发货人凭站场收据向船公司换取提单，然后向银行结汇。如果信用证规定需要装箱提单，则应在集装箱装箱后，才能换取装船提单。

第八步：装船。集装箱堆场根据船舶积载计划，进行装船。

(2) 集装箱运输进口程序

第一步：货运单证。凭出口港寄来的有关货运单证着手安排工作。

第二步：分发单证。将单证分别送代理、集装箱货运站和集装箱堆场。

第三步：到货通知。通知收货人有关船舶到港时间，便于准备接货，并于船舶到港以后发出到货通知。

第四步：提单。收货人按到货通知，持正本提单向船公司（或代理）换取提货单。

第五步：提货单。船公司（或代理）核对正本无误后，即签发提货单。

第六步：提货。收货人凭提单连同进口许可证至集装箱堆场办理提箱或提货手续。

第七步：整箱交接。集装箱堆场根据提货单交收货人集装箱并与货主代表办理设备交接手续。

第八步：拆箱交接。集装箱货运站凭提单交货。

4. 集装箱运输的主要货运单证

集装箱运输货运单证与传统运输的货运单证不同，主要包括以下几种。

(1) 订舱单

订舱单是承运人或其代理人在接受发货人或货物托运人的订舱时，根据发货人的口头或书面申请货物托运的情况据以安排集装箱货物运输而制订的单证。该单证一经承运人确认，便作为承、托双方订舱的凭证。

(2) 集装箱装箱单

集装箱装箱单是详细记载集装箱和货物名称、数量等内容的单据，每个载货的集装箱都要制作这样的单据。不论是由货主装箱，还是由集装箱货运站负责装箱，集装箱装箱单是详细记载每个集装箱内所装货物情况的唯一单据。所以，这是一张极其重要的单据，装箱单内容记载准确与否，与保证集装箱货物的安全运输有着密切的关系。

(3) 码头收据（场站收据、港站收据）

码头收据一般由发货人或其代理人根据公司已制订的格式填制，并随货物一起运至集装箱码头堆场，由收货人在收据上签字后交还给发货人，证明托运的货物已收到。

（4）集装箱提单

普通船舶的货运提单是在货物实际装船完毕后经船方在收货单上签字，表明货物已装船，发货人凭经船方签署的收货单（大副收据）去船公司或其代理公司换取已装船提单。而集装箱提单则应以码头收据换取，它同普通船舶运输所签发的提单不同，是一张收货待运提单。所以，在大多数情况下，船公司根据发货人的要求，在提单上填注具体的装船日期和船名后，该收货待运提单也便具有了已装船提单同样的性质。

【小看板】集装箱运输的有关法规

联合国政府间海事协商组织曾于1972年在日内瓦召开国际集装箱运输会议，通过了《1972年集装箱海关公约》和《国际集装箱安全公约》，对集装箱箱体本身的问题如集装箱的结构、种类、标志等作了详细的规定。1981年《国际集装箱安全公约》对我国生效。此外，有关海运提单问题的《汉堡规则》，以及1980年联合国通过的《国际货物多式联运公约》都对集装箱运输的有关问题作了专门规定。

3.3 多式联运

3.3.1 国际多式联运概述

1. 国际多式联运的定义

国际多式联运（International Multimodal Transport）是在集装箱运输的基础上产生和发展起来的一种综合性的连贯运输方式，它一般是以集装箱为运输单元，把海、陆、空各种运输方式有机地组合在一起构成连续的、综合性的一体化货物运输。《联合国国际货物多式联运公约》对国际多式联运所下的定义是："按照多式联运合同，以至少两种不同的运输方式，由多式联运经营人把货物从一国境内接运货物的地点运至另一国境内指定交付货物的地点。"

2. 国际多式联运的主要条件

根据以上描述，可以得出构成国际多式联运的主要条件：

（1）要有一个多式联运合同

即在合同中明确规定多式联运经营人（承运人）和托运人之间的权利、义务、责任、豁免的合同关系和多式联运的性质。

（2）必须使用一份全程多式联运单据

即证明多式联运合同以及证明多式联运经营人已接管货物并负责按照合同条款交付货

物所签发的单据。

(3) 必须是至少两种不同运输方式的连贯运输

这是确定一票货运是否属于多式联运的重要特征。

(4) 必须是国际间的货物运输

这是区别于国内运输是否符合国际法规的限制条件。

(5) 必须由一个多式联运经营人对全程的运输负总的责任

这是多式联运的一个重要特征。由多式联运经营人去寻找分承运人，实现分段的运输。

(6) 必须是全程单一运费费率

多式联运经营人在对货主负全程责任的基础上，制订货物发运地至目的地的全程单一费率，并一次向货主收取。

3. 国际多式联运的优点

国际多式联运以其将各种运输方式有机结合的特殊优势，在当今运输业的发展中正扮演着重要角色。与传统运输相比，开展国际多式联运具有许多优越性，主要表现在以下几个方面：

(1) 提高运输组织水平，实现合理化运输

由不同的运输经营人共同参与多式联运，其经营的范围可以大大扩展，同时可以最大限度地发挥其现有设备的作用，集中发挥各种运输方式的优点，改善不同运输方式间的衔接工作，选择最佳运输路线，组织合理化运输。

(2) 手续简单统一，节省人力物力

在国际多式联运方式下，所有运输事项均由多式联运经营人负责办理。而托运人只需办理一次托运，订立一份运输合同，一次支付费用，一次保险，从而省去托运人许多不便。一旦运输过程中发生货损、货差，由多式联运经营人对全程运输负责，从而也可简化理赔手续、减少理赔费用。

(3) 缩短货物运输时间，提高货物运输质量

在国际多式联运方式下，各种运输环节和各种运输工具之间密切配合，衔接紧凑，中转迅速及时，大大减少货物的在途停留时间。同时，多式联运是通过集装箱进行直达运输，货损货差事故大为减少，在很大程度上提高了货物的运输质量。

(4) 降低运输成本，节省各种支出

由于多式联运可以实现“门到门”运输，因此，对货主来说，在货物交由第一承运人以后即可取得货运单证，并据以结汇，从而提前了结汇时间。这不仅有利于加速货物占用资金的周转，而且可以减少利息的支出。此外，由于货物是在集装箱内进行运输的，可相应地节省货物的包装、理货和保险等费用的支出。

(5) 有利于政府管理部门的监管

从政府的角度来看，发展国际多式联运有利于加强政府部门对整个货物运输链的监督与管理，保证本国在整个货物运输过程中获得较大的运输收入分配比例，同时也有助于引

进国外先进的运输技术。

3.3.2 国际多式联运的方式

国际多式联运是采用两种或两种以上不同运输方式进行联运的运输组织形式，包括海陆、陆桥、海空等。这种运输组织形式可以综合利用各种运输方式的优点，充分体现社会化大生产和大交通的特点。

1. 海陆联运

海陆联运是国际多式联运的主要组织形式，也是远东和欧洲多式联运的主要组织形式之一。目前，组织和经营远东与欧洲海陆联运业务的主要有班轮公会的三联集团、北荷、冠航和丹麦的马士基等国际航运公司，以及非班轮公会的中国远洋运输公司、中国台湾长荣航运公司和德国那亚航运公司等。这种组织形式以航运公司为主体，签发联运提单，与航线两端的内陆运输部门开展联运业务，与大陆桥运输展开竞争。当今世界主要的海陆联运路线有：北美至欧洲的大西洋航线；北美至亚洲的太平洋航线和欧洲至远东的地中海—苏伊士运河—印度洋航线。

其中，欧洲—远东航线为国际多式联运中业务最繁忙、联运经营人参与数量最多的路线。

2. 陆桥运输

在国际多式联运中，陆桥运输起着非常重要的作用。它是远东和欧洲多式联运的主要组织形式之一。所谓陆桥运输是指采用集装箱专用列车或卡车以横贯大陆的铁路或公路作为中间“桥梁”，使大陆两端的集装箱海运航线与专用列车或卡车连接起来的一种连贯运输方式。严格地讲，陆桥运输也是一种海陆联运形式，但比起单纯的海上运输，陆桥运输能缩短运输距离、节省运输时间、降低运输成本。世界上主要的陆桥运输路线如前文所述。

3. 海空联运

海空联运是一种新兴的国际多式联运形式。在运输组织方式上，海空联运与陆桥运输有所不同。陆桥运输在整个货运过程中使用的是同一个集装箱，不用换装，而海空联运的货物通常要在航空港换入航空集装箱，不过，两者的目标是一致的，即以低费率提供快捷、可靠的运输服务。

海空联运方式始于20世纪60年代，但到了20世纪80年代才得以迅速发展。它充分利用了海运的经济性与空运的快捷性，正成为一种具有广泛发展潜力的新的多式联运形式。

国际海空联运线主要有：

（1）远东—欧洲

目前，远东与欧洲间的航线有以温哥华、西雅图、洛杉矶为中转地，也有以中国香港、曼谷、海参崴为中转地的，此外还有以旧金山、新加坡为中转地的。

（2）远东—中南美

近年来，远东至中南美的海空联运发展较快，因为此处港口和内陆运输不稳定，所以对海空运输的需求很大。该联运航线以迈阿密、洛杉矶、温哥华为中转地。

(3) 远东—中近东、非洲、澳洲

这是以中国香港、曼谷为中转地至中近东、非洲的运输。

在特殊情况下，还有经马赛至非洲、经曼谷至印度、经中国香港至澳洲等联运航线，但这些线路货运量较小。

总地来讲，运输距离越远，采用海空联运的优越性就越大。因为同完全采用海运相比，其运输时间更短，同直接采用空运相比，其费率则更低。

3.3.3 国际多式联运经营人及其责任形式

多式联运承运人（Combined Transport Operator，C. T. O）和多式联运单证（Combined Transport Document，C. T. D）两个概念是多式联运的核心要素。因为，由单一的合同主体来完成连续的接运，是当前以国际大型集装箱运输为中心的国际多式联运最主要的特点。

1. 国际多式联运经营人

多式联运公约对多式联运经营人的性质定义如下："多式联运承运人是指其本人或通过代其行事的他人订立多式联运合同的任何人，他是委托人，而不是发货人的代理人和参加多式联运的代理人或代表他们行事。他承担履行合同的责任。"也就是说，多式联运经营人不是发货人的代理或代表，也不是参加联运的承运人的代理或代表，而是多式联运的当事人，是一个独立的法律主体，分别与货主和分承运人订立运输合同。对于货主来说，他是货物的承运人，对货物运输承担完全的责任；但对分承运人来说，他又是货物的托运人，分承运人对其负责，所以他具有双重身份。作为货主和分承运人之间的中介，多式联运经营人成为支撑整个国际多式联运高效运作的关键。

国际上承办多式联运业务的一般都是规模较大的货运公司或货运代理，具有一定的运输手段，如车辆、仓库等，并与货主和各类运输公司都有密切的业务关系。国际上称这种企业为"无船公共承运人（Non－Vessel Operating Common Carrier，NVOCC）"。

2. 国际多式联运经营人应具备的条件

①必须具有经营管理的组织机构、业务章程和具有企业法人资格的负责人，能够与发货人或其代表订立多式联运合同。

②为确保联运单证作为有价证券的流通性，国际多式联运经营人必须在国际运输中具有一定的资信或令人信服的担保。

③必须具有与经营业务相适应的自有资金。

④必须能承担多式联运合同中规定的与运输和其他服务有关的责任，因此必须具备相适应的技术能力、专业队伍、服务网络、必要的设备和设施等。

3. 国际多式联运经营人的责任形式

国际多式联运经营人的责任期，是从接收货物之时起到交付货物之时为止。在此期间，他对货物负全程运输责任，但在负责范围和赔偿限额方面，根据目前国际上的做法，可分为以下三种类型：

（1）统一责任制（Uniform Liability System）

在统一责任制下多式联运经营人对货主负不分区段的统一责任。即货物的损失，包括隐蔽损失（即损失发生的区段不明），不论发生在哪个区段，多式联运经营人按统一原则负责，并一律按约定的限额赔偿。

（2）网状责任制（Network Liability System）

网状责任制是指由多式联运经营人就全程运输向货主负责，但各区段或各运输方式适用的责任原则和赔偿方法仍根据该区段或运输方式的法律予以确定的一种制度。

（3）修正统一责任制（Modified Uniform Liability System）

修正统一责任制，是介于上述两种责任制之间的责任制，故又称混合责任制，也就是在责任范围方面与统一责任制相同，在赔偿限额方面与网状责任制相同。

3.3.4 国际多式联运实务

1. 业务流程

国际多式联运一般以集装箱作为运输容器，所以其业务流程也是以集装箱运输的业务流程为基础的，多式联运的主要业务程序如图 3－1 所示。

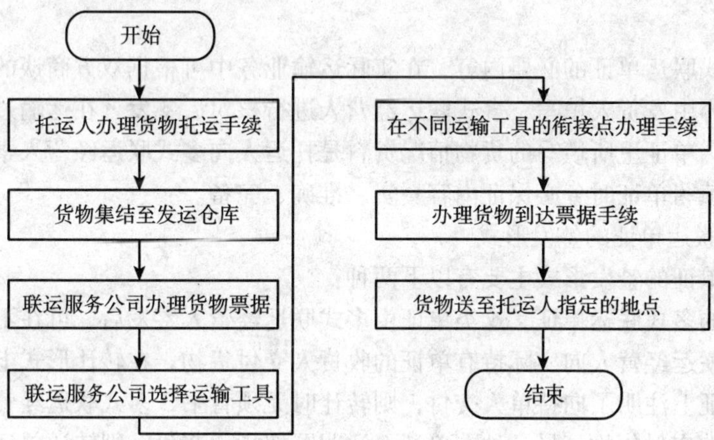

图 3－1 多式联运的主要业务程序

2. 多式联运单证

多式联运单证（Multimodal Transportation Documents）是指多式联运经营人在收到货物后签发给托运人的单据，是多式联运合同的证明，是多式联运经营人接管货物并保证按照合同条款交付货物的证明，也是货物抵达目的地后收货人提取货物的提单。

（1）多式联运单证的内容

多式联运公约中规定，单证的主要内容包括以下几个部分：

①货物种类、识别货物所必需的主要标志、对危险货物危险特性的明确声明、包数或件数、货物的毛重或以其他方式表示的数量等。

②货物外表状况。

③多式联运经营人的名称和主要营业地。

④发货人名称。

⑤收货人的名称，如已由发货人指定。

⑥多式联运经营人接管货物的地点和日期。

⑦交货地点。

⑧在交付地点交货的日期或期间，如双方有明确协议。

⑨表示该多式联运单证为可转让或不可转让的声明。

⑩多式联运单证的签发地点和日期。

⑪多式联运经营人或经其授权的人的签字。

⑫如双方有明确协议，每种运输方式的运费，或者应由收货人支付的运费，包括用以支付的货币，或者关于运费由收货人支付的其他说明。

⑬预期经过的路线、运输方式和转运地点，如在签发多式联运单证时已经确知。

⑭遵守多式联运公约各项规定的声明。

⑮如不违背多式联运单证签发的国家的法律，双方同意列入多式联运单证的任何其他事项。

以上是多式联运单证的必要内容，在实际运输业务中可根据双方商谈的结果加注其他项目。单证内容由发货人填写，多式联运经营人进行核对后签发。在运输过程中发生货物损坏或丢失后，单证里所填写的货物情况资料是托运人向多式联运经营人索赔的依据，因此，发货人在填写单证时务必保证内容真实、准确、完备。

（2）多式联运单证的签发形式

多式联运单证的签发形式主要有以下两种：

①可转让的多式联运单证。这类单证由多式联运经营人签发后，可在不同的收货人之间转让，多式联运经营人向实际持有单证的收货人交付货物。在转让形式上又具体分为两种：一种在单证上注明了向持单人交付，则转让时无须背书，多式联运经营人向单证的最终持有人无条件交付货物；另一种在单证上注明了按指示交付，则转让单证时需进行背书注明受让方，未进行背书的转让无效。和普通海运提单一样，转让背书无须经过单证签发人即多式联运经营人同意。

②不可转让的多式联运单证。此类单证在签发时注明了指定的唯一收货人，并标明“不可转让”的标记。多式联运经营人在交付货物时，无论单证是否背书都只能向单证上最初指定的收货人交付货物。

3. 多式联运合同

多式联运合同一般指货物托运人与多式联运经营人就运输对象全程联运达成的协议。在《联合国国际货物多式联运公约》中对国际多式联运合同的规定是：“多式联运合同是经营人凭以收取运费，负责完成或组织完成国际多式联运的合同。”在国际上，这种合同一般是不正式的（没有书面文本），是以多式联运单据（多式联运提单）来证明的。

【课后思考】

1. 国际货物运输代理人有哪几类？试比较他们的区别。
2. 简述海运提单的类别及各自的含义。
3. 简述“浮动公路”运输的特点。
4. 目前世界上主要的大陆桥有那几条？各有何特点？
5. 集装箱货物的交接方式有哪几种？
6. 简述国际多式联运的主要形式。
7. 简述国际多式联运经营人的责任形式。

【案例分析】

新亚欧大陆桥的艰难发展

一、现状分析——长期客户大量流失

新亚欧大陆桥客户流失严重。2003 年 3 月份以来，日、韩长期客户 METRO、FIRST、EXPRESS、DONGSU SHIPPING 等已相继流失到西伯利亚大陆桥。新亚欧大陆桥运输业务的发展近几年处于萎缩状态。尤其严重的是，俄罗斯铁路正在争取新亚欧大陆桥的最大客户——乌兹别克大宇汽车配件改配西伯利亚大陆桥东方港——千肖特专列。如果此客户流失，新亚欧大陆桥运输总量将下降 30%。

尽管韩国、日本、中国到中亚国家的货物走新亚欧大陆桥比西伯利亚大陆桥近 3000 多公里，到欧洲的货物走新亚欧大陆桥比海运缩短距离上万公里，但韩国 92% 的货物、日本 70% 的货物选择西伯利亚大陆桥，中国沿海地区的广东、浙江、上海、山东等省市 50% 以上到俄罗斯选择西伯利亚大陆桥。图 3 –2 为两条大陆桥的运行路径示意图。

二、新亚欧大陆桥的优势与劣势

1. 运距有优势

和西伯利亚大陆桥相比，新亚欧大陆桥总运距缩短 2000 ~ 2500 公里。

2. 新亚欧大陆桥的劣势——“硬伤”

虽然运距有优势，但在运费、在途时间、日均运行距离方面却无法与西伯利亚大陆桥和海运相比，在这些方面是缺乏竞争力和吸引力的，见下表。因此新亚欧大陆桥开通十几年来短途运输多，长途运输少。

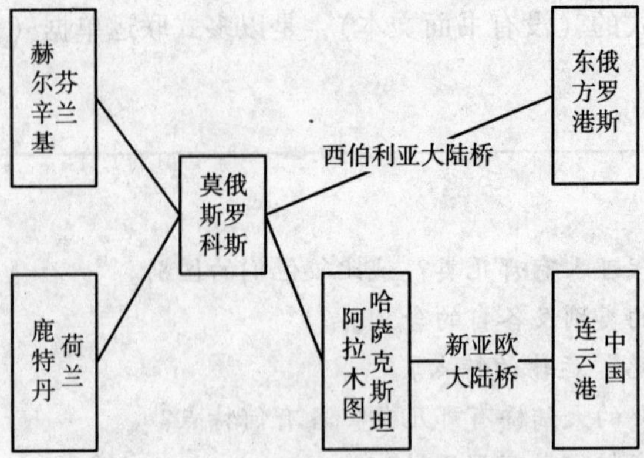

图 3-2　两条大陆桥的运行路径示意图

两桥"桥头堡"到各主要城市运距、运价和运行时间比较

终点 起点	阿拉木图	莫斯科	鹿特丹	芬兰
运距（公里）				
连云港	5300	8400	10900	9040
东方港	6300	9190	12200	9830
运价（美元/TEU）				
连云港	1100~1200	1645	3445	1701
东方港	1000~1100	700	2500	800
运行时间（天）				
连云港	8~12	26	30	28
东方港	5~8	10	14	12

①运价上的劣势。现在我国铁路段运费为 0.142 美元/箱公里，西伯利亚大陆桥运费为 0.06 美元/箱公里，再加上中哈过境换装费较高，铁路段运费每箱比西伯利亚大陆桥高 160 美元左右。对于高峰时利用新亚欧大陆桥年运输汽车配件 1.7 万 TEU 的乌兹别克"大宇"，一年就要多付运费近 300 万美元。

②运行时间上的劣势。列车运行速度慢、换装站基础设施薄弱、货物流通能力弱是新亚欧大陆桥的另一大硬伤。亚欧大陆桥从连云港到莫斯科平均运行 26 天，到鹿特丹需要 30 天，而西伯利亚大陆桥的运行时间分别是 10 天和 14 天。在国际贸易中，运输的速度因素越来越重要。新亚欧大陆桥因为速度流失了多少客户没有进行过统计，但业内普遍认为数目惊人。

3. 信息及服务方面的劣势

运行十几年的新亚欧大陆桥至今还没有可与主营经营人接口、供用户查询的系统，也不能实现客户网上查询的要求。另外，中国的海运、港口、铁路、口岸等大陆桥运输部门的信息系统之间缺乏有效连接和沟通，也缺乏对外提供信息服务的基本制度。

相比之下，西伯利亚大陆桥这方面的服务要完善得多，经营企业可依托铁路方提供的信息系统与船公司、港口、俄罗斯交通部的信息连接，每天向客户报告几次集装箱或车辆的运行状况，或通过互联网查寻到货物在运输途中的位置和状态的信息。

三、对策措施——借助现代物流，重新出发

国际铁路联盟在1992年新亚欧大陆桥开通之际曾预言，“缩短运输里程”的新亚欧大陆桥将带来一场国际运输业务的大变革。而今，新亚欧大陆桥沿线希望借助现代物流实现这一奇迹。新亚欧大陆桥物流产业发展战略——由单纯的货物周转大动脉转变为资源互通的洲际物流大通道。新亚欧大陆桥强调的是全线的通过能力，一个环节滞后就会影响全局，传统的陆桥运输已无法满足市场的要求，必须利用现代物流的理念对沿途物流资源和物流环节进行整合。

1. 发展潜力

①随着现代物流业的发展，国际铁路联盟、欧盟以及哈萨克、芬兰、韩国、日本等国家普遍看好新亚欧大陆桥运输。认为新亚欧大陆桥具有不可比拟的经济和地理优势，有巨大的发展潜能。

②据统计，我国西部大开发战略实施以来，新亚欧大陆桥区域经济不断加快发展。沿桥货物运输以年均15%的速度递增，集装箱运输递增速度达到30%。

③近年来，世界著名物流企业和快递企业也纷纷参与经营大陆桥运输业务。尽管种种不利因素制约着新亚欧大陆桥的发展，占陆桥运输95%份额的中国外运仍然显出增长势头。

2. 对策措施

①世界经济一体化下的现代物流内涵正在逐渐扩大，跨越国界的国际物流是现代物流的发展趋势。要发展新亚欧大陆桥物流，就必须加快口岸通关和换装的速度，压缩口岸滞留时间。

②建立大陆桥相关国家、国际组织和部门之间相互沟通和协商的交流平台，监督有关政策的执行，协助解决大陆桥运输中的问题和矛盾。

③建立统一的大陆桥运价协调机制，根据国际运输市场的变化，协调各国、各环节的运输费率。

讨论：

1. 与西伯利亚大陆桥运输相比，新亚欧大陆桥有哪些优势和劣势？

2. 你认为应该采取哪些对策措施才能够提高新亚欧大陆桥的竞争力？

附：国际货物运输相关英语术语

Method of Transportation　运输方式
Ocean Transportation，Ocean Carriage of Goods　海洋运输
Liner Transport，Liner Shipping　班轮运输
Liner Freight　班轮运费
Extra Charges on Heavy Lifts　超重附加费
Extra Charges on Long Lengths　超长附加费
Direct Additional　直航附加费
Transshipment Additional　转船附加费
Port Additional　港口附加费
Port Congestion Surcharges　港口拥挤费
Optional Port Fees　选港附加费
Liner's Freight Tariff　运价表
Charter Shipment，Shipping by Chartering　租船运输
Voyage Charter　定程租船
Time Charter　定期租船
Single Voyage Charter　单程租船
Round Voyage Charter　来回程租船
Consecutive Single Voyage Charter　连续单程租船
Consecutive Round Voyage Charter　连续来回程租船
Barefoot Charter　光船租船
Railway Transportation　铁路运输
Air Transportation　航空运输
Air Liner　班机
Air Charter　包机
Centralized Air Transportation　托运
Air Way Bill（AWB）　航空运单
Postal Transportation　邮政运输
Combined Transportation　联合运输
Land – ocean Transportation　陆海联运
Train – air – truck Transportation　陆空联运
Land Bridge Transportation　大陆桥运输
Container Transportation　集装箱运输
Full Container Load（FCL）　整箱货
Less than Container Load（LCL）　拼箱货
Container Yard（CY）　集装箱堆场
Container Freight Station（CFS）　集装箱中转站
International Multimodal Transportation　国际多式联运
Time of Shipment　装运时间
Time of Delivery　交货时间
Immediate Shipment　立即装运
Prompt Shipment　即期装运
Port of Shipment　装运港
Port of Destination　目的港
Partial Shipment　分批装运
Transshipment　转船
Lay Time　装卸时间
Demurrage　滞期费
Dispatch　速遣费
Shipping Advice　装运通知
Transport Document　运输单据
Bill of Lading（B/L）　提单
Multimodal Transportation Document　多式联运单据

4 运输决策

学习目标

- 了解决策分析的基本步骤；
- 掌握运输路线选择的基本类型及相应的解决方法；
- 掌握运输调度的方法；
- 掌握运输网络设计的类型；
- 掌握运输服务商选择的方法。

4.1 运输管理决策概述

运输决策包含的范围很广泛，其中主要的决策是：对载运工具的选择、运输提供商的选择、运输路线的选择、运输能力配备等问题。但决策的前提是对运输环境的分析，不了解环境参与决策，就很难进行准确的决策选择。

4.1.1 决策分析的基本步骤

一项重大决策的形成，首先要进行一系列的调查研究和分析论证工作，然后还要把决策意图通过指令信息系统传递到执行系统，这是一个完整的动态过程。决策过程一般包含五个基本步骤。

1. 确定目标

在重大事件的决策过程中，首先要确定目标。一旦目标建立起来，接下去便是决策过程的开始。所确定的目标一定要具体明确，避免抽象、含糊。

2. 拟订多个可行方案

决策研究工作的中心任务是通过各种调查研究和综合分析，产生几种可供选择的决策方案。

3. 预测未来的状态

知识和信息是决策科学化的基础。要想使决策达到预期的目标，必须收集足够的相关信息，并进行必要处理。收集信息要有针对性，根据决策目标的具体要求，确定信息的范围和数量，提出各种专题性报告或背景资料。

预测是决策过程的一个重要环节，它必须建立在信息工作的基础上。预测是通过事物的历史和现状资料，推测事物的未来发展状态。预测的任务是根据决策目标的要求，研究在实际决策目标的过程中将要出现的影响因素，指出事件在不同条件下的发展结果。预测研究的主要使命是通过科学方法，为决策目标和决策方案的选择提供科学依据。

【小看板】对于一般的决策问题，可以利用决策收益表或决策树计算出各种方案的期望值。

4. 进行决策分析，选择最优方案

首先，对于待选的各种方案，由专业技术人员运用运筹学、数理统计等科学方法进行定量分析比较，找出初步的“最优方案”。

其次，业务主管部门组织方案论证，对专业人员拟订的初步“最优方案”进行论证。这种论证是决策的一个必要程序，不能省略或马虎。初步的“最优方案”并不一定是实际最优方案，因为决策模型是对事务的理想化描述，一般不可能考虑影响事务的所有因素。组织方案论证，就是弥补理论分析的这种不足。

5. 由决策领导者对经过论证的方案进行最后抉择，决定是否采纳

最终决策是整个决策的关键，要求担负这一职责的主要领导人具有良好的个人素质、分析判断能力和丰富的管理决策经验。决策形成以后，由职能部门编制计划，组织实施。

4.1.2 运输决策参与者

为了解运输决策的制定，有必要先了解与决策相关的运输环境，因为与许多生产和经营企业相比，运输企业是独特的。在大多数的商品交易中，买方和卖方（如家庭消费者和零售店）如果不是唯一的，也是主要参与者。买方和卖方单独洽谈交易条款和条件，然后完成销售。虽然对于某些商品交易来说，政府会施加影响或干预，但大多数商品交易并非如此，而是在相对独立的环境中进行。

然而，与大多数普通的商品买卖不同，运输交易和运输决策往往受到五个方面的影响，即托运人（销售商）、收货人（购买者、代理人）、承运人、政府干预和公众关注。图 4－1 说明了上述各方的关系。在某些情况下他们必然与商品的所有权、代理权或监护权等有关，诸如当独立的运输企业在为两个不同的企业运送他们交易的商品时。然而，在一些情况下，企业独立拥有运输工具并独立为自己的商品进行运输时，情况就大不相同。所以，为了解运输环境的这种复杂性，有必要考察各方面在物流运输中的作用和概念。

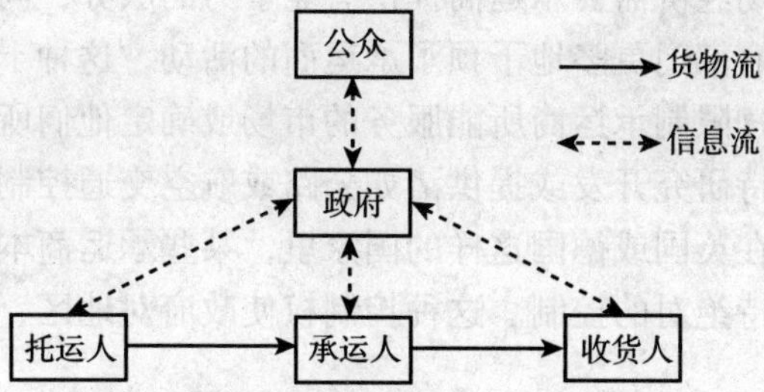

图 4－1 运输决策参与者之间的关系

1. 收、发、运货人

(1) 收、发货人

就运输而言，收、发货人的基本利益是一致的，即要在规定的时间内以最低的成本将货物从起始地转移到目的地。运输服务中应包括具体的提取货物和交付货物的时间、预计运输过程和转移中的搬运装卸等的时间、“零灭失”损坏以及精确和适时地交换装运信息和签发单证。收、发货人在交易行为中，是不同经济主体的利益代表，有着各自的愿望和要求。发货人（托运人）的目的是售出商品，获取货币价值；收货人（购买者）的目的是购入所需的商品，获得使用价值。但它们二者相对于独立的运输企业而言，目标是共同的，即货物能及时、安全、准确地发出和到达。所以，在进行物流运输决策时，运输企业应同时考虑收、发货人两个方面的利益，使二者都能对运输企业的决策及作业过程感到满意，而不仅仅是其中的一方。

(2) 承运人

作为实现货物转移的中间人，承运人是运输的主体，其目的与收、发货人有一定或相当的差别，他期望以最低的成本完成所承揽的运输任务，同时获得最大的运输收入。以此为出发点，承运商希望能按发货人（或收货人）愿意和可能支付的最高费用收取运输费，而使整个运输过程中所消耗的劳动、燃料和运输工具等的成本支出最低。

实现这一目标，承运人期望在提取和交付时间上有自主性和可支配的灵活性，以便于能够使对个别企业的运输货物在实际装运时整合成不同规模的经济运输批量，以实现在每个运输单位内都能达到最高效率，即利益最大化。

2. 政府干预

由于运输能够对整个或局部经济环境构成影响，所以政府既要维护市场交易中各方面利益的均衡，同时又期望一种稳定而有效率的运输环境，以促进经济能持续增长。运输的基本作用在于，能使产品有效地转移到全国乃至世界各地的市场中去，并促成产品按合理的成本和价格获利。我国改革开放前和开放之初的情况说明了运输体系不健全所产生的影响，虽然这不是唯一的原因，但运输体系确实在一段时间内是我国经济发展的“瓶颈”，成为经济各部门不能向市场充分提供商品的一个重要因素，即使在有充足生产时，一些地区的运输也往往成为经济发展的阻滞因素。

稳定而有效率的市场经济需要承运商提供有竞争力的服务，同时要有利可图。与其他生产经营企业相比，政府部门更多地干预了承运商的活动，这种干预往往采取规章、促进或限制等形式。政府通过限制承运商所能服务的市场或确定他们所能收取的价格来规范他们的行为；政府通过支持研究开发或提供诸如公路或航空交通控制系统之类的通行权来促进和帮助承运商获利。在英国或德国这样的国家里，某些承运商本身为政府所拥有，政府对市场、服务和费率保持绝对的控制。这种控制权使政府对地区、行业或厂商的经济成功具有举足轻重的影响。

不论从哪个角度讨论，政府对企业运输决策的制订都有重要或绝对的影响，甚至是控制，世界各国基本如此，只是干预的程度大小不同。因此，企业运输决策必须在充分了解和掌握政府有关运输的相关制度和法规的基础上进行，而不是只简单地考虑当前市场的供求状况和企业利益（当然不能否认供求与利益是企业最为关注和最重要的两点）。

3. 公众关注

社会公众作为物流决策的参与者，除个别直接相关者外，大多属于间接参与者，他们会关注企业运输的信誉、时效性、费用水平和实际经济效益，以及环境、社会和安全方面的相关标准等。从理论上说，公众通过按合理价格形成对周围商品的需求，并最终确定对商品的运输需求。但在现实生活中，大多数普通消费者有谁考虑过在购买商品时，商品价格中包含了多少运输费用（及广告费用等）。尽管最大限度地降低成本对于消费者来说是重要的，但与环境和安全标准有关的交易代价也需要加以考虑。在发达国家中，尽管过去20年间在降低污染和消费安全方面已有了重大进展，但空气污染和石油溢出所产生的影响仍是运输的一个重大问题。既然要把降低环境风险或运输工具事故的成本转嫁到消费者身上，那么他们必然会共同参与对运输的安全感做出判断与决策。

显然，由于各方面之间的相互作用，使得看似简单的运输关系变得很复杂。这种复杂性会导致托运人、收货人和承运人之间的冲突，政府与公众之间的冲突。这些冲突导致运输服务必须接受相关规章制度的限制。

4.2 运输路线选择

运输路线的选择影响到运输设备和人员的利用，正确地确定合理的运输路线可以降低运输成本，因此，运输路线的确定是运输决策的一个重要领域。路线选择主要是选择起点到终点的最短路线，不同运输方式路线选择也不同。最短路线的度量单位可能是时间最短、距离最短或费用最少等。路线选择是继运输方式选择之后的又一重要运输决策，它们之间紧密相联，最好是将运输方式和路线选择结合在一起，因为路线选择的可能性在很大程度上取决于运输方式。尽管路线选择问题种类繁多，但可以将其归为以下几个基本类型：

①中间点相同，起讫点不同；

②中间点不同，但起讫点相同；

③多个起点，多个终点，没有中间点；

④多个起点，多个终点，有中间点或转运点。

下面我们分别进行有选择的介绍。

4.2.1 起讫点不同的单一问题

对分离的、单个始发点和终点的网络运输路线选择问题，最简单和直观的方法是最短路线法（Shortest Route Method）。网络由节点和线组成，点与点之间由线连接，线代表点与点之间运行的成本（距离、时间或时间和距离加权的组合）。最初，除始发点外，所有节点都被认为是未解，即均未确定是否在选定的运输路线上。始发点作为已解的点，计算从原点开始。一般的计算步骤是：

①第 n 次迭代的目标。寻求第 n 次最近始发点的节点，重复 $n=1, 2, \cdots$，直到最近的节点是终点为止。

②第 n 次迭代的输入值。在前面的迭代过程中，找出 $n-1$ 个距始发点最近的节点，及其距起点最短的路径和距离。这些节点以及始发点称为已解的节点，其余的节点是尚未解的点。

③第 n 个最近节点的候选点。每个已解的节点由线路分支通向一个或多个尚未解的节点，这些未解的节点中有一个以最短路线分支连接的是候选点。

④第 n 个最近节点的计算。将每个已解节点及其候选点之间的距离和从始发点到该已解节点之间的距离加起来，总距离最短的候选点即是第 n 个最近的节点，也就是始发点到达该点最短距离的路径。

下面的实例可以具体说明最短运输路线是如何计算的。

【例 4-1】某公司要在起点 A 和终点 J 之间寻找一条运输时间最短的路线。从 A 到 J 有多条路线（如图 4-2 所示），图中凡是连接的地方均是可以通达的路线，其中每两个节点之间的运输时间为图中数字所示（单位：分）。

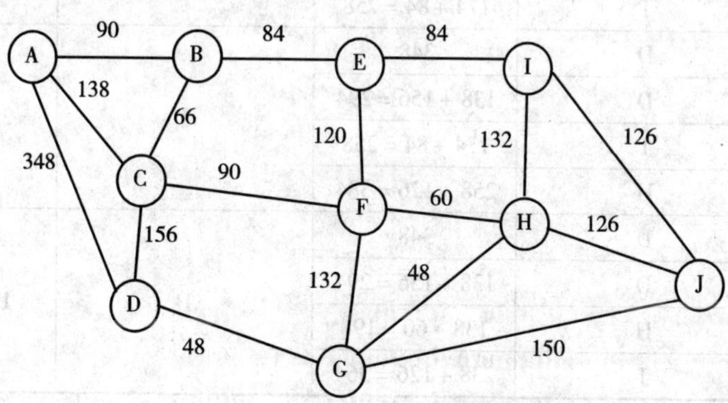

图 4-2 起点 A 和终点 J 之间的路线示意图

寻找 A 与 J 之间的最短路线的运筹学解法步骤如下：

（1）认为 A 是第 1 个已决点（solved note）

从 A 开始，寻找到与 A 直接相连的点是 B、C、D，其中与 A 最近的点是 B。B 可以认为是这一步所找到的已决点（solved note）。

（2）以 A 和 B 为已决点寻找下一个节点

距离 A 最近的节点为 C（B 作为已决点不再考虑）。距离 B 最近的节点为 C（A 作为已决点不再考虑）。A－C 与 B－C 两条路线进行最短路比较。注意从起点通过已解的节点到某一节点所需的时间应该等于到达这个已解节点的最短时间加上已解节点与未解节点之间的时间，也就是说，从 A 点经过 B 点到达 C 的距离为 AB＋BC＝90＋66＝156 分，而从 A 直达 C 的时间为 138 分。显然 A－C 为最短路线。现在把 C 也作为已决点。

（3）以 A、B、C 为已决点寻找下一个节点

分别找出与它们最近的节点，比较找出从起点 A 到这一节点的最短路。并把找到的节点作为已决点进行下一步寻找，一直这样寻找直到到达终点 J。

具体解的过程如表 4－1 所示。

表 4－1　　最短路线方法计算表

步骤	已决点	与其最近的未决点	总成本	第 n 步的最近节点	最小成本	最新连接
1	A	B	90	B	90	AB＊
2	A	C	138	C	138	AC
	B	C	90＋66＝156			
3	A	D	348	E	174	BE＊
	B	E	90＋84＝174			
	C	F	138＋90＝228			
4	A	D	348	F	228	CF
	C	H	138＋90＝228			
	E	I	174＋84＝258			
5	A	D	348	I	258	EI＊
	C	D	138＋156＝294			
	E	I	174＋84＝258			
	F	H	258＋126＝384			
6	A	D	348	H	198	FH
	C	D	138＋156＝294			
	F	H	138＋60＝198			
	I	J	238＋126＝364			

续 表

步骤	已决点	与其最近的未决点	总成本	第 n 步的最近节点	最小成本	最新连接
7	A	D	348	D	294	CD
	C	D	138 + 156 = 294			
	F	G	288 + 132 = 420			
	H	G	288 + 48 = 336			
	I	J	258 + 126 = 384			
8	H	J	288 + 126 = 414	J	384	IJ *
	I	J	258 + 126 = 384			

注：* 表示最小成本线。

所以最短路为 A - B - E - I - J，最短时间为 384 分。

节点和可供选择路线的增多带来运算的复杂性，复杂的计算可以用计算机实现。本例中选择路线考虑的只是最短时间，没有考虑到线路质量等问题，实践中常给予时间和距离以适当的权重。

4.2.2 起讫点重合问题

起讫点相同的运输问题主要是指车辆从设施点出发访问一定数量顾客后又回到原来的出发点的线路确定问题。现实生活中存在着许多类似的问题，如配送车辆送货、邮递员送报、送奶工送牛奶、垃圾车辆收集垃圾等。这些问题求解的目标是寻求访问各点的次序，并使运行时间或距离最小化。下面简要介绍几种求解方法。

1. 经验探试法

经验探试法是解决起讫点相同的运输问题较为简单、有效的方法。按照实际运输工作经验，当运行路线不发生交叉时，车辆经过各停留点的次序是合理的，同时，如有可能应尽量使运行路线形成泪滴状。图 4 - 3 是通过各点的运行路线示意图，其中（a）图是不合理的运行路线，（b）图是合理的运行路线。在实际工作中，运输管理人员可以很快画出一张路线图，这要比用电子计算机计算更为简单迅速。当然，如果点与点之间的空间关系并不真正代表其运行时间或距离（如有路障、单行道路、交通拥挤等），或者运输线路较为复杂，则使用计算机寻求路线上的停留点的合理次序更为方便。

2. 数学求解法

在运筹学中，有关起讫点相同的运输问题可以归结为基本运输问题中的中国邮递员问题和旅行商问题（Traveling Salesman Problem，TSP）。不过，二者具有各自不同的求解思路和方法。

中国邮递员问题可以表述为："一个邮递员每次送信，从邮局出发必须至少依次经过它负责投递范围的每一条街道，待完成任务后仍然回到邮局，那么他如何选择投递路线，以使自己所走的路程最短？"该问题的基本求解思路是：如果某邮递员所负责范围的街道

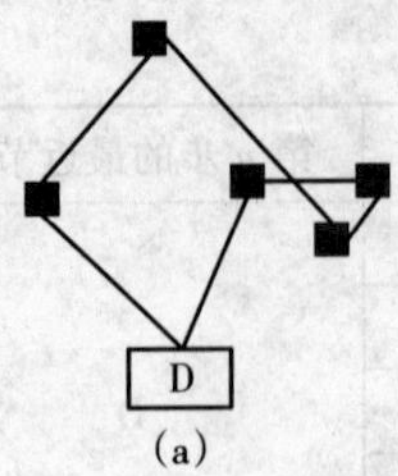

图 4－3　运行路线示意图

中没有奇点（即奇数条街道相连接所形成的端点），那么他可以从邮局出发，每条街道走且仅走过一次，最后回到邮局，这样他所走的路线就是最短路线；对于有奇点的街道，邮递员就必须重复走某条街道，但应该使重复街道的总权数（即总的路程或时间）最小，从而保证他所走的路线最短。

所谓旅行商问题，可以表述为："一个旅行者从某城市出发，经过所有要到达的城市后，返回到出发地，那么他如何选择行程路线，以使总路程最短（或费用、时间最少）?"解决旅行商问题目前有多种算法，如最邻近法、节约算法、神经网络、遗传算法、免疫算法等。这里仅介绍运用节约算法（Savings Algorithm）求解旅行商问题的方法。

节约算法求解旅行商行程路线的基本思路是：假设 P 是出发地点，A 和 B 分别是所要到达地点，它们相互之间的道路距离分别为 a、b 和 c，如果旅行商从 P 分别到 A 和 B 地并分别返回（如图 4－4（a）所示），那么总里程为 $2a+2b$；如果旅行商从 P 到 A 再到 B，然后回到 P（如图 4－4（b）所示），则总里程为 $a+b+c$；两种方法的里程差是 $(2a+2b)-(a+b+c)=a+b-c$，如果 $a+b-c>0$，那么第二种方法将使总里程得到节约；如果旅行商需要到达许多地点，那么可以根据节约距离的大小顺序连接各点并规划出旅行路线（见图 4－4）。

下面举例说明节约算法的基本步骤。

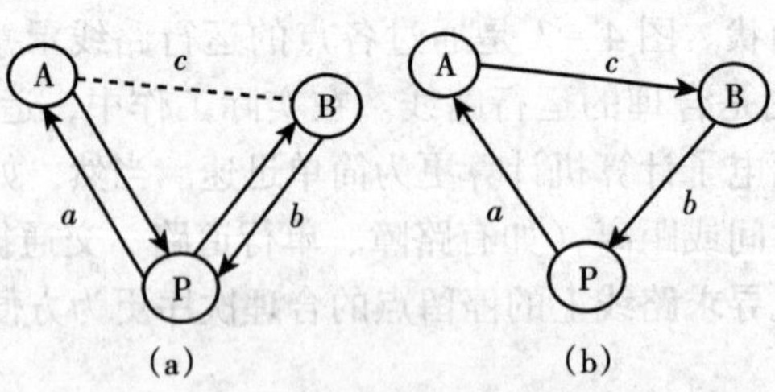

图 4－4　节约算法示意图

【例 4－2】已知配送中心 P_0 向 5 个用户 P_i 配送货物，其配送路线网络、配送中心与用户的距离以及用户之间的距离如图 4－5 所示，图中括号内的数字表示客户的需求量（单位：吨），线路上的数字表示两节点之间的距离，配送中心有 3 台 2 吨卡车和 2 台 4 吨卡车两种车辆可供使用，试利用节约算法制订最优的配送方案。

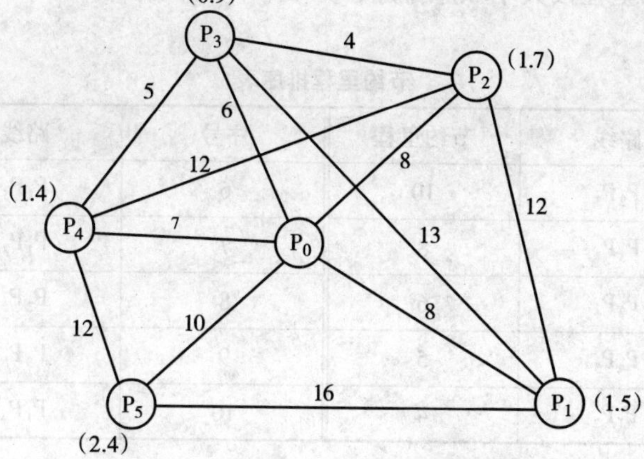

图 4-5　配送中心配送路线网络图

该题的求解步骤如下：

第一步：计算节点间最短距离，配送路线节约里程矩阵，如表 4-2 所示。

表 4-2　　**最短配送路线距离矩阵**

	P_0	P_1	P_2	P_3	P_4	P_5
P_1	8					
P_2	8	12				
P_3	6	13	4			
P_4	7	15	9	5		
P_5	10	16	18	16	12	

第二步：计算各节点间的节约里程，如表 4-3 所示。

表 4-3　　**配送路线节约里程矩阵**

	P_0	P_1	P_2	P_3	P_4	P_5
P_1	8					
P_2	8	4				
P_3	6	1	10			
P_4	7	0	6	8		
P_5	10	2	0	0	5	

第三步：对节约里程按大小顺序排序，如表 4-4 所示。

表 4-4　节约里程排序表

序号	路线	节约里程	序号	路线	节约里程
1	P_2P_3	10	6	P_1P_5	2
2	P_3P_4	8	7	P_1P_3	1
3	P_2P_4	6	8	P_2P_5	0
4	P_4P_5	5	9	P_3P_5	0
5	P_1P_2	4	10	P_1P_4	0

第四步：组成配送路线，得初始方案配送距离 $=39\times2=78$km，如图 4-6 所示。

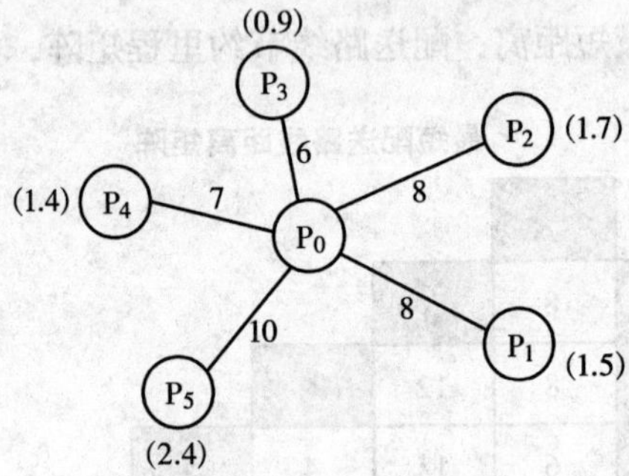

图 4-6　配送方案初始解

第五步：根据载重量约束与节约里程大小，将各客户节点连接起来，形成两种配送路线。即 A、B 两配送方案（如图 4-7 所示）。

①配送线路 A：$P_0-P_2-P_3-P_4-P_0$

运量 $Q_A=q_2+q_3+q_4=1.7+0.9+1.4=4$（t）

用一辆 4 吨车运送，节约距离 $S_A=10+8=18$km

②配送线路 B：$P_0-P_5-P_1-P_0$

运量 $Q_B=q_5+q_1=2.4+1.5=3.9$（t）<4（t）

用一辆 4 吨车运送，节约距离 $S_B=2$km

第六步：与初始单独送货方案相比，计算总节约里程与节约时间。

总节约里程：$\Delta S=S_A+S_B=20$km

与初始单独送货方案相比，可节约时间：$\Delta T=\Delta S/V=20/40=0.5$ 小时。

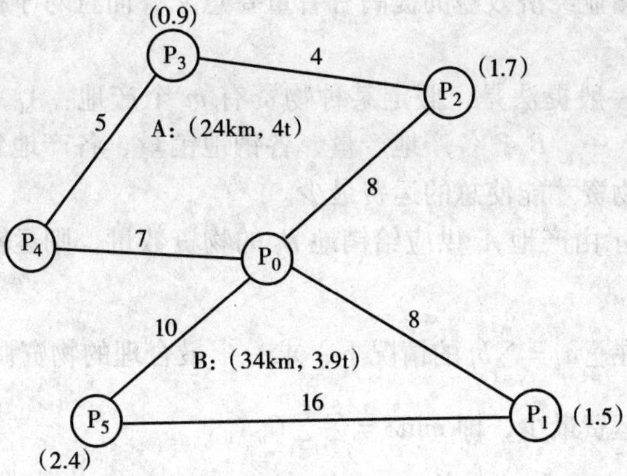

图4-7 最终解

4.2.3 多起讫点问题

1. 多个起点，多个终点，没有中间点

在实际运输中常碰到有多个供应商并供应给多个工厂的问题，或者把不同工厂生产的同一产品分配到不同客户处的问题，起点和终点都不是单一的。在这类问题中，各供应点的供应量往往也有限制，且需求点的需求量也存在限制。对于这种情形，我们可将其视为运输问题，利用线性规划或表上作业法求解。

2. 多个起点，多个终点，有中间点

这种情形实际就是转运问题，可以利用相关规则约束，将其转化为运输问题进行求解，利用运输问题的模型求解。

值得说明的是路线选择问题中运输配送系统是相当复杂的，这里介绍的知识是其中最简单的一部分，并没有考虑模型中更多的约束，但其建模的思路与分析方法都基本相同。

4.3 运输调度

货物的合理运输，除了选择合适的运输方式外，还需要确定合理的运输路线和货物的调运量。所谓合理调运，就是在考虑各种实际存在的约束条件下解决物资运输问题。一般运输问题，只考虑了供应量与需求量的条件。这样制订的运输方案，往往因不符合在实际中存在的各种约束条件而不可行。这里“合理”的意思是指：运输方案符合约束条件，运输方式合理、运输路程合理，从而费用最省。

4.3.1 物资调运的数学模型

物资的合理调运关系到物流活动中的最低物流费用的问题。它不仅对物质产品生产企业、供销企业以及运输业经济效益的提高有着重要意义，而且对于提高物流的社会效益有着更重要的意义。

物资调运问题的一般提法是，假定某种物资有 m 个产地：A_1，A_2，…，A_m，联合供应 n 个销地：B_1，B_2，…，B_n，各产地产量、各销地销量、各产地到各销地的运价或运距为已知，问怎样调运物资才能使总的运费最少。

如果我们设 X_{ij}表示由产地 A_i 供应给销地 B_j 的物资数量，则运输问题的线性规划模型可分为三种情况：

①产销平衡，即在$\sum_{i=1}^{m} a_i = \sum_{j=1}^{m} b_j$ 的情况下，求一个最合理的物资调运方案，使得 X_{ij}各值满足约束条件，且总运费最少，即 $\min S = \sum_{j=1}^{n}\sum_{i=1}^{m} C_{ij}X_{ij}$。

$$
\text{满足约束条件 s. t.}\quad \begin{cases} \sum_{j=1}^{n} X_{ij} = a_i,\ i=1,\ 2,\ \cdots,\ m \\ \sum_{i=1}^{m} X_{ij} = b_j,\ j=1,\ 2,\ \cdots,\ n \\ X_{ij} \geqslant 0,\quad \text{对所有的 } i,\ j \end{cases}
$$

②产大于销，即在$\sum_{i=1}^{m} a_i > \sum_{j=1}^{m} b_j$ 的情况下，求一个最合理的物资调运方案，使得 X_{ij}各值满足约束条件，且总运费最少，即 $\min S = \sum_{j=1}^{n}\sum_{i=1}^{m} C_{ij}X_{ij}$。

$$
\text{满足约束条件 s. t.}\quad \begin{cases} \sum_{j=1}^{n} X_{ij} \leqslant a_i,\ i=1,\ 2,\ \cdots,\ m \\ \sum_{i=1}^{m} X_{ij} = b_j,\ j=1,\ 2,\ \cdots,\ n \\ X_{ij} \geqslant 0,\quad \text{对所有的 } i,\ j \end{cases}
$$

③销大于产，即在$\sum_{i=1}^{m} a_i < \sum_{j=1}^{m} b_j$ 的情况下，求一个最合理的物资调运方案，使得 X_{ij}各值满足约束条件，且总运费最少，即 $\min S = \sum_{j=1}^{n}\sum_{i=1}^{m} C_{ij}X_{ij}$。

$$
\text{满足约束条件 s. t.}\quad \begin{cases} \sum_{j=1}^{n} X_{ij} = a_i,\ i=1,\ 2,\ \cdots,\ m \\ \sum_{i=1}^{m} X_{ij} \leqslant b_j,\ j=1,\ 2,\ \cdots,\ n \\ X_{ij} \geqslant 0,\quad \text{对所有的 } i,\ j \end{cases}
$$

物资调运问题可采用多种方法求解其最佳的调运方案。

4.3.2 单纯形法

对于运输问题，一般采用单纯形法求解。经验表明，当起运站和目的地都多于 5 个时，用其他方法求解比较困难或烦琐。

【例 4－3】有三个起运站、四个目的地，起运站供应量分别为 50 吨、50 吨、75 吨，而目的地的需求量分别为 40 吨、55 吨、60 吨、20 吨，各起运站到目的地的单位运费

（元/吨）分别为：$C_{11}=3$，$C_{12}=1$，$C_{13}=4$，$C_{14}=5$，$C_{21}=7$，$C_{22}=3$，$C_{23}=8$，$C_{24}=6$，$C_{31}=2$，$C_{32}=3$，$C_{33}=9$，$C_{34}=2$。

解：运输问题可以表述为：

$\min f(x)=3X_{11}+X_{12}+4X_{13}+5X_{14}+7X_{21}+3X_{22}+8X_{23}+6X_{24}+2X_{31}+3X_{32}+9X_{33}+2X_{24}$

满足约束条件（s. t.）：

$$
\begin{aligned}
&X_{11}+X_{12}+X_{13}+X_{14}=50\\
&X_{21}+X_{22}+X_{23}+X_{24}=50\\
&X_{31}+X_{32}+X_{33}+X_{34}=75\\
&X_{11}+X_{21}+X_{31}=40\\
&X_{12}+X_{22}+X_{32}=55\\
&X_{13}+X_{23}+X_{33}=60\\
&X_{14}+X_{24}+X_{34}=20\\
&\text{所有 } X_{ij}\geqslant 0
\end{aligned}
$$

用单纯形法解得：$X_{13}=50$，$X_{22}=40$，$X_{23}=10$，$X_{31}=50$，$X_{32}=15$，$X_{34}=20$

总运费为：$f(x)=565$。

4.3.3 图表分析法

图表分析法是在分区产销平衡所确定的供销区域内，按照生产地与消费地的地理分布，根据有利于生产、有利于市场供给、近产近销的原则，应用交通路线示意图和商品产销平衡表找出产销之间经济合理的商品运输路线。

【例4－4】有种商品从A地运出40吨，从B地运出70吨，从C地运出30吨，从D地运出60吨，供给a、b、c三地的数量分别为70吨、80吨、50吨，应用图表分析法选择该商品的合理运输路线。

解：（1）编制商品产销平衡表（见表4－5）。

表4－5　商品产销平衡表

运出地 / 运入地	A	B	C	D	调入量（吨）
a					70
b					80
c					50
调出量（吨）	40	70	30	60	200

（2）绘制交通图，如图4－8所示。

（3）制订商品运输方案，如图4－9所示。

（4）结果填入平衡表，如表4－6所示。

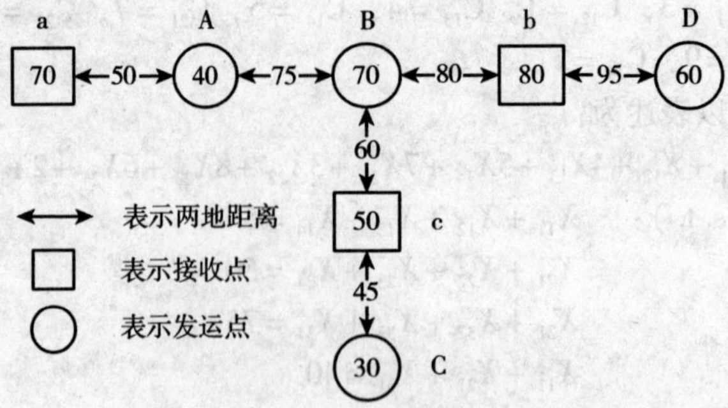

图 4-8　交通示意图

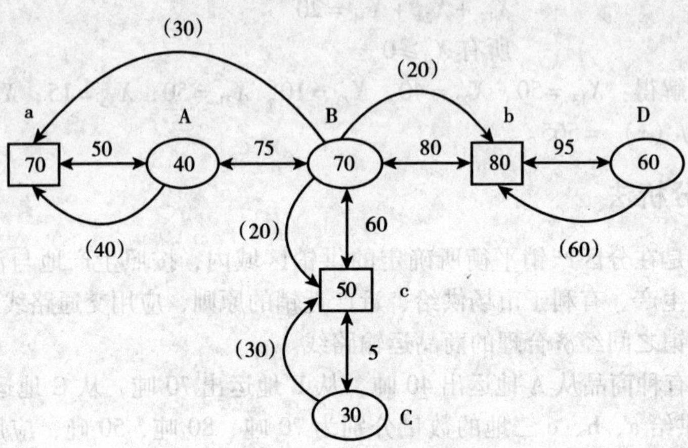

图 4-9　商品运输方案

表 4-6　　**平衡表**

运出地 / 运入地	A	B	C	D	调入量（吨）
a	40	30			70
b		20		60	80
c		20	30		50
调出量（吨）	40	70	30	60	200

图表分析法简单易行，不必计算里程，适用于产销区域较小、产销点少、产销关系比较复杂的情况。

4.3.4 图上作业法

图上作业法是中国物资流通部门从实际工作中创造出来的一种方法，它可以被用来解决许多类似的问题，例如可以应用它调度车辆、组织循环运输，尽量减少车辆的空驶，提高车辆的里程利用率；再如基建工程中的土方运输，机床负荷安排问题等，都可以应用图上作业法帮助解决。

通常浪费运输力的不合理现象有两种，一种是对流现象，一种是迂回运输。线性规划中的图上作业法，可以帮助我们避免对流和迂回现象。运用线性规划理论可以证明，一个运输方案，如果没有对流和迂回，它就是一个使运力最省的最优方案。

第一种情况，运输道路上不含回路，方法比较简单。从各个端点开始，按“各端供需归邻站”的原则进行调配。如图 4－10 所示的不含回路的调运方案中，有 4 个起运站①、③、⑥、⑧，供应量分别为 7、8、6、4；另有 4 个目的地（运输终点）②、④、⑤、⑦；需求量分别为 2、8、7、8。圆圈内的数字表示站号，圆圈旁的数字表示收发量，其中有负号的数字表示需求量，不带负号的数字表示供应量。为了便于检查对流现象，我们把流向箭头统一画在右旁。箭头旁标出的带括号的数字表示调运量。从端点①开始，把 7 个单位的物资供给②，②尚余 5 个单位，再供应给③；端点④的 8 个单位物资由③供给，③尚余 5 个单位，供给⑤；端点⑧的 4 个单位供给⑥，⑦的 8 个单位由⑥供给，⑥尚余 2 个单位供给⑤。这样就得出一个最优调运方案。

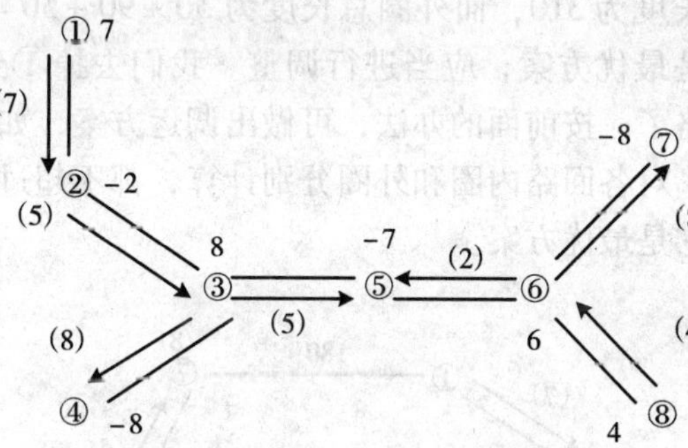

图 4－10　不含回路的调运方案

第二种情况，运输道路中含有回路，如图 4－11 所示。对于这种含有回路的调运方案情况，可以分三步寻求最优方案。

第一步：在每个回路中，去掉一段路线，变成不含回路的情况，按上述方法做出调运方案。

第二步：检查有无迂回现象。因为流向画在道路右旁，所以圈内圈外都画有一些流向。分别检查每个回路，如果圈内和圈外流向的总长度都不超过回路总长度的一半，那么，这个回路上就没有迂回现象了，这个方案就是最优方案。否则转第三步。

第三步：改变原来的去路和破圈方式，转第二步。

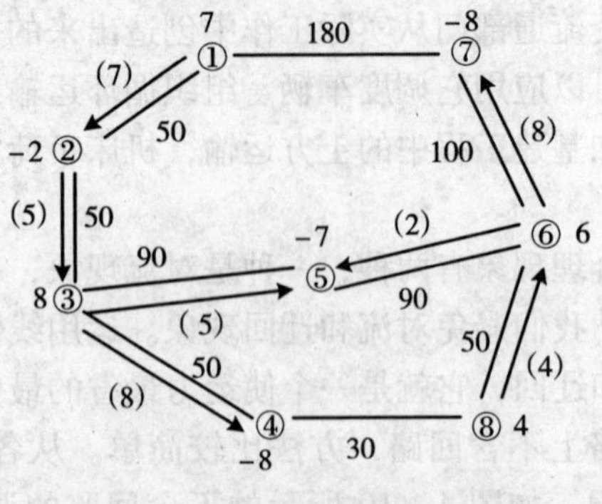

图 4-11　含有回路的调运方案

在图 4-11 含有回路的调运方案中，由①、②、③、⑤、⑥、⑦组成的回路中，去掉①到⑦的路线；在由④、⑧、⑥、⑤、③组成的回路中，去掉④到⑧的路线，便与图 4-10 不含回路的调运方案情况一样了，可以得出类似的调运方案。图中各路线旁的不带括号的数字表示两点间的距离。

在图 4-11 含有回路的调运方案上部的回路中，总长度为 560，调运方案外圈总长度为 50+50+90+100=290，内圈总长度为 90，均不超过回路总长度的一半。而在图下部的一个回路中，回路总长度为 310，而外圈总长度为 50+90+50=190，大于回路总长度的一半，所以此方案不是最优方案，应当进行调整。我们去掉①到⑦，⑤到⑥之间的路线，运输道路也不含回路了。按前面的办法，可做出调运方案，如图 4-12 所示。

对各回路进行检验，对各回路内圈和外圈分别计算，都不超过回路总长度的一半，即不存在迂回现象，所以它是最优方案。

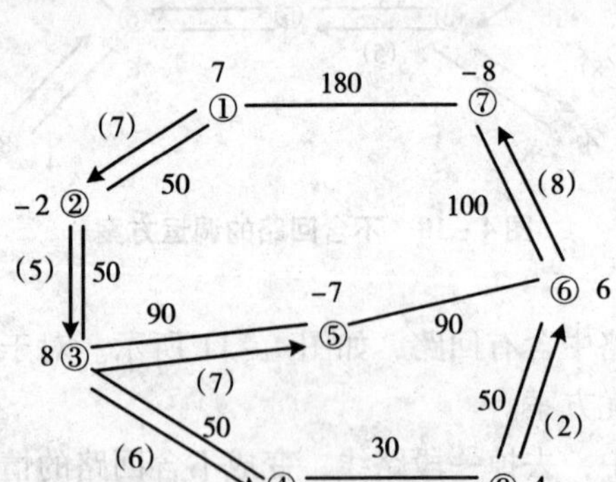

图 4-12　最优调运方案

4.3.5 表上作业法

物资调运的表上作业法，是把物资调运最优方案的确定过程在物资调运平衡表上进行的一种调运方法。

物资调运的表上作业法步骤可归纳如下：

①确定初始基本可行解；

②求检验数，判断是否得到最优解；

③调整基变量，进行换基迭代，得到新的基本可行解；

④重复②、③两步，经有限次调整，即可得到最优解。

作业法计算程序如图 4－13 所示。

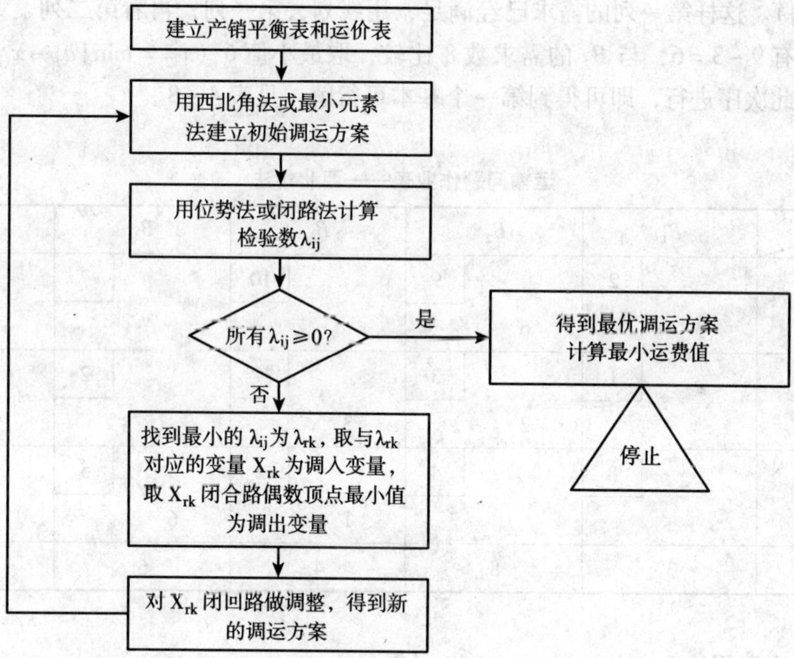

图 4－13　物资调运的表上作业法计算程序

1. 编制初始调运方案

以一个实例介绍初始基本可行解的确定。

【例 4－5】现由 A_1、A_2、A_3 三所仓库（即供应地）向 B_1、B_2、B_3、B_4 四个需求地供应商品，各供应地的供应量、需求地的需求量以及从供应地到需求地的单位费用如表 4－7 所示，问如何安排可使总费用最少？

初始调运方案就是找到一组初始可行基，即找到 $m+n-1=3+4-1=6$ 个正整数填入运输表，使其满足约束条件。

表 4－7　　运输问题的费用表　　（单位：百元）

	B_1	B_2	B_3	B_4	供应量
A_1	2	9	10	7	9
A_2	1	3	4	2	5
A_3	8	4	2	5	7
需求量	3	8	4	6	21

（1）西北角法

所谓西北角法就是从表 4－8 的左上角第一格开始安排运输计划。方法是：取左上角第一格供应地供应量与需求地需求量的最小值作为初始基本可行解的第一个分量值（$x_{11}=\min\{a_1, b_1\}$）。这样第一列的需求已经满足，用线划去第一列，再看第二列、第一行，由于抽出数还有 9－3＝6，与 B_2 的需求数 8 比较，取最小值 6（$x_{12}=\min\{a_1-x_{11}, b_2\}$）填入该格。依此次序进行，即可得到第一个基本可行解，见表 4－8。

表 4－8　　运输问题作业表——西北角法

	B_1	B_2	B_3	B_4	供应量
A_1	(2) 3	(9) 6	(10)	(7)	9
A_2	(1)	(3) 2	(4) 3	(2)	5
A_3	(8)	(4)	(2) 1	(5) 6	7
需求量	3	8	4	6	

（2）最小费用法

西北角法的优点是简单、易实现，但没有考虑最小费用。可能要经过许多次迭代才能得到最优解。而最小费用法的基本思想是就近供应，优先考虑最小单位运费对应的 x_{ij}，这样得到的方案会更接近最优方案。仍以【例 4－5】来说明具体步骤。

表 4－9　　运输问题作业表——最小费用法

	B_1	B_2	B_3	B_4	供应量
A_1	(2) 3	(9) 6	(10)	(7)	9

续 表

	B_1	B_2	B_3	B_4	供应量
A_2	1	3 2	4 3	2	5
A_3	8	4	2 1	5 6	7
需求量	3	8	4	6	

在表4－9中，单位运费c_{ij}最小的是$c_{21}=1$。这个格子处于A_2行B_1列，因而最多可供5，但需求量为3，于是，在这个格子里填上尽可能大的数是$x_{21}=\min\{a_2, b_1\}=\min\{3, 5\}=3$。这个格子填上数后，$B_1$的要求满足了，可用线划去该列。于是只需考虑$B_2$、$B_3$、$B_4$的需求。从表中看到，在未划线的格子中$c_{ij}$最小者是$c_{24}=c_{33}=2$。任选一个，比如考虑$c_{33}$所在的格子。此处的供求情况是：最多可供7，但最多需要4。于是应填入的数是$x_{33}=\min\{a_3, b_3\}=\min\{7, 4\}=4$。这样$B_3$的需求也满足了，用线划去该列。后面只需考虑$B_2$和$B_4$的需求。这时最小的$c_{ij}$（$\neq c_{11}$，$\neq c_{13}$）是$c_{24}=2$。此处，最大可供量为$5-3=2$（$c_{21}$处已占用了），需求量为6，从而应令$x_{24}=\min\{a_2-x_{21}, b_4\}=\min\{5-3, 6\}=2$。这时$A_2$的供应量用完了，用线划去该行。后面只需考虑$A_1$和$A_3$的供应、$B_2$和$B_4$的需求……这样依次分析下去，便得到：

$$x_{32}=\min\{a_3-x_{33}, b_2\}=\min\{7-4, 8\}=3$$

$$x_{14}=\min\{a_1, b_4-x_{24}\}=\min\{9, 6-2\}=4$$

$$x_{12}=\min\{a_1-x_{14}, b_2-x_{32}\}=\min\{9-4, 8-3\}=5$$

将上述六个数填在运输表内（为了与其他数字相区别，用圈号标记），其余为非基变量取0值，就可作为初始调运方案。

从表4－9容易算出，这个初始方案的总运费是$5\times9+4\times7+3\times1+2\times2+3\times4+4\times2=100$（百元），即1万元。

（3）以上两种方法在求初始基本可行解时，均会遇到一些特殊情况，一般称为“退化”。大致有两种情况：

①当选定元素x_{ij}后，发现该元素所在行的供给量等于需求量时，此时只能划去一行或一列，不能同时划去。

②当选定元素x_{ij}后，发现对应供给量a_i和需求量b_j均为0，那么$x_{ij}=\min\{a_i, b_j\}=0$，此时仍应把$x_{ij}$作为基变量，把0值填入相应格子中（即基变量取0，退化）。

2. 最优性检验

上面已经得到初始基本可行解，那是否为最优解呢？需要验证。依单纯形法原理，要求出各基变量的检验数；由于基变量的检验数恒为0，所以只要求出非基变量的检验数。另外，运输问题是极小化的线性规划问题，只要检验数全部非负即达最优解。在表上作业法中常有闭回路法和位势法。

（1）闭回路法

我们试从定义出发计算检验数。先看 x_{11} 的检验数 $\bar{c}_{11}$，分析一个闭回路（表 4－10 中虚线所示）。由于供求条件的限制，当从 0 增加到 1 时，将引起连锁反应：x_{21} 减少 1，x_{24} 增加 1，x_{14} 减少 1。于是根据检验数的定义得到 $\bar{c}_{11}=1$，$c_{11}+(-1)$，$c_{21}+1$，$c_{24}+(-1)$，$c_{14}=c_{11}-c_{21}+c_{24}-c_{14}=2-1+2-7=-4$，即 x_{11} 每增加 1 个单位，将使运费减少 4 个单位，这说明初始解非最优。类似地，我们可以求出其他非基变量的检验数，但是，一般说来这种求检验数的方法是比较繁琐的。例如，求 x_{31} 的检验数时，必须考虑下面的复杂闭回路（表 4－10 中实线所示）。

表 4－10　　　　运输问题作业表

供应地 / 需求地	B_1	B_2	B_3	B_4	需求量
A_1	2 x_{11}	9 ⑤	10	7 ④	9
A_2	1 ③	3	4	2 ②	5
A_3	8 x_{31}	4 ③	2 ④	5	7
供应量	3	8	4	6	

（2）位势法

位势法又叫 U－V 法，它是由解运输问题的对偶问题引出来的。平衡型运输问题的对偶问题为：

$$\max Y=\sum_{i=1}^{m}a_iu_i+\sum_{j=1}^{n}b_iv_j$$

$$\text{s.t.}\quad u_i+v_j\leqslant c_{ij}\qquad (i=1,\cdots,m;\ j=1,\cdots,n)$$

对偶模型里的变量 u_i 与 m 个供应约束方程对应，v_j 与 n 个需求约束方程对应，分别称它们为原问题变量 x_{ij} 的行位势和列位势。

定理：运输问题的决策变量 x_{ij} 的检验数 $\bar{c}_{ij}=c_{ij}-(u_i+v_j)$。

由于基变量的检验数等于 0，所以对于基变量 x_{ij} 有：$u_i+v_j=c_{ij}$。而平衡型运输问题中的基变量个数为 $m+n-1$，从而得到 $m+n-1$ 个类似 $u_i+v_j=c_{ij}$ 这样方程构成的方程组。但它有 $m+n$ 个未知量，要解出这个方程组，必须给其中一个自由未知量赋值，比如令 $u_1=0$（这样不会影响结果），就可求出所有变量的位势，进而算出所有非基变量的检验数。

仍用【例4-5】来说明具体求法。根据最小费用法得到的初始基本可行解（见表4-9），得到方程组：

$$\begin{cases} u_1 + v_2 = 9 \\ u_1 + v_4 = 7 \\ u_2 + v_1 = 1 \\ u_2 + v_4 = 2 \\ u_3 + v_2 = 4 \\ u_3 + v_3 = 2 \end{cases}$$

令 $u_1 = 0$，解得：

$$\begin{cases} u_1 = 0, \quad u_2 = -5, \quad u_3 = -5 \\ v_1 = 6, \quad v_2 = 9, \quad v_3 = 7, \quad v_4 = 7 \end{cases}$$

计算非基变量的检验数：$\bar{c}_{11} = c_{11} - (u_1 + v_1) = 2 - 0 - 6 = -4$，与闭回路法结果一致，其他检验数可类似求出填入作业表中，用（）圈起来，见表4-11。

表4-11　　基变量迭代调整表

	6 B_1	9 B_2	7 B_3	7 B_4	需求量
0 A_1	2 + (-4)	9 ⑤	10 (3)	7 -④	9
-5 A_2	1 -③	3 (-1)	4 (2)	2 +②	5
-5 A_3	8 (7)	4 ③	2 ④	5 (3)	7
供应量	3	8	4	6	

从表4-11可以看出，x_{11}的检验数 $\bar{c}_{11} = -4$（与前面用定义求得的结果是一致的）是所有检验数中负值最小者。这说明应当让 x_{11} 进基，以改进表4-9中的初始方案。

3. 用闭回路法调整运输方案——改进基本可行解

如果经过检验所得的解不是最优的，就需要对基变量进行迭代。前面已经有选取进基变量的规则，即在所有非基变量中取检验数是负值最小者为进基变量。下面，用闭回路法选取出基变量及基变量取值的调整量，以实现解的改进。步骤是：

①找出入基变量所在的闭回路，并以该变量所在格为起点，沿闭回路顶点依次交替，在它们所取的值前面加“+”、“-”号。

②所有被标“-”号格子中变量 x_{ij} 取值最小者作为出基变量，即被标“-”号的圆圈中数字最小者 $\theta = \min$ {闭合回路顶点上所有标“-”的 x_{ij} 的取值}。

在表 4－11 中 $\theta=\min\{3, 4\}=3$

③进行基的迭代，出基变量当然取值为 0，即将所有带“＋”号的格子原取值加 θ，带“－”号的格子原取值减 θ，就得到一个新的调运方案（闭回路不涉及的基变量取值不变动）。再求检验数，重复上述步骤，直至最优。

表 4－12　　迭代后的运输方案表

	2 B_1	9 B_2	7 B_3	7 B_4	需求量
0 A_1	2 ③	9 ⑤	10 (3)	7 ①	9
−5 A_2	1 (4)	3 (−1)	4 (2)	2 ⑤	5
−5 A_3	8 (11)	4 ③	2 ④	5 (3)	7
供应量	3	8	4	6	

从表 4－12 中容易算出，这个方案的总运费是 $3\times2+5\times9+1\times7+5\times2+3\times4+4\times2=88$（百元），即 8800 元。比初始表的方案优秀，但在表中求出各非基变量的检验数显示，它还不是最优的。x_{22} 要作为入基变量，再经过迭代得到调运方案，如表 4－13 所示。

表 4－13　　再次迭代后的运输方案表

	2 B_1	9 B_2	7 B_3	7 B_4	需求量
0 A_1	2 ③	9 −⑤	10 (3)	7 +① <6>	9
−5 A_2	1 (4)	+ 3 (−1) <5>	4 (2)	2 −⑤ <0>	5
−5 A_3	8 (11)	4 ③	2 ④	5 (3)	7
供应量	3	8	4	6	

从表 4－13 容易得出，$x_{11}=3$，$x_{14}=6$，$x_{22}=5$，$x_{32}=3$，$x_{33}=4$，其他非基变量为 0；这时的总费用为：$3\times2+6\times7+5\times3+3\times4+4\times2=83$（百元），即 8300 元。这时算出非

基变量的所有检验数均非负，从而是最优的运输方案。

在计算过程中需要注意的是，可能会有非基变量（空格）的检验数为0的情况，这时，该供销平衡的运输问题存在无穷多最优解。在已得到的一个最优解的表格中，从这样的空格出发做闭回路重新进行调整，可以得到另一个最优解。

4. 供需不平衡的物资调运问题

在应用表上作业法制订物资调运方案时，要求有产销（供需）平衡的条件。可是在实际中常常会碰到产销不平衡的情况。此时，虽然不能直接应用表上作业法，但经过适当的处理后，还是可以化成供需平衡问题来应用表上作业法，使之获得圆满解决。

（1）供应量大于需求量

为了解决这一问题，可以引入一个虚设的需求点 B_{n+1}，令其需求量等于实际问题中供应量与需求量之差，即 $b_{n+1} = \sum_{i=1}^{m} a_i - \sum_{j=1}^{n} b_j$。实际上，这就相当于在某个供应点的仓库里，将多余部分的供应量储存起来。由于虚设的需求并没有参加实际的调配运输，因此可视它的相应运价为零，从而实际上不会对整个物资调运问题最小运输费用值的结果产生影响。由于引入了一个需求点，其需求量刚好等于多余的供应量，从而使不平衡的调运问题转化为供销平衡的运输问题，所以可以应用表上作业法求出它的物资调运最优方案。

（2）需求量大于供应量

同样，为了使该问题转化为供需平衡问题，可以虚设一个供应点 A_{m+1}，令这个虚设的供应点的供应量等于实际问题中需求量与供应量的差额，即 $a_{m+1} = \sum_{j=1}^{m} b_j - \sum_{i=1}^{n} a_i$。这样，就相当于在某个需求点内设立一个仓库，假设需求不足部分的物资已经通过另找出路供应，预先储备起来了。因此，这一部分需求量对该调运问题来说，也不存在运输问题，所以同样可设它的相应运价为零，从而也不会影响到最小运输费用的值。但这时我们已经可以应用表上作业法来求出它的最优物资调运方案。

4.4 运输网络设计

运输网络的设计，是建立一个框架结构，以便做出关于运输线路和运输日程安排的运输决策，从而影响整条供应链的运营。设计良好的运输网络有助于供应链以较低的成本达到理想的反应能力水平。

下面我们将讨论存在多个零售商和供应商的情况下，零售供应链中的运输网络设计的多种类型。

4.4.1 直接运输网络

在直接运输网络（Direct Shipment Network）中，零售供应链的运输网络的构造如图

4－14 所示，它使所有货物直接从供应商处运达零售店，每一次运输的线路都是指定的，供应链管理者只需决定运输的数量并选择运输方式。要做出这一选择，供应链管理者必须在运输费用和库存费用之间进行权衡。

直接运输网络的主要优势在于无须中介仓库，而且在操作和协调上简单易行，一次运输决策不影响别的货物运输。同时，由于每次运输都是直接的，从供应商到零售商的运输时间较短。如果零售店的规模足够大，对供应商和零售店来说，每次的最佳补给规模都与卡车的最大装载量的倍数相接近，那么直接运输网络就是行之有效的。但对于小的零售店来说，直接运输网络的成本过高，从供应商到零售店的货运必然是大批量进行的，这会导致供应链中库存水平提高。相反，如果使用非满载承运，尽管库存量较少，但却要花费较高的运输费用和较长的运输时间。如果使用包裹承运，运输成本会非常高。而且，由于每个供应商必须单独运送每件货物，这将导致较高的货物接收成本。

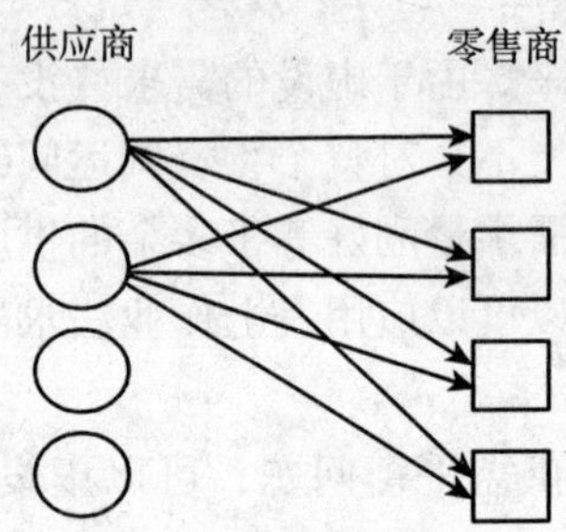

图 4－14　直接运输网络

4.4.2　利用“送奶线路”的运送网络

送奶线路是指一辆卡车将从一个供应商那里提取的货物送到多个零售店，或者从多个供应商那里提取货物送至一个零售店时所经过的线路，如图 4－15 所示。在这种运输体系中，供应商通过一辆车直接向多个零售店供货，或者由一辆卡车从多个供应商那里装载要运到一家零售店去的货物。一旦选择这种运输体系，供应链管理者就必须对每条送奶线路进行规划。

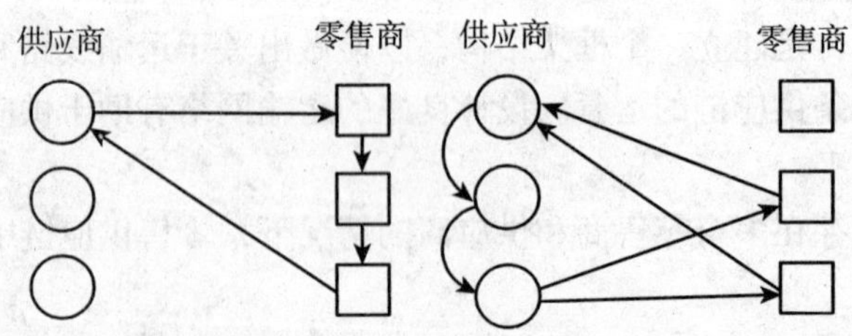

图 4－15　“送奶线路”运输

直接运送具有无须中介仓库的好处，而送奶线路通过多家零售店在一辆卡车上的联合运输降低了运输的成本。例如，由于每家零售店的库存补给规模较小，这就要求使用非满载进行直接送奶，而送奶线路使多家零售店的货物运送可以在同一辆卡车上进行，从而更好地利用了卡车并降低了运输成本，有规律地进行经常性、小规模的运送，而且一系列的供应商或零售商在空间上非常接近时，送奶线路的使用将显著地降低成本。

【小看板】丰田公司利用送奶路线运输来维持其在美国和日本的即时制造系统。在日本，丰田公司的许多装配厂在空间上很接近，因而可以使用送奶线路从单个供应商运送零配件到多个工厂。在美国则相反，丰田公司利用送奶线路将多个供应商的零配件运往一家汽车装配厂。

4.4.3 所有货物通过配送中心的运输网络

在这一运输体系中，供应商并不直接将货物运送到零售店，而是先运到配送中心，再运到零售店。零售供应链依据空间位置将零售店划分区域，并在每个区域建立一个配送中心。供应商将货物送至配送中心，然后由配送中心选择合适的运输方式，再将货物送至零售店，如图 4－16 所示。

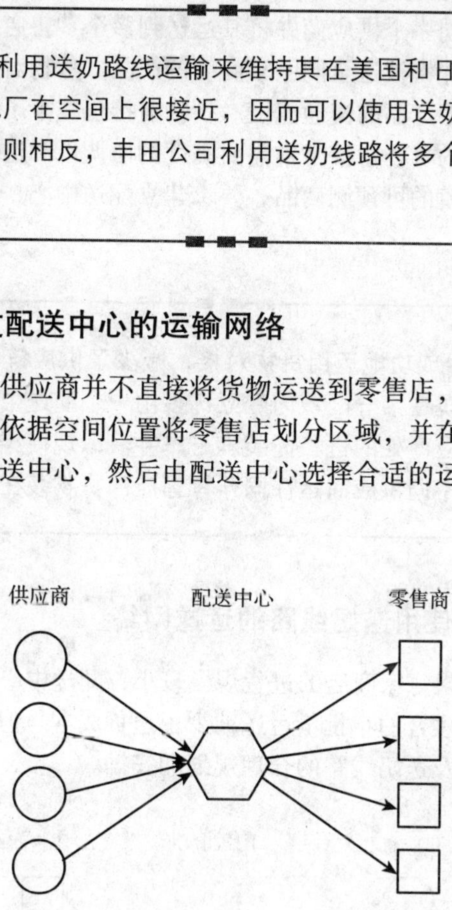

图 4－16 所有货物通过配送中心的运输网络

在这一运输体系中，配送中心是供应商和零售商之间的中间环节，发挥两种不同作用：一方面进行货物保管；另一方面则起着转运点的作用。当供应商和零售店之间的距离较远、运费较高时，配送中心（通过货物暂存和转运）有利于减少供应链中的成本耗费。通过使进货点靠近最终目的地，配送中心使供应链获取了规模经济效益，因为每个供应商都将中心管辖范围内的所有商店的进货送至该配送中心，而且，配送中心的送货费用不会太高，因为它只为附近的商店送货。

如果运输的经济性要求在区域内大批量地进货，那么配送中心就保有这些库存，并为零售店更新库存进行小批量送货。例如：沃尔玛商店在从海外供应商处进货的同时，产品保存在配送中心，因为配送中心的批量进货规模远比附近的沃尔玛商店的进货规模要大。如果商店的库存更新规模大到足以获取进货的规模经济效益时，配送中心就没有必要为其保有库存了。在这种情况下，配送中心通过把进货分拆成运送到每一家商店的较小份额，与来自许多不同供应商处的产品进行对接（Crossdock）。当配送中心进行产品对接时，每一辆进货卡车上装有来自同一个供应商并将其运送到多个零售店的产品，而每一辆送货卡车则装有来自不同供应商并将被送至同一家商店的产品。货物对接的主要优势在于无须进行库存，并加快了供应链中产品的流通速度。货物对接也减少了处理成本，因为它无须从仓库中搬进搬出，但成功的货物对接常常需要高度的协调性和进出货物的步调高度一致。

货物对接适合于大规模的可预测商品，要求建立配送中心，以在进出货物两个方面的运输都能获取规模经济。

【小看板】沃尔玛已经成功地运用货物对接，减少了供应链中的库存量，而且没有引起运输成本的增加。沃尔玛在某一区域内建立许多由一个配送中心支持的商店。这样，在进货方面，所有商店从供应商处的进货能装满卡车并获取规模经济。而在送货方面，为了获取规模经济，他们把从不同供应商运往同一零售店的货物装在一辆卡车上。

4.4.4 通过配送中心使用送奶线路的运送网络

如图4－17所示，如果每家商店的进货规模较小，配送中心就可以用送奶线路向零售商送货了。送奶线路通过联合的小批量运送减少了送货成本。但是，使用货物对接和送奶线路，要求高度的协调以及送奶线路的合理规划和安排。

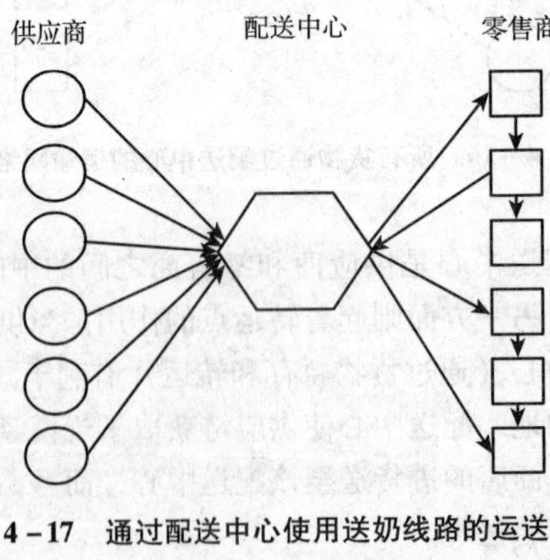

图4－17 通过配送中心使用送奶线路的运送网络

【案例引导】日本的7－11公司将来自新鲜食品供应商的货流在配送中心进行对接，并通过送奶线路向商店送货。因为单个商店向所有供应商的进货还不足以装满一辆卡车，货物对接和送奶线路的使用使该公司在向每一家连锁店提供库存商品时降低了成本。

4.4.5 “量身定做”的运输网络

量身定做的运输网络（Tailored Network）是上述运输体系的综合运用。它在运输过程中综合利用货物对接、送奶线路、满载和非满载承运，甚至在某些情况下使用包裹递送，目的是视具体情况采用合适的运输方案。送到大规模商店的大批量产品可以直接运送，送到小商店的小批量产品可以通过配送中心。这种运输体系的管理是很复杂的，因为大量不同的产品和商店要使用不同的运送程序。量身定做的运输网络的运营，要求较多的信息基础设施及其导致的投资，以便进行协调，但这种运输网络也可以有选择地使用送货方法，以减少运输成本和库存成本。

1. 依据客户密度和距离量身定做运输网络

在设计运输网络的时候，企业必须考虑客户密度和客户到仓库的距离。依据客户密度与其到仓库的距离，采用适宜的运输方案，如表4－14所示。

表4－14　根据客户密度和距离定制的运输方案

	短距离	中距离	远距离
高密度	送奶线路自营运输	送奶线路的对接配送	送奶线路的对接配送
中密度	送奶线路第三方运输	非满载承运商	非满载或包裹承运商
低密度	送奶线路第三方运输或非满载承运商	非满载或包裹承运商	包裹承运商

当企业为密度较大、距离配送中心较近的顾客服务时，最好能拥有自己的卡车运输队伍，并采用送奶线路来为顾客提供服务，因为这种情况下运输工具能得到很好的利用。如果客户虽然较密集但离仓库较远时，就不适合使用送奶线路进行送货了，原因在于卡车返程的空驶距离太长。在这种情形下，更好的选择是运用公共运输大卡车将货物运到离客户所在区域较近的对接中心，然后使用小卡车进行分装并使用送奶线路送货。因而在这种情形下，企业非满载运输方式或由第三方来进行送奶线路运送则是更经济的选择，原因在于第三方承运人能通过把许多企业的货运进行联合运输来降低费用，如果一个企业的客户离仓库较远，而且空间上非常分散，即使非满载可能也是不可行的，这种情况下，包裹运送也许是最佳选择了。

当企业在决定向客户供货中在多大程度上进行联合发货时，必须考虑到客户的密度和距离。企业必须更频繁地向客户密集区送货，因为这些地区更可能实现充分的规模经济，因而联合发货意义不大。当密度较大时，企业必须较长时间才能进行一次联合发货，以降低成本。

2. 依据客户大小量身定做运输方式

企业在设计运输网络的过程中，必须考虑客户的规模和距离，很大的客户可以用满载运输进行供货，而小客户的供给则要用到非满载运输或者送奶线路运输。采用送奶线路运输时，托运人要承担以下两项费用：由离库存点距离远近决定的运输费用以及由运货次数决定的送货费用。

在给大客户送货时，如果小客户的货物能装在同一辆卡车上，就能节约运费。但对小客户来说，每单位的运输费用比大客户要高。因此，以相同的频率和相同的价格向大小客户供货并非明智之举。企业的一种可行方案是，向小客户的要价较高，而向大客户的要价较低；另一种可行的方案则是，设计一种特殊的送奶线路，为大客户送货的频率较高，为小客户送货的频率较低。依据客户需求量，企业可将客户分为大（A）、中（B）、小（C）3 类。最优送货频率应该依据运输和送货成本决定。如果每一次送奶线路都必须向大客户送货，每两次送奶线路向中型客户送货一次，每三次送奶线路向小客户送货一次，那么，通过大中小客户在每次送货中的结合，就能量身定做出合适的送奶线路。

3. 依据产品需求和价值量身定做运输方案

供应链中库存的集中程度和运输方式的选择，随着产品的需求和价值的变化而变化，如表 4－15 所示。为节约运费，价值高、需求量大的产品的补给周期库存是分散进行的，因为这样做能确保便宜的方式运输补给订货，而这类产品的安全库存则是集中进行的，因为这样做可以减少库存。当安全库存的商品用于满足客户需求时，就必须选用一种较快的运输方式。对价值低、需求量大的产品来说，所有库存都必须分散进行，以接近客户并减少运输费用。对需求量小、价值高的产品来说，应集中所有库存以节约库存成本。对低价值、小需求量的产品来说，应将补给周期库存设置在接近客户的地方，把安全库存集中起来，以便在获得一定程度的集中优势的同时，减少运输费用，而其中补给周期的库存更新就采用一种廉价的方式，以便节约运费。

表 4－15　　产品价值和需求量对集中库存的影响

	高价值	低价值
高需求	分散补给周期库存，集中安全库存，补给周期库存的运输方式较便宜，安全库存的运输方式较慢	分散所有库存，补给周期库存的运输方式较便宜
低需求	集中所有库存，如果需要，采用快捷的运输方式满足顾客的订购需求	只集中安全库存，补给周期库存的运输方式较便宜

4.4.6 运输决策的权衡

供应链网络中的所有运输决策都必须考虑到以下几个方面的影响：库存成本、设施和处理成本、运营中的协调成本以及对顾客需求反应的敏捷度。例如，Dell公司使用包裹递送系统将个人电脑运送到客户手中增加了运输成本，但却使其能集中布局各种设施。如果Dell公司要降低其运输费用，公司要么降低对客户需求反应的灵敏度，要么增加设施数量，并在接近消费者的地方保有库存。

运营中的协调成本通常很难计算。企业必须依据各种成本和收益来评估不同的运输方案，并依据协调的复杂性进行排序，然后管理者就能做出合适的运输决策，进行运输决策时，管理者必须进行以下权衡：运输成本与库存成本之间的权衡；运输成本和对客户反应灵敏度的权衡。

1. 运输成本与库存成本之间的权衡

在供应链运输网络设计中，运输成本和库存成本之间的权衡非常重要。在运输决策中，影响这一权衡的两个基本决策是：

（1）运输方式的选择

在供应链中，选择一种合适的运输方式，既是计划性决策又是操作性决策，与某个承运商签订合同的决策属于计划性决策，而具体运载中的运输方式的选择则是操作性决策。对于两种决策来说，托运人都必须权衡运输成本和库存成本。一种运费最低的运输方式，并不一定使供应链总成本最低。较廉价的运输方式通常拥有较长的供货期和较大的最小运输量，导致供应链库存水平提高。允许小批量运送的运输方式能减少库存但价格却更贵。

使用不同运输方式对库存、反应时间和供应链成本的影响不同。较快的运输方式适合于具有较高价值重量比的产品，因为对这些产品来说，减少库存至关重要；而较慢的运输方式则适合于运送价值重量比较低的产品，因为对这些产品来说，减少运输成本最为重要。总之，在进行运输方式的选择时，管理者必须要考虑库存成本。如果能大大减少库存，高价的运输方式可能也是合理的。

（2）库存集中

通过将库存集中于某一地点，企业可以大大减少必备的安全库存量。很多电子商务公司通过集中库存获得了分散布局各项设施的企业无法比拟的优势。

集中库存时的运输费用会增加，但是当库存和设施费用占供应链总成本的很大一部分时，或是对价值重量比很高的产品或者需求量不确定的商品来说，集中库存也是很有用的。例如，对个人电脑业中的新产品来说，集中库存很有意义，因为新产品的价值重量比很大，而且需求很不确定。如果客户订货量足够大，以至送货运输能获取足够的规模经济，那么集中库存也是一种不错的方法。但当产品的价值重量比较小而且客户订货较少时，由于运费较高，集中库存可能会影响供应链运营。与个人电脑产品相比，对需求可预期而且价值重量比较小的畅销书而言，集中库存的意义就很有限。

2. 运输成本与反应能力之间的权衡

供应链引发的运输成本与供应链的反应能力是密切相关的。缩短运输时间与降低运输成本是一种此长彼消的关系。集中发货在延迟装运货物、降低反应能力的同时，也减少了运费，这主要是大批量运输的规模经济导致的。因此，企业在设计运输网络的过程中，必须在反应能力与运费之间进行权衡，保持缩短运输时间与降低运输成本的均衡状态。

目前，在企业的物流体系中，JIT（Just In Time）运输在急速普及，这种运输方式要求为了实现顾客库存的最小化，对其所需的产品在必要的时间、以必要的量进行运输。JIT 运输方式要求必须削减从订货到进货的时间。正因为如此，从进货方来讲，为了实现迅速进货，必然会在各种运输方式中选择最为有效的手段来从事物流活动。例如，以缩短运输时间为主要特征的"宅急便"就是一个很典型的例子，正因为"宅急便"能实现第二天在全国范围内进行商品配送，所以它的顾客群体范围不仅包括一般消费者，也包括很多要求实现迅速运输服务的企业。

【案例引导】

长虹公司是我国家用彩电电视机最大的生产厂商，1998 年长虹将设置在全国各地的分公司处理的保管和配送等业务，从各分公司中分离出来，设置配送中心，在那里制订有计划、集中处理的物流战略计划。长虹公司过去采取的方法是：将工厂装配好的产品，直接送到各地从事经营的商店暂时保管，然后再根据客户的订货，配送到客户所在地。不管配送件数多少，各分店中都必须配备送货人员和卡车。由于运输费用占物流费用的 70% 以上，长虹面临成本上升的压力。物流费用的上升将严重影响企业的竞争力。后来长虹采用上述商物分离和设置配送中心的物流合理化计划。配送中心建立在分公司集中的大城市内，一个中心可承担约 20 个分公司的商品配送业务。建立配送中心，分公司的车辆和送货人员就可以压缩，这样，就能用较少车辆运送大量货物。更进一步还可实行从工厂到消费者的一贯制产品运输，这可以取得大批量运输的成效。

4.5 运输服务商决策

只要运输业没有垄断存在，对于同一种运输方式，托运人或货主就有机会面临不同的运输服务商，而托运人或货主甚至是供应商在确定运输方式后，就需要对选择哪个具体的运输服务商做出决策。当然，不同的客户会有不同的决策标准和偏好，但总体而言，可以从以下几个角度来考虑。

4.5.1 服务质量比较法

客户在付出同等运费的情况下，总是希望得到最好的服务，因此，服务质量往往成为客户选择运输服务商的首要标准。

1. 运输服务的过程质量

运输所体现的价值是把货物从一个地方运送到另一个地方，完成地理上的位移，而无须对货物本身进行任何加工。但如果运输保管不当，就会对货物的质量产生影响。因此，客户在选择运输服务商时会将其运输质量作为一个重要的因素来考虑。客户通常从以下几个方面来考虑：

第一，运输企业所使用的运输工具的数量、性能完备和先进程度、技术状态、现代化水平。

第二，运输企业所提供的装卸服务的质量。因为货物在装卸过程中容易造成货损、货差，所以装卸工人的服务质量会直接影响到货物的运输质量。

第三，运输企业员工的工作责任心、知识技能水平、工作经验。如船运企业的员工具有的丰富经验及高超的船艺是保证货物安全运输的首要条件，而这可由该公司的安全航行率来反映。船员除了完成航行任务外，还承担着照料货物的责任，因此从船员在货物到船舱后的绑扎，航行途中根据货物的性质和运输要求进行通风或温度控制，到卸货时的照料都影响着货物的运输质量。

第四，运输企业货物运输控制流程的科学性和合理性。良好的运输控制流程将保证货物及时准确地发运、转运和卸载，减少货物的灭失、错卸、短卸和溢卸以及错误交付等。

第五，运输企业的管理制度和服务理念。

第六，运输企业的风险防范机制和措施。

第七，运输企业的资本和资金实力。

第八，运输企业的服务网络的规模和完善程度。

2. 服务的功能质量

随着各服务商运输质量的提高，客户对服务的要求也越来越高，于是客户在选择不同的运输服务商时，还会考虑其他方面的服务水平。

第一，运输企业的业务历史和客户口碑。

第二，运输完成的准时率（准班率）。较高的准时率可以方便客户对货物的库存和发运进行控制，当然也为安排其接运等提供了便利。

第三，运输的时间间隔、发班密度。合理的间隔同样也将方便客户选择托运的时间及发货的密度等。

第四，运输服务的可靠性。通过查阅其历史业绩，了解运输企业完成运输合同的稳定性和可靠性。

第五，单证处理的准确率，包括品种、规格、数量、价格、起止时间、地址等的填写和打印的准确性。

第六，信息查询的方便程度。不同的服务商除了提供运输以外，还在附加服务上进行投入，如价格查询、班次查询以及货物跟踪等服务，这是现代货主选择运输服务商时主要考虑的因素。

第七，货运纠纷的处理。无论服务商如何提高运输质量，改进服务水平，货运纠纷都难免发生，发生纠纷后如何及时圆满地处理是客户所关心的问题。

由于运输技术及运输工具的发展，目前各运输服务商之间的运输质量差异正在缩小，而为了吸引客户，服务商不断更新服务理念，为客户提供高附加值的服务，以求与其他服务商有服务差异，从而稳定自己的市场份额，增强竞争力。这也就为客户选择不同的服务商提供了更多空间，客户可以根据自己的需求确定选择目标。现代服务理念的基本准则已不再是一味地提高服务质量，而是通过差异化服务来实现客户的满意。

4.5.2 运输价格比较法

各物流运输服务商为了稳定自己已经占有的市场份额或希望进一步提高自己的市场占有率，都会努力提高服务质量，尽最大努力满足客户的要求。但是，随着运输市场竞争的日趋激烈，对于某些货物来说，不同类型的物流运输服务商所能提供的服务质量已近乎相同，甚至接近完美，此时，运输价格很容易成为各服务商最后的竞争手段。于是客户在选择物流运输服务商时，面对几乎相同的服务质量和其他相关条件，或有些客户对服务质量要求不高时，运输价格成为选择物流运输服务商的一个重要决策准则。

4.5.3 综合因素

客户在选择运输服务商时会同时考虑多个因素。在其所付运输费用和取得运输服务质量之间取得均衡（Trade－off）是其运输服务商选择决策的核心点。综合决策方法同时考虑服务质量和运输价格以及服务商的品牌、服务商的经济实力、服务商的服务网点数量等。如果以公式来表示，则为：

$$S=\frac{k_1Q}{k_2P}+k_3B+k_4C+k_5N+\cdots+k_nO$$

式中：S——综合因素；

k_n——不同因素的权数（其中 $n=1$，2，3，…）；

Q——服务质量；

P——运输价格；

B——运输服务商的品牌；

C——运输服务商的总资产状况；

N——运输服务商的网点数；

O——其他因素。

客户可以根据自己的需要和专家经验，调整不同考虑因素的权重，为最终决策提供参考依据。

【课后思考】

1. 运输决策参与者有哪几类？他们之间的关系如何？

2. 零售供应链中的运输网络设计有几种类型？各有何特点？

3. 对运输服务商做出决策主要有哪几种方法？

4. 设产地甲、乙、丙、丁产量分别为70吨、40吨、90吨、50吨，销地A、B、C、D、E需求分别为30吨、70吨、50吨、60吨、40吨，试求合理的运输方案。

表4-16　商品产销平衡表

运出地 / 运入地	A	B	C	D	E	调入量（吨）
甲						70
乙						40
丙						90
丁						50
调出量（吨）	30	70	50	60	40	250

【案例分析】

"7-11"的物流配送系统

所谓"7-11"指的是美国的零售连锁业"7-11"，也就是从早晨7时到晚上11时都营业的意思，实际上，现在已经发展成为24小时营业的、世界最知名的、最大的连锁零售商店，在全球24个国家拥有2.1万家左右的连锁店。

美国南方公司1945年推出"7-11"便利连锁店以后，由于这种零售业态贴近生活，营业时间长，店址多选在居民区，为消费者购物提供了诸多方便，因而受到欢迎。便利商店很快就风行开来，南方公司也因此而获得高速发展。

南方公司的销售额在20世纪40年代每年不过几十万美元，1959年增至近1亿美元，1969年又增至9亿美元，1979年达38亿美元，1985年进一步增到127亿美元（这是迄今为止的最高销售额）。南方公司"7-11"便利连锁店的成功，引起了美国和世界各国零售企业界的广泛注意，"7-11"的招牌很快就在美国本土和全球许多城市中打出。

研究"7-11"的成功历史就会发现，和其他成功的连锁零售业一样，"7-11"背后有一个完善的配送系统来支撑其正常运转。"7-11"从一开始采用的就是在特定区域高密度集中开店的策略，在物流管理上也采用集中的物流配送方案，这一方案每年大概能为

"7－11"节约相当于商品原价10%的费用。

一家普通的"7－11"连锁店一般只有100～200平方米，却要提供2000～3000种食品，不同的食品肯定来自多个供应商，运送和保存的要求也各有不同，每一种食品又不能短缺或过剩，而且还要根据顾客的不同需要随时能调整货物的品种，种种要求给连锁店的物流配送提出了很高的要求。如何来运作与管理便利店的这种物流配送系统，就成为便利店是否成功的关键。

"7－11"便利连锁店的物流管理模式先后经历了三个发展阶段。

第一阶段，"7－11"并没有设立自己的专业配送中心，它的货物配送依靠批发商来完成，批发商直接将商店所订货物送入便利店。早期日本"7－11"的产品生产商都有自己特定的批发商，相当于中国的总经销商，而且每个批发商一般都只代理一家生产商，这个批发商就是联系"7－11"和其生产商的纽带，也是"7－11"和生产商间传递货物、信息和资金的通道。生产商把自己的产品交给批发商以后，对产品的销售就不再过问，所有的配送和销售都会由批发商来完成。对于"7－11"而言，批发商就相当于自己的配送中心，它所要做的就是把生产商生产的产品迅速有效地运送到"7－11"手中。为了自身的发展，批发商需要最大限度地扩大自己的经营，尽力向更多的便利店送货，并且要对整个配送和订货系统做出规划，以满足"7－11"的需要。图4－18所示的是早期的"7－11"集货配送体系的构架示意。

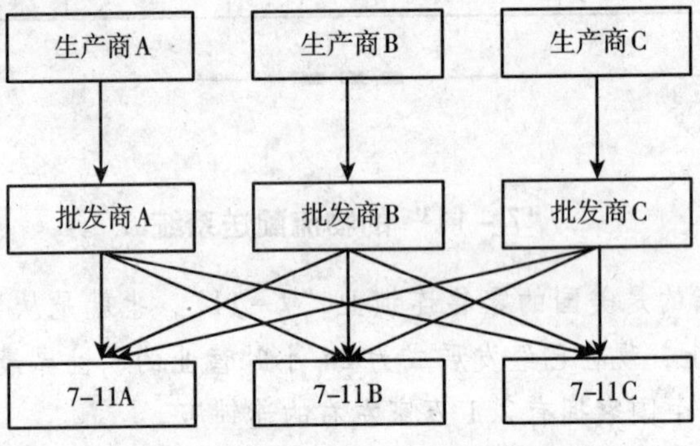

图4－18　早期的"7－11"集货配送体系

第二阶段，随着"7－11"连锁业务的迅速拓展，这种分散化的由各个批发商分别送货的方式无法再满足规模日渐扩大的"7－11"便利店的需要，"7－11"开始和批发商及合作生产商构建统一的集约化的配送和进货系统。在这种系统之下，"7－11"改变了以往由多家批发商分别向各个便利点送货的方式，由一家在一定区域内的特定批发商统一管理该区域内的同类供应商，然后向"7－11"统一配货，这种方式称为集约化配送。集约化配送有效地降低了批发商的数量，减少了配送环节，为"7－11"节省了物流费用，后期的"7－11"集货配送体系如图4－19所示。

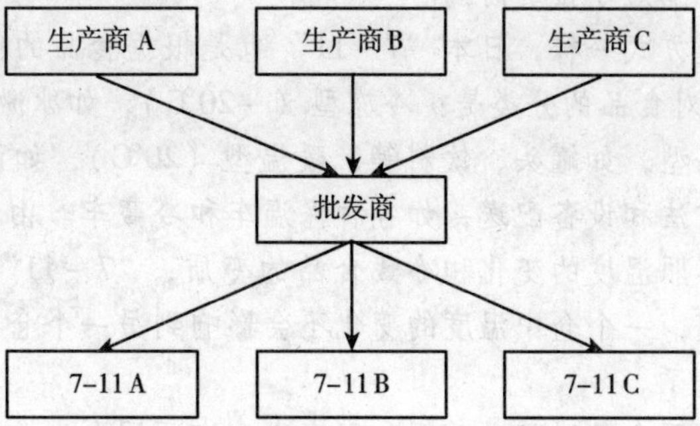

图4－19 后期的"7－11"集货配送体系

第三阶段，集中批发商或者集约批发商的发展为"7－11"自己建立配送中心提供了经验和业务基础，"7－11"由此创立了配送中心，代替了特定批发商分别在不同的区域统一集货、统一配送。配送中心有一个电脑网络配送系统，分别与生产商及"7－11"店铺相连。为了保证不断货，配送中心一般会根据以往的经验保留4天左右的库存，同时，配送中心的电脑系统每天都会定期收到各个店铺发来的库存报告和要货报告，配送中心把这些报告集中分析，最后形成一张张向不同供应商发出的订单，由电脑网络传给生产商，生产商则会在预定时间之内向配送中心派送货物。"7－11"配送中心在收到所有货物后，对各个店铺所需要的货物分别打包，等待发送。第二天一早，派送车就会择路向自己区域内的店铺送货。整个配送过程就这样每天循环往复，为"7－11"连锁店的顺利运行打下了坚实的基础。

配送中心的优点还在于"7－11"从批发商手上夺回了配送的主动权，"7－11"能随时掌握在途商品、库存货物等数据，对财务信息和生产商的其他信息也能及时掌握。有了自己的配送中心，生产商原来让给批发商的利润空间就有可能成为"7－11"价格谈判的筹码，同时集中式采购也为价格谈判创造了条件。"7－11"和生产商之间定期会有一次定价谈判，以确定未来一定时间内大部分商品的价格，其中包括生产商的运费和其他费用。一旦确定价格，"7－11"就免去了每次和供应商讨价还价这一环节，少了口舌之争，多了平稳运行，"7－11"为自己节省了时间也节省了费用。

随着店铺的扩大和商品的增多，"7－11"的物流配送越来越复杂，配送时间和配送种类的细分势在必行。以台湾地区的"7－11"为例，其物流配送就细分为出版物、常温食品、低温食品和鲜食食品四个类别，各区域的配送中心需要根据不同商品的特征和需求量每天做出不同频率的配送，以确保食品的新鲜度，以此来吸引更多的顾客。新鲜、即时、便利和不缺货是"7－11"的配送管理具有的最大特点，也是各家"7－11"店铺的最大卖点。

在台湾的"7－11"总共拥有近3000家的连锁店，现在已经开通网上购物，利用庞大的连锁体系，在任何地点网上下单，再至离自己最近的店面取货付款，对于消费者而言，省去了运费负担，缩短了接货时间。

和台湾地区的配送方式一样，日本“7－11”也是根据食品的保存温度来建立配送体系的。日本“7－11”对食品的分类是：冷冻型（－20℃），如冰激凌等；微冷型（5℃），如牛奶、生菜等；恒温型，如罐头、饮料等；暖温型（20℃），如面包、饭食等。不同类型的食品会用不同的方法和设备配送，如各种保温车和冷藏车。由于冷藏车在上下货时经常开关门，容易引起车厢温度的变化和冷藏食品的变质，“7－11”还专门用一种两仓式货运车来解决这个问题，一个仓中温度的变化不会影响到另一个仓，需冷藏的食品就始终能在需要的低温下配送了。

除了配送设备，不同食品对配送时间和频率也会有不同要求。对于有特殊要求的食品如冰激凌，“7－11”会绕过配送中心，由配送车早、中、晚三次直接从生产商门口拉到各个店铺。对于一般的商品，“7－11”实行的是一日三次的配送制度，早上3时到7时配送前一天晚上生产的一般食品，早上8时到11时配送前一天晚上生产的特殊食品如牛奶，新鲜蔬菜也属于其中，下午3时到6时配送当天上午生产的食品，这样一日三次的配送频率在保证商店不缺货的同时，也保证了食品的新鲜度。为了确保各店铺供货的万无一失，配送中心还有一个特别配送制度来和一日三次的配送相搭配。每个店铺都会随时碰到一些特殊情况造成缺货，这时只能向配送中心打电话告急，配送中心就会用安全库存对店铺紧急配送，如果安全库存也已告罄，配送中心就转而向批应商紧急要货，并且在第一时间送到缺货的店铺中。

讨论：“7－11”的早期和后期的配送模式有何改变，为何要改变？

5 运输业务管理

学习目标

- 了解运输合同当事人的权利和义务；
- 掌握运输成本的构成及其影响因素；
- 掌握不同运输方式的成本特征；
- 了解运输外包的动因；
- 掌握物流运输质量管理的特点及要求。

5.1 运输合同

企业的物流运输需求不可能也没有必要完全由自己来满足，外包、合作、购买运输服务是每一个企业必不可少的活动，由此物流运输提供者与企业在有关投资、承诺、退出、合作的自由、保险等方面会产生一些矛盾，而避免这些矛盾的最好办法是订立协议与合同，以法律的形式来明确双方的权利与义务。

5.1.1 运输合同的概述和分类

运输合同是规范运输活动、明确运输承托双方权利、责任的法律文件。

1. 运输合同的概念

运输合同是承运人将货物或旅客从起运地点运输到约定地点，托运人或者收货人支付票款或运输费用的合同，是承运人和托运人双方签订的、明确双方权利义务关系、确保货物有效位移的、具有法律约束力的合同文件。它是承运人开展货物运送业务的法律形式。运输合同的主体涉及货方（包括托运人、收货人等）、承运人、货运代理人。

2. 运输合同的特征

运输合同除了具有一般合同普遍的法律特征外，还具有自身的特征。

（1）运输合同属于提供劳务的合同

运输合同的标的是承运人的运送或运输行为，而不是被运输的货物本身。因此，合同所约束的对象不同于一般的实物产品，对运输行为的考察和约束必须依赖于货物运送的质量。

（2）运输合同大多是格式合同

运输合同具有标准合同的性质，主要内容和条款由国家授权的交通运输部门以法规的形式统一规定，如《公路货物运输合同实施细则》、《铁路货物运输合同实施细则》、《水上货物运输合同实施细则》等。合同、提单等都是统一印刷的，运费率也是国家统一规定的，双方当事人和任何其他机构无权自行变更。

（3）运输合同大多属于为第三方利益订立的合同

运输合同往往涉及第三方参加，即除了承运人和托运人之外，一般还有收货人。虽然往往收货人并非签订合同的当事人，但他可以独立享有合同约定的权利，并承担相应的义务。

（4）运输合同大多属于诺成合同

诺成合同是与实践合同相对应的。诺成合同指双方当事人意思表示一致即可成立的合同，即"一诺即成"的合同。实践合同是指当事人双方意思表示一致以外尚须交付标的物才能成立的合同。运输合同一般为诺成合同，但以托运单、提单代替书面运输合同的，因承运人往往需要收取货物并核查后才能签发提单或在托运单上盖章，故这类合同应为实践合同。《铁路货物运输合同实施细则》第五条规定，零担货物或集装箱货物的运输合同承运人在托运人提出的货运提单上加盖承运日期戳之时为合同成立。

（5）运输合同可以采用留置的方式担保

留置是指债权人按照约定占有债务人的动产，当债务人不能按约定期限履行还款义务时，债权人有权依法留置该财产，以该财产拍卖、变卖的价款优先得到偿付。法律对留置权有明确规定，其中运输合同的债权人就享有留置权。《合同法》明确规定，收货人不明或者收货人无正当理由拒绝受领货物的，承运人可以提存现货。

3. 运输合同的分类

依据不同的标准，可以从不同的角度对运输合同进行分类（如表5－1所示）。

①按承运方式的不同，运输合同可分为公路运输合同、铁路运输合同、水路运输合同、航空运输合同、管道运输合同和多式联运合同。

②按运输对象的不同，运输合同可分为普通货运合同和特种货运合同。

③按组织方式的不同，运输合同可分为单一运输合同和联合运输合同。

④按货物数量的不同，运输合同可分为批量合同和运次合同。批量合同一般是一次托运货物较多的大宗货运合同。运次合同一般是托运货物较少，一次即可完成的运输合同。

⑤按合同形式的不同，运输合同可分为书面合同和契约合同。书面合同是指签订正式书面协议形式的合同。契约合同是指托运人按规定填写货运托运单或货单，这些单证具有契约性质，承运人要按托运单或货单要求承担义务，履行责任。

⑥按合同期限的长短，运输合同可分为长期合同和短期合同。长期合同是期限在一年以上的合同。短期合同是期限在一年以下的合同，如季度合同、月度合同等。

表 5－1 运输合同的分类

分类方法	合同种类
承运方式	公路运输合同、铁路运输合同、水路运输合同、航空运输合同、管道运输合同和多式联运合同
运输对象	普通货运合同、特种货物运输合同
组织方式	单一运输合同、联合运输合同
货物数量	批量合同、运次合同
合同形式	书面合同、契约合同
合同期限	长期合同、短期合同

5.1.2 运输合同的订立和履行

运输双方在达成交易意向后，应订立运输合同并依法按合同约定的条款享受各自的权利，履行相应的责任和义务。

1. 运输合同订立的程序

运输合同订立的程序主要包括要约和承诺。

(1) 要约

所谓要约，就是一方当事人向另一方当事人发出的以订立合同为目的而提出的合同条件。该意思表示应符合两个规定，一是内容具体确定；二是表明经受要约人承诺，双方即受该意思表示约束。该意思表示的内容包括订立合同的愿望、合同的内容和主要条款，一般由托运人提出。

(2) 承诺

承诺是受要约人同意要约的意思表示。承诺应以通知的方式发出，应当在要约确定的期限内到达要约人，并与要约的内容完全一致。在运输合同的订立过程中，承诺指承运人接受或受理托运人的要约或提议，对托运人提出的全部内容和条款表示同意。受理过程包括双方协商一致的过程。

2. 运输合同的内容

运输合同应根据《合同法》及其相关规定进行制订。《合同法》第七章介绍了运输合同的相关规定。运输合同的具体内容应包括：

①货物的名称、性质、重量、数量、收货地点等有关货物运输的必要情况。

②货物的包装要求。

③货物的运输时间和地点，包括货物起运及到达的时间、地点等。

④运输质量和安全要求。

⑤货物装卸方法和责任划分。

⑥收货人领取货物和点验、查收货物的标准。

⑦运杂费的组成、计算标准和结算方法。

⑧变更、解除合同的期限和条件。

⑨双方的权利、义务。

⑩违约责任。

⑪双方商定的其他条款。

【小看板】运输合同内容的范本

订立合同双方：

托运方：________________

托运方详细地址：________________

承运方：________________

承运方详细地址：________________

收货方详细地址：________________

根据国家有关运输规定，经过双方充分协商，特订立本合同，以便双方共同遵守。

第一条　货物名称、规格、数量、价款

货物编号	品名	规格	单位	单价	数量	金额（元）

第二条　包装要求

托运方必须按照国家主管机关规定的标准包装。没有统一规定包装标准的，应根据保证货物运输安全的原则进行包装，否则承运方有权拒绝承运。

第三条　运输办法及运杂费负担

____

____

第四条　托运时间及地点

____

____

第五条　到货时间及地点

____

____

第六条　收货人领取货物及验收办法

第七条 付款办法

第八条 各方的权利、义务

(1) 托运方的权利、义务

①托运方的权利：要求承运方按照合同约定的时间、地点，把货物安全运送到目的地货物托运后，托运方需要变更到货地点或收货人，或取消托运时，有权向承运方提出变更合同内容或解除合同的要求，但必须在货物未运到目的地前通知承运方，并应按有关规定付给承运方所需运费。

②托运方的义务：按约定向承运方交付运杂费，否则承运方有权停止运输，并要求托运方支付违约金。托运方对托运的货物应按合同规定的标准进行包装，遵守有关危险品运输的规定，按合同中规定的时间和数量交付托运货物。

(2) 承运方的权利、义务

①承运方的权利：向托运方、收货方收取运杂费用。如果收货方不交或不按时交纳规定的各种运杂费用，承运方有扣压权。查不到收货人或收货人拒绝提取货物，承运方应及时与托运方联系，在规定期限内负责保管并收取保管费用，对于超过规定期限仍无法交付的货物，承运方有权按相关规定予以处理。

②承运方的义务：在合同规定的期限内，将货物运到指定的地点，按时向收货方发出货物到达通知。对托运方货物要负责安全，保证货物无短缺、无损坏、无人为的变质，如有上述问题应承担赔偿义务，在货物到达以后，按规定的期限负责保管。

(3) 收货方的权利、义务

①收货方的权利：在货物运送到指定地点后有以凭证领取货物的权利。必要时，收货方有权向到站或中途货物所在站提出变更到站或变更收货人的要求，并签订变更协议。

②收货方的义务：接到提货通知后，按规定时间提取货物，缴清应付费用，超过规定时间提货时，应按规定向承运方交付保管费。

第九条 违约责任

(1) 托运方责任

①未按合同规定的时间和要求提供托运的货物，托运方应按货物价值的____% 偿付给承运方违约金。

②由于在普通货物中夹带、匿报危险货物，错报笨重货物重量等而招致吊具断裂、货物摔损、吊机倾翻、爆炸、腐蚀等事故，托运方应承担赔偿责任。

③由于货物包装缺陷产生破损，致使其他货物或运输工具、机械设备被污染腐蚀、损坏，造成人身伤亡的，托运方应承担赔偿责任。

④在托运方专用线或在港、站公用线、专用铁道自装的货物，在到站卸货时，发现货

物损坏、缺少，在车辆施封完好或无异状的情况下，托运方应赔偿收货人的损失。

⑤罐车发运货物，因未随车附带规格质量证明或化验报告，造成收货方无法卸货时，托运方应偿付承运方卸车等存费及违约金。

(2) 承运方责任

①不按合同规定的时间和要求配车（船）发运的承运方应偿付托运方违约金____元。

②承运方如将货物错运到货地点或接货人，应无偿运至合同规定的到货地点或接货人。如果货物逾期达到，承运方应偿付逾期交货的违约金。

③运输过程中货物灭失、短少、变质、污染、损坏，承运方应按货物的实际损失(包括包装费，运杂费）赔偿托运方．

④联运的货物发生灭失、短少、变质、污染、损坏应由承运方承担赔偿责任的，由终点阶段的承运方向负有责任的其他承运方追偿．

⑤在符合法律和合同规定条件下的运输，由于下列原因造成货物灭失，短少，变质，污染，损坏的，承运方不承担违约责任：a．不可抗力；b．货物本身的自然属性；c．货物的合理损耗；d．托运方或收货方本身的过错。

第十条　本合同正本一式二份，合同双方各执一份；合同副本一式____份，送____单位备份。

甲方：____________	乙方：____________
代表人：____________	代表人：____________
地址：____________	地址：____________
电话：____________	电话：____________
开户银行：____________	开户银行：____________
账号：____________	账号：____________

____年____月____日

5.1.3　运输合同当事人的权利和义务

1. 托运人的权利

在买方市场的经济环境下，托运人是买方，是货物运输合同首先要确认的权利保障对象。实际上，在合同体系中，托运人的权利是主要矛盾的主要方面，包括：

①要求承运人将货物运至约定地点并交给收货人的权利。

②在有限制的前提下，有提出终止运输、返还货物、变更地点、变更收货人的权利。

2. 托运人的义务

①有向承运人真实通告有关货物运输的必要情况的义务。尤其在物流过程中会出现问题的货物，托运人必须如实申报和准确告知。

②有按照协议向承运人交付运费和运输杂费以及其他应由托运人交付的费用的义务。

③有杜绝违规、违法托运的义务。对于需要运输审批的货物，应由托运人完成审批手续或者委托承运人代办审批手续。

④有对货物进行包装的义务，并应当按照国家规定在包装上进行标识。

⑤有向承运人交付运输货物的义务。

3. 承运人的权利

①有收取运费的权利。

②有按实际付出收取运输杂费的权利。

③在托运当事人或收货当事人不支付协议费用的情况下，享有承运货物的留置权。

④在特殊情况下，可以提存货物并从中取得应得的费用。

⑤有拒绝承运违规、违法货物的权利。

4. 承运人的义务

承运人的基本义务是完成货物的运输。从规定作业的角度，承运人还有下述义务：

①按条款接受货物的义务，在接收货物后出具有关凭证的义务。

②有按约定期间或者合理期间将货物完成运输的义务。

③按照合同约定的路线或者按通常的运输路线进行运输的义务。

④文明承运的义务。承运过程中应当杜绝野蛮装卸、放任管理等问题。

⑤按照协议满足托运当事人变更的义务。

⑥有通知的义务。按协议的约定，承运人所承运货物在途情况、到货情况有义务通知托运当事人或收货当事人。

⑦有将货物交付收货人的义务。

5. 收货人的权利和义务

无论收货人是托运人本身，还是第三方当事人，收货人的权利和义务是整个三方当事人不可缺少的一个方面。收货人的权利主要集中在：及时获得到货通知，按提单凭证或其他收货协议收货（提货或接受承运人的送货），以取得货物。收货人的义务主要集中在：收货人应当及时收领（取货或接受送货）货物，支付应由收货人承付的费用（运费、运输杂费、逾期保管费等）。收货人有在约定期限内进行检验并对运输质量进行认定的义务。

5.1.4 运输纠纷及其处理

在货物运输中产生纠纷以致引起诉讼是常有的事。一方面，货主可能会因为货物在运输途中发生的各种损失而向承运人索赔；另一方面，承运人也可能会因为未支付的运费或其他应付款项而向货主索赔。这些索赔并不一定都是承运人的过失引起的。正确解决这些纠纷不仅要找到真正的过失方，还要清楚承运人或托运人谁应对过失负责。这是一个十分复杂的任务。

1. 运输纠纷的类型

运输纠纷既可能由承运人因货损等各种原因造成对货主方的损失，也可能因货主方的原因造成对承运人的损害所引起，总体可以分为以下几类。

（1）货物灭失纠纷

造成货物灭失的原因很多，可能由于承运人的运输工具如船舶沉没、触礁，飞机失事，车辆发生交通事故、火灾，因政府法令禁运和没收、战争行为、盗窃等，因承运人的过失，如绑扎不牢导致货物落海等，当然也可能因承运人的故意（如恶意毁坏运输工具以骗取保险、明知运输工具安全性能不符合要求等）导致货物灭失。

（2）货损、货差纠纷

货损包括：货物破损、水湿、汗湿、污染、锈蚀、腐烂变质、焦损、混票和虫蛀鼠咬等；货差即货物数量的短缺。货损、货差既可能是由于货主方自身的过失造成，如货物本身标志不清、包装不良、货物自身的性质和货物在交付承运人之前的质量、数量与运输凭证不符，也可能是由于承运人的过失，如积载不当、装卸操作不当、未按要求控制货物运输过程中的温度、载货舱室不符合载货要求、混票等原因造成。

（3）货物的延迟交付

即因承运货物的交通工具发生事故，或因承运人在接受托运时未考虑到本班次的载货能力而必须延误到下一班期才能发运，或在货物中转时因承运人的过失使货物在中转地滞留，或因承运人为自身的利益绕航而导致货物晚到卸货地。

（4）单证纠纷

承运人应托运人的要求倒签、预借提单，从而影响到收货人的利益，收货人在得知后向承运人提出索赔，继而承运人又与托运人之间发生纠纷；或因承运人（或共代理人）在单证签发时的失误引起承托双方的纠纷；此外，也有因货物托运过程中的某一方伪造单证引起的单证纠纷。

（5）运费、租金等纠纷

因承租人或货方的过失或故意未能及时或全额交付运费或租金，因双方在履行合同过程中对其他费用如滞期费、装卸费等发生纠纷等。

（6）船舶、集装箱、汽车、火车及航空器等损害纠纷

船舶、集装箱、汽车、火车及航空器等均属运载工具，在运输全过程中，因托运人的过失，造成对承运人的运输工具损害的纠纷。

2. 运输纠纷解决的途径

目前，我国解决运输纠纷一般有四种途径：当事人自行协商解决、调解、仲裁和诉讼。其中，诉讼和仲裁是司法或准司法解决。运输纠纷出现后，大多数情况下，纠纷双方会考虑到多年的或良好的合作关系和商业因素，互相退一步，争取友好协商解决，同时为以后的进一步合作打下基础。但也有的纠纷因双方之间产生的分歧比较大，无法友好协商解决，双方可以寻求信赖的行业协会或组织进行调解，在此基础上达成和解协议，解决纠纷。但还会有一部分纠纷经过双方较长时间的协商，甚至在行业协会或其他组织介入调解的情况下还是无法解决，双方只能寻求司法或准司法的途径。

（1）仲裁

仲裁是一种重要的纠纷解决手段，主要分为两种：机构仲裁和临时仲裁。如果纠纷双方在纠纷发生后一致同意就该纠纷寻求仲裁，或在双方订立运输合同时已选择仲裁作为纠纷解决机制时，可以就该纠纷申请仲裁。仲裁申请人向约定的仲裁机构提出仲裁申请，并按仲裁规则指定一名或多名仲裁员，仲裁员通常是与该行业有关的商业人士或专业人士，仲裁员根据仲裁规则对该纠纷做出的裁决对双方都具有约束力，而且只要是仲裁过程符合仲裁规则，则该裁决是终局的。

【小看板】目前，我国调整仲裁的法律主要有1995 年颁布的《仲裁法》。关于仲裁裁决的国外执行公约是1958 年颁布的《承认与执行外国仲裁裁决的公约》（《纽约公约》)。我国1986 年12 月2 日参加了该公约。这样，在我国和公约其他参加国之间的仲裁裁决的相互执行应依据公约的规定进行。在和没有加入公约的国家之间，裁决的执行在我国是按对等原则进行的。

（2）诉讼

如双方未对纠纷的解决方法进行约定，或事后无法达成一致的解决方法，则通过法院进行诉讼是解决纠纷最终的途径。各种运输纠纷可以按照我国的诉讼程序，由一方或双方向有管辖权的法院起诉，然后由法院根据适用法律和事实进行审理，最后做出判决。当然，如果某一方乃至双方对一审判决不服的，还可以根据诉讼法进行上诉、申诉等。但是，通过法律诉讼解决纠纷，耗时也费钱。

【小看板】为了更好地处理运输类纠纷，我国设置了专门受理海事纠纷的法院——海事法院，还颁布了专门适用于海事案件审理的程序法——《中华人民共和国海事诉讼特别程序法》。铁路运输的纠纷在我国也有专门的铁路运输法院受理和管辖。

---

3. 索赔时效和诉讼时效

在运输，特别是国际运输中，经常会出现当事人双方或几方的各种纠纷，其中有相当一部分难以协调，如果必须诉之于司法或准司法机构，则索赔时效和诉讼时效是一组重要的概念。规定时效的目的是为了促进当事人各方及时行使和保护自己的权利，早日消除不确定的法律关系，而由法律规定的一段特定的时间。如果一方当事人超过时效才行使自己的索赔和诉讼请求权，则通常会丧失胜诉权。

（1）海上运输纠纷时效规定

我国海商法规定，就海上货物运输向承运人要求赔偿的请求权，时效期间为1 年，自承运人交付或者应当交付货物之日起计算；在时效期间内或者时效期间届满后，被认为负有责任的人向第三人提起追偿请求的，时效期间为90日，自追偿请求人解决原赔偿请求之日起计算。

（2）公路运输纠纷时效规定

因公路运输的纠纷要求赔偿的有效期限，从货物开票之日起，不得超过6个月。从提出赔偿要求之日起，责任方应在两个月内做出处理。

（3）铁路运输纠纷时效规定

发货人或收货人根据铁路运输合同向铁路提出赔偿请求，以及铁路对发货人或收货人关于支付运送费用、罚款和赔偿损失的要求，可在9个月期间内提出；货物运到逾期的赔偿请求，应在两个月期间内提出。

（4）航空运输纠纷时效规定

根据《华沙公约》对航空运输的索赔时效期的规定，分成货物损害和货物延迟两种情况区别对待。前者索赔时效是7天，后者的索赔时效是14天。但《海牙议定书》对此作了全面的修改，将货物损害索赔时效延长至14天，将货物延迟的索赔时效延长至21天。至于诉讼时效，自航空器到达目的地之日起，或应该到达之日起，或运输停止之日起两年。

5.2 运输成本管理

运输成本管理的目的是把物流总成本降到最低，这意味着最低的运输费用并不总是导致最低的运输总成本。运输成本管理是一项综合性管理，是对整个物流运输经济绩效的全面反映。运输企业最重要的是对成本进行控制，实施一系列经营战略的改变，如实行共同配送，运输大量化、计划化等。

5.2.1 运输成本的含义

运输成本是指运输生产者（或供给者）为完成客货位移所造成的费用总和，包括直接运输费用与管理费用两部分。它分为运输总成本和单位运输成本两个概念：运输总成本是一定时期内的运输成本支出总和；单位运输成本是单位运输劳务的支出（货物运输一般以吨/公里为单位）。

为了更加准确理解运输成本，必须区分运输成本与运费、运价的关系。

1. 运输成本和运费

运输成本是运输生产者（或供给者）完成指定条件下的运输所付出的代价，而运费则是运输消费者完成特定条件下的运输所付出的代价。这两者之间的一般关系是：

运费 = 运输成本 + 运输生产利润 + 在运期间运输需求方支付的资金成本

= （1 + 利润率）× 运输成本 + 运输需求方支付的资金成本

【小看板】在资源密集型产业为主的产业社会中：运费≈（1＋利润率）×运输成本。

2. 运输成本与运价

运输成本是为完成运输活动所发生的一切费用，主要是从运输供给的角度来考虑的。运价（即运输价格）是运输价值的货币表现，需要从运输供给和运输需求两个方面进行考虑。运输价值量的大小取决于生产运输产品所消耗的劳动量，购买劳动量的支出就是运输生产费用，构成了运输成本。运输劳动创造了新的价值，就是运输赢利。运价由运输成本和运输赢利（利润和税金）这两个部分组成。

5.2.2 运输成本的构成

对运输业或运输活动来说，成本的分类必须考虑运输活动的特殊性。运输业所使用的资本被分成了固定设施和移动设备两大部分，这对运输成本的类别划分具有关键性的意义。运输业的固定设施一般是指运输基础设施，如铁路、公路、站场和港口等，它们一旦建成就不能再移动，这些基础设施一般不能直接提供运输服务；运输业的移动设备是指移动性的运输工具，如火车、汽车、船舶、飞机等，这些载运工具一般用来直接提供运输服务。运输业资本的这种特殊性质，使得运输成本的分类与其他行业有所不同，它包括固定设施成本、移动设备拥有成本和运营成本三个部分。

1. 固定设施成本

固定设施对每一种运输方式都是必不可少的：铁路运输需要轨道、车站；汽车需要公路和停车场地；航空运输离不开机场和空中指挥系统；船舶运输要在港口停泊和装卸；管道本身就是固定设施。固定运输设施的投资被认为是一种沉没成本（Sunk Cost），因为这些设施固定在一定的地理区域上，一旦建成就不能再移动，而且在一定程度上不能再被用于其他任何用途。例如：港口和道路被废弃时，原来的码头和路基几乎无法改作他用。也由于这个原因，在运输系统中常常出现一部分固定设施出现拥挤现象，而同时另一部分固定设施却被闲置在一边。

固定运输设施除了起初的投资建设，还有在使用寿命期间内所需要的养护及维修，因此固定设施成本还包括养护、维修及其他相关使用成本。与投资相比，这些固定设施的养护、维修及使用费用比较少，其中有些费用与使用这些固定设施提供的运输量关系不大，属于固定成本，另外一些则可能与运输量的多少有密切联系，因此被认为属于变动成本。

2. 移动设备拥有成本

管道是唯一仅使用固定设施的运输方式，其他各种运输方式都同时包括固定设施和移动设备，可移动的载运工具包括铁路机车车辆、各类卡车、公共汽车、小汽车、各类客货船舶和飞机等。由于这些运输工具可以根据需要在不同运输市场之间甚至不同用途之间转移，因此在移动运输工具上的投资不属于沉没成本。

所有运输工具都有自己的使用寿命，运输工具的价值在其使用期内会逐渐转化为运输成本，因此使用寿命决定着运输工具的折旧过程。有些运输工具的使用寿命是以年限计算的，在这种情况下，运输工具的折旧转移成本似乎与其使用中所提供的运输量没有直接关系，是每年或每月固定的成本。还有些运输工具的使用寿命是以行驶里程计算的，在这种情况下，运输工具的折旧转移成本就与其使用中提供的运输量直接相关，属于变动成本。

3. 运营成本

运营成本主要包括两类：一类是直接运营人员的工资；另一类是运输工具消耗的燃料。运输工作量越大，这些直接的运营成本数量也会越大，这两类都是直接与运输量相关的变动成本。当然，运营成本还不仅仅包括这两类。车辆的运行必然会引起运输工具磨损，需要对载运设备进行修理和维护。因此，运输企业一般还需要配备若干辅助人员和管理人员，这些辅助人员和管理人员的工资以及所需要的工作开支属于间接运营成本。间接运营成本的一部分是与运输量有关的变动成本，其他部分与运输量变动的关系不大。

在不同运输方式的运输成本中，固定设施成本、移动设备拥有成本和运营成本各自所占的比重或涉及的程度是有差别的，其相应部分伴随产量的不变性或可变性也不一样。而且，这种不变性或可变性还要根据使用者的具体角色来确定。例如，高速公路的保养和维护对其经营者大体上是一种固定成本，但对使用收费道路的汽车司机来说，却是根据行驶里程支付的变动费用。因此，运输业的三种成本划分与产量变化的关系交织在一起，再加上运输经营者和使用者的多样性，使得运输成本分析具有很大的难度。

5.2.3 不同运输方式的成本特征

1. 铁路运输

铁路运输的固定成本费用高，变动成本费用相对较低。这是因为铁路线路、车站、机车车辆、通信等基础设施的投资大，提高了固定成本。铁路运输变动成本（工资、燃油、维护成本等）随运距和运输量的大小而成比例变化，一般认为它占总成本的1/2或1/3。这样，当一个系统有很高的固定成本费用时，适合进行规模经济和距离经济。规模经济的特点是随着运量的增长，使每单位运量的运输成本呈下降趋势。规模经济使得货物的批量运输显得更加合理。距离经济的特点是每单位距离的运输成本随运输距离的增加而减少。距离经济的合理性类似于规模经济，尤其体现在运输装卸费用的分摊上。同时，距离越长，可使固定费用分摊后的值越小。这样，将固定成本均摊到更大的运量和更长的运输距离中去，运输成本就会下降。如图5－1所示。

2. 公路运输

由于公路运输的承运人不拥有用于营运的基础设施，公路运输的固定成本是所有运输方式中最低的，与铁路运输的成本特征形成鲜明对比。但公路运输的变动成本很高，它既包括用于车辆营运的燃料、轮胎、车辆折旧、维修费用等，还包括为了公路建设和公路维护而向车辆征收的燃油税、过路（桥）费、养路费等。变动成本随车辆行驶里程或完成的周转量成正比例变化。在公路货运站进行运输时，固定成本包括车站取货和送货费用、

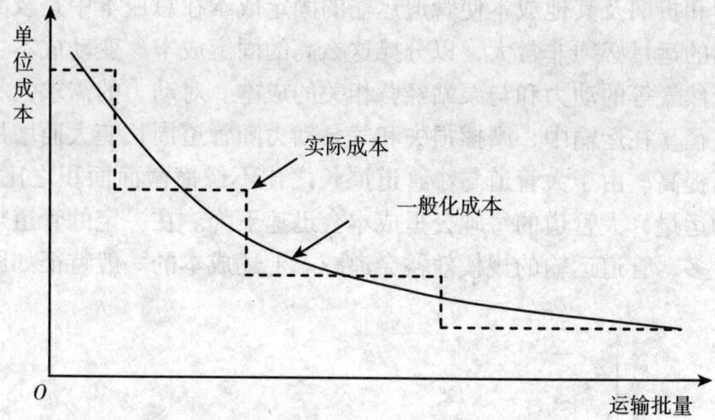

图 5-1　随运输批量变化的运输成本结构

站台装卸费用、制单和收费等发到作业费。公路运输也存在规模经济，当运输批量较大时，固定成本费用分摊到较大的运量，所以单位运输成本会随运量的增加而降低，但是不如铁路运输下降的那么明显。成本和运量之间的函数关系与图 5-1 中所示的一般化成本曲线形式是一样的。

3. 水路运输

水路运输除必须投资购造新船、建设港口之外，航道投资极少。目前，港口和航道由国家通过管理体制进行管理，船舶所属的航运企业则是水路运输的承运人。大部分港口是服务港，即港务当局不仅提供港口的基础设施，还提供诸如货物装卸服务和货物的港内搬运和处理等服务；不仅从事港政和航政，还从事港内各项业务活动。这样，水运承运人的固定成本除船舶本身的折旧费等外，还和港口作业有关。但是，水路的运输能力大、变动成本低。所以，水运是最廉价的大宗货物运输方式之一，适合长距离、大批量运输。

4. 航空运输

航空运输与水运和公路运输相比，成本特征有很多相同之处。航空运输的机场和空中通道一般不属于拥有飞机的航空公司，航空公司根据需要以燃料、仓储、场地租赁和飞机起降等形式购买机场服务。同时，地面的搬运装卸、取货和送货也属机场提供的航空货运服务的一部分，这些成本就成为使用机场需要支出的固定成本。此外，航空公司还拥有（或租赁）运输设备飞机等，在经济寿命周期内对其进行折旧就构成每年的固定费用。航空公司的变动费用主要是燃料和原材料，受运距的影响较大。固定成本和变动成本合在一起通常使航空运输成为最贵的运输方式，短途运输尤其如此。但是，随着机场费用和其他固定费用支出分摊在更大的运量上，单位成本会有所降低。如果在长距离内营运，还会带来单位成本进一步的下降。

5. 管道运输

管道运输与铁路运输的成本特征一样，管道公司拥有这些基础设施或拥有它们的使用权。管道的投资和折旧及其他成本使管道运输的固定成本在总成本中是较高的。为提高竞争力，管道运输的运量必须非常大，以分摊这么高的固定成本。变动成本主要包括运送原油、成品油或天然气等的动力和与泵站经营相关的成本。对动力的需求大小取决于线路的运量和管道的直径。在运输中，摩擦损失和气泵动力随管道周长变大而增加，运量则随横截面积的增大而提高。由于大管道与小管道周长之比不像横截面面积之比那么大，所以，只要有足够大的运量，大管道的每吨公里成本会迅速下降。在一定的管道规格条件下，如果运送的产品过多，管道运输的规模效益会递减。上述成本的一般特征如图5－2所示。

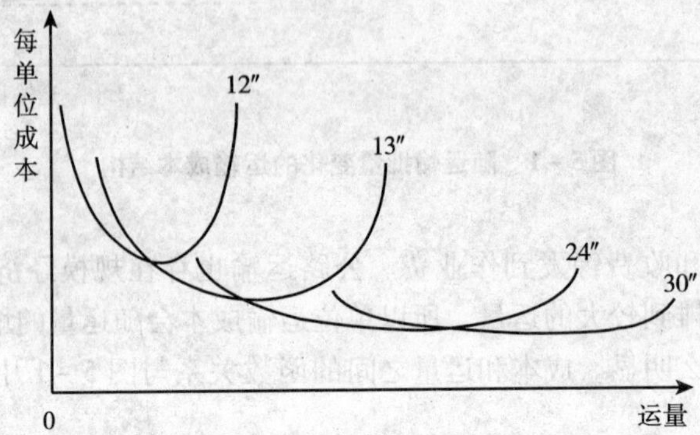

图5－2　管道直径和管道运量函数的一般化成本

5.2.4　运输成本的影响因素

运输成本的影响因素有很多，主要包括以下几方面。

1. 运输距离

运输距离是影响运输成本的主要因素，因为它直接对劳动力、燃料和维修保养等变动成本发生作用。从经济角度而言，每一种运输方式都有自己经济合理的运距范围。一般而言，航空和海洋运输最适合长距离运输；公路在短途运输中占有优势。在经济合理的运距范围内，各种运输方式的平均吨/公里、人/公里的运输成本随距离的延长而递减。图5－3显示了距离和成本的一般关系。从图中可以看出：第一，成本曲线不是从原点开始的。这是因为运输成本中的固定成本以及与货物提取和交付活动相关的费用与距离无关，即使没有发生运输活动，这些费用也已经发生了；第二，成本曲线是随距离的增大而渐缓增长的一个函数。也就是说，运输距离越长，单位距离的运输成本越低，这又被称作运输成本的递远递减性质。

2. 载货量

与其他许多物流活动一样，大多数运输活动都存在着规模经济。装载量的大小会影响运输成本，也是运输规模经济的一个重要表现。图5－4说明了每单位重量的运输成本随载货量的增加而减少，这是因为提取和交付活动的固定费用以及行政管理费用可以随载货量的增加而被分摊。当然，载货量要受运输工具最大尺寸的限制。所以，企业为了提高运输效益，可以将小批量的载货整合成更大的载货量，以获得规模经济效应。

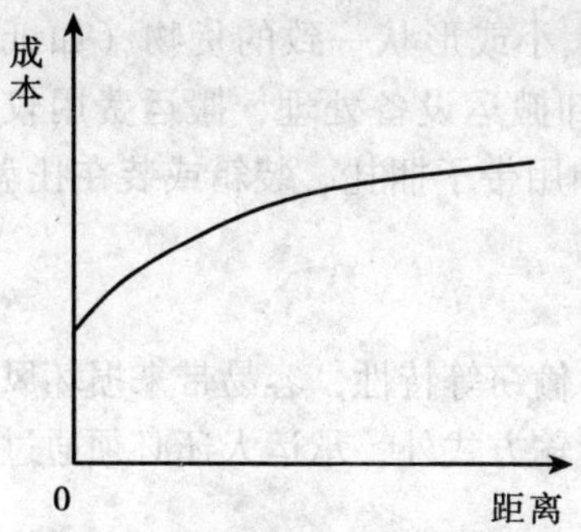

图 5-3 运输成本与距离的关系

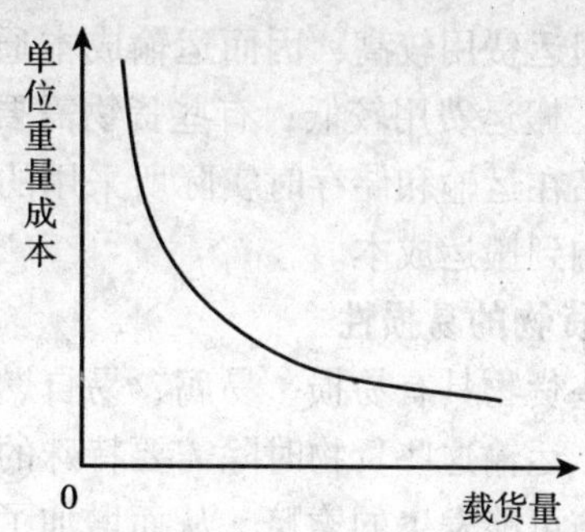

图 5-4 运输成本与载货量的关系

3. 货物的疏密度

货物的疏密度是综合考虑货物重量以及占据空间的一个指标，也是影响运输成本的重要因素。该因素之所以重要，是因为运输成本通常表示为每单位重量所花费的数额，而在重量和空间方面，运输工具更多的是受到空间限制，而不是重量限制。即使该产品的重量很轻，运输工具一旦满载，也就不可能再增加装运数量。既然运输工具实际消耗的劳动成本和燃料成本基本不受重量的影响，那么货物的疏密度越高，单位重量的运输成本就相对越低。图 5-5 就说明了每单位重量的运输成本随货物疏密度的增加而下降的关系。

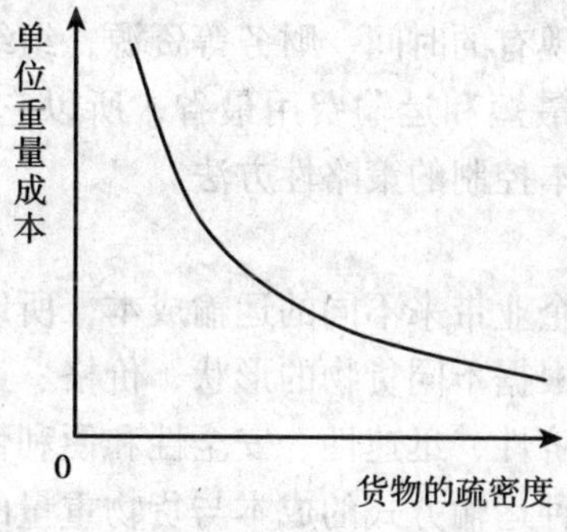

图 5-5 运输成本与货物疏密度的关系

4. 装载性能

装载性能，又称空间利用率，是指货物利用运输工具（铁路车厢、拖车或集装箱）空间的程度。货物的装载性能由其大小、形状和弹性等物理特性所决定。具有相同密度的产品，其装载性差异可能很大。一般来说，具有标准矩形的产品要比形状不规则的产品更容易装载。装载能力还受到装运规模的影响，大批量的产品往往能够相互嵌套，便于装载，而小批量的产品则有可能难以装载。

5. 装卸搬运的难易程度

货物装卸搬运的难易程度也是影响运输成本的因素之一。装卸搬运难度较高的货物，其装卸搬运费用较高，因而运输成本通常也较高；大小或形状一致的货物（如纸箱、罐头、筒）搬运费用较低；有些货物需要用专门的装卸搬运设备处理，搬运费用较高。此外，产品在运输和储存时实际所采用的成组方式（如用带子捆扎、装箱或装在托盘上等）也会影响到搬运成本。

6. 货物的易损性

有些货物具有易损、易腐、易自燃、易自爆、易偷窃等特性，容易带来损坏风险和索赔事故，运输这些货物时除需要特殊的运输工具和运输方式外，承运人还必须通过货物保险来预防可能发生的索赔，从而增加了运输成本。

7. 市场因素

除了货物特性以外，市场因素同样也会对运输成本产生较大的影响。其中，较显著的因素有：同种运输方式间的竞争以及不同运输方式间的竞争，政府对运输活动的管理、限制和法律的规定，市场的位置（如产品运输距离等），运输通道的均衡性等。其中，运输通道的均衡性是指运输起点与终点之间运输通道的流量是否均衡，如果不均衡，就会出现车辆返空现象并造成运力的浪费，从而影响到运输成本。

5.2.5 物流运输的成本控制

控制运输成本的目的是使总的运输成本降低，但又符合运输的可靠性、安全性与快捷性要求。运输成本的控制可以采用定量方法，如线性规划法、表上作业法、网络分析法等。运输合理化可以充分利用现有的时间、财务等资源，组织合理运输，使得运输距离最短、运输环节最少、运输时间最短和运输费用最省，所以它也是运输成本控制的主要手段。以下简要介绍几种运输成本控制的策略性方法。

1. 合理选择运输方式

使用不同的运输方式会给企业带来不同的运输成本，所以应根据实际需要合理选择运输方式。选择运输方式时，应根据不同货物的形状、价格、运输批量、交货日期、到达地点等情况，考虑运输工具的经济性、迅速性、安全性和便利性之间相互制约的关系，并进行综合评价。例如，可根据各种运输方式的成本与货物重量的关系来选择运输方式，以控制运输成本。图 5－6 显示了各种运输方式与运输重量和运输成本的关系。如果企业运送货物的重量平均少于 10 千克，则用空运可以降低运输成本；如果平均重量在 10～35 千克，则用卡车运送较为有利；当超过 35 千克时，由铁路运送将会降低运费。当然，在实际工作中，企业还要根据不同运送方式所带来的存货成本以及所需要的运送时间进行综合判断。

2. 拥有适当数量的车辆

企业拥有车辆过少，发货量多时，会出现车辆不足的现象，要从别处租车。相反，拥

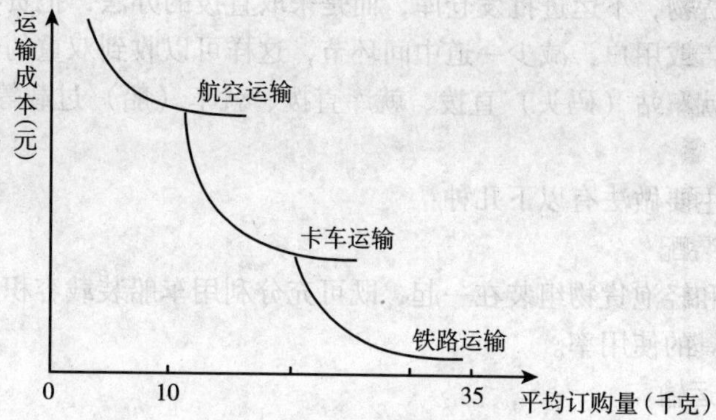

图 5-6 运输成本、运输重量与运输方式的关系

有车辆过多，发货量少时，会出现车辆闲置的现象，造成浪费。所以，对运输部门来讲，拥有适当数量的车辆是必要的。

3. 优化仓库布局

运输网络设置的优化可以从整个运输系统上控制运输成本。例如，通过优化仓库布局可以实现运输时间最短、运输线路最短，从而达到运输成本最小化。建立一个合理化仓库的基本原则是利用集运的规模经济性。一个制造商通常在广泛的市场区域中出卖产品，如果一些客户的订货是少量的，那么只要将他们的订货集中起来，形成足够的货运量去覆盖每个仓库设施的固定成本，并使仓库与当地发送的总成本等于或少于直接运送货物至客户的总成本，这样建立的仓库设施在经济上就是合理的。

4. 实施集运策略

所谓集运，就是利用规模经济来降低运输成本的集中运输策略。当然，组织集运还要考虑因此而可能造成的延迟物流响应时间的负面影响。

5. 推行直运战略

直运即直达运输，就是在组织货物运输的过程中，越过商业物资仓库环节或铁路等交通周转环节直接运达目的地的运输方式。就生产资料来说，由于某些物资体大笨重，一般采取生产厂直接供应消费单位（生产消费）的方法实行直达运输。在商业部门，则根据不同的商品，采取不同的运输方法。有些商品规格简单，如纸张、肥皂等，可以由生产工厂直接运到三级批发商、大型商店或用户，越过二级批发商环节；也有些商品规格、花色比较复杂，可由生产工厂供应到批发商，再由批发商配送到零售商店或用户。至于外贸部门，多采取直达运输，对出口商品实行产地直达口岸的办法。

企业在决定是否采取直达运输战略时，必须考虑下述因素：该产品的特性（如单价、易腐性和季节性），所需运送的路程与成本，顾客订货的数量与重量，地理位置与方向等。

6. 采用“四就”直拨运输

“四就”直拨运输，是指各商业、物资批发企业在组织货物调运的过程中，对当地生产或由外地调拨的货物，不运进批发仓库，而是采取直拨的办法，把货物直接分拨给市内基层批发、零售商店或用户，减少一道中间环节，这样可以收到双重的经济效益。其具体做法有就厂直拨、就车站（码头）直拨、就库直拨、就车（船）过载等。

7. 提高装载量

提高装载量的主要做法有以下几种：

（1）组织轻重装配

即把实重货物和轻泡货物组装在一起，既可充分利用车船装载容积，又能达到装载重量，以提高运输工具的使用率。

（2）实行解体运输

对一些体大笨重、不易装卸又容易碰撞致损的货物，如自行车、缝纫机、科学仪器等可将其拆卸装车，分别包装，以缩小所占空间，提高运输装载效率。

（3）改进堆码方法

根据车船的货位情况和不同货物的包装形状，采取各种有效的堆码方法，如多层装载、骑缝装载、紧密半载等，以提高运输效率。

另外，充分利用各种运输方式的优势，推进联合运输，实施托盘化运输、集装箱运输、拼装整车运输等，也是对运输成本控制的有效策略。

【案例引导】

沃尔玛降低运输成本的学问

沃尔玛公司是世界上最大的商业零售企业，在物流运营过程中，尽可能地降低成本是其经营的哲学。

沃尔玛有时采用空运，有时采用船运，还有一些货物采用卡车公路运输。在中国，沃尔玛百分之百地采用公路运输，所以如何降低卡车运输成本，是沃尔玛物流管理面临的一个重要问题，为此他们主要采取了以下措施：

1. 沃尔玛使用一种尽可能大的卡车，大约有16米加长的货柜，比集装箱运输卡车更长或更高。沃尔玛把卡车装得非常满，产品从车厢的底部一直装到最高，这样非常有助于节约成本。

2. 沃尔玛的车辆都是自有的，司机也是公司的员工。沃尔玛的车队大约有5000名非司机员工，还有3700多名司机员工，车队每周每一次运输可达7000～8000公里。

沃尔玛知道，卡车运输是比较危险的，有可能会出交通事故。因此，对于运输车队来说，保证安全是节约成本最重要的环节。沃尔玛的口号是“安全第一，礼貌第一”，而不是“速度第一”。在运输过程中，卡车司机们都非常遵守交通规则。沃尔玛定期在公路上对运输车队进行调查，每辆卡车上面都带有公司的号码，如果看到司机违章驾驶，调查人员就可以根据车上的号码报告，以便于进行惩处。沃尔玛认为，卡车不出事故，就是节省公司的费用，就是最大限度地降低物流成本，由于狠抓了安全驾驶，运输车队已经创造了300万公里无事故的纪录。

3. 沃尔玛采用全球定位系统对车辆进行定位，因此在任何时候，调度中心都可以知道这些车辆在什么地方，离商店有多远，还需要多长时间才能运到商店，这种估算可以精确到小时。沃尔玛知道卡车在哪里、产品在哪里，就可以提高整个物流系统的效率，有助于降低成本。

4. 沃尔玛的连锁商场的物流部门24小时进行工作，无论白天或晚上，都能为卡车及时卸货。另外，沃尔玛的运输车队利用夜间进行从出发地到目的地的运输，从而做到了当日下午进行集货，夜间进行异地运输，翌日上午即可送货上门，保证在15～18个小时内完成整个运输过程，这是沃尔玛在速度上取得优势的重要措施。

5. 沃尔玛的卡车把产品运到商场后，商场可以把它整个地卸下来，而不用对每个产品逐个检查，这样就可以节省很多时间和精力，加快了沃尔玛物流的循环过程，从而降低了成本。这里有一个非常重要的先决条件，就是沃尔玛的物流系统能够确保商场所得到的产品是与发货单完全一致的产品。

6. 沃尔玛的运输成本比供货厂商自己运输产品要低，所以厂商也使用沃尔玛的卡车来运输货物，从而做到了把产品从工厂直接运送到商场，大大节省了产品流通过程中的仓储成本和转运成本。沃尔玛的集中配送中心把上述措施有机地组合在一起，做出了一个最经济合理的安排，从而使沃尔玛的运输车队能以最低的成本高效率地运行。当然，这些措施的背后包含了许多艰辛和汗水，相信我国的本土企业也能从中得到启发，创造出沃尔玛式的奇迹来。

5.3 运输外包

5.3.1 物流外包与运输外包的概念

【小看板】美国著名的管理学大师彼得·德鲁克曾预言：“在10年至15年之内，任何企业中仅做后台支持而不创造营业额的工作都应该外包出去，任何不提供向高级发展的机会和活动、业务也应该采用外包形式。企业的最终目的不外乎最优化地利用已有的生产、管理和财务资源。”

1. 物流外包

随着市场竞争的激烈化和国际化，企业要获得竞争优势，必须从企业与环境特点出发，培育自己的核心竞争力。现代管理强调的是把主要精力放在企业的关键业务上，充分发挥其优势，同时与全球范围内的合适企业建立战略合作关系，企业中非核心业务由合作企业完成，即“业务外包”。作为一般企业，特别是制造企业，它们的关键业务是生产，物流业务不是他们的专长。而将物流作为核心业务的物流企业，有着丰富的物流运作经验和物流管理水平。因此，很多企业纷纷将物流业务外包。

物流外包（Logistics Outsourcing），一是将有关的物流服务委托给物流企业去做，即从市场上购买有关的物流服务。如由专门的运输公司负责原料和产品的运输，并与运输业务的服务商保持密切合作的关系，从而使自己的企业的整个运作提高到世界级水平，而所需要的费用则与目前的开支相等甚至有所减少，并且还可以省去一些巨额投资。二是企业物流部分外包，即物流服务的基础设施为企业所有，但委托有关的物流企业来运作，如请仓库管理公司来管理仓库，或请物流企业来运作管理现有的企业车队。企业自己所拥有的物流资源不足以对企业组织的目标形成有效支持的时候，企业就会到市场上去寻求外部资源的支持，即进行物流外包。

但由于第三方物流公司的历史较短，尤其是国内的第三方物流还不成熟，服务面较窄、功能和能力都有限，同时企业害怕失去控制，不能完全信任第三方物流商，不愿把自己的原材料供应全部交给他人，因此较多的企业目前采用将物流部分外包的形式。从产业进化的角度来看这是一个进步。

【小看板】财富 500 强公布的调查结果显示“69% 的企业使用了第三方物流”，但并不是企业物流全部外包，而是将企业的一部分物流预算给予第三方物流公司。

2. 运输外包

运输外包作为一种管理思想，被国内的第三方物流和商贸流通企业广泛采用，越来越多地出现在我国市场经济社会里。运输外包，属于物流外包业务的一部分，简单而言就是商贸流通企业将自己的运输业务和运输部门的人员、资产委托独立的外部物流公司进行经营和管理，目的是在做好企业运输配送业务的同时提高企业运输管理水平和降低运输总成本。需要指明的是，运输外包作为现代工业社会精益化分工背景下的商业合作模式，其实质是商贸企业与物流服务商在利益一致的基础上结成战略联盟，双方的利益高度联结，共赢共损。

运输外包不能简单理解成传统意义上的寻找运输企业来承接企业的运输业务。因为，传统的运输业务只是将货物运输业务委托给第三方物流企业经营，不存在管理风险；而运输外包是在做好货物运输业务基础上的一种管理输出，需要物流服务商派出专家团队进驻合作单位开展工作，全面管理合作单位的运输业务和运输人员，并主持运输业务的变革。应该讲，提供运输外包服务的物流企业已经具有国外第四方物流服务商的特点，具备一定的智力投入，更多的是利用合作双方现有的资源进行运输管理，以达到在整合物流资源的基础上降本增效的目的。

【案例引导】

阿迪达斯：物流外包政策

如果说耐克的成功是品牌、营销、物流结合的体现，那么阿迪达斯在品牌策略并不十分出色的情况下赢得成功缘自对成本的节约，这一点在供应链上体现得淋漓尽致。阿迪达斯经过成本核算，选择了外包其物流作业，这对其尚不完善的物流系统而言，无疑减少了运行成本。

早在1996年，阿迪达斯便决定将其服装在美国的配送业务外包给UPS全球物流公司承担。一年后，又与CALIBER物流公司合作，将运动鞋配送外包。阿迪达斯始终坚持与国际物流公司合作，与这些公司合作，使阿迪达斯产生了良好的效益，既大大节省了成本，又提高了物流服务质量，使其产品能迅速送达顾客。

外包物流对于拓展市场而言，尤其对于一个市场覆盖率需求很大的行业来说非常重要。在全球运动品牌迅猛发展的近20年，阿迪达斯也加快了其供应链外包物流的资源整合步伐。在收购美国锐步公司后，这种基于全球供应链的外包物流成为阿迪达斯整合全球市场的利器。我们可以看到，阿迪达斯物流外包策略对其市场拓展起到了关键作用。

5.3.2 实施运输外包的动因

1. 运营因素

(1) 降低成本

一般来说，同样的运输业务，交给外部专业的物流运输企业所需要的成本比自营要低。因为以物流运输为核心业务的企业，拥有更高的物流效率，特别是近年来信息技术的发展，外包的协议成本也有显著的下降。运输外包带来的成本节约见表5-2。

表5-2 运输外包带来的成本节约

运输外包任务	平均节约成本（%）
路线重新设计和最大化	10~15
封闭路径的专一服务	15

续 表

运输外包任务	平均节约成本（%）
运输模式转换	10 ~ 15
核心运输管理和通路搭配	5 ~ 10
运输谈判和审计	4 ~ 5
进货运输货物整合及运输方式选择	20 ~ 25
专门运输商地点集合	10 ~ 12

（2）获得规模经济效益

对于很多企业来说，自身物流规模有限，不可能达到物流规模经济。而由于拥有强大的购买力和货物配载能力，物流运输服务商则可以集中配载很多客户的货物，大幅度地降低单位运输成本，为客户提供更低廉的报价。

（3）减少资本投资

通过物流运输外包，制造企业可以降低因拥有运输设备、司机和其他运输过程中所必需的投资，从而改善公司的赢利状况，把更多的资金投在公司的核心业务上，有助于进入新的市场。许多物流运输服务商在国内外都有良好的运输和分销网络。希望拓展国际市场或其他地区市场以寻求发展的公司，可以借助这些网络进入新的市场。

2. 战略因素

（1）获得丰富的市场知识和网络资源

通过专业化的发展，物流运输服务商已经开发了信息网络并积累了很多专业知识和许多关键信息，比如，拥有卡车运量、国际通关文件、空运报价和其他信息，通常是由外包服务商收集和处理。对于外包服务商来说，获得这些信息更为经济，因为它们的投资可以分摊到很多的客户头上。对于非运输专业公司来讲，获得这些专长的费用就会非常昂贵和不合算。

（2）拥有第三方灵活性

通常，把物流运输业务外包给第三方专业运输公司可以使得公司的固定成本转化为可变成本。公司只需向第三方支付服务费用，而不需要自己内部维持物流基础设施来满足这些需求。尤其对于那些业务量呈现季节性变化的公司来讲，外包对公司赢利的影响就更为明显。例如，对于季节性很强的大零售商来说，若要年复一年地在旺季聘用更多的物流和运输管理人员，到淡季再解聘他们是很困难和低效的。若和运输服务商结成伙伴关系，这个零售商就不必担心业务的季节性变化。

（3）获得物流处理的信息技术

许多物流运输服务商与独立的软件供应商结盟或者开发了内部的信息系统技术（例如 EDI、GPS、条形码和扫描仪等），这使得它们能够最大限度地利用运输和分销网络，有效地进行跨运输方式的货物追踪、进行电子交易、生成提高供应链管理效率所必需的报表和进行其他相关的增值服务。因为许多外包服务商已在信息技术方面进行了大量的投入，可以做到帮助它们的客户搞清楚哪种技术最有用处、如何实施、如何跟得上日新月异的物流管理技术发展。与合适的物流运输服务商合作，可以使企业以最低的投入充分享用更好的信息技术服务。

（4）企业的物流管理水平将会提高

对企业而言，物流运输外包意味着在不改变人事关系的前提下，物流运输服务商会派出管理专家进驻单位主持运输部门的工作，原运输部门的员工（如运输主管、调度、司机、送货员等）会在这些物流专家的指导下开展工作，不但能学到更多的先进理念和物流技能，也有助于企业整体物流管理水平的提高。

（5）提高物流服务水平

专业的物流企业拥有专业的物流技能和顾客服务知识、丰富的组织经验、服务一致性高，这能增强企业的物流效率，获得更高的顾客满意度。同时，物流企业由于集中许多小批量的送货要求来获得规模效益，使各企业得到同等的运输解决方案。

【小看板】实施物流运输外包的主要动因如图 5－7 所示。

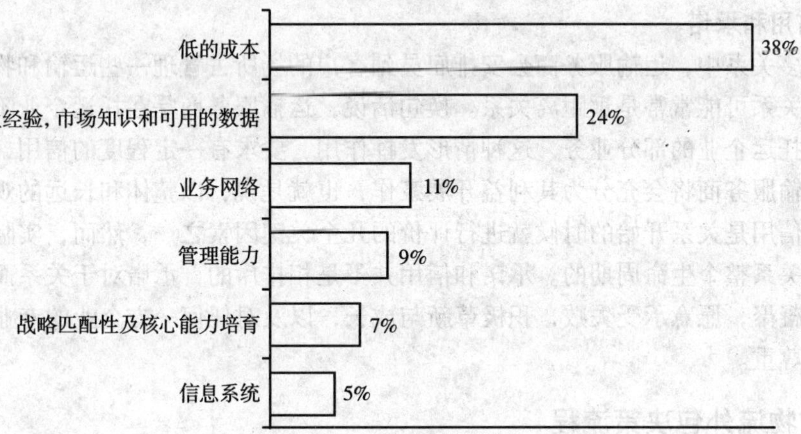

图 5－7　物流运输外包的主要动因图

资料来源：中国资讯行。

5.3.3　外包关系的主要特点

外包双方之间的关系与传统的企业关系通常是不同的，它有区别于其他关系的一定特点。

1. 计划

计划可以在双方组织的若干层次进行，从操作到战略。在外包关系中，联合计划(Joint Planning) 会在各个层次都变得有效。它要求来自双方的投入以及来自它们的“大宗买进”。这些情况一旦发生，双方就会对关系如何进行管理以及它如何发展达成一致。

2. 沟通

成功关系最重要的方面之一就是沟通，而它也是最难设计和实施的一部分。正如计划那样，这些沟通在组织双方的所有水平都能够发生。每日指令、每周职员要求、每月预测以及每年的长期计划都是沟通的例子。同样，关键的是确定出谁拥有信息、谁又需要信息，那么沟通过程就可以发生了。

3. 风险共担与报酬共享

成功关系的一个特定要求是实现利益和风险的真正共享，这可能是很困难的，因为处于这种关系中的每一个组织都有自己想要实现的财务目标，共同承担成功和失败会妨碍一方或双方企业达到这些目标。另一个比较困难的决策是如何实现共享，这种决策的类型需要在关系的洽谈阶段就早早进行分类并确定下来。但第三方和托运人之间的许多协议都包括变化的目标和管理费用结构。提高服务水平，会使托运人大大受益，随之而来的费用增加则会使第三方获益更多。因此，外包双方只有在真正的信息共享基础上才能实现共赢。这种共享类型，也使得组织双方在满足自身财务目标的同时不会不公平地损害对方。

4. 信用和承诺

在很多关系中，运输服务商会安排雇员到客户的场所去管理一些运输和物流活动。然而，外包关系可能常常是远距离关系。换句话说，运输服务商是在托运企业不在现场的情况下管理托运企业的部分业务，这种情形发挥作用，要求有一定程度的信用，托运企业必须相信运输服务商将会充分为其利益开展工作，也就是说，以整体和长远的观点来看待这种关系。信用是关系开始的时候就进行评价的几个关键因素之一，然而，实际上信用的发展是贯穿关系整个生命周期的。承诺和信用并不是相排斥的，承诺对于关系而言意味着一种长期的凝聚，愿意承受失败，积极革新与成长，以及对任何一方企业的专业技术和对关系贡献的尊重。

5.3.4 物流外包决策流程

企业在进行物流外包决策时，应从物流在企业的战略地位出发，在考虑企业物流能力的基础上进行成本评价。具体实施的决策程序如图 5－8 所示。

对物流外包进行决策时，首先要考虑物流子系统的战略重要性。要决定物流子系统是否构成企业的核心能力，一般可从以下几方面进行判断：

①它们是否高度影响企业业务流程？

②它们是否需要相对先进的技术，采用此技术能否使公司在行业中领先？

③它们在短期内是否不会被其他企业所模仿？

如能得到肯定的回答，那么就可以断定物流子系统在战略上处于重要地位。由于物流

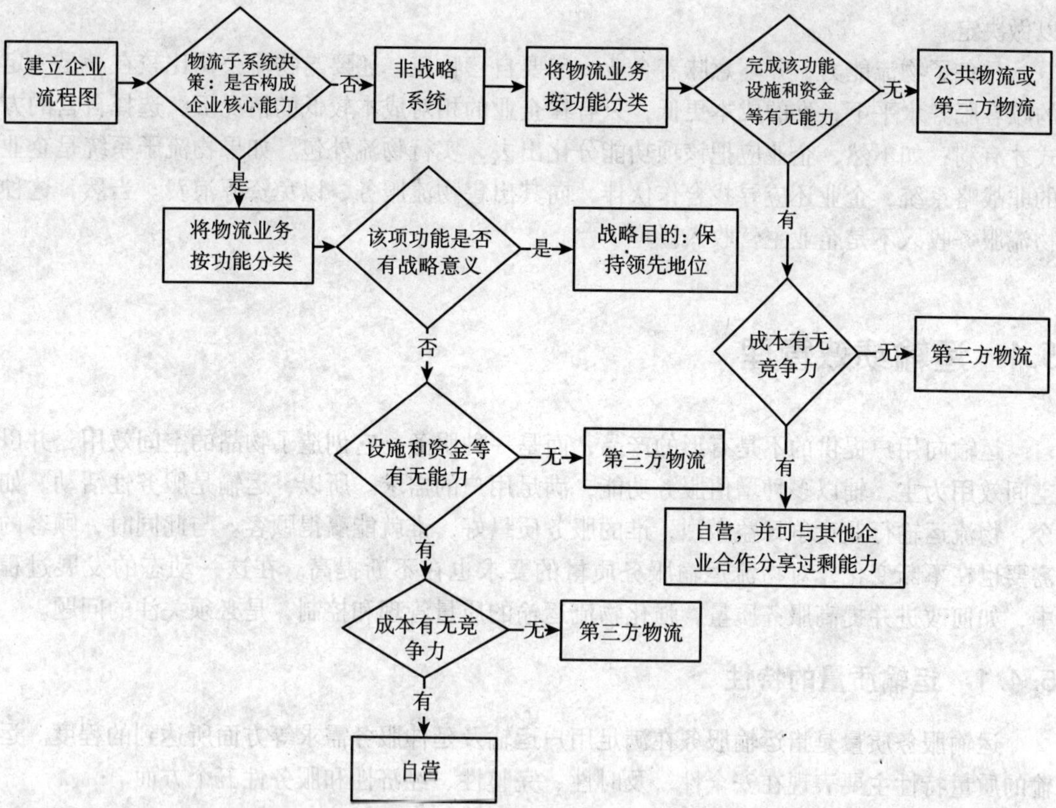

图5-8 物流外包决策程序图

系统是多功能的集合，各功能的重要性和相对能力水平在系统中是不平衡的，因此，还要对各功能进行分析。

某项功能是否具有战略意义，关键就是看它的替代性。如其替代性很弱，很少有物流公司能完成或物流公司很难完成，几乎只有本企业才具备这项能力。这种情况下，企业就应保护好、发展好该项功能，使其保持旺盛的竞争力；反之，若很多物流企业也能完成该项功能或物流子系统对企业而言并非很重要，那就需要从企业物流能力的角度决定是自营还是外包了。

企业物流能力在这里指的是顾客服务水平。顾客是个泛指的概念，它既可以是消费者，也可以是下一道工序。如果企业不具备满足一定顾客服务水平的能力，就要进行外包。在外包时采用何种服务，是租赁公共物流服务还是组建物流联盟，这就要由物流子系统对企业成功的重要性来决定。在物流子系统构成企业战略子系统的情况下，为保证物流的连续性，就应该与专业物流服务商签订长期合同，由物流服务商根据企业流程提供定制（Tailored）服务，即实施物流外包；而在物流子系统不构成企业战略子系统的情况下，采用何种服务方式就要在顾客服务水平与成本之间寻找平衡点，比较两者对企业的重要程度以做决定。

具备了物流能力，并不意味着企业一定要自营物流，还要与物流公司比较在满足一定的顾客服务水平下，谁的成本更低，只有在企业的相对成本较低的情况下，选择自营的方式才有利；如不然，企业应把该项功能分化出去，实行物流外包。如果物流子系统是企业的非战略系统，企业还应寻找合作伙伴，向其出售物流服务，以免资源浪费。当然，这种物流服务收入不是企业主营收入。

5.4 运输绩效管理

运输向用户提供的不是有形的产品，而是一种服务。它创造了物品的空间效用，并以空间效用为主，辅以多种增值服务功能，满足用户的需求。所以，运输是服务性活动。如今，物流运输行业竞争日益激烈，谁的服务质量好，谁就能赢得顾客。与此同时，顾客的需要也在不断变化，对物流运输服务质量的要求也在不断提高。在这一动态的发展过程中，如何改进并提高服务质量，强化物流运输的质量管理和控制，是必须关注的问题。

5.4.1 运输质量的特性

运输服务质量是指运输服务在满足用户运输及延伸服务需求等方面所达到的程度。运输的质量特性主要表现在安全性、及时性、完整性、经济性和服务性五个方面。

1. 安全性

安全性是运输质量的首要特性，它包括人、机（运输工具与设备）、货三个方面的安全。在实践中，由于货物安全性一般通过完整性指标来衡量，因此，通常所说的安全性主要是指运输工具及人员安全。它可用责任事故次数、安全运输间隔里程、责任事故死亡率等指标来衡量。

由于安全的极其重要性以及影响运输安全因素的复杂性，无论是企业还是政府都设置专门的安全管理机构来共同确保交通运输的安全。安全管理已经从运输质量管理中分化出来，成为一个独立的学科。

2. 及时性

及时性是运输质量的时间特性。它包括三个方面：“及时”，即在货物需要的时刻能很快提供运输服务，使客户感到方便；“准时”，即按准确的时间为货主提供运输服务；“省时”，即在保证运输安全的前提下，提高运送速度，以缩短（节省）运输时间。及时性可用货运及时率、货运合同履约率等指标来衡量。

3. 完整性

即使发生运输事故也并非一定导致货损货差，因此，通常还需要专门反映货物质量的指标——完整性。完整性包括质与量两个方面。完整性可用货损率、货差率、货运事故赔偿率、行包赔偿率等指标来衡量。

4. 经济性

经济性是运输质量的经济特性。它有两方面的含义：一是对企业而言，运输企业必须追求自身的经济效益，降低运输成本，提高效率，获得利润，以求企业的生存与发展；二是对用户而言，用户要求运输企业提供的运输服务，不但要安全、及时、完整，而且在费用方面也要合理并合算。

5. 服务性

服务性是运输质量的综合特性。一般包括满足用户物质和精神两个方面的需求，换句话说，服务性包括运输企业的服务条件和服务态度两个方面。由于一般无法使用量化指标来直接衡量服务性的程度，通常通过货主的投诉情况来反映，即可用客户满意率和客户意见处理率来衡量。

5.4.2 影响物流运输质量的因素

1. 物流运输参与者

包括技术熟练程度、对质量意义的认识、身体状况和工作精力等。

2. 运输工具

包括运输工具的技术状况和日常维护状况、单位修理能力及备件供应。

3. 运输线路

指线路的不同等级、平坦度、坚固程度、陡坡、障碍物以及交通流量、交通设施等。

4. 环境

包括人流、车流；还有气候自然变化，包括气温、雷雨晴阴等情况。

5. 运行条件和操作方法

包括运输组织，操作技术水平，安全运行管理，以及由运送对象的特性和要求所决定的各项影响因素。

物流运输质量管理主要是控制这五个因素的变化，掌握这些因素变化与运输质量的内在联系，运用其规律，以此改善各个因素及其组织手段，提高运输质量。

5.4.3 物流运输质量管理的特点及要求

基于物流运输产品的特殊性，以及物流运输质量的影响因素，物流运输的质量管理具有以下特点和相应的基本要求。

1. 人的相互影响是物流运输质量的一个重要因素

在与顾客的接触面上，驾驶员、调度员、各操作和服务人员往往成为一种“服务工具”，独立、随机、直接地面对各种各样的顾客和货物，其服务技能和服务方式直接决定着顾客对运输质量的感受。而顾客对运输质量的感受，通常带有主观的成分，是顾客凭着与物流运输提供者的直接接触及对运输结果的主观评价决定的，这种由情感决定的感受可能在同样的背景下，会产生完全不同的结论。

因此，在对物流运输质量进行管理时，应对人的因素给予高度的重视，包括：采取责任制促进各类人员信守各项质量原则，培训并提升员工的技巧和能力；激励员工提高服务质量和满足顾客的期望；重视与顾客的联络和沟通等。

2. 强调过程管理

由于物流运输的产品不能脱离生产过程而独立存在，决定了其质量的好坏是在运输服务过程的同一时空中一次性形成和实现的，由顾客根据安全性、及时性、完整性、经济性和服务性等方面来评价，不可能像有形产品那样，可以进行返修或更换。在多数情况下，对运输质量的控制只能由控制过程来达到。因此，加强物流运输的现场质量控制是必不可少的。应在需求调研、运输设计和运输提供等全过程中形成结构性的质量管理体系，明确企业各级管理层次的质量职能，加强组织协调，强化内部管理，对运输过程和现场进行有效的控制，做到“始于识别顾客需要，终于满足顾客需要”。

3. 对不合格运输服务及时采取补救措施

虽然顾客评定任何不合格常常是直接的，但对不合格的运输服务的纠正却不允许拖延。运输作业人员及时采取对不合格服务的补救措施是挽回损失、减少顾客不满意度的有效方法。物流运输应注意收集已发生的各类不合格的信息，如顾客的抱怨或投诉等，分析导致该类不合格发生的原因，若为系统原因，则在建立质量管理体系时，须考虑及时采取纠正措施的具体办法，记录采取措施的结果并提交管理部门评审，以保证持续改进质量管理体系的有效性。

4. 在运输提供过程中经常需要顾客的参与

在一些特定的货物运输中，如大件运输或利用顾客的场地装卸货物时往往需要顾客的参与和配合。为了分清企业和顾客的责任，物流运输应加强对承运货物的接收和交付验证，必要时，企业应在运输业务受理时就明确规定顾客的职责，并将对顾客的要求写入相应的程序文件中。

5.4.4 运输现场质量控制的主要方式

物流运输质量的控制方式多种多样，主要是根据控制对象和控制效果来确定。物流运输现场一般以人为重点控制对象，因而激励自觉性，让员工自我约束，实现联合控制很有必要，所以提倡采用以下控制方式。

1. 自我控制

由作业人员在运输过程中自觉按标准和规范操作，当发生差错时，应立即采取措施，使物流运输始终符合质量标准的要求。自我控制需要运输作业人员牢固树立质量第一、顾客至上的思想，有过硬的本领和良好的判断能力。

2. 互相控制

这是对同一运输项目的同一运输过程，或上、下岗位的作业人员相互检查执行标准和规范的情况，发现差错即由检查者通知工作者纠正，减少质量事故的发生。互相控制既可单向控制，也可双向控制。

3. 专职控制

这是管理层人员或专职人员运用各种管理手段，采取必要的措施，引导作业者按程序操作，使运输过程处于受控状态的一种控制方式。专职控制既要对作业人员的工作进行监督检查，又要指导和协助基层作业人员完善执行程序和标准的手段，保证达到最佳的服务状态。专职控制须做好以下工作：

①制定适用性强的企业规章制度、运输标准和服务规范。

②推行先进的作业技术和方法。

③运用数据统计，掌握质量信息，及时对质量问题采取措施。

④对作业人员进行业务知识、管理知识的培训，提高员工素质。

⑤对运输全过程的重点部位、关键环节进行抽样检查。

物流运输现场通过自我控制、互相控制和专职控制，可进一步调动员工搞好运输工作的积极性和主动性，将标准化服务与个性化服务有机地结合起来。

“最高的物流运输水平和最低的物流运输成本”，这只是一种理想化的物流运输模式，在现实中，“最高的运输水平”和“最低的运输成本”两者不可能同时成立，因为二者之间存在着一种“二律背反”。高水平的运输要求有足够的运费支撑，这样势必产生较高的物流成本；而低的物流成本所要求的低廉的运费，则可能会减少运输服务项目，降低运输标准。如何处理好降低物流运输成本与提高物流运输水平的关系是物流运输合理化的过程，这种合理化物流旨在实现一个有效率的物流运输管理系统，其结果是要寻找一个既能让顾客满意的运输水平，又能兼顾物流运输利益的平衡点，实现合理的物流运输质量。

随着物流系统的逐步完善和发展，在提高运输服务水平方面，物流运输的经营者应努力建立起能够控制物资产品从最初供应者到最终消费者之间的物流网络体系，将物流运输与订货、包装、装卸、仓储、配送等单项服务整合为一体，实现物流运输过程的系统管理，满足顾客对货物快运、及时运输的需要。此外，物流运输还可以增加附加服务项目来提高物流运输质量。

总之，物流运输应充分认识本企业产品的特殊性，建立健全企业的质量管理和控制体系，不断地提高物流运输质量，把自身的运输能力更好地整合到物流系统之中，在竞争中展现优势。

【课后思考】

1. 简述运输合同的特征。
2. 运输纠纷有哪些？解决的途径是什么？
3. 运输成本由哪几个部分构成？
4. 运输成本的影响因素主要有哪些？
5. 简述运输外包的含义及实施运输外包的动因。
6. 运输的质量特性有哪几个方面？

7. 简述运输现场质量控制的主要方式。

8. 现在，越来越多的企业和甲企业一样，开始考虑将物流业务外包给专业的物流公司去运作，本企业集中致力于企业核心竞争能力的开发。但是，一直以管理理念领先而著称的海尔集团，却成立了物流推进本部，由海尔集团的副总裁亲自担任物流推进本部的本部长，举起海尔物流的大旗自营物流。此举在物流界引起了广泛关注，褒贬议论均有。请以“海尔物流之我见”为题，撰写一篇1500字左右的小论文，阐述你对企业如何进行物流外包决策的理解。

【案例分析】

百胜物流——降低连锁餐饮企业运输成本之道

对于连锁餐饮业来说，由于原料价格相差不大，物流成本始终是企业成本竞争的焦点。据有关资料显示，在一家连锁餐饮企业的总体配送成本中，运输成本占到60%左右，而运输成本中的55%~60%又是可以控制的。因此，降低物流成本应当紧紧围绕运输这个核心环节。

作为肯德基、必胜客等业内巨头的指定物流提供商，百胜物流公司抓住运输环节大做文章，通过合理地运输安排、降低配送频率、实施歇业时间送货等优化管理方法，有效地实现了物流成本的“缩水”，给业内管理者指出了一条细致而周密的降低物流成本之路。

中国百胜建立和管理着自己的物流网络，在全国设有十几个一级、二级配送中心，物流配送网络遍及全国的260多个城市，在业内创造出了较为成功的“灵活而实用”的物流运营模式。所以，如果只是从覆盖地域上来讲，百胜物流是世界第三大物流公司。

一、合理安排运输排程

运输排程的意义在于，尽量使车辆满载，只要货量许可，就应该做相应的调整，以减少总行驶里程。

由于连锁餐饮业餐厅的进货时间是事先约定好的，这就需要配送中心就餐厅的需要，制作一个类似列车时刻表的主班表，此表是针对连锁餐饮业餐厅的进货时间和路线详细规划制定的。

众所周知，餐厅的销售存在着季节性波动，因此主班表至少有旺季、淡季两套方案。有必要的话，应该在每次营业季节转换时重新审核运输排程表。安排主班表的基本思路是，首先计算每家餐厅的平均订货量，设计出若干条送货路线，覆盖所有的连锁餐厅，最终达到总行驶里程最短、所需司机人数和车辆数最少的目的。

规划主班表远不止人们想象的那样简单。运输排程的构想最初起源于运筹学中的路线原理，其最简单的是从起点A到终点O有多条路径可供选择，每条路径的长度各不相同，要求找到最短的路线。实际问题要比这个模型复杂得多，首先，需要了解最短路线的点数，从几个点增加到成百甚至上千个，路径的数量也相应增多到成千上万条。其次，每个点都有一定数量的货物流需要配送或提取，因此要寻找的不是一条串联所有点的最短路线，而是每条串联几个点的若干条路线的最优组合。另外，还需要考虑许多限制条件，比如车辆装载能力、车辆数目、每个点在相应的时间开放窗口等，问题的复杂度随着约束数目的增加呈几何级数增长。要解决这些问题，需要用线性规划、整数规划等数学工具，目前市场上有一些软件公司能够以这些数学解题方法作为引擎，结合连锁餐饮业的物流配送需求，做出优化运输路线安排的软件。

在主班表确定以后，就要进入每日运输排程，也就是每天审视各条路线的实际货量，根据实际货量对配送路线进行调整，通过对所有路线逐一进行安排，可以去除几条送货路线，至少也能减少某些路线的行驶里程，最终达到增加车辆利用率、增加司机工作效率和降低总行驶里程的目的。

二、减少不必要的配送

对于产品保鲜要求很高的连锁餐饮业来说，尽力和餐厅沟通减少不必要的配送频率，可以有效地降低物流配送成本。

如果连锁餐饮业餐厅要将其每周配送频率增加 1 次，会对物流运作的哪些领域产生影响？

在运输方面，餐厅所在路线的总货量不会发生变化，但配送频率上升，结果会导致运输里程上升，相应地，油耗、过路桥费、维护保养费和司机人工时都要上升。在客户服务、餐厅下订单的次数增加，相应的单据处理作业也要增加。餐厅来电的次数相应上升，办公用品（纸、笔、电脑耗材等）的消耗也会增加。在仓储方面，所要花费的拣货、装货的人工会增加。如果涉及短保质期物料的进货频率增加，那么连仓储收货的人工都会增加。在库存管理上，如果涉及短保质期物料进货频率增加，由于进货批量减少，进货运费很可能会上升，处理的厂商订单及后续的单据作业数量也会上升。

由此可见，配送频率增加会影响配送中心的几乎所有职能，最大的影响在于运输里程上升所造成的运费上升。因此，减少不必要的配送对于连锁餐饮企业显得尤其关键。

三、提高车辆的利用率

车辆时间利用率也是值得关注的，提高卡车的时间利用率可以从增大卡车尺寸、改变作业班次、二次出车和增加每周运行天数四个方面着手。

由于大型卡车可以每次装载更多的货物，一次出车可以配送更多的餐厅，由此延长了卡车的在途时间，从而增加了其有效作业的时间。这样做还能减少干路运输里程和总运输里程。虽然大型卡车单次的过路桥费、油耗和维修保养费高于小型卡车，但其总体上的使用费用绝对低于小型卡车。

运输成本是最大项的物流成本，所有别的职能都应该配合运输作业的需求。所谓改变作业班次就是指改变仓库和别的职能的作业时间，适应实际的运输需求，提高运输资产的利用率。否则朝九晚五的作业时间表只会限制发车和收货时间，从而限制卡车的使用。

如果配送中心实行 24 小时作业，卡车就可以利用晚间二次出车配送，大大提高车辆的时间利用率。在实际物流作业中，一般会将餐厅分成可以在上午、下午、上半夜、下半夜四个时间段收货，据此制订仓储作业的配套时间表，从而将卡车利用率最大化。

四、尝试歇业时间送货

目前，我国城市的交通限制越来越严，卡车只能在夜间时段进入市区。由于连锁餐厅运作一般到夜间24点结束，如果赶在餐厅下班前送货，车辆的利用率势必非常有限。随之而来的解决办法就是利用餐厅的歇业时间送货。

歇业时间送货避开了城市交通高峰时间，既没有顾客的打扰，也没有餐厅运营的打扰。由于餐厅一般处在繁华路段，夜间停车也不用像白天那样有许多顾忌，可以有充裕的时间进行配送。由于送货窗口拓宽到了下半夜，使卡车可以二次出车，提高了车辆利用率。

讨论：百胜节约运输成本的关键是什么？

6 仓储设施与仓储规划技术

学习目标

- 了解仓库的类型；
- 掌握库场常用的设施设备；
- 了解自动仓储系统的组成和发展趋势；
- 了解仓库选址的影响因素；
- 掌握仓库作业区规划方法。

【案例引导】

仪征化纤工业联合公司涤纶长丝仓库概况

仪征化纤工业联合公司是我国最大的化纤生产基地，也是世界第五大化纤企业，具有年产50万吨聚酯的生产能力。其涤纶长丝自动化立体仓库的概况如下。

1. 库房

（1）库房地址：江苏省仪征化纤股份公司涤纶五厂主车间内。

（2）库房空间：162.5m×30m×18m（L×W×H）。

2. 托盘

1720mm×1400mm×1160mm（L×W×H），商品（纸箱包装）码放于托盘上整盘出、入库。

3. 高层货架

（1）货位数：10排×50列×10层，共5000个货位。

（2）货位尺寸：2000mm×1447mm×1360mm（L×W×H）。

4. 巷道式堆垛机系统

（1）数量：5台。

（2）额定载重量：500kg。

（3）行走速度：4~80m/min（无级调速）；升降速度：2m/min，12m/min（双速）。

5. 输送机系统

(1) 形式：辊式、链式及升降台。

(2) 承载质量：500kg，1000kg。

(3) 控制方式：自动、手动。

这座立体仓库通过各种搬运设备完成成品的自动入库和立体仓库中的成品的自动出库，并对存储系统中的托盘进行自动处理，为厂级管理层提供必要的信息。入库和出库的运输系统采用带缓冲器的输送机，提高了输送效率，以便在巷道式堆垛机作业紧张时提高运输系统的效率。

该库房进货、出货的位置分别安排在立体仓库货架的两端，平面输送系统采用贯通式布置，易于操作人员对货物的管理，物流走向也比较清晰。

思考题：

1. 仪征化纤工业联合公司涤纶长丝库房建在哪里？为什么？
2. 该库房高层货架的高度大约是多少？
3. 该库房里有哪些仓储设备？各有何作用？

6.1 仓库分类

仓库是保管和储存物品的建筑物和场所的总称，可以是库房、货场、货棚、容器、天然洞穴等。纵观整个经济活动，无论是生产领域，还是流通领域，库存和仓库始终伴随着它的全过程。在我国，从原始社会储存食物或谷物的“仓廪”到近代的“堆栈”，经过在经济生活中的不断发展，最后到了现代仓库。

根据仓库的用途、货物的特性、库场的结构、建库材料和管理体制等，仓库可以有不同的分类方法。

6.1.1 按用途分类

1. 储存供应仓库

主要用于集中储存从生产部门收购的和供国际间进出口的商品。这类仓库一般设在商品生产比较集中的大、中城市或商品运输枢纽的所在地。库场一般规模较大，如我国曾经在商业系统中设置的一级和二级采购供应站，其所属的库场就属于这类。其中，一级供应站面向全国，二级供应站面向省、自治区或经济区。随着市场经济的逐步确立，这种供应站的职能划分已被打破，但作为流通领域的一种经济实体，采用供应类仓库在物流网络中发挥着重要作用。

2. 批发仓库

批发仓库靠近商品销售的中心，是收购来的产品在销售或出口之前储存的地方。这类仓库的特点是货物周转快，存货时间短，同时具有批发零售供货业务。

3. 储备仓库

储备仓库一般由国家设立，主要用于保存国家应急的储备物资和战略物资，如粮食、石油等。这类仓库储存的时间比较长，同时为保证储存物资质量，要定期更新所储物资，实行中央垂直管理。

4. 中转仓库

中转仓库主要设在生产地与消费地之间，大多设在交通枢纽地区，存放那些待转运的货物，离公路、铁路站点或水路港口较近，库区内有专用的铁路线，以提高装卸、保管和运输的效率。

5. 加工仓库

加工仓库在储存商品的同时具有对商品进行挑选、分类、整理分级、包装等加工作业，以便适应市场的需要。目前，这类仓库是物流企业仓储服务的发展方向。

6. 保税仓库

为适应国际贸易的需要，在本国国土之上、海关关境之外设立这类仓库，外国货物可以免税进出，无须办理入关申报手续，并且可以在库区对货物进行加工、储存、包装等作业。设立这种仓库的地区称为保税区。

【小看板】襄樊保税仓库项目于 2007 年 8 月正式动工，当年 9 月基础设施完成，2008 年年初整体竣工，并于 3 月 18 日顺利通过海关验收，正式交付使用。项目占地 26400 平方米，仓库面积 13195 平方米，集装箱堆场 5000 余平方米，物流通道 6072 平方米。项目建设中，襄樊风神物流与母公司通力合作，使保税库所需的功能达到设计要求。该项目的投入使用，将为公司带来新的利润增长点。

在以上各类仓库中，储存供应仓库、批发仓库以及零售仓库在物流供应链中形成了前后衔接的关系，如图 6－1 所示。

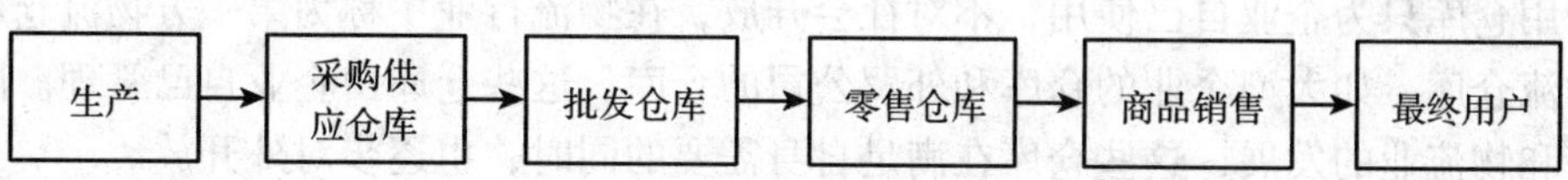

图 6－1　仓库供应链关系

6.1.2　按所储存的货物特性分类

1. 通用仓库

通用仓库是储存没有特殊要求的商品的仓库，其设备及结构比较简单，应用范围广。

保管作业按通常的物品保管及操作方法作业，在各类仓库中，这类仓库所占比重较大。

2. 专用仓库

专用仓库是保管具有相同特征或保管要求的物品的仓库，比如几种商品对温湿度有共同的要求，就可以放在一个仓库内共同保存。

3. 特种仓库

特种仓库是保存具有特殊性能、要求特别保管条件的物品，如化学危险品、油品、粮食以及需要冷冻保存的物品的仓库。这类仓库必须配备防火、防盗、防虫等设施，其构造、安全设施都比其他仓库要求要高。

6.1.3 按仓库的构造分类

1. 单层仓库

单层仓库是使用最为广泛的一种仓库类型，其主要使用特点是：设计简单，投资少，维修方便；各种作业在一个层面上进行，货物处理方便；各种设备的安装及维护容易；适于较重的货物堆放；同时，仓库的面积利用率低、存储成本高，将逐步被其他形式的仓库取代。

2. 多层仓库

多层仓库建在人口较稠密、土地价格较高的地区，它采用垂直输送设备对货物进行操作。它具有以下特点：可适用于不同的使用要求，如可有办公区、休息区等；有助于仓库的安全和防火，遇到危险时容易控制；能够应用现代仓储技术；适于存放小型货物；同时，建造和维护费用比较大，存储费用高。

3. 筒仓

筒仓是用于存储散装的小颗粒或粉末状货物的封闭式仓库，如存储水泥、粮食等。

4. 露天堆场

露天堆场是用于货物露天堆放的场所，一般堆放大宗原材料，货物不怕雨淋、日晒。

6.1.4 按管理体制分类

1. 自用仓库

自用仓库只为企业自己使用，不对社会开放，在物流行业中称为第一方物流仓库和第二方物流仓库，如大型企业的仓库和外贸公司的仓库。这些仓库由企业自己管理。随着市场经济和物流业的发展，这些仓库在满足自身需要的同时，也逐步对外开放。

2. 公用仓库

公用仓库专门经营仓储业务，面向社会开放，在物流行业中称为第三方物流仓库。主要是一些大型仓储中心或是货物配送中心，其在国外比较发达。近年来，我国专业仓储企业发展也比较迅速，在物流系统中扮演着越来越重要的角色。

除此之外，按仓库的建筑形式可分为：地面仓库、半地下仓库、地下仓库；按仓库的机械化程度可分为：人力作业仓库、半机械化仓库、机械化仓库、自动化仓库；按仓库的建筑材料可分为：钢筋混凝土仓库、砖混仓库、木板仓库、钢质仓库等。

6.2 库场常用设施设备

6.2.1 仓储设备的分类

仓储工作中所使用的设备按其用途和特征可以分成装卸搬运设备、保管设备、计量设备、养护检验设备、通风保暖照明设备、消防安全设备、劳动防护设备以及其他用途设备和工具等。在仓库设备的具体管理中，则应根据仓库规模的大小进行恰当的分类。

1. 装卸搬运设备

装卸搬运设备是用于商品的出入库、库内堆码以及翻垛作业。这类设备对改进仓储管理，减轻劳动强度，提高收发货效率具有重要作用。

目前，我国仓库中所使用的装卸搬运设备通常可以分成三类：

（1）装卸堆垛设备。包括：桥式起重机、轮胎式起重机、门式起重机、叉车、堆垛机、滑车、跳板以及滑板等。

（2）搬运传送设备。包括：电瓶搬运车、皮带输送机、电梯以及手推车等。

（3）成组搬运工具。包括：托盘、网络等。

2. 保管设备

保管设备是用于保护仓储商品质量的设备。主要可归纳为以下几种：

（1）苫垫用品：起遮挡雨水和隔潮、通风等作用。包括：苫布（油布、塑料布等）、苫席、枕木、石条等。苫布、苫席用在露天堆场。

（2）存货用具：包括各种类型的货架。货架在批发、零售量大的仓库，特别是立体仓库中起很大的作用。它便于货物的进出，又能提高仓库容积利用率。

3. 计量设备

计量设备是用于商品进出时的计量、点数，以及货存期间的盘点、检查等，如地磅、轨道秤、电子秤、电子记数器、流量仪、皮带秤、天平仪以及较原始的磅秤、卷尺等。随着仓储管理现代化水平的提高，现代化的自动计量设备将会更多地得到应用。

4. 养护检验设备

养护检验设备是指商品进入仓库验收和在库内保管测试、化验以及防止商品变质、失效的机具和仪器，如温度仪、测潮仪、吸潮器、烘干箱、风幕（设在库门处，以隔内外温差）、空气调节器和商品质量化验仪器等。在规模较大的仓库，这类设备使用较多。

5. 通风保暖照明设备

通风保暖照明设备根据商品保管和仓储作业的需要而设。

6. 消防安全设备

消防安全设备是仓库必不可少的设备。包括报警器、消防车、手动抽水器、水枪、消防水源、沙土箱和消防云梯等。

7. 劳动防护用品以及其他用品和工具

劳动防护用品主要用于确保仓库职工在作业中的人身安全。

6.2.2 货架系统

在仓库设备中，货架是指用支架、隔板或托架组成的立体储存货物的设施。近年来，我国企业对货架等仓储设备的需求有了显著增加，货架在仓储中的使用已经越来越广泛。

1. 货架的作用与功能

在现代物流活动中，货架起着相当重要的作用，仓库管理实现现代化，与货架的种类、功能有直接的关系。货架的作用及功能有如下几个方面。

(1) 货架是一种架式结构物，可充分利用仓库的立体空间，提高库容利用率和仓库的储存能力。

(2) 货物在货架中存储，相互不会产生挤压现象，可完整地保证物资本身的性能，减少货物的损失。

(3) 货物在货架存储，存取方便，便于清点及计量，也便于按照先进先出的原则组织出入库。

(4) 很多新型货架的结构及功能便于实现仓库的机械化和自动化管理。

(5) 货架可以保证货物的质量，可以采取防潮、防尘、防盗、防破坏等措施，以提高货物的存储质量。

2. 常用的货架类型

货架的分类方法很多，在现代化的仓库中，常用的货架结构形式有单元货格式货架、托盘货架、窄巷道型货架、驶入式货架、驶出式货架、流动式货架、后推式货架、旋转式货架、移动式货架、悬臂式货架和阁楼式货架。

(1) 单元货格式货架

这种类型的货架在立体仓库中应用最为广泛，其结构特点是货架沿仓库宽度分为若干排，每两排货架为一组，各组货架之间留有堆垛机进行存取作业需要的巷道；沿仓库长度方向分为许多列；沿高度方向分为若干层，因而整个货架形成了储存货物的大量货格，货格的开口面向巷道。

(2) 托盘货架

托盘货架是以托盘单元货物的方式来保管货物的货架，是机械化、自动化货架仓库的主要组成部分。托盘货架使用广泛，通用性强。其结构是货架沿仓库的宽度方向分成若干排，其间有一条巷道，供堆垛起重机、叉车或其他搬运机械运行，每排货架沿仓库纵长方向分为若干列，在垂直方向又分成若干层，从而形成大量货格，得以用托盘存储货物。

托盘货架的优点是：

①每一块托盘均能单独存入或移动，而不需移动其他托盘；

②可适应各种类型的货物，可按货物尺寸要求调整横梁高度；

③配套设备简单，成本低，能快速安装及拆除；

④货物装卸迅速，主要适用于整托盘出入库或手工拣选的场合。

这种货架适用于品种适中、批量一般的储存。通常在高6米以下的3～5层为宜。此外，它的出入库不受先后顺序的影响，一般的叉车都可使用。

（3）窄巷道型货架

窄巷道型货架的通道仅比托盘稍宽，继承了托盘式货架对托盘存储布局无严格要求的特点，能充分利用仓库面积和高度，具有中等存储密度。但是窄巷道货架需用特殊的叉车或起重机进行存取作业，同时还需要其他搬运机械配套，周转时间比传统的货架长。由于货架不仅有储存托盘的功能，还需有支撑和加固搬运设备的功能，因此对结构强度和公差配合要求极为严格，必须综合考虑，精确设计和安装。窄巷道型货架也可以同时集成货物，成为暂存平台，大幅度提高存储效率。

（4）驶入式货架

这是一种不以通道分割的、连续性的整栋式货架，在支撑导轨上，托盘按深度方向存放，一个紧接着一个，使高密度存储成为可能，货物存取从货架同一侧进出，“先存后取，后存先取”。平衡重力式及前移式叉车可方便地驶入货架中间存取货物。

驶入式货架投资成本相对较低，因为叉车作业通道与货物保管场所合一，仓库面积利用率大大提高；但同一通道内的货物品种必须相同或同一通道内的货物必须一次完成出入库作业。适用于横向尺寸较大、品种较少、数量较多且货物存取模式可预定的情况，常用来储存大批相同类型货物，由于其存储密度大、对地面空间利用率较高，常用在冷库等存储空间成本较高的地方。其特点是：储存密度高、存取性差；适合少品种大批量储存；不易做到先进先出管理；不宜存储太长太重的物品。

（5）驶出式货架

驶出式货架与驶入式货架不同之处在于驶出式货架是贯通的，前后均可安排存取通道，可实现先进先出管理。

（6）流动式货架

这种货架的一端较高，其通道作为放大货架用，另一端较低，倾斜布置，其通道作为出货用。由于货物放在滚轮上，货架向出货方向倾斜，因此可以利用重力使货物向出口方向自动下滑，以待取出。存货时托盘从货架斜坡高端送入滑道，通过滚轮下滑，逐个存放；取货时从斜坡底端取出货物，其后的托盘逐一向下滑动待取，托盘货物在每一条滑道中依次流入流出。这种储存方式在排与排之间没有作业通道，大大提高了仓库面积利用率，仓库利用率极高，运营成本较低，但使用时最好同一排、同一层上的货物，为相同的货物或一次同时入库和出库的货物。此外，当通道较长时，在导轨上应设置制动滚道，以防止终端加速度太大。

这种货架的特点有：

①适用大量储存短时发货的货物；

②适用先进先出的货物；

③空间利用率可达 85%；

④适用一般叉车配套存取货物；

⑤高度受限，一般在 6 米以下；

⑥托盘流动式货架的储存空间比一般托盘货架的储存空间多 50% 左右。

（7）旋转式货架

旋转式货架操作简单，存取作业迅速，适用于电子原件、精密机械等少批量多品种小物品的储存及管理。通过计算机控制，可实现自动存取和自动管理。此外，旋转式货架的空间利用率很高。其特点为：

①节省人力，增加空间；

②由标准化的组建构成，可适用于各种空间配置；

③存取出入口固定，货品不易丢失；

④计算机快速检索和寻找储位，拣货快捷；

⑤取料口高度符合人机学，作业人员可长时间工作。

旋转式货架又可分为水平旋转式货架和垂直旋转式货架两种形式。

（8）移动式货架

这是一种在货架的底部安装有运行车轮，可在地面上运行的货架。按驱动方式不同可分为人力推动式、摇把驱动式和电动式。

移动式货架因为只需要一个作业通道，可以提高仓库面积的利用率，广泛应用于办公室存放文档，图书馆存放档案文献，金融部门存放票据，工厂车间、仓库存放工具、物料等。适用于库存品种多，出入库频率较低的仓库；或库存频率较高，但可按巷道顺序出入库的仓库。

移动式货架的特点是：

①比一般固定式货架储存量大很多，节省空间；

②适合少品种大批量低频率货品的保管；

③节省地坪面积，地面使用率可达 80%；

④可直接存取每一项货品，不受先进先出的限制；

⑤高度可达 12 米，单位面积的储存量可达托盘货架的 2 倍左右。

（9）后推式货架

这是一种高密度托盘储存系统，它是将相同货物的托盘存入二、三和四倍深度又稍微向上倾斜可伸缩的轨道货架上，托盘的存放和取出是在同一通道上进行的，存入时叉车将托盘逐个推入货架深处，取出时托盘借重力逐个前移，因而最先放入的托盘是在最后取出的。该系统既能达到驶入型货架的仓容量，又能达到托盘流动式货架的取出能力。

后推式货架的优点是：

①当某产品的托盘数量较大而又不要求“先进先出”时，能简化工作程序，效益极为显著；

②可缩短拣取时间，不需要特殊的搬运设备；

③由于储存面积较大、通道较少，故空间利用率和生产率都很高；

④能避免高密度储存货架在装卸作业中常易产生的货损。

（10）悬臂式货架

悬臂式货架适合存储长、大件货物和不规则货物，诸如钢铁、木材、塑料等，其前伸的悬臂具有结构轻巧、载重能力好的特点。如果增加隔板，特别适合空间小、高度低的库房，一般高在 6 米以下为宜。此种货架空间利用率低，为 35% ~50%。

（11）阁楼式货架

阁楼式货架采用木板、花纹板、钢板等材料做楼板，可灵活设计成二层及多层，适用于五金工具、电子器材、机械零配件等物品的小包装散件储存。存放多品种、少批量货物时可充分利用空间。

其特点为：

①提高储存高度，增加空间利用率；

②上层仅放轻量物品，如箱、包和散件，下层可存放托盘。

6.2.3 托盘

1. 托盘的概念

托盘（Pallet）是用于集装、堆放、搬运和运输等过程中放置作为单元负荷的货物和制品的水平平台装置。在平台上集装一定数量的单件货物，并按要求捆扎加固，组成一个运输单位，便于运输过程中使用机械进行装卸、搬运和堆存。

2. 托盘的作用与功能

托盘是现代工商业生产、运输、储存及包装的很重要的一种工具。随着机械化程度的提高，托盘使用量也越来越大。据统计，美国的托盘使用量达到了平均每个美国人可分到 10 个托盘。托盘最初是在装卸领域出现并发展的，在应用过程中又进一步发展。如今，托盘已成为物流系统化的重要装备工具，对现代物流的形成，对物流系统的建立起到了不小的作用。

托盘作为一种重要的集装器具，是在物流领域中适应装卸机械化而发展起来的，托盘的发展可以说与叉车同步。叉车与托盘的共同使用，大大促进了装卸活动的发展，使装卸机械化水平大幅度提高，使长期以来装卸搬运过程中的装卸瓶颈得以解决和改善。所以，托盘的出现有效地促进了全物流过程水平的提高，促进了集装箱和其他集装方式的形成和发展，现在，托盘已成为和集装箱一样重要的集装方式，形成了集装系统的两大支柱。托盘以其使用简单、方便的特点在集装领域中颇受青睐。

3. 托盘的分类

（1）按托盘的适用性分类

按照托盘的适用性，可以将托盘分为通用托盘和专用托盘两大类。

（2）按托盘的结构分类

①平托盘。托盘一般即是指平托盘。由双层板或单层板另加底脚支撑构成，无上层装

置，可使用叉车或搬运车等作业。

②箱形托盘。以平托盘为底，上面有箱形装置。四壁围有网眼板或普通板，顶部可以有盖或无盖。可用于存放形状不规则的物料。

箱形托盘有固定式、可卸式和折叠式三种，一般下部可叉装，上部可吊装，并可进行堆码（一般为四层）。金属箱式托盘还可用于热加工车间集装熟料。

③柱形托盘。柱形托盘是在平托盘基础上发展起来的，其特点是在不压货物的情况下可进行码垛。托盘上的立柱大多采用可卸式的，高度多为1200毫米左右，立柱的材料多为钢制，耐荷重3吨，自重30千克左右。多用于包装物料、管材等的集装。

④滚轮箱式托盘和滚轮保冷箱式托盘。滚轮箱式托盘是在箱式托盘下部安装脚轮的箱型设备，按上部结构的形式可分为固定式、可卸式和折叠式三种。滚轮保冷箱式托盘在滚轮箱式托盘上部安装有保冷装置的托盘，其保冷功能根据物品温度管理的范围划分成一类（-18℃以下）和二类（0~10℃）两种。

⑤滑动板。滑动板是瓦楞纸、板纸或塑料制的板状托盘，也叫薄板托盘，具有轻、薄、价廉的特点，但需要带有特殊附件的叉车进行装卸。

（3）按制作的材料分类

①塑料托盘。塑料托盘与钢托盘、木托盘相比具有质轻、平稳、美观、整体性好、无钉无刺、无味无毒、耐酸、耐碱、耐腐蚀、易冲洗消毒、不腐烂、不助燃、无静电火花、可回收等优点，使用寿命是木托盘的5~7倍，是现代化运输、包装、仓储的重要工具，是国际上规定的用于食品、水产品、医药、化学品、立体仓库等各企业之储存必备器材。但由于成本较高，使用不普及。

②金属托盘。金属托盘的明显优点是承重能力强、结构牢靠、不易损坏；缺点是自身重量大、容易锈蚀。

③纸质托盘。纸质托盘因无虫害、环保、价格低廉以及承重能力强等优点，目前正成为行业关注的焦点。

常见的纸质托盘有以下四种：

阿贝纸托盘：以牛皮纸为基本原料所生产的托盘；

蜂窝纸托盘：以蜂窝纸为基本原料所生产的托盘；

瓦楞纸托盘：以瓦楞纸为基本原料所生产的托盘；

滑托盘：以高质牛皮纸为原料所生产的新型托盘。

④冷冻托盘。冷冻托盘是指一种将特种产品所需环境及使用要求结合在一起的技术装置。这是一个冷冻装运设备（尺寸与一个装运托盘差不多），可放置于一辆普通的干燥货车内，作为一个“拼装”运输。它消除了对冷冻卡车的依赖性，使易坏产品的即时送货成为可能。像冷冻托盘这样的复合技术有助于产品迅速有效地流动，它们依赖于通过控制温度以延长商品的寿命及适销性，被新鲜食品、鲜花、化工产品、医疗及冷冻食品所采用。

（4）按托盘的形状分类

托盘按形状的不同可分为多种形式：双面叉；四面叉；单面使用型；双面使用型等。

6.2.4 叉车

1. 叉车概述

叉车又称铲车、叉式取货机，享有万能装卸机的美称，是物流领域最常用的具有装卸、搬运双重功能的机械，它以货叉作为主要的取货装置，依靠液压起升机构升降货物，由轮胎式行驶系统实现货物的水平搬运。叉车除了使用货叉以外，还可以更换各类装置以适应多种货物的装卸、搬运和作业。叉车结构紧凑，高度灵活，尤其适于货物装卸、存放检索、块状堆垛和在室内及室外较好路面的快速货物搬运。

叉车具有很多特点，使它得到广泛的应用。

首先，叉车具有很强的通用性，在物流的各个领域都有所应用，如仓库、车站、码头和港口都应用叉车进行作业。如果叉车与托盘配合，它的应用范围会更广，同时可以提高作业的效率。

其次，叉车具有装卸和搬运的双重功能，实际上，它是装卸和搬运一体化的设备，将装卸和搬运两种作业合二为一，加快作业的效率。

最后，它具有很强的灵活性。叉车底盘与汽车相比轮距较小，这样叉车的转弯半径就很小，作业时灵活性增强。在许多机具难以使用的领域都可以采用叉车。

2. 常见的叉车类型及使用环境

（1）手动托盘车与电动托盘车

手动托盘车与电动托盘车都是用于平面点到点搬运的工具。小巧灵活的体型使手动托盘车几乎适用于任何场合。但是，由于是人工操作，当搬运 2 吨或 2 吨以上重量的物品相对比较吃力，所以通常用于 15 米左右的短距离频繁作业，尤其是装卸货区域。在未来的物流各环节中，手动托盘车也将承担各个运输环节之间的衔接作用，在每一辆货车上都配备一辆手动托盘车，将使装卸作业更加快捷方便，并且不受场地限制。

当平面搬运距离在 30 米左右时，步行式的电动托盘车无疑是最佳选择，行驶速度通过手柄上的无级变速开关控制，跟随操作人员步行速度的快慢，在降低人员疲劳度的同时，保证了操作的安全性。如主要搬运路线距离在 30 米以上至 70 米左右时，可以采用带踏板的电动托盘车，驾驶员站立驾驶，最大速度可提高近 60%。

（2）电动托盘堆垛机

电动托盘堆垛机是一种轻型的室内用提升堆垛设备，车身比较轻巧，通过车身前部的支撑臂加长配重的力臂，以平衡载荷。由于支点在载荷重心的外侧，配重力臂远大于荷载力臂，所以较小的配重即可提升起较大的载荷。以某企业生产的电动托盘推垛机为例，额定载荷 1.4 吨，而自重仅 955 千克，车长、车宽、转弯半径也相应较小，这些特点使其在楼层式仓库或其他空间较小的储存环境中尤为适用。

（3）平衡重式叉车

在车体前方设有货叉和门架，而在车体尾部设有平衡重的装卸作业车辆，称平衡重式叉车。这是使用最广泛、用量最大的一个系列。由于没有支撑臂，需要较长的轴距与较大的配重来平衡荷载，所以车身尺寸与重量很大，需要较大的作业空间。同时，货叉直接从前轮的前方叉取货物，对容器没有任何要求；底盘较高，使用橡胶胎或充气胎，使其具有很强的爬坡能力与地面适应能力，因此适用于装卸货物及室外运搬。

以内燃机为动力的平衡重式叉车，简称内燃叉车。按动力可分为柴油、汽油、液化石油气三种类型；按传动方式又可分为机械传动、液力传动、静压传动几种形式。静压传动是目前内燃叉车最理想、最先进的传动方式，主要特点是起步柔和、无级变速、换向迅速、维修简单、可靠性高。在户外短距频繁往返搬运时采用静压传动型内燃叉车效率明显提高。

以电瓶为动力的平衡重式叉车，简称电瓶叉车。它具有操作容易、无废气污染、适合在室内作业的特点。随着环保要求的提高，电瓶叉车需求有较快的增长，尤其是中、小吨位的电瓶叉车。现在，一些叉车生产厂家将交流技术用于电动平衡重叉车，使得叉车性能整体得到很大提高的同时，后期维护成本大大降低，此项技术被称为叉车的未来技术。

（4）前伸式叉车

前伸式叉车的门架（或货叉）可以前后移动，它结合了有支撑臂的电动堆垛机与无支撑臂的平衡重叉车的优点，当门架前伸至顶端，两载荷重心落在支点外侧，此时相当于平衡重叉车；当门架完全收回，载荷重心落在支点内侧，此时即相当于电动堆垛机。这两种性能的结合，使其在保证操作灵活性及高荷载性能的同时，体积与自重不会增加很多，最大限度地节省作业空间。

这一系列的设备目前已逐渐成为室内高架存取的主要工具。前伸式叉车最具效益的操作高度为6～8米，相当于建筑物高度在10米左右。此高度也是目前最常见的卖场、配送中心、物流中心、企业中心仓库的建筑高度。在此高度范围内，操作人员视线可及，定位快捷、效率较高。

（5）VNA系列叉车

通常把高架堆垛机及高位拣料车称为VNA，其最主要的特点是货叉可做三向旋转，或直接从两侧叉取货物，在巷道中无须转弯，因此所需的巷道空间是最小的。VNA系列最大提升高度超过14米，巷道宽度通常在1.6米左右，载重最大为1.5吨，在制药行业、电子电器行业使用较为普遍。

为了使高架堆垛机在通道内始终保持直线行驶，有磁导及机械式导引两种方式。磁导由于必须在巷道中央切割并埋上磁导线，容易破坏地面并且不易搬迁调整，故目前使用最多的是机械式导引。采用机械式导引需要与货架配合，在巷道的两侧安装钢轨，通过车身导轮及其他辅助装置导入巷道并沿直线行驶。

6.2.5 其他仓储设备

1. 分拣机

分拣机的种类很多，按工作方式可分为以下几种：横向推出式分拣机、升降推出式分拣机、倾斜式分拣机、悬吊式分拣机。

（1）横向推出式分拣机

使用较多的是钢带式横向推出式分拣机，它是指货物输送到指定的部位，靠拨杆的横向转动推挡货物进行分拣。钢带运行速度很快，有的达120米/分钟，因此分拣能力很大，每小时可达万件以上。一般情况下，分拣的货物不受纸箱、袋装、木箱等包装形态的特殊限制，能用输送机运送的货物可全部使用。但分拣时对分拣物品有一定的冲击。太薄的货物、容易转动的物品和易碎的物品不宜采用这种方式。分拣能力越高，分拣机器的冲击力也越大，所以必须注意防止物品的损伤。另外，因为速度快，要求分拣口之间保持较大的间隔，因而可能设置的分拣口数较少。

（2）升降推出式分拣机

升降推出式分拣机是从搬运输送机的下侧用浮出装置把货物托起，转一微小坡度，送到搬运输送机外面进行分拣的装置。在分拣时给予货物的冲击较小，最适合于分拣底面平坦的纸箱、托盘状的各种货物，但不能分拣很长的或底面不平坦的货物。

（3）倾斜式分拣机

倾斜式分拣机，可分为盘式和板式两种。输送机本身设有分送装置，货物到达规定的分拣位置，货物所在的盘或板向左或向右翻转倾斜一定的角度（左右倾斜30度）进行分拣。

盘式分拣机，盘的倾翻动作可以互相不干涉地同时进行，所要求相邻分拣口的间隔最小，是各种分拣机中分拣口最多的品种，而板式分拣机打破了盘与盘之间的界限，可以根据分拣物的储存大小，占用一个或数个翻板，所以对分拣物尺寸的适应性大为改观。

（4）悬吊式分拣机

悬吊式分拣机是用装在悬吊装置上的钳子或支架吊起物品，输送到指定位置放下物品或转换到另外的分支线路上进行分拣的装置。其动力装置主要是牵引输送式，它是依靠电动或气动，使分拣机开动把物品放下或将导向棒送入分支路线进行分拣的装置，主要适用于对保管、搬运的成批货物分拣。

2. 巷道堆垛机

巷道堆垛机是在高层货架的窄巷道内作业的起重机，可大大提高仓库的面积和空间利用率，是自动化仓库的主要设备，又称“有轨堆垛机”。巷道式堆垛起重机的重量一般在2吨以下，有的达4~5吨，使用这种设备的新建仓库最高达40米之多，大多数在10~25米。它的主要用途是：在立体仓库的货架巷道间来回穿梭运行；将位于巷道口的货物存入货格，或者取出货格内的货物运送到巷道口。按巷道堆垛机的机械结构，可分为单立柱/双立柱、单叉/双叉和单伸位/双伸位几类。

巷道堆垛机的控制方式有以下几种。

（1）手动控制方式

手动控制是堆垛机最基本的控制方式。这种方式是由操作人员在司机室内通过手柄或按钮来操纵运行、起升、货叉伸缩等动作，认址、变速、对准等全部靠司机操作完成。该方式控制设备简单、经济，但司机劳动强度较大、作业效率低，适用于出入库频率不高，规模不大的仓库。

(2) 半自动控制方式

这种控制方式是手动控制方式的改进，半自动控制巷道堆垛自动化程度各不相同，但基本功能是：当司机用手柄或按钮发出运行（升降）机构的换速信号后，堆垛机的运行（升降）机构所配置的检测装置自动发出该机构的停车信号。能否自动停准，是半自动控制方式与手动控制方式的主要区别。自动停准功能可显著提高堆垛机的作业效率，减轻司机的劳动强度。除自动停准功能外，有的堆垛机还有自动换速、自动认址、自动完成货叉伸缩存取货物的动作。它具有经济实用、便于维修等优点，适用于出入库比较频繁、规模不大的仓库。

(3) 自动控制方式

这种方式的主要特点是堆垛机上不需要司机。在机上便于地面操作的部位装有设定器，操作人员站在巷道口的地面，通过机上设定器设定出入库作业方式和地址等数据。机上装有自动认址装置和自动逻辑控制装置，在操作人员设定完并按下启动按钮后，堆垛机开始自动运行、升降、认址、停准及存取货物等动作，实现堆垛机的自动操作。

设定器可以采用数字按钮、选择开关、拨码开关及读卡器等。读卡器可使用专用的条形码或磁卡读取器，或有相应货格地址信息的孔，通过专用读卡器进行地址设定。自动控制方式具有操作简单、作业效率高等优点，适用于出入频率高、起重机台数不多且未配置输送机的中小规模（货位一般不超过2000个）仓库。

(4) 远距离集中控制方式

出入库作业的控制装置和地址设定器安装在地面集中控制室内，操作者通过计算机设定出入库地址和作业方式，并输入到地面或机上的控制装置（包括计算机）中，经过计算和判断后发出堆垛机运行的控制命令，实现堆垛机的远距离集中控制。由于地面控制装置远离巷道和堆垛机，需要配备堆垛机与地面控制空间的信息传送系统，传输方法常用于较大容量（货格数在2000个以上）的仓库，特别是低温、黑暗、存储有害物料等特殊环境的仓库。远距离集中控制方式可以节省人力，改善劳动条件，提高仓库作业效率，但最初投资和维护费用较高。

3. 自动升降机

自动升降机是一种可分层输送各种物料和工作人员的客货两用电梯，因其导轨架附着于建筑结构的外侧，又称外用电梯，因而是高层仓储中比较理想的垂直运输机械。

自动升降机主要由基础平台、围栏、导轨架、附墙架、吊笼及传动机构、对重装置、电缆导向装置、安装吊杆、电气设备以及安全保护装置十大部分组成。

(1) 基础平台

由预埋底架、地脚螺栓和钢筋混凝土等组成，其上承受升降机的全部自重和载荷，并对导轨架起定位和固定作用。

(2) 围栏

围栏主要由底架、门框、接长墙板、侧墙板、后墙板、缓冲弹簧、围栏门等组成。各墙板由钢板网拼装而成，依附在底架上，围栏门采用机械和电气连锁。门锁住后就不能打开，只有吊笼降至地面后才能开启；但门开启时就切断电源，使吊笼立即停止运行，只有在门关上时吊笼才能启动。底架安置在基础平台上用预埋地脚螺栓固定。

（3）导轨架

导轨架由若干标准节组装在底架标准节上，它既是升降机的主体构架，又是吊笼上下运行的轨道。一般采用无缝钢管为主立柱，其齿条模数均为 8 毫米。对于超高层的导轨架，其断面尺寸不变，只是主立柱管壁厚有 4 毫米、6 毫米、8 毫米之分，以适用于不同高度。

（4）附墙架

附墙架是由一组支撑杆组成。其一端用 U 形螺栓和标准节的框架固定；另一端和建筑物结构中的预埋作用螺栓固定，每隔 1～2 个楼层设置一组，使升降机附着于建筑物的一侧，以增加其纵向稳定性。

（5）吊笼及传动机构

吊笼分为有驾驶室和无驾驶室两种。吊笼四壁用钢板网围成，四周装有安全护栏。吊笼立柱上装有 12 只带有滚珠轴承的导向滑轮，经调节后全部和导轨架上的立柱管相贴合，使吊笼沿导轨架运行时减少晃动，吊笼内侧上装有作为传动机构的传动底板，底板上装有两套包括电动机、联轴器、蜗轮蜗杆减速器、制动器等传动机构。当一套传动机构失效时，另一套仍有效，以保证升降机的安全可靠性。

（6）对重装置

对重装置用以平衡吊笼的自重，从而提高电动机功率利用率和吊笼的起重量，并可改善结构的受力情况。对重由钢丝绳通过导轨架顶部的天轮和吊笼对称悬挂，当吊笼运行时，对重装置沿吊笼对面的导轨架的主柱管反向运行。

（7）电缆导向装置

吊笼上下行时，其进架线和地面电缆筒之间拖挂随行电缆，依靠安装在导轨架上或外侧过道竖杆上的电缆导向和保护。有的也可用电缆滑车形式导向。

（8）安装吊杆

安装吊杆装配在吊笼顶上的插座中，在安装或拆卸导轨架时，用它起吊标准节或附墙架等部件。吊杆上的手摇卷扬机具有自锁功能，起吊重物时按顺时针方向转动摇把，停止转动后卷扬机即可制动，下放重物时按相反方向转动。升降机投入正常使用时，可将吊杆卸下，以减少吊笼荷重。

（9）电气设备

升降机的电气设备由电动机、电器控制箱、操纵箱或操作开关箱等组成。

（10）安全保护装置

升降机属高空载人机械，除从结构设计上提高安全系数来保障机械安全运行外，还要设置多种安全保护装置，包括机械安全保护装置和电气安全保护装置。

6.3 自动仓储系统

6.3.1 自动仓储系统概述

1. 自动仓储系统的定义

自动仓储系统（AS/RS）是指不用人工直接处理，能自动存储和取出物料的系统。自动仓储系统是采用高层货架储存货物，用起重、装卸、运输机械设备进行货物出库和入库作业的系统，系统主要通过高层货架充分利用空间进行存取货物，所以又称为“自动化高架仓库系统”，也有的称为“自动化立体仓库系统”。自动化仓库技术是现代物流技术的核心，它集高架仓库及规划、管理、机械、电气于一体，是一门综合性的技术。

2. 自动仓库系统的分类

自动化立体仓库是一个综合的自动化系统，是一种特定的仓库形式。一般按以下方式分类。

（1）按建筑形式分类

①整体式仓库。货架是库房的骨架，既用来储存货物，又是仓库的支撑结构，仓库的屋顶架在货架上。这种结构的仓库重量小，整体性好，空间利用率高。

②分离式仓库。在仓库建筑物内独立地建货架，货架与建筑物是分开的。这种形式可以利用原有的建筑物改造成自动化仓库。由于是先建仓库后装货架，所以施工、安装比较灵活方便。

（2）按货物存取方式分类

①单元货架式仓库。单元货架式仓库是一种最常见的仓库形式。货物先放在托盘或集装单元中，再装入单元货架式仓库货架的货格中。搬运机械对整个单元的货物进行搬运，完成入库、出库作业。

②拣选货架式仓库。拣选货架式仓库里的货物虽然是以单元化方式入库和储存，但不是整个单元一起出库，而是根据出库提货单的要求从货物单元中拣选一部分出库。这种拣选方式又分为两种：一种是“人到货前拣选”；另一种是“货到人处拣选”。

（3）按仓库在生产与流通中的作用分类

①存储中心型仓库。这是以存储为主的仓库。货物以单元化入库以后，在货架上储存一定时间，以后需要时再出库供使用。多数的立体仓库都是存储中心型仓库。

②物流中心型仓库。在这种仓库里，各种货物是以单元化形式储存在各自的货架上。出库时，根据订单的要求将不同的货物以不同的数量选配组成新的货物单元，甚至还要重新包装和贴上标签。这是具有储存、发货、配送和流通加工功能的仓库。

（4）按自动化仓库与生产联结的紧密程度分类

①独立型仓库。独立型仓库也称为“离线”仓库。它是指从操作流程及经济性等方

面都相对独立的自动化仓库。这种仓库规模大、储存量也大，仓库具有计算机管理、监控、调度和控制系统，可以是存储型和中转型仓库。"配送中心"就属于这一类仓库。

②半紧密型仓库。半紧密型仓库是指它的操作流程、仓库的管理、货物出入和经济性与其他工厂有一定的关系，而没有和其他生产系统直接相连。

③紧密型仓库。紧密型仓库也称为"在线"仓库。它是与工厂内的生产系统和其他部门直接相连的立体仓库。这种立体仓库有些可以自动接受来自作业线的物品和信息，有些可以在计算机控制下直接输送原材料、半成品物料和库存信息。

3. 自动仓储系统的优点及其在物流系统中的作用

自动仓储系统出现以后，获得了迅速的发展，这是因为这种仓库具有一系列突出的优点，在整个企业的物流系统中具有重要的作用。

（1）能大幅度地增加仓库高度，减少占地面积

高层货架仓库的单位面积储存量比普通的仓库高得多，一座 15 米高的高架仓库储存机电零件和外协件，其单位面积储存量可达 2 ~ 15 吨/平方米，是普通货架仓库的4 ~ 7 倍。

（2）有效提高仓库出入库频率

自动化仓库采用机械化、自动化作业，出入库频率高并能方便地纳入整个企业的物流系统，并成为它的一环，使企业物流更为合理。

（3）能提高仓库管理水平

借助于计算机管理能有效地利用仓库储存能力，便于清点盘库，合理减少库存，节约流动资金。对用于生产流程中的半成品仓库，还能对半成品进行跟踪管理，成为企业物流的一个组成部分。

（4）能较好地适应黑暗、有毒、低温等特殊场合的需要

例如，胶片厂储存胶片卷轴的自动化仓库，在完全黑暗的条件下，通过计算机控制自动实现胶片卷轴的入库和出库。

总之，由于自动仓储系统这一新技术的出现，使有关仓储的传统观念发生了根本性的改变。原来那种固定货位、人工搬运和码放、人工管理、以储存为主的仓储作业已改变为优化选择货位，按需要实现先入先出的机械化、自动化仓库作业。在这种仓库里，在储存的同时可以对货物进行跟踪以及必要的拣选和组配，并根据整个企业生产的需要，有计划地将库存货物按指定的数量和时间要求送到恰当地点，以满足均衡生产的需求。从整个企业物流的宏观角度看，高架仓库是整个企业物流的一部分，是它的一个子系统，形象化的说法是使"静态仓库"变成了"动态仓库"。

6.3.2 自动仓储控制系统的组成

按系统中的信息流及信息处理过程，可以将自动仓储管理与控制系统分成以下几个模块：物品管理模块、出入库任务动态调度模块、设备通信模块、实时动态监控模块和设备控制模块。模块之间用数据库作为数据交换的媒介。图 6 – 2 表示了仓库信息处理流程及

信息交换方式。

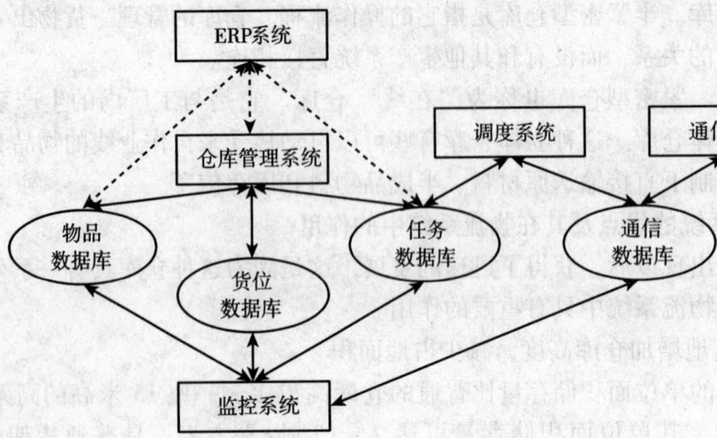

图 6－2　仓储信息处理流程及信息交换方式

根据自动仓储控制系统各硬件的功能，控制系统由以下几部分组成。

(1) 计算机管理系统

计算机管理系统（主机系统）是自动化仓库的指挥中心，相当于人的大脑，它指挥着仓库中各个设备的运行。它主要完成整个仓库的账目管理和作业管理，并负担与上级系统的通信和企业信息管理系统的部分任务。一般的自动化仓库管理系统多采用微型计算机为主的系统，对比较大的仓库管理系统也可采用小型计算机。

(2) 检测装置

为了实现对自动化仓库中各种作业设备的控制，并保证系统安全可靠地运行，系统必须具有多种检测手段，能够检测各种物理参数和相应的化学参数。

对货物的外观检测及称重、对机械设备及货物运行位置和方向的检测、对运行设备状态的检测、对系统参数的检测和对设备故障情况的检测都是极为重要的。通过对这些检测数据的判断、处理，能够为系统决策提供科学依据，使系统处于理想的工作状态。

(3) 信息识别

信息识别设备是自动化仓库中必不可少的，它完成对货物品名、类别、货号、数量、等级、目的地、生产厂甚至货位地址的识别。在自动化仓库中，为了完成物流信息的采集，通常采用条形码、图像处理、磁条、光学字符和射频等识别技术。条形码识别技术在自动化仓库中应用最普遍。

(4) 监控与调度

监控系统是自动化仓库的信息枢纽，是实现自动化仓库实时控制的重要组成部分。它负责协调系统中各个部分的运行。自动化仓库使用了很多自动化设备，各个设备的作业任务、运动路径、运行方向都需要由监控系统统一调度。

在自动化仓库的实际作业过程中，监控调度系统根据主机系统的作业命令，按运行时间最短、作业间的合理配合等原则对作业的先后顺序进行优化组合排队，并将优化后的命令发送给各控制系统，对作业进程、作业信息及运行设备（如堆垛机、输送机等）进行实时监控。

(5) 数据通信

自动化立体仓库是一个复杂的自动化系统，是由众多子系统组成的。在自动化仓库中，为了完成规定的任务，各系统之间、各个设备之间要进行大量的信息交换。例如，自动化仓库中的主机与监控系统、监控系统与控制系统之间的通信以及仓库管理均通过厂级计算机网络与其他信息系统的通信。信息传递的媒介有电缆、滑触线、远红外光、光纤和电磁波等。

(6) 大屏幕显示

自动化仓库中的各种显示设备是为了使人们操作方便、易于观察设备情况而设置的。在操作现场，操作人员可以通过显示设备的指示进行各种搬运、拣选；在中控室或机房，人们可以通过屏幕或模拟屏的显示观察现场的操作及设备情况。

(7) 图像监视系统

工业电视监视系统是通过高分辨率、低照度变焦摄像装置对自动化仓库中人身及设备安全进行观察，对主要操作点进行集中监视的现代化装置，是提高企业管理水平、创造无人化作业环境的重要手段。

此外，还有一些特殊要求的自动化仓库，比如储存冷冻食品的立体仓库，需要对仓库中的环境温度进行检测和控制；储存感光材料的立体仓库，需要使整个仓库内部完全黑暗，以避免感光材料失效而造成产品报废；储存某些药品的立体仓库，对仓库的温度、气压等均有一定的要求，因此需要特殊处理。

6.3.3 自动仓储技术的发展趋势

1. 仓储信息网络化

仓储信息网络是一个利用现代信息技术、数学和管理科学方法对仓储信息进行收集、加工、存储、分析和交换的人机综合系统。

随着计算机技术和通信技术的发展以及全球信息网络的建立，仓储的信息化趋势也将得到进一步发展。信息技术将不仅用于处理仓储具体业务，而且用于控制各种储运设备，如通过全球定位系统（GPS）实现对汽车、火车、船舶、飞机等物资运载工具的精确定位跟踪。

建立仓储信息网络、制定统一的物流编码标准并形成国际间通用的编码系统，能够推进物流规则的统一以及票据标准化，以满足电子数据处理的需要。通过电子数据交换（EDI）、电子订货系统（EOS）、电子经费传送（EFT）等形式实现无纸化作业，提高物流系统的快速性、可靠性、准确性，降低作业费用，提高作业效率。

2. 物料储运作业自动化

仓储自动化建设是一项系统工程，物料储运作业自动化是其重要的内容。其主要发展方向有以下几个方面。

（1）实现物资储运集装化

建立运输工具、储存和装卸设备的标准化体系，提高储运质量和效率，降低物流成本。

（2）大力发展自动化仓库

目前，人工智能技术的发展正推动自动化仓库向智能化方向发展。射频数据通信、条形码技术和数据采集技术将更多地应用于仓库堆垛机、自动导引车和传送带等运输设备上；移动式机器人作为柔性物流工具在仓储中发挥日益重要的作用；自动化仓库建设更加注重实用性和安全性，在满足仓储要求的条件下，将更多地要求规模小、反应速度快、用途广。

（3）仓储装卸搬运机械高效化

通过引入计算机、自动控制技术和人工智能等高新技术对仓储机械的技术改选，仓储机械的技术性能将会较大提高。载重量大、机动性强、操作方便、可维修性好的叉车、无人叉车、牵引车、托盘搬运车、码垛机、管道输送机、带状输送机、自动拣选机等先进的装卸搬运机械设备，将广泛应用于现代仓储系统。

（4）推广应用条形码技术

条形码技术作为一种成熟的信息处理技术，由于具有信息采集速度快、信息量大、可靠性高等优点，已广泛应用于自动控制、质量跟踪、交通运输、图书文献等领域。条形码技术是实现电子数据交换（EDI）的基础，是仓储信息网络化的重要保障。

3. 仓储安全监控电子化

计算机技术和电子技术的发展促进了仓储安全管理的科学化和现代化，仓储安全管理必将突破传统的经验管理模式，增加安全管理的科技含量，依靠科技手段，推广应用仓储安全监控技术，提高仓储安全水平。仓储安全监控技术是随着科技的发展而发展的，从现代科技发展来看，仓储安全监控技术有如下几个发展趋势：

（1）可靠性和智能化程度增强

计算机技术的发展将促进各种仓储安全监控专用设备和传感器的可靠性和智能化程度的提高。如在普通探头内置入 CPU 芯片，做成智能探头，可以持续不断地测量探头所在环境条件下物理量的变化，所有数据和参数都送到 CPU，与设定值比较，CPU 能相应地计算出它的最佳设定值，并修订它对环境变化的反应值。智能探头还可以对干扰效应和因素按照给定的结构和算法进行测定，以消除干扰因素的影响。

（2）监控信号传送手段多样化

可根据实际情况选择直接线缆传输、电话线传输、电力线传输、网络线传输及多种方式的混合传输、无线传输等监控信号传输方法。

（3）系统功能更强大

计算机技术、多媒体技术与通信技术相结合，使仓储安全监控系统功能更强大，成本更低，系统更可靠，内容更直观自然。

（4）管控模式升级

仓储安全监控模式将由集中监视、集中控制向集中监视、集中管理、分散控制转变；中央计算机监控系统通过通信网络将分散控制现场的区域智能分站联结起来，实现对仓库内各种保安防范措施和功能的集中监控管理、报警处理和联动控制。

4. 仓储控制决策智能化

计算机技术和管理科学的发展及其在仓储中的应用，为开发仓储辅助决策系统提供了重要的技术手段和科学方法。自动仓储将充分利用仓储信息网络技术，借助计算机模拟技术、人工智能、专家系统等先进技术，在仓储业务信息管理系统基础上开发仓储控制决策支持系统，实现仓储控制决策智能化。

6.4 仓库规划与布局

6.4.1 仓库选址

仓库选址是指在一个具有若干供应点及若干需求点的经济区域内，选一个地址建立仓库的规划过程。合理的选址方案应该使商品通过仓库的汇集、中转、分发，达到效益最好。因为仓库的建筑物及设备投资太大，所以选址时要慎重，如果选址不当，损失不可弥补。

1. 仓库选址的影响因素

（1）自然环境因素

①气象条件：主要考虑的气象条件有年降水量、空气温湿度、风力、霜期长短、冻土厚度等。

②地质条件：主要考虑土壤的承载能力，仓库是大宗商品的集结地，货物会对地面形成较大的压力，如果地下存在着淤泥层、流沙层、松土层等不良地质环境，则不适宜建设仓库。

③水文条件：要认真搜集选址地区近年来的水文资料，需远离容易泛滥的大河流域和上溢的地下水区域，地下水位不能过高。

④地形条件：仓库需建在地势高，地形平坦的地方，尽量避开山区及陡坡地区，最好选长方地形。

（2）经济环境因素

①政策环境背景：选择建设仓库的地方是否有优惠的物流产业政策对物流产业进行扶持，这将对物流业的效益产生直接影响，当地劳动力素质的高低也是需要考虑的因素之一。

②商品特性：经营不同类型商品的仓库应该分别布局在不同地域，如生产型仓库的选址应与产业结构、产品结构、工业布局紧密结合进行考虑。

③物流费用：仓库应该尽量建在接近物流服务需求地，如大型工业、商业区，以便缩短运输距离，降低运费等物流费用。

④服务水平：物流服务水平是影响物流产业效益的重要指标之一，所以在选择仓库地址时，要考虑是否能及时送达，应保证客户无论在何时向仓库提出需求，都能获得满意的服务。

（3）基础设施状况

①交通条件：仓库的位置必须交通便利，最好靠近交通枢纽，如港口、车站、交通主干道（国、省道）、铁路编组站和机场等，应该有两种运输方式衔接。

②公共设施状况：要求城市的道路畅通，通信发达，有充足的水、电、气、热的供应能力，有污水和垃圾处理能力。

（4）其他因素

①国土资源利用：仓库的建设应充分利用土地、节约用地，充分考虑到地价的影响，还要兼顾区域与城市的发展规划。

②环境保护要求：要保护自然与人文环境，尽可能降低对城市生活的干扰，不影响城市交通，不破坏城市生态环境。

③地区周边状况：一个是仓库周边不能有火源，不能靠近住宅区；二是仓库所在地的周边地区的经济发展情况是否对物流产业有促进作用。

【小看板】工业型配送中心的选址因素

工业型配送中心的选址因素

因 素	全 部	制造业	零售业	配送业
运输通道	1	1	2	1
外向运输	2	2	3	5
与客户的距离	3	3	6	6
劳动力可得性	4	5	1	3
劳动力成本	5	6	7	4
内向运输	6	4	4	2
工业环境	7	74	5	9

2. 仓库选址流程

（1）确定仓库选址的目标和原则

必须明确该仓库建立的最重要的目的以及主要原则，针对不同用途的仓库有不同的侧重原则。

（2）需求分析

根据物流产业的发展战略和产业布局，对某一地区的供应商、顾客以及潜在顾客的分布情况进行分析，具体包括：工厂到仓库的运输量、向顾客配送的货物数量（客户需求）、仓库预计最大容量、运输路线的最大业务量等。

（3）成本分析

主要有：工厂到仓库之间的运输费、仓库到顾客之间的配送费、与设施和土地有关的费用及人工费等，如所需车辆数、作业人员数、装卸方式、装卸机械费等。运输费随着距离的变化而变动；而设施费用、土地费是固定的；人工费是根据业务量的大小确定的。以上费用必须综合考虑，进行成本分析。

（4）约束条件分析

包括：地理位置是否合适，是否靠近铁路货运站、港口、公路主干道；道路通畅情况，是否符合城市或地区的规划；是否符合政府的产业布局，有没有法律制度约束；地价情况。

（5）初步筛选出几个可行方案

分析结束后得出综合报告，根据分析结果初选几个可行的地址方案。

（6）结合定量分析方法进一步筛选

在初选几个可行方案中运用定量分析法进行评价，确定一个最优地址，编写选址报告，报送主管领导审批。定量分析方法主要有以下几种：

①量本利分析法。任何选址方案都有一定的固定成本和变动成本，不同的选址方案的成本和收入都会随仓库储量变化而变化。利用量本利分析法，可采用作图或计算比较数值。进行计算比较数值要求计算各方案的盈亏平衡点的储量及各方案总成本相等时的储量，最终选择在同一储量点上利润最大的方案。

②加权评分法。对影响选址的因素进行评分，把每一地址各因素的得分按权重累计，比较各地址的累计得分来判断各地址的优劣。步骤是：确定有关因素；确定每一因素的权重；为每一因素确定统一的数值范围，并确定每一地点各因素的得分；累计各地点每一因素与权重相乘的和，得到各地点的总评分；选择总评分值最大的方案。

③重心法。重心法是一种选择中心位置，从而使成本降低的方法。它把成本看成运输距离和运输数量的线形函数。此种方法利用地图确定各点的位置，并将一坐标重叠在地图上确定各点的位置。坐标设定后，计算重心。

3. 特殊商品的仓库选址时应注意的事项

①果蔬食品仓库在选址时应选择入城干道处，以免运输距离过长，商品腐烂变质，损耗过大。

②冷藏品仓库应选择在屠宰场、加工厂附近，由于设备噪声较大，所以应选择在城郊。

③建筑材料仓库因流通量大，占地多，防火要求严格，有些还有污染，所以应选择在城市周边，交通干线附近。

④燃料及易燃材料仓库应选择在城郊独立的地段，在气候干燥、风大的城镇，应选择大风季节的下风位，远离居民区，最好在地势低洼处。

6.4.2 仓库总平面布局

仓库总平面布局就是根据现代仓库总体设计要求，科学地解决生产和生活两大区域的布局问题，如生产作业区、办公区、生活区等，在规定的范围内进行统筹规划、合理安排，最大限度地提高仓库的储存和作业能力，并降低各项费用。

1. 仓库平面面积基本概念

现代仓库的种类和规模不同，其面积的构成也不尽相同，因此必须首先明确仓库面积的有关概念，然后再确定仓库的相关面积。

(1) 仓库总面积

它是指从仓库外墙线算起，整个围墙内所占的全部面积。若在墙外还有仓库的生活区、行政区或库外专用线，则应包括在总面积之内。

(2) 仓库建筑面积

它是指仓库内所有建筑物所占平面面积之和。若有多层建筑，则还应加上多层面积的累计数。仓库建筑面积包括：生产性建筑面积（包括库房、货场、货棚所占建筑面积之和)、辅助生产性建筑面积（包括机修车间、车库、变电所等所占的面积之和）和行政生活性建筑面积（包括办公室、食堂、宿舍等所占的面积之和)。

(3) 仓库使用面积

它是指仓库内可以用来存放商品的面积之和，即库房、货棚、货场的使用面积之和。其中，库房的使用面积为库房建筑面积减去外墙、内柱、间隔墙及固定设施等所占的面积。

2. 仓库平面布局

(1) 生产作业区

生产作业区是仓储作业的主要场所，是库区的主体部分。主要包括库房、料棚、露天货场、铁路专用线、道路、装卸站台等。现代仓库已由传统的储备型仓库转变为以收发作业为主的流通型仓库，其各组成部分的构成比例通常为：合格品储存区面积占总面积的40%～50%；通道占总面积的8%～12%；待检区及出入库收发作业区占总面积的20%～30%；集结区占总面积的10%～15%；待处理区和不合格品隔离区占总面积的5%～10%。

铁路专用线和库区道路是货物的运输通道，因铁路专用线具有运输能力、安全快速等特点，所以有条件的企业应尽量铺设，同时应考虑铺设地点，以便于物资装卸和集散，有利于库内短距离搬运，并尽可能缩短库内搬运距离。库区道路要通畅、简捷，要有足够的宽度。

装卸站台是火车或汽车装卸货物用的建筑平台。站台高度与铁路货车车厢底面或汽车车厢底面高度相等，以便于叉车作业，站台的宽度和长度要根据作业方式和作业量大小而定。

（2）辅助生产区

辅助生产区包括机修车间、车库、包装间、配电室等，虽然不直接参与仓储作业，但它是完成仓储作业所必须的，所以辅助生产区的布置应尽量减少占地面积，保证仓库安全。

（3）行政生活区

行政生活区包括办公区、食堂、值班宿舍等，行政生活区应与生产作业区和辅助生产区隔开。

（4）其他布置

建筑物间距在符合防火规定的基础上，力求紧凑合理。库区要设置消防水管、排水系统，在多雨和沿江沿海地区，要有防汛防涝设施。办公生活区及建筑物间要有绿化带。围墙的高度要满足防盗要求，同时应设实体围墙。

图 6－3 是仓库总体布局示意图。

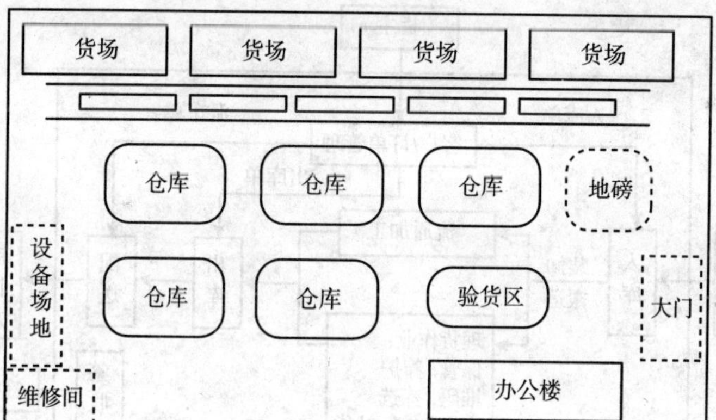

图 6－3　仓库总体布局示意图

6.4.3　仓库作业区规划

1. 仓库作业区规划应考虑的因素

（1）仓库特性

不同类型的仓库对作业区规划有不同的要求。例如冷库要求作业区结构紧凑，要求制冷机房与库房间有一定距离；化工品库房要求严格的隔离区，对通风、防潮、防火有严格的规定。

(2) 商品吞吐量

在仓储作业区内，各个库房、货场储存的商品品种和数量不同，并且，不同商品的周转率也不同，这些都直接影响库房的出入库作业量。在进行作业区布置时应根据各个库房和货场的吞吐量确定它们在作业区内的位置。对于吞吐量较大的库房，应使它们尽可能靠近铁路专用线或库内运输干线，以减少搬运和运输距离。

(3) 库内道路

库内道路的配置与仓库主要建筑设施的规划是相互联系、相互影响的。在进行库房、货场和其他作业场地布置时就应该考虑作业场地和道路的配置，尽可能减少运输作业的混杂、交叉和迂回。另外，在布置时还应根据具体要求合理确定干、支线的配置，适当确定道路的宽度，最大限度地减少道路的占地面积。

(4) 仓库的作业流程

仓库的作业流程特点是规划库房的重要考虑因素。简单的储存型库房，规划起来比较简单。综合型的物流中心可以完成繁杂的库房作业，包括接货、检验、储存、分拣、再包装、简单加工、配货、出库等作业环节。为了以最小的人力、物力耗费和在最短的时间完成各项作业，就必须按照各个作业环节之间的内在联系对作业场地进行合理布置，使作业环节之间密切衔接、环环相扣。图6－4仓库作业流程图显示的是一般仓库的作业流程图。

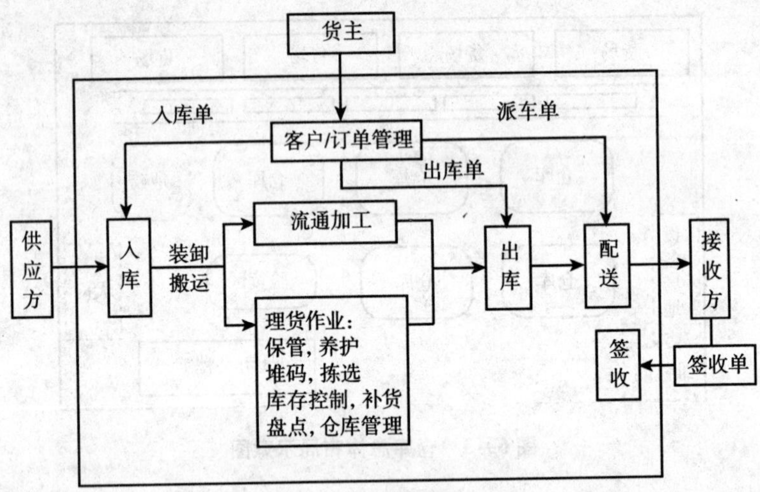

图6－4　仓库作业流程图

2. 仓库布局的形式

在现代物流系统中，仓库的作用由储存向周转的方向变化。仓库中的主要作业成本也由储存发生成本向货品移动发生方向变化，因此，如何加快货品在仓库中的流动速度，减少流动环节、缩短移动距离就成为仓库管理的努力方向。

通常货品在仓库中的流动有三种方式："直线形流动"、"U 形流动"、"T 形流动"，分别如图 6－5、图 6－6、图 6－7 所示。

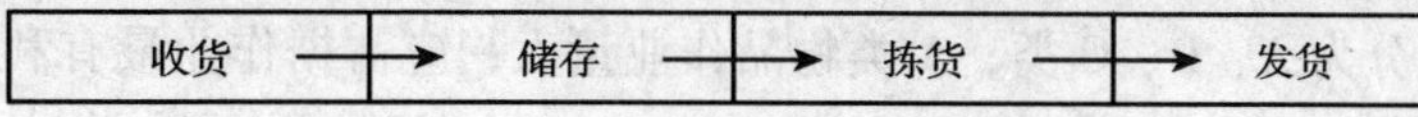

图 6－5　直线形流动

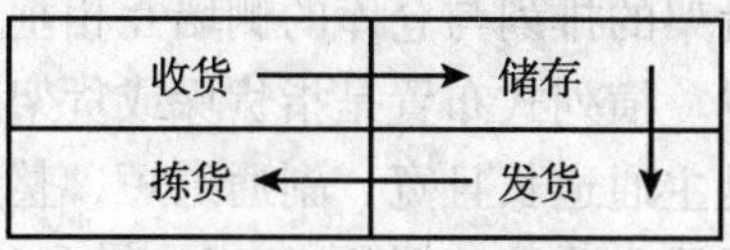

图 6－6　U 形流动

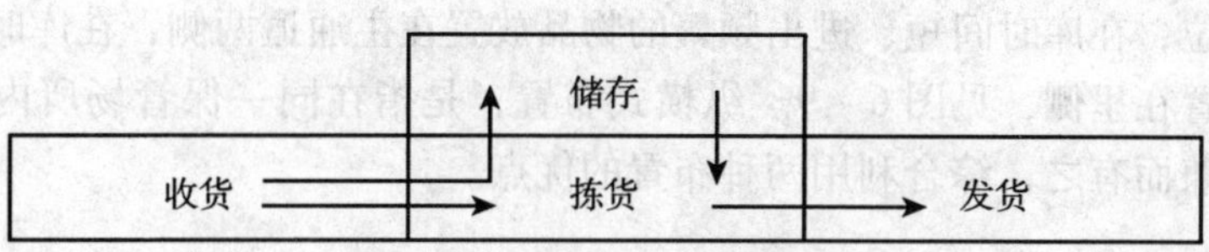

图 6－7　T 形流动

直线形流动出货和收货区域建筑物的方向不同。它往往用于接收临近工厂的货物，或用不同类型的车辆出货和收货。直线形布置受环境和作业特性的限制，比如中国北方不适于直线形布置库房，因为冬季会形成穿堂风，影响作业。

U 形流动在建筑物一侧有相临的两个收货站台和发货站台，具有以下特点：

①站台可以根据需要作为收货站台或发货站台；

②如有必要可以在建筑物的两个方向发展；

③使用同一个通道供车辆出入；

④易于控制和安全防范；

⑤环境保护问题较小。

T 形流动是在直线形的基础上增加了存货区域功能，具有以下特点：

①可以满足快速流转和储存两个功能；

②可以根据需求增加储存面积；

③仓库适用的范围更广。

6.4.4　仓库货区货位布局

货区布局形式

货区布局的目的，一方面是为了提高仓库平面和空间利用率；另一方面是为了提高物品保管质量，方便进出库作业，从而降低物品的仓储成本。仓库货区布局分为平面布置和空间布置。

(1) 平面布置

平面布置是指对货区内的货垛、通道、垛间(架间)距、收发货区等进行合理的规划,并正确处理它们的相对位置。平面布置时主要依据库存各类物品在仓库中的作业成本,按成本高低分为A、B、C类,A类物品作业量大,应占据作业最有利的货位,B类次之,C类再次之。

平面布置的形式可以概括为垂直式和倾斜式。

垂直式布置是指货垛或货架的排列与仓库的侧墙互相垂直或平行,具体包括横列式布置、纵列式布置和纵横式布置。横列式布置是指货垛或货架的长度方向与仓库的侧墙互相垂直。这种布置的主要优点是主通道长且宽、副通道短,整齐美观,便于存取和查点,如果用于库房布置,还有利于通风和采光,见图6-8。纵列式布置是指货垛或货架的长度方向与仓库侧墙平行。这种布置的优点主要是可以根据库存物品的不同在库时间和进出频繁程度安排货位,在库时间短、进出频繁的物品放置在主通道两侧,在库时间长、进出不频繁的物品放置在里侧,见图6-9。纵横式布置,是指在同一保管场所内,横列式布置和纵列式布置兼而有之,综合利用两种布置的优点。

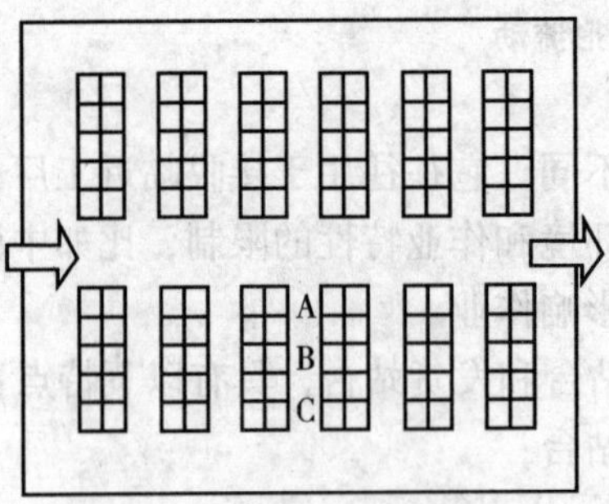

图6-8 仓库横列式布置

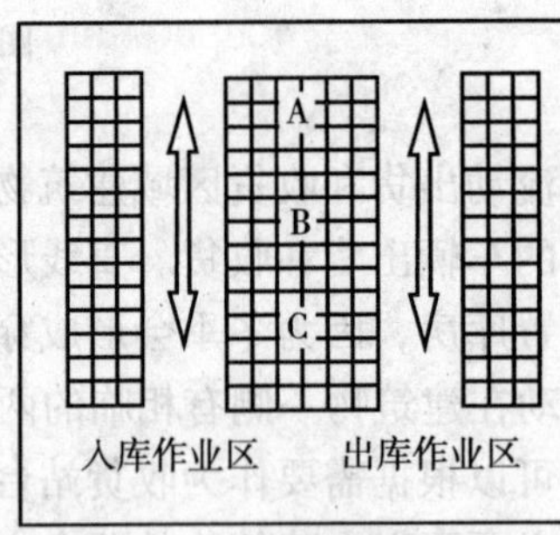

图6-9 仓库纵列式布置

倾斜式布置是指货垛或货架与仓库侧墙或主通道成60°、45°或30°夹角。具体包括货垛(架)倾斜式布置和通道倾斜式布置。货垛倾斜式布置是横列式布置的变形,它是为了便于叉车作业,缩小叉车的回转角度,提高作业效率而采用的布置方式,见图6-10。通道倾斜式布置,是指仓库的通道斜穿保管区,把仓库划分为具有不同作业特点(如大量储存和少量储存)的保管区等,进行综合利用。这种布局形式下,仓库内形式复杂,货位和进出库路径较多,见图6-11。

(2) 空间布置

空间布置也称为仓库内部竖向布置,指库存物品在仓库立体空间上的布置,其目的在于充分有效地利用仓库空间。空间布置的形式主要有:就地堆码、上货架存放、架上平台、空中悬挂等。

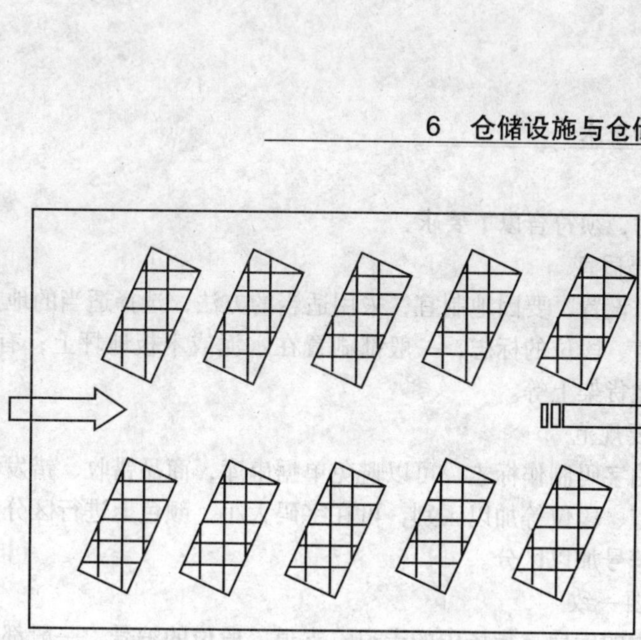

图 6－10 货垛倾斜式布置

图 6－11 通道倾斜式布置

6.4.5 货位编号

货位编号就是将商品存放场所按照位置的排列，采用统一标记编上顺序号码，并做出明显标志。货位编号在保管工作中有重要的作用。在商品收发作业过程中，按照货位编号可以迅速、方便地进行查找，不但提高了作业效率，而且有利于减少差错。

仓库货位的多少主要取决于管理的需要。一般来说，仓库规模越小，储存的商品品种、规格越复杂，相应的货位划分就越需要细致。反之，仓库规模较大，每一库房、货场储存的商品品种、规格较为单一，货位的划分就相对比较简单。

1. 货位编号的要求

货位的编号就好比商品在仓库中的住址，必须符合“标志明显易找，编排循规有序”

的原则。具体编号时，须符合以下要求：

(1) 标志设置要适宜

货位编号的标志设置，要因地制宜，采用适当的方法，选择适当的地方。如无货架的库房内，走道、支道、段位的标志，一般都刷置在水泥或木板地坪上；有货架的库房内，货位标志一般设置在货架上等。

(2) 标志制作要规范

统一使用阿拉伯字码制作标志，可以避免单据串库，商品错收、错发等事故。为了将库房以及走道、支道、段位等加以区别，可在字码大小、颜色上进行区分，也可在字码外加上括号、圆圈等符号加以区分。

(3) 编号顺序要一致

整个仓库范围内的库房、货场内的走道、支道、段位的编号，一般都以进门的方向左单右双或自左向右顺序编号的规则进行。

(4) 段位间隔要恰当

段位间隔的宽窄，应取决于货种及批量的大小。同时应注意的是，走道、支道不宜经常变更位置和编号，因为这样不仅会打乱原来的货位编号，而且会使保管员不能迅速收发货。

2. 货位编号的方法

目前，仓库中货位编号常用的方法有以下几种：

(1) 仓库内储存场所的编号

整个仓库内的储存场所若有库房、货棚、货场，则可以按一定的顺序（自左向右或自右向左）各自连续编号。库房的编号一般写在库房的外墙上或库门上，字体要统一、端正，色彩鲜艳、清晰醒目、易于辨认。货场的编号一般写在场地上，书写的材料要耐摩擦、耐雨淋、耐日晒。货棚编号书写的地方，则可根据具体情况而定，总之应让人一目了然。

(2) 库房编号

对于多层库房的编号，常采用“三位数编号”、“四位数编号”或“五位数编号”。“三位数编号”是用三个数字或字母依次表示库房、层次和仓间，如，131 编号，表示 1 号库房、3 层楼、1 号仓间。“四位数编号”是用四个数字或字母依次表示库房、层次、仓间和货架，如，1331 编号，表示 1 号库房、3 层楼、3 号仓间、1 号货架。“五位数编号”是用五个数字或字母依次表示库房、层次、仓间、货架、货格，如 13311 表示 1 号库房、3 层楼、3 号仓间、1 号货架、1 号货格。

(3) 货位编号

货位布置的方式不同，其编号的方式也不同，货位布置的方式一般有两种，即横列式和纵列式。横列式即货位横向摆放，可采用横向编号；纵列式，即货位纵向摆放，常采用纵向编号。

货位编号应按照统一的规则和方法进行。首先要确定编号先后顺序的准则，规定沿着什么方向、用怎样的顺序进行编号。编排货位的顺序号码应按照便于掌握的原则。在同一仓库内，编号规则必须相同，以便于查找和防止错乱。每一货位的号码必须使用统一的形式、统一的层次和统一的含义编排。所谓统一的形式是指所用的代号和连接符号必须一致；统一的层次是指货位编号中每种代号的先后顺序必须固定；统一的含义是指货位编号中的每个代号必须代表特定的位置。

另外，为了方便管理，货位编号和货位规划可以绘制成平面布置图。通过图板管理，不但可以全面反映库房和货场的商品储存分布情况，而且也可以及时掌握商品储存动态，便于仓库调整安排。

【课后思考】

1. 简述货架的作用与功能。
2. 移动式货架有什么特点？
3. 叉车具有什么特点？
4. 简述自动仓储控制系统的组成。
5. 仓库选址的影响因素有哪些？
6. 仓库库区布局的形式有哪些？
7. 简述库区货位编号的要求和方法。
8. 调查一个仓库，画出其仓库货区位置图，并将观察到的情况进行分析。

【案例分析】

家乐福配送中心的选址策略

家乐福每次进入一个新的地方，都只派 1 个人开拓市场。进入中国台湾家乐福只派了 1 个人，到中国内地也只派了 1 个人，这第一个人就是这个地区的总经理，他所做的第一件事就是招一位本地人做他的助理。然后，这位空投到市场上的光杆总经理，和他唯一的员工做的第一件事，就是开始市场调查。他们会仔细地去调查当时其他商店里有哪些本地的商品出售，哪些产品的流通量很大，然后再去与各类供应商谈判，决定哪些商品将来会在家乐福店里出现。一个庞大无比的采购链，完完全全从零开始搭建。

这种进入市场的方式粗看难以理解，但却是家乐福在世界各地开店的标准操作手法。这样做的背后逻辑是，一个国家的生活形态与另一个国家的生活形态经常是大大不同的。在法国超市到处可见的奶酪，在中国很难找到供应商；在台湾十分热销的槟榔，可能在上海一个都卖不掉。所以，国外家乐福成熟有效的供应链，对于以食品为主的本地家乐福来说其实意义不大。最简单有效的方法，就是了解当地，从当地组织采购本地人熟悉的产品。

1995 年进入中国市场后，短时间内家乐福便在相距甚远的北京、上海和深圳三地开出了大卖场，就是因为他们各自独立地发展出自己的供应商网络。根据家乐福自己的统计，从中国本地购买的商品占了商场里所有商品的95%以上，仅2000年采购金额就达15亿美元。除了已有的上海、广东、浙江、福建及胶东半岛等各地的采购网络，家乐福还分别在北京、天津、大连、青岛、武汉、宁波、厦门、广州及深圳陆续开设区域化采购网络。

这个“空降兵”的落点注定是十字路口，因为Carrefour的法文意思就是十字路口，而家乐福的选址也不折不扣地体现这个标准。所有的店都开在了路口，巨大的招牌500米开外都可以看得一清二楚。而一个投资几千万的店，当然不会是拍脑袋想出的店址，其背后精密和复杂的计算，常令行业外的人士大吃一惊。

根据经典的零售学理论，一个大卖场的选址需要经过多方面的详细测算：

第一，就是商圈内的人口消费能力。中国目前并没有现成的资料（GIS人口地理系统）可以利用，所以店家不得不借助市场调研公司的力量来收集这方面的数据。有一种做法是以某个原点出发，测算5分钟的步行会到什么地方，然后是10分钟步行会到什么地方，最后是15分钟步行会到什么地方。根据中国的本地特色，还需要测算以自行车出发的小片、中片和大片半径，最后是以车行速度来测算小片、中片和大片各覆盖了什么区域。如果有自然的分隔线，如一条铁路线，或是另一个街区有一个竞争对手，商圈的覆盖就需要依据这种边界进行调整。

然后，需要对这些区域进行进一步的细化，计算这片区域内各个居住小区详尽的人口规模和特征的调查，计算不同区域内人口的数量和密度、年龄分布、文化水平、职业分布、人均可支配收入等许多指标。家乐福的做法还会更细致一些，根据这些小区的远近程度和居民可支配收入，再划定重要销售区域和普通销售区域。

第二，就是要研究这片区域内的城市交通和周边的商圈的竞争情况。如果一个未来的店址周围有许多的公交车，或是道路宽敞、交通方便。那么销售辐射的半径就可以大为放大。上海的大卖场都非常聪明，例如家乐福古北店周围的公交线路不多，家乐福就干脆自己租用公交车定点在一些固定的小区间穿行，方便这些离得较远的小区居民上门一次性购齐一周的生活用品。

当然未来潜在销售区域会受到很多竞争对手的挤压，所以家乐福也会将未来所有的竞争对手计算进去。传统的商圈分析中，需要计算所有竞争对手的销售情况，产品线组成和单位面积销售额等情况，然后将这些估计的数字从总的区域潜力中减去，未来的销售潜力就产生了。但是，这样做并没有考虑到不同对手的竞争实力，所以有些商店在开业前索性把其他商店的短板摸个透彻，以打分的方法发现他们的不足之处，比如环境是否清洁、哪类产品的价格比较高、生鲜产品的新鲜程度如何等，然后依据这种精确制导的调研结果进行具有杀伤力的打击。

当然，一个商圈的调查并不会随着一个门店的开张大吉而结束。家乐福自己的一份资料指出，顾客中有60%的顾客在34岁以下，70%是女性，然后有28%的人走路，45%的人通过公共汽车而来。所以很明显，大卖场可以依据这些目标顾客的信息来微调自己的商品线。能体现家乐福用心的是，家乐福在上海的每家店都有小小的不同。在虹桥门店，因为周围的高收入群体和外国侨民比较多，其中外国侨民占到了家乐福消费群体的40%，所以虹桥店里的外国商品特别多，如各类葡萄酒、泥肠、奶酪和橄榄油等，而这都是家乐福为了这些特殊的消费群体特意从国外进口的。南方商场的家乐福因为周围的居住小区比较分散，干脆开了一个迷你SHOPPINGMALL，在商场里开了一家电影院和麦当劳，增大自己吸引较远处人群的力度。青岛的家乐福做得更到位，因为有15%的顾客是韩国人，干脆就做了许多韩文招牌。

高流转率与大采购超市零售业的一个误区是，总以为大批量采购压低成本是大卖场修理其他小超市的法宝，但是，这其实只是“果”而非“因”。商品的高流通性才是大卖场真正的法宝。相对而言，大卖场的净利率非常低，一般来说只有2%~4%，但是大卖场获利不是靠毛利高而是靠周转快。而大批量采购只是所有商场商品高速流转的集中体现而已。而体现高流转率的具体支撑手段，就是实行品类管理（Category Management），优化商品结构。根据沃尔玛与宝洁的一次合作，品类管理的效果是销售额上升了32.5%、库存下降了46%、周转速度提高了11%。

而家乐福也完全有同样的管理哲学。家乐福选择商品的第一项要求就是要有高流转性。比如，如果一个商品上了货架走得不好，家乐福就会把它30厘米的货架展示缩小到20厘米。如果销售数字还是上不去，陈列空间再缩小10厘米。如果没有任何起色，那么宝贵的货架就会让出来给其他的商品。家乐福这些方面的管理工作全部由电脑来完成，由POS机实时收集的数据进行统一的汇总和分析，对每一个产品的实际销售情况、单位销售量和毛利率进行严密的监控。这样做，使得家乐福的商品结构得到充分的优化，完全面向顾客的需求，减少了很多资金的搁置和占用。

涉及具体营运的管理，可以用“Retailis Detail”这句简洁无比的英语来解释。举生鲜食品为例，流动的每一个过程点都要加一个控制点，从农田里采摘上来、放在车上、放在冷库里、放到商场货架上，全都要加以整理剔除和品质控制。然后生鲜食品放在货架上被第一批顾客采购了以后，还要进一步地整理。所有的这一切，都需要对一些细节进行特别的关注。家乐福在这方面发展出一套非常复杂的程序和规则。例如，食品进油锅的时候油温是多少度，切开后肉类保鲜的温度是多少度，多少时间必须要进行一次清理货架，商品的贴标签和商品新鲜度的管理，全都有详详细细的规定，用制度以确保自己“新鲜和质量”的卖点不会走样变形。为了使制度能够被不折不扣地执行，员工的培训也完全是从顾客的角度出发，让他们把自己当成消费者来进行采购，结果当他们看到乱成一团的蔬菜，自己也不愿意买，终于对管理制度有了深刻的理解。

这个从一个空降兵开始拓展的事业，现在已经变成了15个城市里27个商场，转眼间将家乐福的旗帜插上中国各个消费中心城市的制高点。沃尔玛经典的“以速度抢占市场”哲学，被家乐福抢了先机。

请总结家乐福选址时考虑的几个因素。

附：常用物流设备用语中英文对照

AS/RS（Automatic Storage/Retrieval System） 自动存取仓储系统
Assembly packaging 集合包装
Average inventory 平均存货
Belt conveyor 皮带式输送机（带）
Block pattern row pattern 整齐码放
Bonded warehouse 国际物流中心保税仓库
Brick pattern 砌砖式码放
Chain conveyor 链条式输送机
Common carrier 公共承运人
Consolidation 装运整合
Container terminal 集装箱中转站
Contract carrier 契约承运人
Contract logistics 契约物流
Cycle inventory 周期存货
Delivery 配送
Dry cargo 干货
Dunnage 填充
EDI（Electronic Data Interchange） 电子资料交换
Export processing zone 加工出口区
Floor utilization percentage 地面面积利用率
Flow（dynamic）racking 重型流力架
Flow（dynamic）rack shelving 轻型（料盒、纸箱）流力架
Forklift truck 叉车
LGV 激光引导无人搬运车
Load efficient 装载效率
Logistical utilities 物流效用
Operation area 理货区
Pallet 托盘
Palletization 托盘化
Palletizer 托盘堆垛机
Picking 拣货，拣选作业
Platform 物流容器，站台，月台
Roll container 笼车
Roller conveyor 滚筒式输送机（带）
Slat conveyor 条板式输送机（带）
Storage 存储
Table trolley 物流台车
Third part logistics 第三方物流
Tray conveyor 盘式输送机（带）
Unit load 单元货载
Unit load system 单元货载系统
Upright 支柱
Vertical conveyor 垂直输送机
Warehouse 仓库
WCS（Warehouse Control System） 仓储控制系统
WMS（Warehouse Management System） 仓储管理系统

7 物流仓储运营

学习目标

- 了解仓储经营计划的基本内容；
- 了解仓储合同当事人的权利和义务；
- 掌握仓储成本的构成及计算；
- 掌握仓储运营绩效评价的指标体系；
- 了解仓储管理指标分析方法。

7.1 仓储经营计划

仓储经营的目标是按照仓储活动的各项要求和仓储管理上的需要，合理组织与仓储经营有直接关系的部门、环节及相关人员，使其工作协调、有效地进行，同时加速商品在仓库中的周转，合理使用人力、物力，借以取得最大的经济效益。具体来说，仓储经营目标是要实现仓储经营活动的“入库快速化、出库快速化、储存高效化、经营多样化、保管科学化、费用节约化”。

为更好地实现仓储经营的目标，编制合理的仓储经营计划是其中重要的也是首要的环节。仓储经营计划是指根据市场的需求和企业的仓储能力确定经营目标，预先拟订组织、指挥、调节、控制企业各部门、各环节的工作内容和步骤，以达到完成仓储经营任务、实现提高仓储作业的经济效益的最终目的。为仓储业务活动制订计划，有利于将整个仓储业务活动有机地结合起来，科学合理地安排好仓储业务。

7.1.1 仓储经营计划编制步骤

仓储经营计划编制步骤主要为设立目标、了解情况、收集资料、调查研究、制订计划五个作业程序。计划五个步骤是由经验发展而成的惯用程序。

(1) 设立目标

建立目标体系为计划作业的首要工作，其目的是将各项计划及业务活动，分别纳入相关目标项下，以利于整个计划的顺利开展。目标的制订，必须完整而明确，不可有混淆不清的现象。

（2）了解状况

要了解客观环境与主观条件，也就是要“知己知彼”，不可盲目行事，能够了解客观环境，就可以找出症结所在，再衡量已具备的各种条件，考虑周详。

（3）收集资料

状况了解后，对于具体事项，必须多方面收集资料，并应力求详尽，以免判断错误。

（4）调查研究

对不清楚的状况、资料，需要调查清楚，获得完整资料。对于有关问题的重点，必须反复研究，以提出解决办法。

（5）制订计划

根据已了解的状况、资料及其调查、研究的结果，拟订计划草案，由上而下发给各有关机关或作业人员予以审议，然后由下而上酌情予以修正、综合，再制订完善的计划。

7.1.2　仓储经营计划的基本内容

（1）计划介绍

这一部分介绍计划编写的背景、原因、目的以及使用。

（2）计划摘要

用清晰简洁的方式概括出计划的要点。它不应该太长，也不要烦琐，每个读它的人都应该能够从这个摘要中了解到计划的实质。摘要一般包括：计划依据的假设、计划的目标、计划实施的时间比例。

（3）市场环境分析

在编写好的计划中，环境分析这一部分应该只包括内部和外部市场研究的总结性信息和分析的主要结果，主要包括假设、历史和预计营销概要、战略市场、主要物流服务产品、主要营销地区等。

（4）营销目标

通常有一系列应该取得的目标，并以收到的订单、营销额、市场占有率和利润来予以定量化。在书面计划中只需要列出主要的目标，也就是整体目标。

（5）营销战略

表明所选择的市场营销战略的类型——防守型、发展型、进攻型还是不同类型的组合。单个战略应以市场营销组合的四个主要要素为题展开：

①有关产品的战略。

②有关定价的战略。

③有关促销的战略。

④有关分销的战略。

（6）时间表

时间表是有关行动计划实施程序的主时间表。每个行动计划都应列出主时间表或按产品、定价、促销和分销职能列出子时间表。这些时间表揭示了每一个部门和每一个员工的责任以及执行这些责任的时间安排。

（7）营销促进

在这一部分应该详细写出广告和促销计划，不仅包括广告和营销促进，还要包括人员要求。确定出将采用的分销渠道组合和营销部门的结构，包括将采用的任何变化。同时，也应该包括目前和追加人员名单以及营销部门组织结构图。

（8）预算和利润及损失核算

这一部分的信息至少应包括执行计划所耗费的总成本。因此，需要确认利润回报能够证明行动计划、广告和促销计划的花费是值得的。额外成本预算会对公司的利润和损失核算产生影响。

（9）控制和修正过程

在取得目标过程中，拥有一个适当的监督和控制系统来评价业务表现，并在需要时提出修正意见是很重要的。这个监督和控制系统应该包括在编写好的计划中。

①建立标准。这一部分同计划实施的营销和成本预算及时间安排有关。

②评价业务表现。这一部分是将实际表现同标准进行比较。

③提出修正偏差的方法。这一部分指偏差超出预定限额时提出详细的修正程序。这些限额应该在编好的计划中列出。

控制系统主要是针对负有责任的人员，而不是针对时间表和人员本身。它应该易于使用，并在使用时允许有一定偏差。在编写好的计划中要有控制的细节。

营销计划并不是一成不变的。在执行过程中，会发现诸如经济环境会变化，一些战略并不像想象中的那么有效，有些行动计划误期等的问题。相反的情况，有的计划比预期的更成功，期望的两年定量在一年内就实现了等。正因为如此，在编写好的计划中要有一个修正程序。这可以简单地表述为“本计划每隔 12 个月修正一次”。

当书面计划完成后，接着必须进行沟通——同那些必须经其同意才能执行计划的人和该计划的执行人沟通。如果某个计划没有进行良好的沟通，它肯定会失败。它会败在不被批准，也会败在执行过程中。所以，提出计划是很重要的，要确信每一个人都了解它，而不仅仅是在内部信件中发一份复印件。如果在计划准备期间进行了很好的磋商，如果对计划作出贡献的人从头到尾都参与了计划的准备，他们就会满怀热情地帮助计划实施。

7.1.3 仓储经营计划的平衡

仓储经营计划是仓储企业经营活动的统筹规划和总体安排，因此要在国家实行的调控政策、市场调查、预测的基础上，结合企业的实际情况，如仓储结构、品种数量、仓储能力、组织结构等综合平衡来制订经营计划。

在掌握了一定时期内客户的货物存储需求以后，计划工作就是在满足客户的要求前提下，如何充分利用现有的仓储资源进行需求和能力之间的综合平衡。这种平衡包括以下几个方面：

1. 货物存储在地域上的平衡

货物的仓储是物流系统中的一系列“暂住”环节，因此在物流链上的前后仓储的数量和能力应该保持平衡，如果前后环节的仓储能力不平衡，则会造成库存能力的不足或过剩。所以，作为某种货物流通的主管部门应该从整体物流的角度合理平衡系统内各环节之间仓储的能力。

2. 库场类型与存储能力之间的平衡

各种货物对存储的要求是不同的，合理使用库场就是应该将货物按其要求存储在合适的库场内。但是，一个仓储企业的库场类型往往与要存储的货物类型不能很好地匹配，致使有些库场的能力大于需求，而另一些库场的能力则小于需求。因此，我们在进行市场促销时，应根据自己的库场实际情况，有针对性地组织货源。对于一些量大且货源稳定的货种，如果目前库场类型和能力难以满足，则应考虑租用其他企业的库场，并经论证认为合理可行的情况下，可对现有库场进行技术改造，使其满足新货种存储的要求。

3. 货物存储时间上的平衡

随着市场经济的发展，物流变化将随经济的周期性涨落而改变，由此造成货物的仓储需求也发生周期性变化，这种变化并不与经济涨落同步，而是相对滞后，由于影响仓储需求变化的因素很多，以至于难以准确地估计出仓储需求的变化规律。这对仓储企业在考虑仓储能力在时间上的平衡带来一定的困难。但是，仓储企业的经营者通过长期的工作摸索，并注意货物供需市场的变化，是能够掌握仓储需求的一些变化规律的。虽然这些规律不一定准确，但确实能反映出变化的趋势。

仓储经营者在掌握仓储需求变化后，应在仓储计划中较长时段的仓储安排上做到时间的平衡，在时间不能变化的情况下，应及时调整原先的库场存货的分区方法，以满足当前货种存储的需要。

7.2 仓储合同

7.2.1 仓储合同概述

1. 仓储合同的定义

《合同法》第三百八十一条指出，仓储合同是仓储保管人储存存货人交付的仓储物，存货人支付仓储费的合同。仓储合同属于保管合同的一种特殊类型，我国以往的有关合同法规将仓储合同归入保管合同中，统称仓储保管合同，但因其有别于一般保管合同的仓库营业性质，因而合同法将其作为独立的合同固定下来。从《合同法》的界定可以看出，存货人交付储存物、支付规定的仓储费是仓储合同成立的必要条件。仓储合同的种类主要有：一般保管仓储合同、混藏式仓储合同、消费式仓储合同和仓库租赁合同。

【小看板】仓储合同与保管合同的区别

仓储合同有其法定的特点，所以在签订履行时要注意自己权利义务的内容、起始时间，这决定着承担责任的内容和开始时间，例如合同生效时间二者不同，前者为成立时生效，后者为交付时生效；前者均为有偿，而后者有偿与否，则由当事人自行约定。

2. 仓储合同的标的

合同标的是指合同当事人权利和义务所共同指向的对象。仓储合同虽然约定的是仓储物的保管事项，但合同的标的却是仓储保管行为，包括仓储物、仓储空间和仓储时间等。保管人提供保管空间和时间保管仓储物，存货人提供仓储物并为使用保管人的仓储行为支付仓储费。

3. 仓储合同的格式

（1）合同书

合同书是仓储合用的最常用格式。合同书由合同名称、合同编号、合同条款、当事人签署四个部分组成。合同书必须形式完整，内容全面，有利于合同的履行及争议的处理。

（2）确认书

在采取口头、传真、电文等形式商定合同时，为了明确合同条款和表达合同订立，常常用一方向另一方签发确认书的方法确定合同。由于确认书仅由发出确认书的一方签署，因此，确认书与完整的合同书不同，一般双方还要签订正式合同书。

（3）格式合同

一些公共仓储单位（如码头、车站）一般采用格式仓储合同。格式合同是由一方事先拟订，并在工商管理部门备案的单方确定的合同。在订立合同时只是由保管人填写仓储物、保管期、仓储费等变动事项后直接签发给存货人签订，不进行条款协商。

4. 仓储合同的特征

就仓储合同的性质而言，它仍然是保管合同的一种，但又具有其与一般保管合同相区别的显著特征。

（1）仓储保管人必须是拥有仓储设备并具有从事仓储业务资格的人

仓储是一种商业行为，有无仓储设备是仓储保管人是否具备营业资格的重要标志。仓储设备是保管人从事仓储经营业务必备的基本物质条件。从事仓储业务的资格是指，仓储保管人必须取得专门从事或者兼营仓储业务的营业许可。

（2）仓储保管的对象是动产，不动产不能成为仓储合同的标的物

与一般保管合同的标的物必须是特定物或特定化了的种类物不同的是，作为仓储物的动产不限于特定物，也可以是种类物。若为特定物，则储存期限届满或依存货人的请求返还仓储物时，须采取原物返还的方式；若为种类物，则只需返还该种类的相同品质、相同

数量的替代物。

(3) 仓储合同为诺成合同

由于仓储合同的主体——仓库营业人即保管人以赢利为经营仓库的目的，这就决定了仓储合同应为诺成合同。若合同双方当事人就合同的主要条款达成一致，合同即告成立。

(4) 仓储合同是有偿合同

仓储合同的订立形式在法律上没有明确的规定。合同既可以采用书面形式，亦可采用口头形式。仓储合同中规定，仓储合同的当事人双方于合同有效成立后相互承担义务，保管人提供仓储服务，存货人按约给付报酬和其他费用，双方的义务具有对应性和对价性。所以仓储合同为双方的有偿合同。

(5) 存货人的货物交付或返还请求权以仓单为凭证

仓单具有仓储物所有权凭证的作用，作为法定的提取或存入仓储物的书面凭证，仓单是每一仓储合同中必备的，因此，仓单是仓储合同中最为重要的法律文件之一。

7.2.2 仓储合同的订立与履行

1. 仓储合同的订立过程

(1) 要约

要约是特定的合同当事人所为的意思表示，它以具体的、足以使合同成文的主要条件为内容，向要约人希望与之缔结合同的相对人发出，且表明对方一经承诺即受约束。在仓储合同中，一般来说，要约的内容至少应当包括以下内容：标的物、数量、质量和仓储费用。即使没有具体的数量、质量和仓储费用的表述，也应当通过具体的方式来确定这些内容。

(2) 承诺

承诺是受要约人完全同意要约内容的意思表示。承诺必须是在要约的有效期限内做出，并与要约的内容完全一致。受要约人对要约内容的任何扩充、限制或者其他变更，都只能构成一项新要约，而非有效的承诺。在仓储合同中，承诺最具法律意义，保管人一经承诺，仓储合同即告成立，且同时生效。也就是说，仓储合同是诺成合同，合同的成立与生效同时发生，该效力的发生基于一个有效的承诺。

2. 仓储合同条款

仓储合同的主要条款是存货人与保管人双方协商一致而订立的，规定双方所享有的主要权利和承担的主要义务。仓储合同的主要条款是检验合同的合法性、有效性的重要依据。仓储合同的条款包括：

①双方当事人名称。

②仓储物的品名、品种、规格。

③仓储物的数量、质量和包装。

④仓储物验收的内容、标准、方法、时间、资料。

⑤仓储物保管条件和要求。

⑥仓储物入库和出库的手续、时间、地点、运输方式。

⑦仓储物的损耗标准和损耗处理。

⑧计费项目、标准和结算方式。

⑨保管期限。

⑩变更和解除合同的期限。

⑪争议的解决方式。

⑫违约责任。

3. 仓储合同的生效和无效

仓储合同为诺成合同，在合同成立时就生效。在仓储合同生效后，发生的存货人未交付仓储物、保管人不能接收仓储物都属于未履行仓储合同，违约责任由责任人承担。

已订立的合同，但由于合同违反了法律规定，从而被认定为无效，视为无效合同。可以在合同订立之后、履行之前、合同履行之中或者合同履行之后认定合同无效，由人民法院或仲裁机构、工商行政机关认定。

一方以欺诈、胁迫手段订立合同，损害国家利益的仓储合同；恶意串通，损害国家、集体或者第三人利益的仓储合同；以合法形式掩盖不法目的的仓储合同；损害社会公共利益的仓储合同；违反法律、行政法规强制性规定的仓储合同；无效代理的合同均是无效仓储合同。对于因重大误解订立的合同和在订立合同中显失公平的合同，当事人一方有权请求人民法院或者仲裁机构给予变更或者撤销。

4. 仓储合同的变更、解除

在合同生效后，当事人应按照约定全面履行自己的义务，任何一方不得擅自变更和更改合同。但由于仓储经营具有极大的变动性和复杂性，会因为主客观情况的变化而产生变化，为了避免当事人双方的利益受到更大的损害，变更或者解除已生效的不利合同可以成为更有利的选择。

(1) 仓储合同变更

对已生效的仓储合同的内容进行修改或者补充，不改变原合同的关系和木质事项称为仓储合同变更。仓储合同当事人一方因为利益需要，向另一方提出将合同进行变更的要求，并要求另一方在限期内答复，另一方答复同意变更，则合同发生变更。双方按照变更后的合同履行，对变更前已履行的部分没有追溯力。如果另一方在期限内明确拒绝变更，则合同变更不能成立。

(2) 仓储合同的解除

未履行的合同或合同未履行部分不再履行，使希望发生的权利义务关系消亡或使合同履行终止称为仓储合同的解除。

仓储合同解除有如下两种方式。

①存货人与保管人协议解除合同。协议解除合同和协议订立合同一样，是双方意见一致的结果，具有最高效力。解除合同协议可以在合同生效后、履行完毕之前双方协商达成，也可以在订立合同时订立解除合同的条款。当约定的解除合同的条件发生时，一方通

知另一方解除合同。

②出现法律规定的仓储合同解除条件而解除合同。这是当事人一方依照《合同法》的规定采取解除合同的行为。《合同法》中规定：因不可抗力致使合同的目的不能实现，任何一方可通知对方合同被解除；一方当事人预期违约，另一方可以行使合同解除权；仓储合同的一方当事人迟延对合同义务进行履行，经催告后在合理期限内仍未履行，另一方可以解除合同；仓储合同一方当事人迟延履行义务或者有其他违约行为，致使合同目的不能得到实现，另一方可以解除合同。一方依法选择解除合同的，要书面向对方发出解除合同的通知，通知到达对方，合同解除。有权解除合同一方也可以要求人民法院或仲裁机构确定解除合同。

合同解除后，因为仓储合同所产生的存货人和保管人的权利义务关系消灭，对于未履行的合同自然应该终止履行。合同解除对合同的清算条款的效力没有影响，双方仍需要按照清算条款的约定承担责任并赔偿损失。需承担违约责任的一方仍要依据合同规定的条款承担违约责任、采取补救措施和赔偿经济损失。如违约的存货人需要对仓库空置给予补偿，造成合同解除的保管人则需要对运输费、转仓费、仓储费差额等损失赔偿进行承担。

7.2.3 仓储合同当事人的权利和义务

仓储合同的当事人双方分别为存货人和保管人。

1. 存货人的主要权利

①有权要求保管人妥善管理货物。

②有权要求保管人亲自看守管理仓储货物。

③有权要求保管人及时验收货物。

④合同约定由保管人运送货物或代办托运的，存货人有权要求对方将货物送至指定的地点或办理托运手续。

⑤有权检查仓储物。

【小看板】《合同法》赋予了货物所有人随时检查或提取样品的权利，有的仓储合同期限较长，仓储物在仓储过程中可能发生某些变化，若等到提取时才发现问题，不仅不能避免损失，还会发生损失承担的争议，所以行使该权利无疑为避免纠纷打下良好基础。

---

2. 存货人的主要义务

①按照合同约定交付仓储物入库。

②向保管人支付报酬，即仓储费。

③偿付必要费用。存货人应当支付保管人因堆藏、保管货物所支出的必要费用，包括运费、修缮费、保险费和转仓费等。

④凭单提取仓储物并提交验收资料。

【小看板】存货人必须是具有将仓储物交付仓储的处分权的人，可以是仓储物的所有人，也可以是只有仓储权利的占有人（如承运人），或者是受让仓储物但未实际占有仓储物的虚拟所有人，或者有权处分人（如法院、行政机关）等。

---

3. 保管人的主要权利

①要求存货人按合同规定及时交付标的物。

②有权要求存货人对货物进行必要的包装。

③有权要求存货人告知货物情况并提供相关验收资料。根据法律规定，存货人违反规定或约定，不提交特殊物品的验收资料的，保管人可以拒收仓储物，也可以采取相应措施以避免损失的发生，由此产生的费用由存货人承担。

④有权要求存货人对变质或损坏的货物进行处理。

⑤有权要求存货人按期提取货物。

⑥具有提存权。

⑦有权按约定收取储存管理货物的各项费用和约定的劳务报酬。

4. 保管人的主要义务

①应存货人要求填发仓单的义务。

②接收和验收存货人的货物入库的义务。

③妥善保管储存物的义务。

④危险通知义务。储存的货物出现危险时，保管人应及时通知存货人。危险情形主要包括：第一，保管人对入库仓储物发现有变质或者其他损坏，危及其他仓储物的安全和正常保管的，应当催告存货人或仓单持有人做出必要的处置。因情况紧急代存货人做出必要处置的，应当于事后将该情况及时通知存货人或仓单持有人。第二，遇有第三人质疑其保管的货物的权利而起诉或扣押时，保管人应及时通知存货人或仓单持有人。

⑤归还保管物的义务。合同约定的保管期届满或因其他事由终止合同时，保管人应将储存的原物返还给存货人或存货人指定的第三人。合同中约定有储存期限的，在仓储合同期限届满前，保管人不得要求存货人提前取回保管物；存货人要求提前取回时，保管人不得拒绝，但保管人有权不减收仓储费。

【小看板】根据合同法的规定，保管人必须有仓储设备和具备专门从事仓储保管业务的资格。从事特殊保管的，还要有特殊保管的条件要求。设施和设备无论是保管人自有还是租赁，保管人必须具有有效的经营使用权。同时，保管人从事仓储经营必须具有经营资

格，获得工商营业执照。

7.2.4 仓储合同中的违约责任和免责

1. 存货人的违约责任

①存货人没有按合同的约定对仓储物进行必要的包装或该包装不符合约定要求，造成仓储物的毁损、灭失，自行承担责任，并由此承担给仓储保管人造成的损失。

②存货人没有按合同约定的仓储物的性质交付仓储物，或者超过储存期，造成仓储物的毁损、灭失，自行承担责任。

③危险有害物品必须在合同中注明，并提供必要的资料；存货人未按合同约定而造成损失，自行承担民事和刑事责任，并承担由此给仓储人造成的损失。

④逾期储存，承担加付费用的责任。

⑤储存期满而不提取仓储物，经催告后仍不提取，存货人承担由此提取仓储物的违约赔偿责任。

2. 保管人的违约责任

①保管人验收仓储物后，在仓储期间发生仓储物的品种、数量、质量、规格、型号不符合合同约定的，承担违约赔偿责任。

②仓储期间，因保管人保管不善造成仓储物毁损、灭失，保管人承担违约赔偿责任。

③仓储期间，因约定的保管条件发生变化而未及时通知存货人，造成仓储物的毁损、灭失，由保管人承担违约损害责任。

3. 违约金和赔偿方法

①违反货物入库和出库的规定时，当事人必须向对方交付违约金。违约金的数额为违约所涉及的那一部分货物的几个月保管费（或租金）或几倍的劳务费。

②因违约使对方遭受经济损失时，如违约金不足抵偿实际损失，还应以赔偿金的形式补偿其差额部分。

③前述违约行为，给对方造成损失的，一律赔偿实际损失。

④赔偿货物的损失，一律按照进货价或国家批准调整后的价格计算。有残值的，应扣除其残值部分或残件归赔偿方，不负责赔偿实物。

4. 免责

由于不能预见并且对其发生和后果不能防止或避免的不可抗力事故，致使直接影响合同的履行或约定的条件履行时，遇有不可抗力事故的一方，应立即将事故情况通知对方，并应在合同规定期限内，提供事故详情及合同不能履行或者部分不能履行或需要延期履行的理由的有效证明文件，此项证明文件应由事故发生地区的公证机构出具。按照事故对履行合同影响的程序，由双方协商决定是否解除合同，或者部分免除履行合同的责任，或者延期履行合同。

【案例分析】

晨达配送中心与流花食品厂签订配送合同，食品厂将货物存储在配送中心。某月20日，24箱薯片由晨达配送中心配送到新世纪超市。到货后，超市收货人在未做验货情况下签收配送单。同月21日，超市人员发现该批薯片大部分由于长期保存不当受潮，且在送货途中颠簸碎裂。超市向流花食品厂进行索赔，但该厂要求晨达配送中心进行赔偿，并扣压支付给晨达配送中心的各项费用。晨达配送中心不服，将配送剩余物强行占有，以超市已签单为由，拒不归还。

请分析：在此事件中，配送人、委托人、收货人三方具有的权利与义务分别是什么？

7.3 仓储成本管理

7.3.1 仓储成本的构成

仓储成本是发生在商品储存期间的各种费用支出。其中，一部分是用于仓储的设备、设施投资和维护以及商品本身的自然损耗；另一部分则是用于仓储作业所消耗的物化劳动和活劳动；还有一部分是商品存量增加所消耗的资金成本和风险成本。这些在商品存储过程中的劳动消耗是商品生产在流通领域中的继续，是实现商品价值的重要组成部分。

1. 仓储运作成本

仓储运作成本是发生在仓储过程中，为保护商品合理储存，正常出入库而发生的与储存商品运作有关的费用。仓储运作成本可以分为固定成本和变动成本两部分。

（1）固定成本

仓库固定成本是在一定的仓储存量范围内，不随出入库变化的成本。主要包括：库房折旧、设备折旧、库房租金、库房固定人员工资等。

仓储固定成本在每月的成本计算时相对固定，与日常发生的运作、消耗没有直接的关系，在一定范围内与库存数量也没有直接关系。固定成本中的库房折旧、设备折旧、外租库房租金和固定人员工资从财务部可以直接得到。库房中的固定费用可以根据不同的作业模式而有不同的内容，包括固定取暖费、固定设备维修费、固定照明费等。

（2）变动成本

仓库变动成本是仓库运作过程中与进出库存量有关的成本。主要包括：水、电、气费用，设备维修费用，工人加班费用，货品损坏成本等。

仓储运作变动成本的计算是根据实际发生的运作费用进行的，包括按月统计的实际运作中发生的水、电、气消耗，设备维修费用，由于货量增加而发生的工人加班费和货品损坏成本等。

2. 仓储存货成本

仓储存货成本是由于存货而发生的除仓储运作成本以外的各种成本，包括：

(1) 订货成本

订货成本是指企业为了实现一次订货而进行的各种活动的费用，包括处理订货的差旅费、办公费等支出。订货成本中有一部分与订货次数无关，如常设机构的基本开支等，称为订货的固定成本；另一部分与订货的次数有关，如差旅费、通信费等，称为订货的变动成本。

(2) 资金占用成本

资金占用成本是为购买商品和保证存货而使用的资金的成本。资金成本可以用公司投资的机会成本或投资期望值衡量，也可以用资金实际来源的发生成本来计算。为了简化和方便，一般资金成本用银行贷款利息来计算。

(3) 存货风险成本

存货风险成本是发生在货品持有期间的，由于市场变化、价格变化、货品质量的变化所造成的企业无法控制的商品贬值、损坏、丢失和变质等成本。

3. 缺货成本

缺货成本不是仓库发生的成本支出项目，而是作为一项评价库存大小，从而进行库存决策的一种成本比较方法。缺货成本是指由于库存供应中断而造成的损失，包括原材料供应中断造成的停工损失、产成品库存缺货造成的延迟发货损失和丧失销售机会的损失(还应包括商誉损失)。如果生产企业以紧急采购代用材料来解决库存材料的中断之急，那么缺货成本表现为紧急额外购入成本（紧急采购成本与正常采购成本之差)。当一种产品缺货时，客户就会购买该企业的竞争对手的产品，这就会对企业产生直接利润损失，如果失去客户，还可能造成企业间接或长期利润损失。另外，原材料、半成品或零配件的缺货，意味着机器空闲，甚至停产。

缺货成本主要包括以下两个方面：

(1) 安全库存的存货成本

为防止因市场变化或供应不及时而发生存货短缺的现象，企业会考虑保持一定数量的安全库存或缓冲库存，以防止需求方面的不确定性。但是，困难在于确定在任何时候需要保持多少安全库存，安全库存太多意味着多余的库存，而安全库存不足则意味着缺货或失效。

(2) 缺货成本

缺货成本是由于外部和内部中断供应所产生的。当企业的客户得不到全部订货时，叫做外部缺货；当企业内部某个部门得不到全部订货时，叫做内部缺货。如果发生外部缺货，将导致以下情况的发生：

①延期交货。商品延期交货会产生特殊订单处理费用和运输费用。由于延期交货经常是小规模装运，运输费用相对较高，而且，延期交货的商品可能需要从一个地区的一个工

厂的仓库供货，进行长距离运输。另外，可能需要利用速度快、收费较高的运输方式运送延期交货的商品。因此，延期交货成本比一般订单处理费用高，可根据额外订单处理费用的额外运费来计算。

②失销。由于缺货，可能造成一些用户转向其他供应商，也就是说，许多公司都有生产替代产品的竞争者，当一个供应商没有客户所需的商品时，客户就会从其他供应商那里订货。在这种情况下，缺货导致失销，对于企业来说，直接损失就是这种商品的利润损失。因此，可以通过计算这批商品的利润来确定直接损失。除了利润的损失，失销还包括当初负责相关销售业务的销售人员所付出的努力的损失，这就是机会损失。

③失去客户。由于缺货而失去客户，也就是说，客户永远转向另一个供应商。如果失去了客户，企业也就失去了未来一系列收入，这种缺货造成的损失很难估计，需要用管理科学的技术以及市场营销的研究方法来分析和计算。除了利润损失，还有由于缺货造成的商誉损失。

4. 在途存货成本

在途存货成本的发生与选择的运输方式有关。如果企业以目的地交货价销售商品，就意味着企业要负责将商品运达客户，当客户收到订货商品时，商品的所有权才转移。从财务的角度来看，商品仍是销售方的库存。因为这种在途货物在交给客户之前仍然属于企业所有，运货方式及所需的时间是储存成本的一部分，企业应该对运输成本与在途存货持有成本进行分析。

在途库存的资金占用成本一般等于仓库中库存资金的占用成本。仓储运作成本一般与在途库存不相关，但要考虑在途货物的保险费用。选择快速运输方式时，一般货物过时或变质的风险要小些，因此，仓储风险成本较小。

一般来说，在途存货成本要比仓库中的存货成本小，在实际中，需要对每一项成本进行仔细分析，才能准确计算出实际成本。

7.3.2 仓储成本计算

仓储成本是企业物流成本中的重要组成部分，其高低直接影响着企业的利润水平。因此，合理控制仓储成本，加强仓储成本管理是企业物流管理的一项重要内容。

1. 仓储成本的计算范围

在计算仓储成本之前，需要明确仓储成本的计算范围。计算范围取决于成本计算的目的，如果要对所有的仓储物流活动进行管理，就需要计算出所有的仓储成本。同样是仓储成本，由于所包括的范围不同，计算结果也不一样。对外支付的保管费可以直接作为仓储物流成本全额统计，但对于企业内发生仓储费用是与其他部门发生的费用混合在一起的，需要从中剥离出来，例如材料费、人工费、物业管理费、管理费和营业外费用等。计算方法如下：

(1) 材料费

与仓储有关的包装材料、消耗工具、器具备品、燃料等费用，可以根据材料的出入库记录，将此期间与仓储有关的消耗量计算出来，再分别乘以单价便可得出仓储材料费。

(2) 人工费

人工费可以从物流人员的工资、奖金、补贴等报酬的实际支付金额得到，以及由企业统一负担，部门按人数分配后得到的金额计算出来。

(3) 物业管理费

物业管理费包括水、电、气等费用，可以根据设施上所记录的用量来获得相关数据，也可以根据建筑设施的比例和物流人员的比例简单推算。

(4) 管理费

管理费无法从财务会计方面直接得到相关的数据，可以按人头比例简单计算。

(5) 营业外费用

营业外费用包括折旧、利息等。折旧费根据设备的折旧年限、折旧率计算；利息根据物流相关资产的贷款利率计算。

2. 仓储成本的计算方法

为了达到合理计算仓储成本，有效监控仓储过程中发生的费用来源，可以按仓库支付形式、按仓储活动项目和适用对象等不同方法计算仓储成本。

(1) 按支付形式计算仓储成本

把仓储成本分为仓储搬运费、仓储保管费、材料消耗费、人工费、仓储管理费、仓储占用资金利息等支付形态分类，就可以计算出仓储成本的总额。这样可以了解花费最多的项目，从而确定仓储成本管理的重点。

(2) 按仓储活动项目计算仓储成本

将仓库中的各个运作环节发生的成本分别统计，例如，入库费用、出库费用、分拣费用、检查费用、盘点费用等。在仓库众多的情况下，采用按活动项目计算仓储成本的方法比较容易地进行相互之间的比较，从而达到有效管理的目的。

(3) 按适用对象计算仓储成本

仓储成本的计算也可以按照仓库商品所适用的对象，按产品、地区的不同分别计算仓储成本。按照不同地点的仓储发生成本，计算出各单位仓储成本与销售金额或毛收入所占比例，及时发现仓储过程中存在的问题，并加以解决。

7.3.3 降低仓储成本的措施

仓储成本管理，是仓储企业管理的基础，对提高整体管理水平、提高经济效益有重大影响。但是，由于仓储成本与物流成本的其他构成要素，如运输成本、配送成本，以及服务质量和水平之间存在二律背反的现象，因此，降低仓储成本要在保证物流总成本最低和不降低企业的总体服务质量和目标水平的前提下进行。常见的有如下措施。

1. 降低存货发生成本

(1) 排除无用的库存

定期核查仓库中的货品，将长期不用、过期、过时的货品及时上报清理。无用的库存既占用空间，又浪费库房运作费用，要建立制度对无用库存货品进行及时处理。

（2）减少库存量

仓储费用的发生与库存数量成正比例的关系，在满足存货保证功能的前提下，将存货数量降到最低，无疑是减少仓储成本的最直接办法。库存数量的减少既要靠存货控制部门合理的计划、与客户和供应商的良好沟通，也要依靠仓储部门的良好管理。仓储部门快速的信息传递、账物的准确，都能为降低库存提供良好的帮助。

（3）重新配置库存时，有效、灵活地运用库存量。

2. 采用“先进先出”方式，降低仓储物的保管风险

“先进先出”是储存管理的准则之一，它能保证每个储存物的储存期不致过长，减少仓储物的保管风险。有效的先进先出方式主要有以下几种。

（1）贯通式（重力式）货架系统

利用货架的每层形成贯通的通道，从一端存入物品，另一端取出物品，物品在通道中自行按先后顺序排队，不会出现越位等现象。贯通式（重力式）货架系统能非常有效地保证先进先出。

（2）“双仓法”储存

给每种储存物都准备两个储位或货位，轮换进行存取，再配以必须在一个货位中出清后才可以补充的规定，则可以保证实现“先进先出”。

（3）计算机存取系统

采用计算机管理，在存货时向计算机输入时间记录，编入一个简单的按时间顺序输出的程序，取货时计算机就能按时间给予指示，以保证“先进先出”。

3. 提高储存密度和仓容利用率

这样做的主要目的是减少储存设施的投资，提高单位存储面积的利用率，以降低成本、减少土地占用。具体有下列三种方法。

（1）采取高垛的方法，增加储存的高度

具体方法有采用高层货架仓库、集装箱等。

（2）缩小库内通道宽度以增加储存有效面积

具体方法有采用窄巷道式通道，配以轨道式装卸车辆，以减少车辆运行宽度要求，采用侧叉车、推拉式叉车，以减少叉车转弯所需的宽度。

（3）减少库内通道数量以增加有效储存面积

具体方法有采用密集型货架，采用不依靠通道可进车的可卸式货架，采用各种贯通式货架，采用不依靠通道的桥式起重机装卸技术等。

4. 采用有效的储存定位系统，提高仓储作业效率

储存定位的含义是被储存物位置的确定。如果定位系统有效，能大大节约寻找、存放、取出的时间，节约不少物化劳动及活劳动，而且能防止差错，便于清点及实行订货点等的管理方式。储存定位系统可采取先进的计算机管理，也可采取一般人工管理。行之有效的方式主要有以下几种。

(1)"四号定位"方式

"四号定位"是用一组四位数字来确定存取位置的固定货位方法，是我国手工管理中采用的科学方法。这四个号码是：库号、架号、层号和位号。这就使每一个货位都有一个组号，在物资入库时，按规划要求，对物资编号，记录在账卡上，提货时按四位数字的指示，很容易将货物拣选出来。这种定位方式可对仓库存货区事先做出规划，并能很快地存取货物，有利于提高速度，减少差错。

(2)电子计算机定位系统

电子计算机定位系统是利用电子计算机储存容量大、检索迅速的优势，在入库时，将存放货位输入计算机。出库时向计算机发出指令，并按计算机的指示人工或自动寻址，找到存放货、拣选取货的方式。这种方式可以充分利用每一个货位，而不需要专位待货，有利于提高仓库的储存能力，当吞吐量相同时，可比一般仓库减少建筑面积。

5. 采用有效的监测清点方式，提高仓储作业的准确程度

对储存物资数量和质量的监测有利于掌握仓储的基本情况，也有利于科学控制库存。在实际工作中稍有差错，就会使账物不符，所以，必须及时且准确地掌握实际储存情况，经常与账卡核对，确保仓储物资的完好无损，这是人工管理或计算机管理必不可少的。此外，经常的监测也是掌握被存物资数量状况的重要工作。监测清点的有效方式主要有以下几种。

(1)"五五化"堆码

"五五化"堆码是我国手工管理中采用的一种科学方法。储存物堆垛时，以"五"为基本计数单位，堆成总量为"五"的倍数的垛形，如梅花五、重叠五等。堆码后，有经验者可过目成数，大大加快了人工点数的速度，而且很少出现差错。

(2)光电识别系统

在货位上设置光电识别装置，通过该装置对被存物的条形码或其他识别装置（如芯片等）扫描，并将准确数目自动显示出来。这种方式不需人工清点就能准确掌握库存的实有数量。

(3)电子计算机监控系统

用电子计算机指示存取，可以避免人工存取容易出现差错的弊端，如果在储存物上采用条形码技术，使识别装置和计算机联结，每次存、取一件物品时，识别装置自动将条形码识别并将其输入计算机，计算机会自动做出存取记录。这样只需向计算机查询，就可了解所存物品的准确情况，因而无须再建立一套对仓储物实有数的监测系统，减少查货、清点工作。

6. 加速周转，提高单位仓容产出

储存现代化的重要课题是将静态储存变为动态储存，周转速度加快，会带来一系列的好处：资金周转快、资本效益高、货损货差小、仓库吞吐能力增加、成本下降等。具体做法诸如采用集装单元化存储、建立快速分拣系统，都有利于实现快进快出、大进大出。

7. **降低经营管理成本**

经营管理成本是企业经营活动和管理活动的费用和成本支出，包括管理费、业务费、交易成本等。加强该类成本管理，减少不必要支出，也能实现成本降低。当然，经营管理成本费用的支出时常不能产生直接的收益和回报，也不能完全取消，但是加强管理是很有必要的。

这些合理的对策可以单独实施，也可以同时实施。实施时，要充分掌握费用的权衡关系，必须在降低总的物流费用中研究其合理化。

7.4 仓储运营绩效评价指标

绩效是指在一定的经营期间内企业的经营效益和经营者的业绩。企业经营效益主要表现在赢利能力、资产运营水平、债务偿还能力和后续发展能力等方面；经营者业绩主要通过经营者在管理企业的过程中，对企业的经营、发展所取得的成果和所做出的贡献来体现。准确反映上述内容的各项定量及定性指标作为评价的主要依据，将这些指标同全国甚至世界同行业、同规模的平均水平比较，就会得到一个公正、客观的结论。

7.4.1 建立仓储运营绩效指标的意义

仓储的各项生产经营活动都与其经济效益有着密切的联系，同时，现代仓库的各项经济技术考核指标也是其经营管理成果的集中体现，是衡量现代仓库管理水平高低的尺度，是考核各项工作成绩的重要手段。因此，建立和健全一整套行之有效的考核指标体系，对于加强现代仓储管理，提高经济效益有着十分重要的意义。

1. **有利于提高仓储的经营管理水平**

经济核算中的每个指标均反映了现代仓储管理中的一个侧面，而一个有效的、完整的指标体系能反映管理水平的全貌，通过对比分析就能找出工作中存在的问题，提高管理水平。随着物流业的大发展，仓储行业的竞争也日益激烈，要使所经营的现代仓储企业始终能立于不败之地，就必须优化管理，加强经济核算，增强自身的竞争力。

2. **有利于落实仓储的经济责任制**

经济核算的各项指标实行现代仓储管理的经济责任制，因此就必须实行按劳取酬，建立并完善经济核算制度。

3. **有利于加快仓储企业的现代化建设**

经济核算会促进现代仓储企业优化劳动组织，改变人浮于事、机构臃肿的状况，从而提高劳动效率，降低活劳动的成本。经济核算又能促进企业改进技术装备和作业方法，找出仓储作业中的薄弱环节，对消耗高、效率低、质量差的设备，进行革新、改造，并有计划、有步骤地采用先进技术，提高仓储机械化、自动化水平，逐步实现现代化。

4. 有利于增加仓储的经济效益

现代仓储是自负盈亏独立核算的企业，其经济效益的好坏已成为直接关系到其能否生存的大事。因此，加强经济核算、找出管理中存在的问题、降低成本、提高效益，应成为现代仓储企业的首要任务之一。

7.4.2 仓储运营绩效评价的指标体系

仓储运营绩效评价的指标是由多方面的指标所构成的指标体系，其主要构成有以下几个方面。

1. 资源利用程度方面的指标

（1）仓库面积利用率

是衡量和考核仓库利用程度的指标。仓库的面积利用率越大，表明仓库面积的有效使用情况越好。其计算公式为：

仓库面积利用率 = 仓库可用面积/仓库建筑面积 ×100%

（2）仓容利用率

是衡量和考核仓库利用程度的另一项指标。仓容利用率越大，表明仓库的利用效率越高。其计算公式为：

仓容利用率 = 库存商品实际数量或容积/仓库应存商品数量或容积 ×100%

仓库面积利用率和仓容利用率是反映仓库管理工作水平的主要经济指标之一。考核这两项指标，可以反映货物储存面积与仓库实际面积的对比关系及仓库面积的利用是否合理，也可以为挖潜多储、提高仓库面积的有效利用率提供依据。

（3）设备完好率

是设备处于良好状态，随时能投入使用的设备占全部设备的百分比。其计算公式为：

设备完好率 = 完好台日数/总台日数 ×100%

式中：总台日数 = 总台数 × 每台日数（除节假日）。

【小看板】设备完好台日数是指设备处于良好状态的累计台日数，其中不包括正在修理或待修理设备的台日数。

（4）设备利用率

是考核运输、装卸搬运、加工、分拣等设备利用程度的指标，分为设备能力利用率和设备时间利用率两个分指标。设备利用率越大，说明设备的利用程度越高。其计算公式为：

设备能力利用率 = 实际载荷量/技术特征规定的载荷量 ×100%

班设备时间利用率 = 一班实际作业时数/8 小时 ×100%

日设备时间利用率 = 一日实际作业时数/24 小时 ×100%

年设备时间利用率 = 一年实际作业天数/（365 - 节假日数） ×100%

（5）全员劳动生产率

即劳动收入与收益的比值。通常以平均每人所完成的工作量或创造的利润额来表示。其计算公式为：

全员劳动生产率 = 利润总额/同期平均全员人数

式中：每月平均全员人数 = 月内每天实际人数之和/该月日历天数；

每年平均全员人数 = 年内各月平均人数之和/12。

2. 客户服务水平方面的指标

（1）客户满意程度

是衡量企业竞争力的重要指标。客户满意与否不仅影响企业的经营业绩，而且影响企业的形象。考核这项指标，不仅反映出企业服务水平的高低，同时衡量出企业竞争力的大小。其计算公式为：

客户满意程度 = 满足客户要求数量/客户要求数量 ×100%

（2）缺货率

是对物流配送中心商品可得性的衡量尺度。将全部商品所发生的缺货次数汇总起来，就可以反映一个企业实现其服务承诺的状况。其计算公式为：

缺货率 = 缺货次数/客户订货次数 ×100%

（3）准时交货率

是满足客户需求的考核指标。其计算公式为：

准时交货率 = 准时交货次数/总交货次数 ×100%

（4）货损货差赔偿费率

是反映仓库在整个收发保管作业过程中作业质量的综合指标。其计算公式为：

货损货差赔偿费率 = 货损货差赔偿费总额/同期业务收入总额 ×100%

3. 能力与质量方面的指标

（1）货物吞吐量

也叫货物周转量，它是指计划期内进出库货物的总量，一般以吨表示。计划指标通常以年吞吐量计算。其计算公式为：

计划期货物吞吐量 = 计划期货物总进库量 + 计划期货物总出库量 + 计划期货物直拨量

公式中的总进库量指验收后入库的货物数量；总出库量指按调拨计划、销售计划发出的货物数量；直拨量指从港口、车站直接拨给用户或货到专用线未经卸车直接拨给用户的货物数量。吞吐量是反映仓储工作的数量指标，是物流配送中心工作考核中的主要指标，也是计算其他指标的基础和依据。

（2）账货相符率

仓储账册上的货物存储量与实际仓库中保存的货物数量之间的相符合程度。一般在对仓储货物盘点时，逐笔与账面数字核对。账货相符率指标反映出仓库的管理水平，是避免企业财产损失的主要考核指标。其计算公式为：

账货相符率＝账货相符笔数/库存货物总笔数×100%

（3）进、发货准确率

是物流配送中心仓库管理的重要质量指标，进、发货的准确与否关系到物流配送中心服务质量的高低。因此，应严格考核进、发货差错率指标，将进、发货差错率控制在最低范围内。其计算公式为：

进、发货准确率＝（期内货物吞吐量－进、发货差错总量）/期内货物吞吐量×100%

（4）商品缺损率

主要由两种原因造成，一是保管损失，因保管养护不善造成的损失；二是自然损耗，因商品易挥发、失重或破碎所造成的损耗。商品缺损率反映商品保管与养护的实际状况，考核这项指标，能促进商品保管与养护水平的提高，从而使商品缺损率降到最低。其计算公式为：

商品缺损率＝期内商品缺损量/期内库存商品总量×100%

（5）库存货物的周转速度

是反映仓储工作水平的重要效率指标。在货物总需求量一定的情况下，如果能降低仓库的货物储备量，则其周转的速度就加快。从降低流动资金占用和提高仓储利用效率的要求出发，就应当减少仓库的货物储备量。但是，若一味地减少库存，就有可能影响到货物的供应。因此，仓库的货物储备量应建立在一个合理的基础上，即要在保证供应需求的前提下，尽量地降低库存量，从而加快货物的周转速度，提高资金和仓储效率。货物的周转速度可以用周转次数和周转天数两个指标来反映。其计算公式为：

货物的年周转次数（次/年）＝年发货总量/年货物平均储存量

货物的周转天数（天/次）＝360/货物年周转次数

其中，年货物平均储存量常采用每月月初货物储存量的平均数。货物年周转次数越少，则周转天数越多，表明货物的周转越慢，周转的效率就越低，反之则越好。

4. 仓储资金使用和收益方面的指标

为了反映仓库资金的使用情况，反映资金使用的经济效果，有必要计算和分析资金运用和收益指标。

（1）平均储存费用

指保管每吨货物一个月平均所需的费用开支。货物保管过程中消耗的一定数量的活劳动和物化劳动的货币形式即为各项仓储费用。这些费用包括货物出入库、验收、存储和搬运过程中消耗的材料、燃料、人工工资和福利费、固定资产折旧、修理费、照明费、租赁费以及应分摊的管理费等。这些费用的总和构成仓库总的费用。

平均储存费用是仓库经济核算的主要经济指标之一。它可以综合地反映仓库的经济成果、劳动生产率、技术设备利用率、材料和燃料节约情况和管理水平等。其计算公式为：

平均储存费用＝每月储存费用总额/月平均储存量×100%

（2）平均仓储收入

指在一定时期内仓储保管一吨商品的平均收入，该指标常以月度为时间计算单位。其计算公式为：

平均存储收入＝商品仓储营业收入/平均储存量

（3）仓储收入成本率

指一定时期内商品仓储收入中成本支出所占的比率。其计算公式为：

仓储收入成本率＝商品仓储收入/商品储存成本费用×100%

（4）商品仓储利润指标

仓储企业经营追求的目标是利润，它直接关系到企业能否生存发展，同时利润又是考核、评价其生产经营管理最终成果的重要指标。评价仓储利润的指标主要有：利润总额、每吨保管商品利润、资金利润率、收入利润率、人均实现利润等。

①利润总额：指仓储企业在一定时期内已实现的全部利润。它等于仓库实现的营业收入扣除储存成本、税金，加上营业外收支净额后的差额。所以，利润总额又称为实现利润。其计算公式为：

利润总额＝仓库营业利润＋投资净损益＋营业外收入－营业外支出

仓库营业利润＝仓库主营业务利润＋其他业务利润－管理费用－财务费用

仓库营业利润是指仓储企业利用各种资源在企业内获得的利润，包括仓库储存保管利润、仓库保管材料销售利润、出租包装物等取得的利润。而投资净损益，则是仓库用各种资源在企业外投资取得的收益或损失。营业外收入是指与仓储企业生产经营无直接联系的收入，如逾期包装物的押金没收收入、罚款收入、其他收入等。营业外支出是指与仓储生产经营无直接关系的一些支出，如企业搬迁费、编外人员的生活费、停工损失、呆账损失、生活困难补助等。

②每吨保管商品利润：指在报告期内储存保管每吨商品平均所获得的利润。其计算公式为：

每吨保管商品利润＝报告期利润总额/报告期商品储存总量

其中，报告期商品储存总量一般是指报告期间出库的商品总量而非入库的商品总量。

③资金利润率：指仓储企业在一定时期实现的利润总额占全部资金的比率。它常用来反映仓储企业的资金利用效果。其计算公式为：

资金利润率＝利润总额/（固定资金平均占用额＋流动资金平均占用额）×100%

资金利润率与全部资金平均占用额成反比关系，与利润总额成正比关系。因而，企业要提高资金利润率的途径有两条：一是在资金占用额一定的条件下，仓储企业要努力增加利润总额；二是在利润总额一定的前提下，要妥善管理，挖掘潜力，节约材料，尽可能减少资金的占用额。

④收入利润率：指仓储企业在一定时期内实现的利润总额占营业收入的比率。其计算公式为：

收入利润率＝利润总额/仓储营业收入×100%

该指标可以分析仓储企业营业收入与利润之间的关系，它受储存商品的费率、储存商品结构、储存单位成本等因素的影响。

⑤人均实现利润：指报告年度仓储企业平均每人实现的利润，它是利润总额与仓库中全员人数之比，是考核现代仓储企业劳动生产率的重要指标。其计算公式为：

人均实现利润 = 报告期利润总额/报告期全员平均人数

7.4.3 仓储管理指标分析方法

1. 对比性指标分析法

对比性指标分析法是将两个或两个以上有内在联系的、可比的指标（或数量）进行对比，从中找矛盾、寻差距、查原因，从而认识仓储工作的现状及其规律性。对比性指标分析法是指标分析法中使用最普遍、最简单和最有效的方法。根据分析问题的需要，可采用以下几种对比方法。

（1）计划完成情况的对比分析

计划完成情况的对比分析，是将同类指标的实际完成数（或预计完成数）与计划数进行对比分析，从而反映计划完成的绝对数和程度，分析计划完成或未完成的具体原因，肯定成绩，总结经验，找出差距，提出措施。

（2）纵向动态对比分析

纵向动态对比分析，是将仓储的同类有关指标在不同时间作对比，如本期与基期（或上期）对比、与历史平均水平对比、与历史最高水平对比等。这种对比，反映事物发展的方向和速度，说明增长或降低的原因，并提出建议。

（3）横向类比分析

横向类比分析，是将仓储的有关指标在同一时期相同类型的不同空间条件下的对比分析。类比单位的选择一般是同类企业中的先进企业，它可以是国内的，也可以是国外的。横向类比分析，往往能起到“清醒剂”的作用，更能够找出差距、采取措施、赶超先进。

（4）结构对比分析

结构对比分析是将总体分为不同性质的各部分，以部分数值与总体数值之比来反映事物内部构成的情况，一般用百分数表示。通过结构对比，可以研究各组成部分的比重及变化情况，从而加深对仓储工作中各部分存在问题及其对总体影响的认识。

2. 价值分析类指标分析方法

要提高仓储的经营效益，无非是采用开源和节流的方法。降低成本是为了节流，在降低成本支出的分析方法中，价值分析（Value Analysis，VA）是一种较有效的方法，即采用一种成本更低的方法来达到与原先相同的功能、目的和任务。其基本原则是：一要消除浪费，排除无用的环节和工作；二要尽可能采用标准化和规范化方法；三要经常分析有无更好的方法可以替代现在使用的方法。

在这三条基本原则下，应对以下五个问题进行考察：

（1）现在采用的方法是什么？

（2）其作用（或功能）是什么？

（3）采用这种方法的成本是多少？

（4）是否存在其他可以完成同样工作的方法？

（5）如果存在，其成本开支是多少？

3. 因素分析方法

因素分析法，是用来分析影响指标变化的各个因素及它们对指标各自的影响程度。因素分析法的基本做法是：在影响指标变化的诸因素之中，分析某一因素变动对总指标变动的影响时，假定只有这一个因素在变动，而其余因素都必须是同度量因素（固定因素），然后逐个进行替代，从而得到每项因素对该指标的影响程度。

在运用以上的指标分析方法时，应注意以下几个方面的问题。

一是应用对比分析法进行对比分析时，应注意所对比的指标或现象之间的可比性。在进行纵向动态对比时，主要是要考虑指标所包括的范围、内容、计算方法、计量单位、所属时间等相互适应，彼此协调；在进行横向类比时，要注意对比的单位之间必须是经济职能或经济活动性质、经营规模基本相同，否则就缺乏可比性。

二是要结合使用各种对比分析方法。每个对比指标只能从一个侧面来反映情况，只做单项指标的对比，太过片面，有时甚至会得出误导性的分析结果。把有联系的对比指标综合运用，有利于全面、深入地研究分析问题。

三是需要正确选择对比的基数。对比基数的选择，应根据不同的分析和目的进行，一般应选择具有代表性的作为基数。如在进行指标的纵向动态对比分析时，应选择比较稳定的年份作为基数，这样的对比分析才更具有现实意义；否则，与过高或过低的年份所做的比较，就达不到预期的目的和效果。

四是在采用因素分析法时，应注意各因素按合理的顺序排列，并注意前后因素按合乎逻辑的衔接原则处理。如果顺序改变，各因素变动影响程度之积（或之和）虽仍等于总指标的变动数，但各因素的影响值就会发生变化，因而得出不同的答案。

7.4.4 提高仓储企业效益的途径

1. 加速库存周转，提高资金使用效率

在现代化仓储管理中，首先应核定先进、合理的储备定额和储备资金定额，加强进货管理，做好货物进货验收和清仓查库，积极处理超储积压货物，加速货物流转，从而提高仓储的经济效益。

2. 节约成本开支，降低仓储费用

仓储成本费用支出项目众多，影响费用支出增减的客观因素十分复杂。在现代化仓储管理中，应不断提高仓储设施的利用效率，提高劳动效率，努力减少库存损耗，最大限度地节约开支、减低费用。

3. 加强基础工作，提高经营管理水平

仓储管理基础工作是仓储管理工作的基石，为适应仓储管理功能的变化，应相应加强各项基础工作，如基层管理工作、标准化工作、计量工作和经济核算制等。要以提高仓储经济效益为目标，从不断完善经济责任制入手，建立全面、系统的仓储管理基础工作，为提高仓储经营管理水平创造良好条件。

4. 扩大仓储经营范围和内容，增加仓储增值服务项目

随着全球电子商务的不断扩张和现代信息技术的快速发展，物流产业得到了快速的发展。仓储企业应充分利用其联系面广、仓储手段先进等有利条件，向多功能的物流服务中心方向发展。开展加工、配送、包装、贴标签等多项增值业务，从而提高仓库在市场经济中的竞争能力，增加仓储的利润来源，提高自身的经济效益。

【课后思考】

1. 仓储计划的平衡包括哪几个方面？
2. 简述仓储合同的特征。
3. 概念解释：要约　承诺。
4. 简述仓储合同各当事人的权利和义务。
5. 仓储成本由哪几部分构成。
6. 简述降低仓储成本的措施。
7. 简述仓储运营绩效评价的指标体系。
8. 甲公司应当向乙公司交付 2 万吨铝锭，向丙公司（仓库）求援，于是丙公司向乙公司交付了 2 万吨铝锭。后甲公司在丙公司储存了 10 万吨铝锭，该 10 万吨铝锭与前 2 万吨铝锭完全相同。后甲公司到丙公司提取货物，丙公司只同意交付 8 万吨。请问，丙公司的做法是否于法有据？

【案例分析】

某蔬菜公司诉某农科公司仓储合同纠纷案

一、基本案情

2003 年 10 月 10 日，原告蔬菜公司与被告农科公司所属的农科冻库（以下简称冻库）签订《租库协议》，约定原告因经营加工需租用冻库，期限从 2003 年 10 月 10 日至 2003 年 12 月 10 日止，共计 2 个月；入库货物按月计费，货物必须在商定的 10 天内入库；原告必须按期交纳储存费；冻库为原告提供 24 小时服务。协议签订后，2003 年 10 月 10 日至 10 月 25 日蔬菜公司先后将 3312 袋高笋（其中，2498 袋为编织袋包装、814 袋为网袋包装）存入冻库，同时于 2003 年 10 月 10 日至 10 月 23 日分 10 次向冻库支付保管费共

14410 元。2003 年 11 月 5 日至 11 月 12 日，蔬菜公司分别从冻库提走 773 袋（其中，3 袋为编织袋包装、770 袋为网袋包装）高笋进行销售。此后，原告发现高笋变质，遂拒绝继续提走剩余高笋和支付剩余的保管费，向本院提起诉讼。被告所属的冻库根据双方约定对已经腐烂变质的高笋进行了处理。

二、诉辩意见

原告蔬菜公司诉称：2003 年 10 月 10 日原告与冻库签订《租库协议》后，将高笋交给冻库保鲜储存，使用期为 2 个月。到 2003 年 11 月中旬，原告所储存的 2495 袋高笋已全部变质不能食用，给原告造成货物直接经济损失 166141.5 元。该批货物原告支付保管费 14410 元。故被告应承担不能返还所储存保鲜高笋损失赔偿责任。请求法院判令被告赔偿原告货物损失 166141.5 元及返还保管费 14410 元，诉讼费用由被告承担。

被告农科公司辩称：1. 原告与冻库签订的只是一份租库协议，冻库的合同义务是出租冻库，并按照原告要求提供 2℃ ~5℃ ±2℃ 的库温。同时，协议中并未约定被告负责对原告交付的高笋进行保鲜储存的义务，相反原告尚欠被告部分租金未支付。2. 高笋变质的原因是原告在田间采摘高笋后未及时除去田间热，以及不合理的包装所致，因此高笋变质的责任应完全由原告自行承担。故请求法院驳回原告诉讼请求，并判令原告支付拖欠租金 6900 元、清理变质高笋产生的费用 3000 元、库房消毒费 50 元以及律师费 9000 元，共 18950 元。但是，被告没有正式启动反诉程序。

三、法院判决

在庭审过程中，原被告双方经过举证和质证，总结双方争议的焦点问题是：1. 双方是否实际履行了各自的合同权利和义务；2. 高笋腐败变质的原因。就上述争点问题逐一论证如下：

1. 根据原被告签订的租库协议和冻库代储商品入货卡的约定，是双方互负义务的有偿实践性合同，双方享有的合同权利对应的正是对方应该实际履行的合同义务。原告应当履行的是按时交存入库货物，按期交纳依照约定标准计算的储存费；确保入库货物包装必须完好统一，符合冷库储藏标准；由原告自己负责入库货物自身的质量；保证入库物品、产品不能发生腐蚀和爆炸，遵守被告的厂规厂纪，注意安全、卫生保障等义务。被告应当履行提供冻库，保证库温在 2℃ ~5℃ ±2℃ 之间；为原告提供 24 小时服务，并在原告方在场情况下，进库检查和帮助解决租库内发生的意外事故；被告应当保证原告的生产加工正常进行；被告应当办理工商年检手续或者其他必备行政许可手续；如果因被告的原因导致原告不能正常出货或影响产品品质，被告负责由此出现的损失。

原被告双方签订租库协议后，原告按期交付了储存物高笋，并按期交纳了前期仓储保管费。被告按约提供了其经营的冻库，保证库温在 2℃ ~5℃ ±2℃ 之间。虽然原告以温度记录本没有被告记录人签名，作记录时也未告知原告等理由，质疑冻库温度记录单的真实性，但是，从该证据形式上看，它包含了被告所有冻库储藏房间和相当长时间的温度记录。从记录的内容上看，在进货和出货的较短时间内温度偏高。且被告将冻库温控设备安置在室外，原告具备掌握和监督冻库温度的便利条件。因此，被告的冻库温度记录单偶尔反映短时间内温度偏高，属于出货和进货时正常合理的现象。该冻库温度记录单是被告单方工作记录，不需告之原告认可。该证据的形式和内容基本反映其真实性，在原告应当具备举证能力，但却不能提供相反证据证明被告所提交的控制冻库温度不符约定时，法庭认定被告的冻库温度符合原告要求。同时被告为原告提供了24小时服务，方便原告入货和出货。

2. 关于原告储存高笋腐败变质的原因，被告根据学术解释，认为原告未尽储藏前科学处理高笋的注意义务和合同约定义务。结合原告庭审陈述，原告确实在田间采摘高笋后，没有进行预冷处理除去田间热。从2003年10月10日至10月25日原告储存高笋3312袋（其中，2498袋为编织袋包装、814袋为网袋包装）。从2003年11月5日至11月12日原告分别从冻库提走773袋高笋（其中，3袋为编织袋包装、770袋为网袋包装）。比较分析上述数据，可以得出同一储藏货物在相同储藏条件下（储藏间温度和湿度相同），适用相同储藏方式（堆放在地面或者储架上），采用塑料编织袋包装储存的高笋绝大多数已经腐烂变质，而采用网袋包装储存的高笋绝大多数质量完好，且原告已经实际销售。这一事实说明高笋储存质量的好坏，与高笋的包装形式有着直接的因果关系。

法院认为，租库协议书和冻库代储商品入货卡是原被告约定合同权利和义务内容的载体，是双方共同意思的真实表示。合同合法成立有效，当事人应当按照约定实际完全履行各自的合同义务。双方争议的合同虽然名称为租库协议书，但是实质为特殊的保管合同，即储存他人之物并获取报酬的仓储合同。原被告双方就仓储物的名称、数量，仓储物入库、出库时间及有关手续，仓储物验收标准及内容，仓储物仓储要求和条件、计费标准、责任承担、合同期限等进行了约定。特别需要说明的是，双方约定保证入库货物包装完好统一，符合冷库储藏标准；入库货物质量，由货主自己负责。同时，结合《中华人民共和国合同法》第三百八十三条第一款“储存易燃、易爆、有毒、有腐蚀性、有放射性等危险物品或者变质物品，存货人应当说明该物品的性质，提供有关资料”、“保管人储存易燃、易爆、有毒、有腐蚀性、有放射性等危险物品或者变质物品的，应当具备相应的保管条件”之规定，被告的工商营业执照和卫生许可证明，被告具备合法经营冻库的资格和条件，并按照约定提供场所和保证温度。相反，原告保证入库货物包装完好统一，符合冻库储藏标准，使高笋达到仓储物验收标准的约定义务，尚未实际完全履行。高笋在采摘储运过程中，就其本身物理和化学性质，容易产生肉质变青、变灰和糠心的变化，是易发生变质、损坏的蔬菜。原告明确认可对储存的高笋没有进行预冷或者采取其他除去田间热的处理措施。原告还采用了塑料编织袋包装和网袋包装两种方式。从当事人的约定说明，如何使储藏物达到储藏标准，是原告自身应尽的义务。从最终的客观事实表明，同一储藏货物在相同储藏条件采用相同储藏方式，网袋包装的高笋质量完好，而编织袋包装的全部腐烂变质。当被告发现高笋有变质现象时，及时履行了通知原告的义务，并建议原告应当提供网袋包装。此后原告采用了网袋包装，保证了该部分高笋的销售质量。同时，在庭审中原告没有提供其他合法有效证据证明被告违约或者是因被告缘故导致原告损失。综上说明，导致高笋变质腐烂是原告没有履行其合同约定的保证包装符合冷冻储藏标准义务和法定的提供有关储藏物性质以及是否需要采取特殊储藏措施资料的义务，甚至当被告建议其改用包装方式时，原告仍然使用编织袋包装近170袋高笋。故依照《最高人民法院民事诉讼证据若干规定》第二条“没有证据或者证据不足以证明当事人的事实主张的，由负有举证责任的当事人承担不利后果”、《中华人民共和国合同法》第三百九十四条第二款“因仓储物的性质、包装不符合约定或者超过有效储存期造成仓储物变质、损坏的，保管人不承担损害赔偿责任”之规定，判决如下：驳回原告蔬菜公司的诉讼请求。

请总结仓储合同的特征以及双方当事人的权利和义务。

8 仓储作业管理

学习目标

- 掌握仓库作业的流程；
- 掌握入库验收的内容；
- 掌握商品的堆码与苫垫方法；
- 掌握装卸与搬运的方法；
- 了解商品出库中发现问题的处理方法；
- 了解商品退货程序；
- 掌握仓库安全作业管理。

仓储作业是指从商品入库到商品发送出库的整个仓储作业全过程，主要包括入库流程、在库管理和出库流程等内容，仓储作业流程如图 8－1 所示。

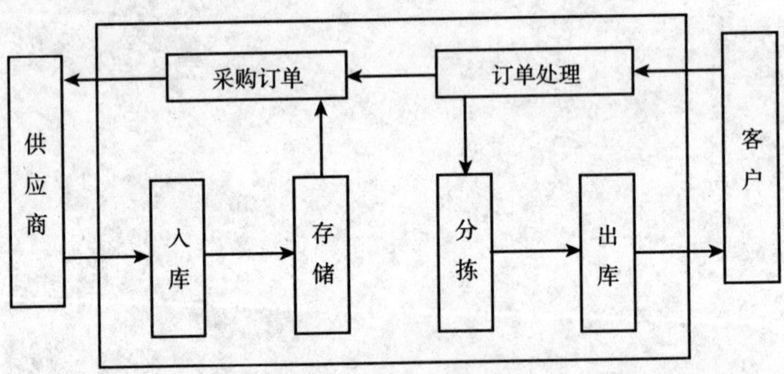

图 8－1 仓储作业流程

仓储作业管理就是按照预定的目标，将仓库作业人员与仓库储存手段有效地结合起来，完成仓库作业过程各环节的职责，为商品流通提供良好的储存服务。仓储管理的目标是按照仓储活动的客观要求和仓储管理上的需要，把与仓储直接关系的部门、环节、人和物尽可能地合理组织搭配起来，使他们的工作协调、有效地进行，加速商品在仓库中的周转，合理地使用人力、物力，以取得更大的经济效益。仓储管理的目标可以概括为：快进、快出、多储存、保管好、费用省。

8.1 入库作业

8.1.1 入库的基本作业程序

商品入库业务管理是指管理人员根据入库凭证接收商品入库储存时，进行卸货、搬运、清点数量、检查质量、办理入库手续等一系列操作的总和。在整个入库业务操作过程中，其主要任务包括：根据商品入库凭证，清点商品数量；对入库商品进行接收检查；按照规定程序办理各种入库手续和凭证。

商品入库经过验单、接货、卸载、分类、商品点验、签发入库凭证、商品入库堆码、登记入账等一系列作业环节，对这些作业活动要进行合理安排和组织。商品入库作业的基本业务程序流程如图 8－2 所示。

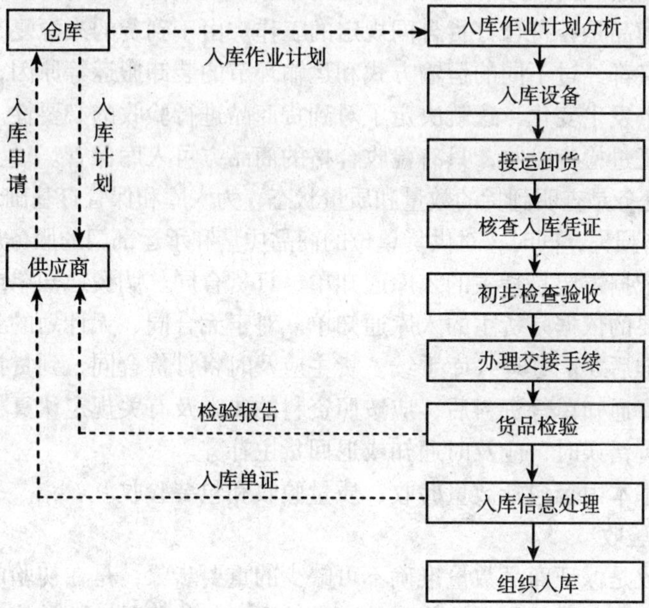

图 8－2　入库作业流程

8.1.2 入库前的准备工作

商品入库前的准备工作一般有以下几个方面。

1. 加强日常业务联系

仓库应按计划定期向货主、生产厂家以及运输部门进行联系，了解将要入库的商品情况，如商品的品种、类别、数量和到库时间，以便提前做好商品入库前的准备工作。

2. 安排仓容

根据入库商品的性能、数量、类别，按分区保管要求，核算所需单位面积（仓容）大小，确定存放的货位，留出必要的验收场地。

3. 合理组织人力

根据商品的数量和时间，安排好商品验收人员、搬运堆码人员，以及商品入库工艺流程，确定各个工作环节所需的人员和设备。

4. 准备验收器具

准备点验入库商品的数量、质量、包装以及堆码所需的点数、称重、测试等器具。

5. 准备苫垫及劳保用品

根据入库货物的性质、数量和储存场所的条件，核算并准备所需的苫垫数量及劳保用品。

8.1.3 入库验收

验收是指在商品正式入库前，按照一定的程序和手续对到库商品进行数量和外观质量的检查，以验证商品是否符合订货合同规定的工作。由于到货的来源复杂、渠道繁多、产地和厂家不同，又都经过不同的运输方式和运输环节的装卸搬运等原因，有可能使到货商品在数量、质量上发生变化，这就决定了对到货商品进行验收的必要性。因此，进入仓库储存的商品必须经过检查验收，只有验收合格的商品方可入库保管。

验收的主要任务是查明到货的数量和质量状态，为入库和保管打基础，防止仓库和货主遭受不必要的经济损失，同时，对供货单位的商品质量和承运部门的服务质量进行监督。

商品验收的依据主要是货主的入库通知单、订货合同、调拨通知单或采购计划，在这些资料中，最主要的依据是货主的入库通知单。对于无合同、无计划的到货，应及时通知货主查询，经批准后才能办理入库手续。货主应及时将订货合同、到货计划送交仓库。仓库接到货主的入库通知单等资料后，应按照资料的要求及有关规定认真核对，如内容不完备、不明确或者有错误时，应及时通知或退回货主补齐。

商品验收的基本内容包括数量验收、质量验收和包装验收。

1. 商品数量验收

商品数量验收是保证商品数量准确不可缺少的重要步骤，是在初验的基础上做进一步的商品数量验收，即所谓的细数验收。按商品性质和包装情况，数量检验主要有计件、检斤、检尺等形式。在进行数量验收时，必须注意同供货方采取相同的计量方法，出库时也按同样的计量方法，避免出现误差。

按件数供货或计量的商品，要清点件数。一般情况下，计件商品应全部逐一点清，固定包装的小件商品一旦打开包装将不利于以后进行保管，所以，通常情况下，国内商品只检查外包装，不拆包检查，而进口商品则按合同或惯例办理。

按重量供货或以重量为计量单位的商品，做数量验收时，有的采用检斤称重的方法，有的则采用理论换算的方法。按理论换算重量的物品，先通过检尺，例如，金属材料中的板材、型材等，然后按规定的换算方法换算成重量验收。对于进口商品，原则上应全部检斤，但如果订货合同规定按理论换算重量交货，则按合同规定办理。

按体积供货或以体积为计量单位的商品，数量验收时要先检尺、后求积，例如木材、竹材和砂石等。在做数量验收之前，还应根据商品来源、包装好坏或有关部门规定，确定对到库商品是采取抽验还是全验方式。

在一般情况下，数量检验应全验，即按件数全部进行清点；按重量供货的全部检斤；按理论重量供货的全部检尺，后换算为重量，以实际检验结果的数量为实收数。

【小看板】某些电子设备的验收需要在收货方的技术人员指导下，戴上防静电手套，在防尘、防静电的环境中，根据装箱单逐一登记序列号，点查件数。

2. 商品质量验收

商品质量验收是检验商品质量指标是否符合规定。仓储部门按照有关质量标准，检查入库商品的质量是否符合要求。仓库对到库商品进行质量验收是根据仓储合同约定来实施的。合同没有约定的，按照商品的特性和惯例确定。由于新产品不断出现，不同商品具有不同的质量标准，仓储部门应认真研究各种检验方法，必要时要求客户、货主提供检验方法和标准，或者要求收货人共同参与检验。

仓库常用的质量检验方法主要有：

（1）感官检验

在充足的光线下，利用视力观察商品的状态、颜色、结构等表面状态，检查有无变形、破损、脱落、变色、结块等损害情况，以判定质量。同时，检查商品标签、标志是否具备、完整、清晰等，标签、标志与商品是否一致。通过摇动、搬运操作、轻度敲击商品的声音，或者用手感鉴定商品的细度、光滑度、黏度、柔软程度等来判断有无结块、干涸、融化、受潮，或通过商品所特有的气味、滋味判定是否新鲜，有无变质。

（2）测试仪器检验

利用各种专用测试仪器进行商品性质测定，如含水量、密度、黏度、成分、光谱等测试。

（3）运行检验

对商品进行运行操作，如电器、车辆操作功能是否正常。

3. 商品包装验收

仓库对商品的外包装进行检验，通常是在初验时进行，检验内容是：包装有无被撬、开缝、污染、破损、水渍等不良情况。同时，还要检查包装是否符合有关标准要求，包括选用的材料、规格、制作工艺、标志和打包方式等。另外，对包装材料的干湿度也要检查。包装的含水量是影响商品保管质量的重要指标，一些包装物含水量高即表明商品已经受损害，需要进一步检验。

【小看板】

表 8－1　常见包装物的安全含水量

包装材料	含水量（%）	说　明
木箱（外包装）	18～20	内装易霉、易锈商品
	18～23	内装一般商品
纸箱	12～14	五层瓦楞纸的外包装及纸板衬垫
	10～12	三层瓦楞纸的包装及纸板衬垫
胶合板箱	15～16	
布包	9～10	

仓库在商品验收过程中，如发现商品数量与入库凭证不符、质量不符合规定、包装出现异常情况时，必须做出详细记录，如表 8－2 所示。同时，将有问题的商品另行堆放，还应采取必要的措施，防止损失继续扩大，还应立即通知业务部门或邀请有关单位现场察看，以便及时做出处理。

表 8－2　商品检验记录表

编号：

供货商		采购订单号		入库通知单号			
运单号		合同号		车号			
发货日期		到货日期		验收日期			
序号	商品名称	商品编码	规格型号	计量单位	应收数量	实际数量	差额

单位负责人：　　　　　　　　复核：　　　　　　　　检验员：

8.1.4 入库过程中发现问题的处理

在商品入库验收过程中，常见的问题及处理方法如下。

1. 数量不符

如果经验收后发现商品的实际数量与凭证上所列的数量不一致，应由收货人在凭证上做好详细记录，按实际数量签收，并及时通知送货人和发货方。

2. 质量问题

在与铁路、交通运输部门初步验收时发现质量问题，应会同承运方清查点验，并由承运方编制商务记录或出具证明书，作为索赔的依据。如确认责任不在承运方，也应做好记录，由承运者签字，以便作为向供货方联系处理的依据。在拆包进一步验收时发现的质量问题，应将有问题的商品单独堆放，并在入库单上分别签收，同时，通知供货方以划清责任。

3. 包装问题

在清点大件时发现包装有水渍、玷污、损坏、变形等情况时，应进一步检查内部细数和质量，并由送货人开具包装异状记录，或在送货单上注明，同时，通知保管员单独堆放，以便处理。

4. 商品串库

商品串库是指应该送往甲库的商品误送到乙库。当初步检查发现串库现象，应立即拒收；如在验收细数中发现的串库商品，应及时通知送货人办理退货手续，同时更正单据。

5. 有货无单或有单无货

有货无单是指货物先到达而有关凭证还未到达。对此应暂时安排场所存放，及时联系，待单证到齐后再验收入库。有单无货是指存货单位先将单证提前送到仓库，但经过一段时间后，尚没有见到货，应及时查明原因，将单证退回注销。

6. 货未到齐

往往由于运输方式的原因，同一批商品不能同时到达，对此，应分单签收。

8.2 在库保管作业

商品在库作业管理是指对商品进行合理的保存和经济的管理。所谓合理地保存是指将商品存放在适宜的场所和位置；所谓经济地管理是指对商品实体和商品仓储信息进行科学的管理，包括对商品进行科学的保养和维护，为货物提供良好的保管环境和条件，以及对库存商品有关的各种技术证件、单据、凭证、账卡等进行信息化管理。

总地来说，商品在库管理的内容主要包括：商品分区、分类和货位编号，合理堆码和苫垫，货账保管和盘点等工作。

8.2.1 商品的分区分类

商品分区分类是根据商品的类别、性能和特点，结合仓库的建筑结构情况、容量、装卸设备等条件，确定各储存区域存放商品的种类、数量，然后分区分类编成目录并绘制平面图。

1. 商品分区分类的含义

商品分区分类就是对储存商品在“四一致”，即商品性能一致、养护措施一致、作业手段一致、消防方法一致的前提下，把商品储存区划分为若干保管区域，根据商品大类和性能等划分为若干类别，以便分类集中保管，如钢材区、建材区和化工区等。

2. 商品分区分类的原则

(1) 存放在同一货区的商品必须具有互容性

也就是说性质互有影响和相互抵触的不能同库保存。

(2) 保管条件不同的商品不应混存

当商品保管要求的温湿度等条件不同时，不宜把它们存放在一起，因为在一个保管空间同时满足两个或多个保管条件是不经济的，更是不可能的。

(3) 作业手段不同的商品不能混存

这是指当存放在同一场所中的商品体积和重量悬殊时，将严重影响该货区所配置设备的利用率，同时还增加了作业组合的复杂性和作业难度，使作业风险增加。

(4) 灭火措施不同的商品绝不能混存

灭火方法不同的商品存放在一起，不仅使安全隐患大大增加，也增加了火灾控制和扑救的难度和危险性。

3. 商品分区分类的方法

(1) 按货物的种类和性质分区分类

即按货物的自然属性归类，并集中存放在适当场所，这是大多数仓库采用的方法，具体有以下做法：

一是分区分类储存：就是按货主单位经营商品来分类；把性能互不影响、互不抵触的商品，在同一库房内划定在同一货区里集中储存。但是，为了便于管理，有的也应以不同的品种、包装和进货对象，在大货区中划分若干个小货区集中储存。以钢材区为例，可以按板材、管材、型材等不同品种划区储存。

二是单一货物专仓专储：主要是按照储存货物的性能来分类，并以一个库房专门储存一类商品，如煤场、机电设备库、化工轻工原料库等。此外，贵重商品既要专储，又要指定专人保管。

(2) 按不同货主来分区分类

当仓库为几个大的货主服务时，为便于与货主工作的衔接，防止货物混淆，便于货物存取，往往采取这种方式。

(3) 按货物流向分类

这种方式多适用于短期中转存储的商品，如在各种交通场站码头一般可采用这种方法。具体方法是：商品按交通工具分为公路、铁路、水路，再按到达站、港的线路划分。这种分类方法虽然不分商品种类，但对危险品、性能互相抵触以及运价不同的商品，也应该分别存放。

（4）按货物危险性质分区分类

这种方法主要适用于对化学品、危险品的存放。这里注意不同性质的危险品之间相互引发危险的可能。

商品分区分类后，需选择合适的货位，并为货位编号。货位的选择应遵循确保商品安全，方便吞吐发运，力求节约仓容的原则。仓库的货位布置可根据仓库的条件、结构、需要，根据已确定的商品分类保管的方案及仓容定额加以确定。货位编号就是将商品存放场所按照位置的排列，采用统一标记编上顺序号码，并做出明显标志，以进行迅速、方便地查找。

8.2.2 商品的堆码与苫垫

1. 商品堆码

商品堆码是根据商品的特性、形状、规格、重量及包装质量等情况，同时综合考虑地面的负荷和储存的要求，将商品分别叠堆成各种码垛。科学的商品堆码技术与合理地码垛，对提高入库商品的储存保管质量、提高仓容利用率、提高收发作业及养护工作的效率，都有着不可低估的重要作用。

（1）商品堆码的要求

①对堆码场地的要求。堆码场地可分为三种：库房内堆码场地、货棚内堆码场地和露天堆码场地。在不同类型的堆码场地进行堆码作业时，会有不同的要求。

- 库房内堆码场地：用于承受商品堆码的库房地坪，要求平坦、坚固、耐摩擦，一般要求1平方米的地面承载能力为5～10吨。堆码时货垛应在墙基线和柱基线以外，垛底须适当垫高。
- 货棚内堆码场地：货棚是一种半封闭式的建筑，为防止雨雪渗漏、积聚，货棚堆码场地四周必须有良好的排水系统，如排水沟、排水管道等。货棚内堆码的场地的地坪应高于棚外场地，并做到平整、坚实。堆码时，货垛一般应垫高20～40厘米。
- 露天堆码场地：露天货场的地坪材料可根据堆存货物对地面的承载要求，采用夯实泥地、铺沙石、块石地或钢筋水泥地等。应坚实、平坦、干燥、无积水、无杂草，四周同样应有排水设施，堆码场地必须高于四周地面，货垛必须垫高40厘米。

②对堆码商品的要求。商品在正式堆码前，须达到以下要求：

- 商品的名称、规格、数量、质量已全查清；
- 商品已根据物流的需要进行编码；
- 商品外包装完好、清洁、标志清楚；
- 部分受潮、锈蚀及发生质量变化的不合格商品，已加工恢复或已剔除；
- 为便于机械化作业，准备堆码的商品已进行集装单元化。

(2) 商品堆码技术和方法

【小看板】货垛的“五距”指的是垛距、墙距、柱距、顶距和灯距。堆垛货垛时，不能依墙、靠柱、碰顶、贴灯；不能紧挨旁边的货垛，必须留有一定的间距。无论采用哪一种垛型，库房内必须留出相应的走道，方便商品的进出和消防作业。

①散堆方式。将无包装的散货在库场上堆成货堆的存入方式。这种方式特别适用于大宗散货，如煤炭、矿石、散粮和散化肥等。这种堆码方式简便，便于采用现代化的大型机械设备，节省包装费用，提高仓容的利用率，降低运费。因此，散堆方式是目前货物库场堆存的一种趋势。

②货堆方式。指对包装货物或长、大件商品进行堆码。堆码方式应以增加堆高，提高仓容利用率，有利于保护商品质量为原则。为适应不同商品的性能、外形和保管的要求，货垛的形式可以各异。箱形商品的堆垛通常有以下几种基本形式：

第一种，重叠式：商品各层排列方式、数量完全相同，层间无交叉搭接，垛形整齐(如图8-3所示)。这种垛形的优点是操作简单、计数容易、收发方便，缺点是稳定性差，易倒垛，因而常采用绳子、绳网、塑料弹性薄膜等辅助材料来防塌。

第二种，仰伏相间式：对上下两面有大小差别或凹凸的物品，如槽钢、钢轨等，将物品仰放一层，在反一面伏放一层，仰伏相向相扣（如图8-4所示）。

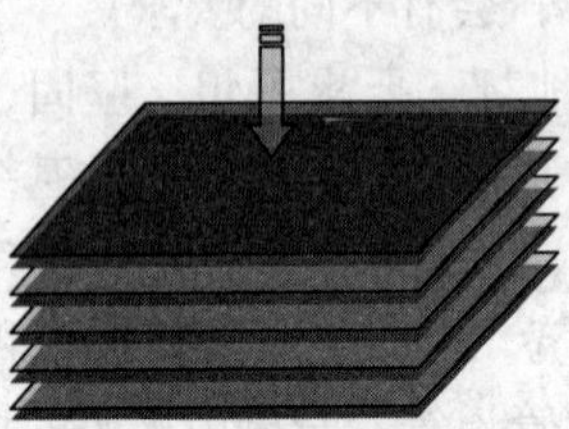

图8-3　重叠式

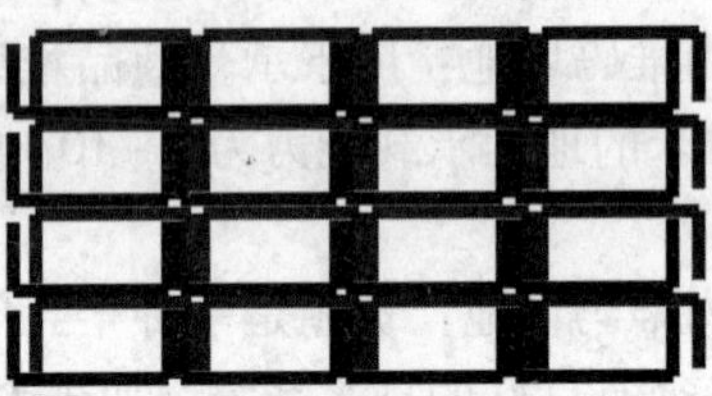

图8-4　仰伏相间式

第三种，砌砖式：货垛上下两层排列的图谱正好旋转180°，层间互相搭接。这种垛形稳定性较好，但是要求货物的长宽比为2∶3或3∶4。

第四种，纵横交错式：货垛上下两层商品的图谱正好旋转90°，层间互相搭接，这种形式货垛的优点是稳定性较好，缺点是只能用于正方形托盘，是机械化作业的主要垛形之一（如图8-5所示）。

第五种，中心留空通风式：需通风防潮的商品堆垛时，商品之间需留有一定的空隙。上下两层图谱方向对称，矩形、方形图谱均可采用。其优点是有利于通风、透气，适宜商品的保管养护，但是空间利用率较低（如图8-6所示）。

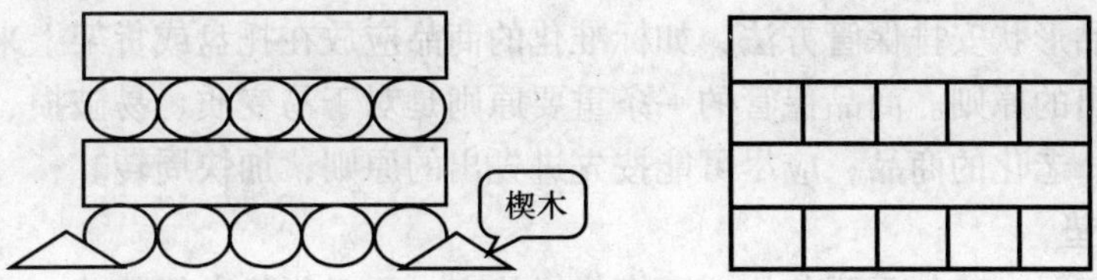

图 8－5 纵横交错式

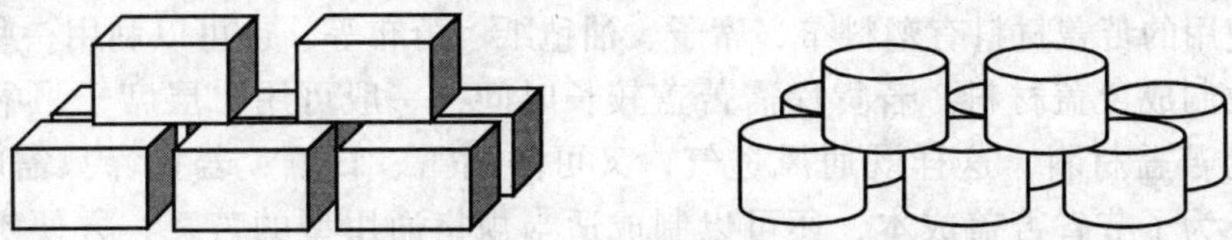

图 8－6 中心留空通风式

第六种，压缝式：货垛底层成正方形、长方形或圆形，然后在两件商品的缝间上码。适用于建筑陶瓷、阀门、桶形商品。

第七种，常见的“五五化”堆码：这是我国人工堆码中常用的一种科学、简便的堆码方式，以五为基本的计数单位，一个集装单元或一个货垛的商品总量是五的倍数，如梅花五、重叠五等，堆码后作业人员可根据集装单元数或货垛数直接推算商品总数，大大加快了点数的速度，并有效减少了计数的差错。

在商品堆码的实际作业中，通常是以上五种基本垛形和“五五化”堆码方法的结合运用。

③货架方式。采用通用或者专用的货架进行商品堆码的方式。适合于存放小件商品或不宜堆高的商品。通过货架能够提高仓库的利用率，减少商品存取时的差错。

④成组堆码方式。采用成组工具使货物的堆存单元扩大。常用的成组工具有货板、托盘和网络等。成组堆码一般每垛 3～4 层，这种方式可以提高仓库利用率，实现商品的安全搬运和堆存，提高劳动效率，加快商品流转。

（3）商品堆码中应注意的问题

①商品应面向通道进行保管。为使商品出入库方便，容易在仓库内移动，其基本条件是将商品面向通道保管。

②根据出库频率选定商品堆码位置，季节性商品则依其季节性特性来选定放置的场所。

③同一品种应在同一地方保管。员工对库内商品放置位置的熟悉程度直接影响着出入库的时间，将类似的商品放在邻近的地方也是提高效率的重要方法。

④根据商品的重量安排保管位置。安排放置场所时，要把重的商品放在货架下边，把轻的商品放在货架的上边。需要人工搬运的大型商品则以腰部的高度为基准。这对于提高

效率、保证安全是一项重要的原则。

⑤依据商品形状安排保管方法，如标准化的商品应放在托盘或货架上来保管。

⑥先进先出的原则。商品保管的一条重要原则是对于易变质、易破损、易腐败的商品及机能易退化、老化的商品，应尽可能按先进先出的原则，加快周转。

2. 商品苫垫

商品在堆码时一般都需要苫垫，即把货垛垫高。露天货物进行苫盖，才能使商品避免受潮、淋雨、暴晒等，保证储存养护商品的质量。

(1) 苫盖材料

通常使用的苫盖材料有塑料布、席子、油毡纸、苫布等，也可以利用一些商品的旧包装材料改制成苫盖材料。若货垛需苫盖较长时间，一般可用二层席子，中间夹一层油毡纸作为苫盖材料，这样既通风透气，又可防雨雪、日晒；若货垛只需临时苫盖，可用苫布。为了节省苫盖成本，还可以制成适当规格通用型的苫瓦，方便实用，可以反复利用。

(2) 苫盖方法

苫盖方法主要有以下四种：

①垛形苫盖法。根据货垛的形状进行适当的苫盖，适用于屋脊形货垛、方形货垛及大件包装商品的苫盖，常使用塑料布、苫布、席子等作苫盖物，如图 8－7 所示。

②鱼鳞苫盖法。即用席子、苫布等苫盖材料，自下而上、层层覆盖的一种苫盖方法，因从外形看酷似鱼鳞，故称鱼鳞苫盖法（如图 8－8 所示）。适用于怕雨淋、日晒的商品。若商品还需要通风透气的储存条件，可将席子、苫布等苫盖材料的下端反卷起来，使空气流通。

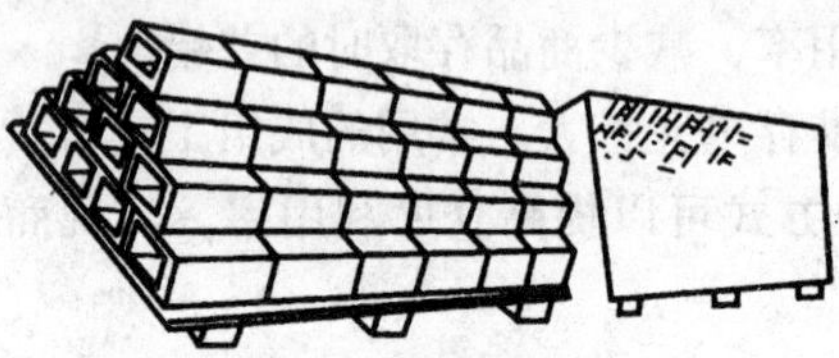

图 8－7　垛形苫盖法

图 8－8　鱼鳞苫盖法

③隔离苫盖法。是用竹竿、钢管、旧苇席等，在货垛四周及垛顶隔开一定空间打起框架，进行苫盖，既能防雨，又能隔热。

④活动棚架苫盖法。根据常用的垛形制成棚架，棚架下还装有滑轮可以推动。活动棚架需要时可以拼搭，并放置在货架上，用作苫盖，不需时，则可以拆除，节省空间。

3. 商品垫垛

垫垛就是在商品堆垛前，根据货垛的形状、底面积大小、商品保管养护的需要、负载重量等要求，预先铺好货垛物的作业。

（1）垫垛目的

垫垛是为了使堆垛的商品免受地坪潮气的侵蚀，使垛底通风透气，提高储存商品的保管养护质量，是仓储保管作业中不可缺少的一个环节。

（2）垫垛材料

通常采用枕木、石墩、水泥墩、木板、防潮纸等作为垫垛材料。作业时须根据不同的储存条件，商品的不同要求，采用不同的垫垛材料。

（3）垫垛方法

常用的垫垛方法主要有三种。

①码架式：即采用若干个码架，拼成所需货垛底面积的大小和形状，以备堆垛。

【小看板】码架，是用垫木为脚，上面钉着木条或木板的构架，专门用于垫垛。码架规格不一，常见的规格为：长 2 米、宽 1 米、高 0.2 米或 0.1 米。不同储存条件，所需码架的高度不同：楼上库房使用的码架，高度一般为 0.1 米；平库房使用的码架，高度一般为 0.2 米；货棚、货场使用的码架高度一般在 0.3 ~0.5 米。

---

②垫木式：是采用规格相同的若干根枕木或垫石，按货位的大小、形状排列，作为垛垫。枕木和垫石一般都是长方体的，其宽和高相等，约为 0.2 米，枕木较长，为 2 米左右，而垫石较短，为 0.3 米左右。这种垫垛方法最大的优点是，拼拆方便，不用时节省储存空间。适用于底层库房及货棚、货场垫垛。

③防潮纸式：即在垛底铺上一张防潮纸作为垛垫，常用芦席、油毡、塑料薄膜等。储存的商品对通风要求不高时，可在垛底垫一层防潮纸防潮。

8.2.3 保管账卡登记

商品入库登账，除仓库财务部门有商品账卡用以结算外，保管业务部门则要建立详细反映库存商品进、出和结存的保管明细账（见表 8－3），用以记录库存商品动态，并为对账提供主要依据。

1. 登账

登账必须以正式合法的凭证为依据，如商品入库单、出库单和领料单等。且记账应连续、完整，依日期顺序记录。

2. 立卡

货卡又叫料签、料卡、保管卡。它是一种实物标签，上面标明商品的名称、规格、数量或出入状态等内容，一般挂在上架商品的下方或放在堆垛商品的正面。货卡按其作用不同可分为货物状态卡、商品保管卡。商品保管卡包括标识卡和储存卡等。

表 8－3　　　　商品明细账样单

<table>
<tr><td colspan="7" rowspan="3">商品入库明细卡</td><td colspan="2">卡号</td><td></td></tr>
<tr><td colspan="2">货主名称</td><td></td></tr>
<tr><td colspan="2">货位</td><td></td></tr>
<tr><td>品　名</td><td></td><td>规格型号</td><td colspan="6"></td><td rowspan="8">商品验收情况</td></tr>
<tr><td>计量单位</td><td></td><td>供货商名称</td><td colspan="6"></td></tr>
<tr><td>应收数量</td><td></td><td>送货单位名称</td><td colspan="6"></td></tr>
<tr><td>实收数量</td><td></td><td>包装情况</td><td colspan="6"></td></tr>
<tr><td colspan="3">年</td><td colspan="2">入库数量</td><td colspan="2">出库数量</td><td colspan="2">结存数量</td></tr>
<tr><td>月　日</td><td>收发凭证号</td><td>摘要</td><td>件数</td><td></td><td>件数</td><td></td><td>件数</td><td></td></tr>
<tr><td></td><td></td><td></td><td></td><td></td><td></td><td></td><td></td><td></td></tr>
<tr><td></td><td></td><td></td><td></td><td></td><td></td><td></td><td></td><td></td></tr>
</table>

①货物状态卡，是用于表明货物所处业务状态或阶段的标识，根据 ISO 9000 国际质量体系认证的要求，在仓库中应根据货物的状态，按可追溯性要求，分别设置待检、待处理、不合格和合格等状态标识（见图 8－9）。

待　检	待　处　理	合　格
供应商名称＿＿＿＿＿	供应商名称＿＿＿＿＿	供应商名称＿＿＿＿＿
商品名称＿＿＿＿＿	商品名称＿＿＿＿＿	商品名称＿＿＿＿＿
进货日期/批号/生产日期	进货日期/批号/生产日期	进货日期/批号/生产日期
标记日期＿＿年＿月＿日	标记日期＿＿年＿月＿日	标记日期＿＿年＿月＿日
标记人＿＿＿＿＿	标记人＿＿＿＿＿	标记人＿＿＿＿＿
备注＿＿＿＿＿	备注＿＿＿＿＿	备注＿＿＿＿＿

图 8－9　不同形式的货卡

②商品保管卡包括标识卡和储存卡，采用何种形式，应根据仓储业务需要来确定。

货物标识卡，是用于表明货物的名称、规格、供应商和批次等的标识。根据 ISO 9000 国际质量体系认证的要求，在仓库中应根据货物的不同供应商和不同入库批次，按可追溯性要求，分别设置标识卡。

储存卡，是用于表明货物的入库、出库与库存动态的标识。

3. 商品档案

建立商品档案是指对商品出入库凭证和技术资料进行分类归档保存。建立商品档案的目的是为了更好地管理商品的凭证和资料，防止散失，查阅方便，同时便于了解商品入库前后的活动全貌，有助于总结和积累仓库保管经验，研究管理规律，提高科学管理水平。建立商品档案的要求有以下几点。

（1）商品档案一物一档

存档资料包括：

①商品出厂时的各种凭证和技术资料，如商品技术证明、合格证、装箱单、发货明细表等；

②商品运输单据、普通记录或货运记录、公路运输交接单等；

③商品验收的入库通知单、验收记录、磅码单、技术验收报告等；

④商品入库保管期间的检查、保养、损溢、变动等情况的记录；

⑤库内外温湿度的记载及对商品的影响情况；

⑥商品出库凭证。

（2）商品档案应统一编号，妥善保管

在商品保管期间，可根据仓库情况，由业务部门统一管理或直接由保管员管理。某种商品全部出库后，除必要的技术资料必须随货同行不能抄发外，其余均应留在档案内，并将商品出库证件、动态记录等整理好一并归档。商品档案部分资料的保管期限，根据实际情况酌定。其中有些资料，如库内气候资料、商品储存保管的试验资料，应长期保留。

8.2.4 商品盘点作业

商品在库房中因不断的搬运和进出库，其库存账面数量容易与实际数量产生不符；有些物品因存放时间过久、储存措施不恰当而变质、丢失等，造成损失。为了有效地掌握商品在库数量，需要对在库商品的数量进行清点，即盘点工作。商品盘点是保证储存货物达到账、货、卡完全相符的重要措施之一。它能够确保商品在库数量的真实性、准确性及各种商品的完整性。

1. 盘点作业的内容

（1）查数量

通过盘点查明库存商品的实际数量，核对库存账面数量与实际库存数量是否一致，这是盘点的主要内容。

（2）查质量

检查在库商品质量有无变化，包括受潮、锈蚀、发霉、干裂、鼠咬，甚至变质情况；检查有无超过保管期限和长期积压现象；检查技术证件是否齐全，是否证物相符；必要时，还要进行技术检验。

（3）查保管条件

检查库房内外储存空间与场所利用是否恰当；储存区域划分是否明确，是否符合作业情况；货架布置是否合理；商品进出是否方便、简单、快速；工作联系是否便利；搬运是否方便；传递距离是否太长；通道是否宽敞；储区标志是否清楚、正确，有无脱落或不明显；有无废弃物堆置区；温湿度是否控制良好。检查堆码是否合理稳固，苫垫是否严密，库房是否漏水，场地是否积水，门窗通风洞是否良好等，即检查保管条件是否与各种商品的保管要求相符合。

(4) 查设备

检查各项设备使用和养护是否合理；是否定期保养；储位、货架标志是否清楚明确，有无混乱；储位或货架是否充分利用；检查计量器具和工具，如皮尺、磅秤以及其他自动装置等是否准确，使用与保管是否合理，检查时要用标准件校验。

(5) 查安全

检查各种安全措施和消防设备、器材是否符合安全要求；检查使用工具是否齐备、安全；药剂是否有效；商品堆放是否安全，有无倾斜；货架头尾防撞杆有无损坏变形；检查建筑物是否损坏而影响商品储存；对于地震、水灾、台风等自然灾害有无紧急处理对策等。

2. 商品盘点的种类

商品盘点分为账面盘点及现货盘点两种。

(1) 账面盘点

又称永续盘点，就是把每天入库及出库商品的数量及单价，记录在电脑或账簿上，而后不断地累计加总，算出账面上的库存量及库存金额。

(2) 现货盘点

又称实地盘点，也就是实地去点数，调查仓库内商品的库存数，再依商品单价计算出库存金额的方法。

如要得到最正确的库存情况并确保盘点无误，最直接的方法是确定账面盘点与现货盘点的结果完全一致。如存在差异，即产生账货不符的现象，就应分析寻找错误原因，弄清究竟是账面盘点记错还是现货盘点点错，划清责任归属。

3. 商品盘点的方法

(1) 动态盘点法（又叫永续盘点）

是指对有动态变化的商品即发生过收、发活动的商品，及时核对该批商品的余额是否与账、卡相符的一种盘点方法。动态盘点法有利于及时发现差错和及时处理。

(2) 重点盘点法

是指对商品进出动态频率高的、或是易损耗的、或是昂贵商品的一种盘点方法。

(3) 全面盘点法

是指对在库商品进行全面的盘点清查的一种方法。通常多用于清仓查库或年终盘点。盘点的工作量大，检查的内容多把数量盘点、质量检查、安全检查结合在一起进行。

(4) 循环盘点法

是在每天、每周按顺序一部分一部分地进行盘点，到了月末或期末每项商品至少完成一次盘点的方法，即指按照商品入库的前后顺序，不论是否发生过进出业务，有计划地循环进行盘点的方法。

（5）定期盘点法

又称期末盘点，是指在期末一起清点所有商品数量的方法。

期末盘点必须关闭仓库做全面性的商品的清点，因此，对商品的核对十分方便和准确，可减少盘点中不少错误，简化存货的日常核算工作。缺点是关闭仓库，停止业务会造成损失，并且动员大批员工从事盘点工作，加大了期末的工作量；不能随时反映存货收入、发出和结存的动态，不便于管理人员掌握情况；容易掩盖存货管理中存在的自然和人为的损失；不能随时结算成本。

采用循环盘点法时，日常业务照常进行，按照顺序每天盘点一部分，所需的时间和人员都比较少，发现差错也可及时分析和修正。其优点是对盘点结果出现的差错，很容易及时查明原因；不用加班，可以节约经费。两者可作以下比较，如表 8 -4 所示。

表 8 -4　　期末盘点与循环盘点的差异比较

比较内容	期末盘点	循环盘点
时间	期末、每年仅数次	日常、每天或每周一次
所需时间	长	短
所需人员	全体动员（或临时雇用）	专门人员
盘点差错情况	多且发现很晚	少且发现很早
对营运的影响	须停止作业数天	无
对商品的管理	平等	A 类重要商品：仔细管理 C 类不重要商品：稍微管理
盘点差错原因追究	不易	容易

4. 盘点结果的处理

（1）盘点差异因素分析

当盘点结束后，发现账货不符时，应追查差异的原因。可以从以下因素着手：

①是否因记账员素质较低，记账及账务处理有误，或进、出库的原始单据丢失，盘点不佳导致账货不符。

②是否因盘点方法不当，漏盘、重盘或错盘。

③是否因盘点制度的缺点导致账货不符。

④是否因货账处理制度的缺点，导致商品数目无法表达。

⑤是否在允许范围之内。

⑥是否可事先预防，是否可以降低货账差异的程度。

(2) 盘点结果的处理

商品盘点差异原因追查清楚后，应针对主要原因进行调整与处理，制订解决方法。

①依据管理绩效，对分管人员进行奖惩。

②对废次品、不良品减价的部分，应视为盘亏。

③存货周转率低，占用金额过大的库存商品宜设法降低库存量。

④盘点工作完成以后，所发生的差错、呆滞、变质、盘亏、损耗等结果，应予以迅速处理，并防止以后再发生。

⑤呆滞品比率过大，宜设法研究对策，致力于降低呆滞品比率。

【小看板】呆滞品是百分之百的可用品，但是由于库存周转率极低，特别容易被忽视，久而久之积少成多，不但耗损商品价值、积压营运资金，而且占据可利用的库存空间。呆滞品可采取以下措施进行处理：打折出售、与其他公司进行以物易物的相互交易、修改再利用、调拨给其他单位利用。

---

⑥商品除了盘点时产生数量的盘亏外，有些商品在价格上会产生增减，这些差异经主管部门审核后，必须利用商品盘点数量盈亏及价格增减更正表修改，如表8-5所示。

表8-5　　商品盘点数量盈亏及价格增减更正表

<table>
<tr><th rowspan="3">商品名称</th><th rowspan="3">单位</th><th colspan="3">账面资料</th><th colspan="3">盘点实存</th><th colspan="4">数量盈亏</th><th colspan="4">价格增减</th><th rowspan="3">差异原因</th><th rowspan="3">责任人</th><th rowspan="3">备注</th></tr>
<tr><th rowspan="2">数量</th><th rowspan="2">单价</th><th rowspan="2">金额</th><th rowspan="2">数量</th><th rowspan="2">单价</th><th rowspan="2">金额</th><th colspan="2">盘盈</th><th colspan="2">盘亏</th><th colspan="2">增价</th><th colspan="2">减价</th></tr>
<tr><th>数量</th><th>金额</th><th>数量</th><th>金额</th><th>单价</th><th>金额</th><th>单价</th><th>金额</th></tr>
<tr><td></td><td></td><td></td><td></td><td></td><td></td><td></td><td></td><td></td><td></td><td></td><td></td><td></td><td></td><td></td><td></td><td></td><td></td><td></td></tr>
<tr><td></td><td></td><td></td><td></td><td></td><td></td><td></td><td></td><td></td><td></td><td></td><td></td><td></td><td></td><td></td><td></td><td></td><td></td><td></td></tr>
<tr><td></td><td></td><td></td><td></td><td></td><td></td><td></td><td></td><td></td><td></td><td></td><td></td><td></td><td></td><td></td><td></td><td></td><td></td><td></td></tr>
<tr><td></td><td></td><td></td><td></td><td></td><td></td><td></td><td></td><td></td><td></td><td></td><td></td><td></td><td></td><td></td><td></td><td></td><td></td><td></td></tr>
</table>

8.3　装卸搬运作业

8.3.1　装卸搬运的基本概念

1. 装卸搬运的概念

装卸搬运是指，在同一区域范围内以改变商品的存放状态与空间位置为主要内容和主要目的的物理性活动。装卸搬运的实质是在物流节点内产生位移。装卸与搬运的区别在于位移前后物品的载体（支撑物）是否改变，发生改变的称作装卸（Loading and Unloading），不发生改变的称作搬运（Handling/Carrying）。

在流通领域中，装卸与搬运是随商品运输和保管而附带产生的作业，其本身并不能产生新的效用与价值，但它衔接着运输和储存的转换，不同运输方式、不同运输区段的转换。有了装卸搬运，物流系统才能够作为一个整体来运行（如图 8－10 所示）。

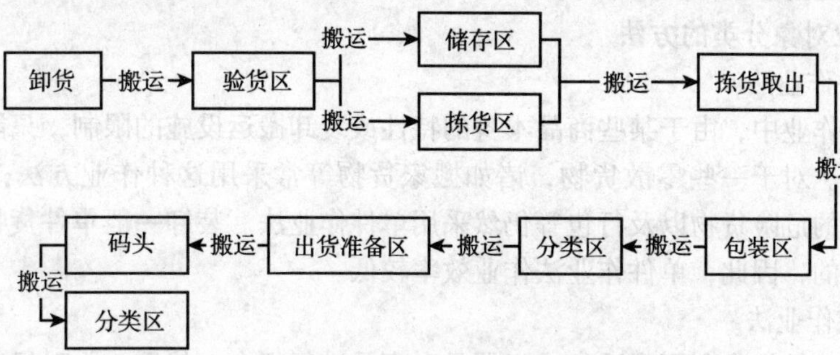

图 8－10　搬运作业发生的区域

2. 装卸搬运活性的概念

装卸搬运活性是指商品便于装卸搬运的程度，一般采用活性指数 0、1、2、3、4 五个等级表示，具体如表 8－6 所示。

表 8－6　装卸搬运活性指数

物品状态	物品移动的机动性	作业需求（依次）				作业数目	活性指数
		集中	搬起	升起	运走		
直接置地	移动时需逐个用人力搬到运输工具中	是	是	是	是	4	0
置于容器	可人工一次搬运，但不便于机械使用	否	是	是	是	3	1
置于托盘	可方便地使用机械搬运	否	否	是	是	2	2
置于车内	不需借助其他机械便可搬运	否	否	否	是	1	3
置于传送带	物品已处于移动状态	否	否	否	否	0	4

一般要求商品在装卸搬运作业的全过程中要步步活化，就是后一步比前一步活性更高，至少保持活性不降低。有的生产和流通企业，因托盘数量太少，不能实现货不离盘的较高活性状态，常常将商品从托盘上取下来，降低了该商品的活性。实际上，把托盘这种有效提高商品活性的单元化搬运设备降为一般的容器使用，这种搬运方式显然是低效率的。

活性指数越高，商品越容易被移动，但其占用设备资源较多，成本较高。实践中，应该根据商品的存放时间以及实施的可能性选择适当的活性指数。对于长时期仓储的商品，应采用活性指数较低的放置状态；对于即将到期或短期存储的商品，应选择活性指数较高的存放状态。

8.3.2　装卸与搬运的方法

装卸与搬运的方法分类标准很多，这里主要介绍以下两种分类方法。

1. 按作业对象分类的方法

（1）单件作业法

现代装卸作业中，由于某些商品本身的特性或装卸搬运设施的限制，只能对商品进行逐件装卸搬运。对于一些零散货物，诸如搬家货物等常采用这种作业方法；长大笨重货物、不宜集装的危险货物以及行包等仍然采用单件作业法。装卸一般单件货物，通常是由人力作业完成的，因此，单件作业法作业效率较低。

（2）集装作业法

集装作业法是指先利用合适的成组器具对商品进行组合，然后，再对组合件进行装卸搬运的方法。根据所使用的组合器具的不同，集装作业法可分为集装箱作业法、托盘作业法、滑板作业法及其他集装件作业法。集装作业法包括托盘作业法、集装箱作业法、框架作业法、货捆作业法、滑板作业法、网袋作业法以及挂车作业法等。

（3）散装作业法

散装作业法是对大宗散装粉粒状商品直接采用各种连续输送机械进行装卸搬运的方法。集装作业法和散装作业法，实质上都是一种集中作业的形式，装卸搬运效率较高。散装作业法主要包括重力法、倾翻法、机械法等。

2. 按作业手段与组织水平分类的方法

（1）人工作业法

该方法是指完全依靠人力及人工使用无动力器械进行装卸搬运作业的方法，如人工搬运商品、手推车、人力拖车作业。人工作业法劳动强度高、效率低、安全隐患大，而且容易产生货损货差。

（2）机械化作业法

即使用吊车、拖车、叉车等各种动力机械装卸和搬运商品的方法。机械化作业可以降低人工劳动强度，提高装卸搬运的效率。

（3）综合机械作业法

该方法要求以机械化作业为核心，作业人员、作业设备、作业环境有机结合成一种较完善的装卸搬运系统，并且可以通过自动化的控制手段对整个系统进行管理、控制和协调。综合机械化作业法代表着装卸搬运作业的发展方向。

8.3.3 装卸搬运合理化

合理的装卸搬运必须杜绝“野蛮装卸”，做到文明作业（如图 8－11 所示）。现代装卸作业由于自动化程度的提高，要求装卸作业人员熟练掌握机械操作技术，同时还需要具备良好的素质以及较强的责任感。

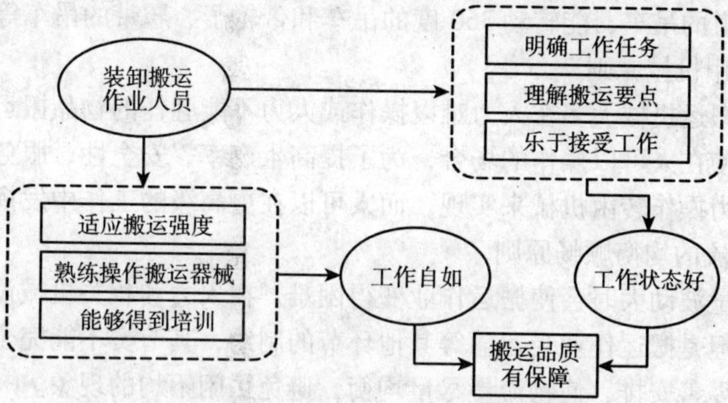

图 8－11 装卸搬运文明作业要素图解

各处装卸作业一定要按照装卸工艺要求，严格执行安全操作规程，缓起轻放、不碰不撞，以保证商品完好无损。装卸现场必须配备经验丰富的现场指挥，统一指挥装卸作业。作业现场的装卸搬运人员以及机具操作人员必须服从指挥。机械作业时，必须严格执行操作规程和有关规定，备有专人负责操作设备和起吊、拴吊工作，严禁机械设备超负荷作业，并采取各种措施，避免商品残损、散失以及包装损坏。

装卸搬运作业合理化的原则主要有以下几点。

（1）省力化原则

所谓省力，就是节省动力和人力。应巧妙利用货物本身的重量和落差原理，设法利用重力移动物品，如使物品在倾斜的辊道运输机上，或利用滑槽、滑板，在重力作用下移动；减少从下往上的装卸搬运，以减轻负重；不能利用重量和落差时，也尽量水平装卸搬运，如仓库的作业月台与卡车车箱处于同一高度，手推车可以直接进出；卡车后面带尾板升降机，仓库作业月台设装卸货升降装置等。总之，省力化装卸搬运原则是：能往下则不往上；能直行则不拐弯；能用机械则不用人力；能水平则不上坡；能连续则不间断；能集装则不分散。不得不以人工作业时，也要注意重力的影响和作用。应减少人体的上下运动，避免反复从地面搬起重物；要避免人力抬运或搬送过重物品。

（2）消除无效搬运原则

要提高搬运纯度，只搬运必要的物资，如有些物资要去除杂质之后再搬运比较合理；避免过度包装、减少无效负荷；提高装载效率，充分发挥搬运机器的能力和装载空间，发货时的配车作业应该特别注意；中空的物件可以填装其他小物品再进行搬运；在物流系统作业规划与管理中，要减少倒搬次数，作业次数增多不仅浪费了人力、物力，还增加物品损坏的可能性。

（3）提高搬运活性原则

物品放置时要有利于下次搬运，如装于容器内并垫放的物品较散放于地面的物品易于搬运。在装上时要考虑便于卸下；在入库时要考虑便于出库；还要创造易于搬运的环境和使用易于搬运的包装活性化原则。此外，可使用灵活化程度较高的装卸搬运机械，如叉车、铲车、带轨道的吊车、能转动360度的吊车和带轮子、履带的吊车等。

（4）合理利用机械原则

初期阶段，搬运机械大多在人力难以操作或人力不能胜任的物品搬运时使用。今后的发展方向是，即使在人可以操作的场合，为了提高生产率、安全性、服务性和作业的适应性等，也应将人力操作转由机械来实现，而人可以在更高级的工作中发挥作用。

（5）保持物流的均衡顺畅原则

物品的处理量波动大时会使搬运作业变得困难，在人力和相关机械设备的使用和调配方面非常困难。但是搬运作业受运输等其他环节的制约，其节奏不能完全自主决定，必须综合各方面因素妥善安排，使物流量尽量均衡，避免忙闲不均的现象。

（6）集装单元化原则

将零放物体归整为统一格式的集装单元称为集装单元化。集装箱运输、托盘一贯化物流等都是有效的做法。单元化装卸搬运是提高装卸搬运作业效率的有效方法，这对搬运作业的改善是至关重要的原则。它可以达到以下目的：由于搬运单位变大，可以发挥机械的效能，提高作业效率，搬运方便，灵活性好；负载的大小均匀，有利于实行作业标准化；在作业过程中避免物品损伤，对保护被搬运的物品有利。

（7）人性化原则

装卸和搬运是重体力劳动，很容易超过人的承受限度。搬运的东西在包装和捆包时应考虑人的正常能力和抓拿的方便性，也要注重安全性和防污染性等。一些国家早已重视了这一点，在设计包装尺寸和重量时，以妇女的搬运能力为标准。

确保作业安全和作业人员的人身安全也是重要的。要有严格的机械设备检修制度、作业环境应留有安全作业空间、作业通道畅通、作业场所无障碍、地面要防滑等。

（8）提高综合效果

物流过程中运输、仓储、包装、装卸和搬运各环节的改善，必须考虑综合效益，不能仅从单方面考虑。

8.4 出库作业

商品出库作业是商品储存业务的最后一个环节，是仓库根据使用单位或业务部门开出的商品出库凭证（提货单、领料单、调拨单），按其所列的商品名称、规格、数量和时间、地点等项目，组织商品登账、配货、复核、点交清理、送货等一系列工作的总称。

8.4.1 商品出库的要求

1. 贯彻先进先出的原则

根据商品入库的时间先后，先入库的商品先出库，以保持库存商品质量完好状态。尤其对于易变质、易破损、易腐败的商品，机能易退化、老化的商品，应加快周转，对变质失效的商品不准出库。

2. 出库凭证和手续必须符合要求

出库凭证的格式不尽相同，但不论采用何种形式都必须真实、有效。出库凭证不符合要求，仓库都不得擅自发货。特殊情况发货必须符合仓库有关规定。

3. 要严格遵守仓库有关出库的各项规章制度

商品出库必须遵守各项制度，按章办事。发出的商品必须与提货单、领料单或调拨单上所列的名称、规格、型号、单价、数量相符合。

4. 提高服务质量，满足用户需要

商品出库要求做到及时、准确、保质、保量，防止差错事故发生；工作尽量一次完成，提高作业效率；为用户提货创造各种便利条件，协助用户解决实际问题。

为实现上述基本要求，商品出库时要做到“三不”、“三核”、“五检查”。“三不”就是未接单据不翻账，未经审查不备货，未经复核不出库；“二核”，即在发货时，要核实凭证、核对账卡、核对实物；“五检查”，即对单据和实物要进行品名检查、规格检查、包装检查、件数检查、质量检查。

8.4.2 商品出库的方式

1. 客户自提

客户自提是指客户自派车辆和人员，持提货单（领料单）到仓库直接提货的一种出库方式。它具有“提单到库，随到随发，自提自运”的特点。为划清交接责任，仓库发货人与提货人在仓库现场，对出库商品当面交接清楚并办理签收手续。这种方式适用于运输距离近，提货数量少的客户。

2. 送货上门

送货上门就是仓储单位派自己的车辆和人员，根据用户的要求，把出库凭证所开列的商品，直接运送到客户指定地点的一种出库方式。仓库实行送货，要划清交接责任。仓储部门与运输部门的交接手续，是在仓库现场办理完毕的。运输部门与收货单位的交接手续，是根据货主单位与收货单位签订的协议，一般在收货单位指定的到货目的地办理。

送货具有“预先付货、按车排货、发货等车”的特点。仓库实行送货具有多方面的好处：仓库可预先安排作业，缩短发货时间；收货单位可避免因人力、车辆等不便而发生的取货困难；在运输上，可合理使用运输工具，减少运费。

3. 代办托运

代办托运是指仓库接受客户的委托，为客户办理商品托运时，依据货主开具的出库凭证上所列商品的品种、规格、质量、数量、价格等，办理出库手续，通过运输部门，如公路、铁路、水路、航空等货运企业，把商品发运到用户指定地点的一种出库方式。这种方式较为常见，也是仓库推行优质服务的措施之一。适用于大宗、长距离的商品运输。

4. 过户

过户是一种就地划拨的形式。商品虽未出库，但是所有权已从原有的货主转移到新的货主。仓库必须根据原有货主开出的正式过户凭证，才予办理过户手续。

5. 转仓

货主单位为了业务方便或改变商品储存条件，需要将某批库存商品从甲库转移到乙库，这就是转仓的出库方式。仓库也必须根据货主单位开出的正式转仓票，才予办理转仓手续。

6. 取样

取样是货主对商品质量检验、样品陈列等需要，到仓库取货样，仓库必须根据正式取样凭证才予发给样品，并做好财务记录。

8.4.3 商品出库的程序

由于各种类型的仓库具体储存的商品种类不同，经营方式不同，商品出库的程序也不尽相同，但就其出库的操作内容来讲，一般的商品出库的基本程序如图 8－12 所示。

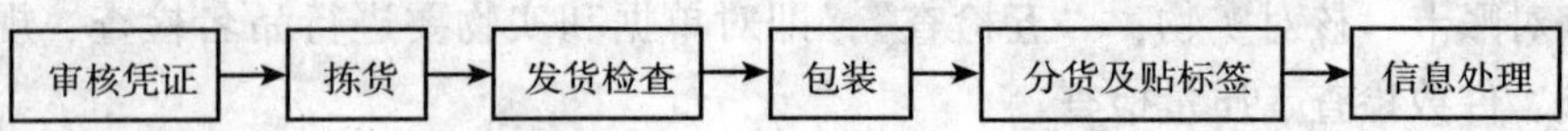

图 8－12　商品出库的基本程序

1. 出库凭证审核

仓储业务部门接到商品出库凭证时，首先要对出库凭证进行仔细的审核。审核的主要内容包括：

①核对出库凭证的合法性和真实性；

②核对商品的品名、型号、规格、单价、数量等有无错误；

③核对收货单位、到站、银行账号等是否齐全和准确。

如发现出库凭证有问题，需经原开证单位进行更正并加盖公章后，才能安排发货业务。但在特殊情况下（如救灾、抢险等），可经领导批准先发货，事后及时补办手续。

2. 出库信息处理

出库凭证审核无误后，将出库凭证信息进行处理。将出库凭证上的信息按照规定的手续登记入账，并生成相应的拣货信息（拣货单等凭证），作为拣货作业的依据。

3. 拣货

拣货作业是依据客户的订货要求或仓储配送中心的送货计划，尽可能迅速、准确地将商品从其储位或其他区域拣取出来的作业过程。按照拣货过程自动化程度的不同，拣货分为人工拣货、机械拣货、半自动拣货和自动拣货四种方式。

4. 分货

分货也称为配货，拣货作业完成后，根据订单或配送路线等不同的组合方式对货品进行分类。需要流通加工的商品，先按流通加工方式分类，再按送货要求分类，这种作业称为分货作业。

5. 出货检查

为保证出库商品不出差错，配货后应立即进行出库检查。出库检查是防止发货差错的关键。按照“动碰复核”的原则，既要复核单货是否相符，又要复核货位结存数量来验证出库量是否正确。检查无误后，方可包装或交付装运。在包装、装运过程中要再次进行复核。

6. 包装

出库商品有的可以直接装运出库，有的还需要经过包装待运环节。特别是发往外地的商品，为了适应安全运输的要求，往往需要进行重新组装，或加固包装等作业。为了保证出库商品安全运达目的地，包装应符合下列要求：

①根据商品的外形特点，选用适宜的包装材料，其重量和尺寸应便于装卸搬运。

②要符合商品运输要求，包装应牢固，内衬应稳固；怕潮商品包装时应增加一层防潮材料；易碎商品包装时应内垫软质衬垫物。包装的外部要做明显标志，标明对装卸搬运的要求及其他标志。

③严禁互相影响或性质互相抵触的商品混合包装。

④要充分利用包装容积。

⑤要节约包装材料，尽量使用原包装物和旧包装物。

⑥包装完毕后，要在外包装上标明收货单位、到站、发货号、本批商品的总包装件数、发货单位等。

7. 货物交接

出库商品无论是要货单位自提，还是交付运输部门发运，发货人员必须向收货人或运输人员按单逐件交接清楚，划清责任。

8. 清理档案

商品交接以后应及时进行发货后的处理工作。及时登记出库信息，做到随发随记、日清月结、账面余额与实际库存和卡片相符。出库凭证应该当日清理，定期装订成册，妥善保存，以备查用。

8.4.4 商品出库中发现问题的处理

在商品出库时，若发现有问题，应及时进行处理。

1. 出库凭证（提货单）上的问题及处理

①凡出库凭证超过提货期限，用户前来提货，必须先办理手续，按规定缴足逾期仓储

保管费，然后方可发货。

②凡发现出库凭证有疑点，或者情况不清楚，以及出库凭证发现有假冒、复制、涂改等情况时，应及时与仓库保卫部门以及出具出库单的单位或部门联系，妥善处理。

③商品进库未验收，或者所需货物未进库的出库凭证，一般暂缓发货，并通知货主，待货到并验收后再发货，提货期顺延。

④如果客户因各种原因将出库凭证遗失，客户应及时与仓库发货员和账务人员联系挂失；如果挂失时货已被提走，保管人员不承担责任，但要协助货主单位找回商品；如果货还没有提走，经保管人员和账务人员查实后，做好挂失登记，将原凭证作废，缓期发货。

2. 提货数与实存数不符

若出现提货数与商品实存数不符的情况，一般是实存数小于提货数。当遇到提货数量大于实际商品库存数量时，无论是何种原因造成的，都需要和仓库主管部门以及货主单位及时取得联系后再作处理。

3. 串发货和错发货

所谓串发货和错发货主要是指发货人在对商品种类规格不很熟悉的情况下，或者由于工作中的疏漏，把错误规格、数量的商品发出库的情况。在这种情况下，如果商品尚未离库，应立即组织人力，重新发货。如果商品已经提出仓库，应会同货主单位和运输单位共同协商解决。一般在无直接经济损失的情况下，由货主单位重新按实际发货数充单（票）解决。如果形成直接经济损失，应按赔偿损失单据冲转调整保管账。

4. 包装破漏

包装破漏是指在发货过程中，因商品外包装破散、损坏等现象引起的商品渗漏、裸露等问题。这种问题主要是在储存过程中因堆垛挤压、发货装卸操作不慎等情况引起的，发货时都应经过整理或更换包装，方可出库，否则造成的损失应由仓储部门承担。

5. 漏记和错记账

漏记账是指在商品出库作业中，由于没有及时核销商品明细账而造成账面数量大于或小于实存数的现象。错记账是指在商品出库后核销明细账时没有按实际发货出库的商品名称、数量登记，从而造成账实不符的情况。无论是漏记账还是错记账，一经发现，除及时向有关领导如实汇报情况外，同时还应根据原出库凭证查明原因调整保管账，使之与实际库存保持一致。如果漏记和错记账给货主单位、运输单位和仓储单位造成经济损失，应予赔偿，同时追究相关人员的责任。

8.5 商品退货处理

8.5.1 商品退货的含义和原因

商品退货是指仓库按订单或合同将货物发出后，由于某种原因，客户将商品退回仓库。通常发生退货或换货的原因主要有：

（1）协议退货

与仓库订有特别协议的季节性商品、试销商品、代销商品等，协议期满后，剩余商品仓库给予退回。

（2）有质量问题的退货

（3）搬运途中损坏退货

（4）商品过期退回

食品及有保质期的商品在送达接收单位时或销售过程中超过商品的有效保质期，仓库予以退回。

（5）商品送错退回

送达客户的商品不是订单所要求的商品，如商品条形码、品项、规格、重量、数量等与订单不符，都必须退回。

8.5.2 退货作业程序

1. 接受退货

仓库接受退货要有规范的程序与标准，如什么样的货品可以退，由哪个部门来决定，信息如何传递等。仓库的业务部门接到客户传来的退货信息后，要尽快将退货信息传递给相关部门，运输部门安排取回货品的时间和路线，仓库人员做好接收准备，质量管理部门人员确认退货的原因。

2. 重新入库

对于客户退回的商品，仓库的业务部门要进行初步审核。由于质量原因产生的退货，要放在为堆放不良商品而准备的区域，以免和正常商品混淆。退货商品要重新进行严格的入库登记，及时输入企业的信息系统，核销客户应收账款，并通知商品的供应商退货信息。

3. 财务结算

退货发生后，给整个供应系统造成的影响是非常大的，如对客户端的影响、仓库在退货过程中发生的各种费用、商品供应商要承担相应货品的成本等。如果客户已经支付了商品费用，财务部门要将相应的费用退给客户。同时，由于销货和退货的时间不同，同一货物价格可能出现差异，同质不同价、同款不同价的问题时有发生，故仓库的财务部门在退货发生时要进行退回商品货款的估价，将退货商品的数量、销货时的商品单价以及退货时的商品单价信息输入企业的信息系统，并依据销货退回单办理扣款业务。

4. 跟踪处理

退货发生时，要跟踪处理客户提出的意见，要统计退货发生的各种费用，要通知供应商退货的原因并退回生产地或履行销毁程序。退货发生后，首先要处理客户端提出的意见。由于退货所产生的商品短缺、对质量不满意等客户端的问题是业务部门要重点解决的。退货所产生的物流费用比正常送货要高得多，所以要认真统计、及时总结，将此信息反馈给相应的管理部门，以便制定改进措施。退货的所有信息要传递给供应商，如退货原因、时间、数量、批号、费用、存放地点等，以便供应商能将退货商品取回，并采取改进措施。

【案例引导】

曼哈顿的退货解决方案

为了帮助消费者处理不同的退货，曼哈顿合伙企业——美国亚特兰大一家供应商与其他的软件供应商设计了新的解决方案。大多数企业都有自己处理退货的方针，要遵循许多的供应商规则，但是这些方案都不简单。由于每一个企业的政策不同，加上操作人员对其不熟悉，使得处理退货的政策指南只能束之高阁、无人问津。因此，曼哈顿合伙企业的一个目标就是使退货政策深入人心。

曼哈顿合伙企业的“退回供应商”模型能够把所有供应商退货管理的政策纳入计划。比如说，一个DVD制造商要求每次退回的DVD数量为20件。那意味着企业必须搁置19件，直到第20件到来才能处理。然而，曼哈顿的“退回供应商”模型可以自动生成一个拣选票据，并且能够把票据传输给仓储管理系统。这样，曼哈顿合伙企业就可以避免退货管理中经常出现的问题。

此外，曼哈顿合伙企业的退货政策还具有“守门”功能，可以防止不符合条件的产品退回。例如，一个制造商可能与一家批发商签订协议，不管是不是质量问题，都只允许一定比例的退货。在这种情况下，企业就必须实时掌握退货的数量。一些企业只允许批发商每季进行一次退货，还有一些企业的退货数量与产品的生命周期有关。不管哪种情况，都涉及“守门”功能。曼哈顿合伙企业按照退货处理政策，以关系、产品或环境为基础，动态地解决各种情况，自主决策。

8.6 安全作业管理

仓库是商品高度集中的重要基地，也是广大仓储职工进行各种仓储作业的场所。做好仓库的安全管理工作直接影响到企业的生存和发展，是仓储工作的首要任务，也是每个工作人员的基本职责。

8.6.1 仓库治安

库场治安工作即治安保卫管理，是仓储管理的重要组成部分，通过治安保卫管理，能预防和制止违反治安管理的行为和犯罪活动，消除灾害隐患，确保各项仓储工作的正常进行，保护国家、集体的财产和职工的生命、财产安全。库场治安工作的内容包括建立健全治安保卫管理组织，建立健全治安保卫管理制度，落实各项治安防范措施等。

1. 治安保卫管理组织

治安保卫管理组织，通常分为保卫组织、警卫组织和群众性治安保卫组织。仓储部门应当根据实际情况，按照精干高效、运转灵活的原则设立保卫机构，或者配备专职、兼职保卫工作人员，从而形成仓储安全网。

2. 治安保卫管理制度

治安保卫工作的顺利开展，必须有完善的制度保障。为此，仓储部门应建立一系列治安保卫管理制度。

（1）安全岗位责任制度

明确安全管理责任一直是安全生产管理的重点，也是保障安全生产的基础。仓储部门或企业应根据收发、保管、养护等具体业务特点，确定每个岗位的安全责任，并与奖惩挂钩。

（2）门卫、值班、巡逻、守护制度

门卫是仓库的咽喉，必须严格人员、货物的出入管理。传达室人员及值班警卫人员要坚守岗位，尽职尽责，对外来人员必须进行验证、登记，及时报告可疑情况，以防意外发生。

（3）仓储设施管理制度

仓储设施是进行仓储工作的必要条件。完善的仓储设施管理制度能保证仓储业务活动的正常进行，避免意外事故的发生，也有利于仓储经营取得最大的经济效益。

（4）重要物品安全管理制度

根据 ABC 管理法的观点，A 类物资应重点对待。从安全角度看，危险品、价值极高的物资应重点防护，以免造成人身伤亡和巨大的经济损失。

（5）要害部位安全保卫制度

要害部位是安全防护的重点，因此，必须建立健全要害部位安全保卫制度，在要害部位设置安全技术防范设施。

（6）防火安全管理制度

在安全管理工作中，防火是重点，保证商品安全又是防火的中心任务。为此，必须熟悉各种仓储物品的性能，引起火灾的原因和各种防火、灭火方法，并采取各种防范措施保证仓库的安全。

（7）机动车辆安全管理制度

机动车辆管理也是治安保卫管理的一个重要方面。外来车辆不得随意进入，因业务需要必须进入的，必须履行必要的手续，且要做好防火、防爆等保护措施。严格加强仓库自有车辆的使用制度，做到安全用车，避免灾害事故的发生。

（8）外来务工人员管理制度

目前，大量企业的从业人员是外来务工人员，不同程度地存在着安全素质偏低的问题。仓储部门或企业在赋予这些外来务工人员安全生产权利的同时，必须向他们明确安全岗位责任制度，即他们应严格遵守安全规程和规章制度、服从管理、接受培训、提高安全技能，及时发现、处理和报告事故隐患和不安全因素。

(9) 治安防范的奖惩制度

认真落实治安防范的奖惩工作，直接关系到安全岗位责任制度能否有效运行。因此，必须按治安防范工作的表现给予相应的表扬、奖励或批评处罚，并及时向上级有关部门报告奖惩情况。

8.6.2 仓库消防

仓库中存放着大量物资，一旦发生火灾，将造成人员伤亡和巨大的经济损失。因此，仓库必须遵守消防法规和安全规程，把消防安全工作贯彻到仓储的各个岗位和全部活动中。

1. 火灾发生原因

火灾事故发生的原因主要有下述几个。

①火源管理不善。

②易燃、易爆物资由于保管方法不当，搬运装卸中引起火灾。

③仓库建筑及平面布局不合理。

④防火制度、措施不健全，思想麻痹大意。具体表现为因违章操作、用火不慎、吸烟和自燃、雷击以及其他因素如地震、风灾等引起的火灾。

【小看板】

表 8-7 火灾的分类

分类	项目	实例
A类	指固体物质火灾。这种物质往往具有有机物性质，一般在燃烧时能产生灼热的余烬	木材、棉、毛、麻、纸质品火灾
B类	液体火灾和可熔化的固体火灾	汽油、原油、甲醇、沥青、石蜡火灾
C类	气体火灾	煤气、甲烷、氢气火灾
D类	金属火灾	钾、钠、镁、钛、锆、锂、铝镁合金火灾

2. 仓库防火

仓库的防火工作应从以下几方面着手。

(1) 储存管理

①库房内物品储存要分类、分堆，垛与垛之间应当留出必要的通道。每个库房必须规定储存限额。能自燃的物品、化学易燃物品与一般物品以及性质互相抵触和灭火方法不同的物品，必须分库储存，并标明储存物品的名称、性质和灭火方法。

②能自燃的物品和化学易燃物品堆垛应当布置在温度较低、通风良好的场所，并应当有专人定时测温。

③遇水容易发生燃烧、爆炸的化学易燃物品，不得存放在潮湿和容易积水的地点。

④受阳光照射容易燃烧、爆炸的化学易燃物品，不得在露天存放。化学易燃物品的包装容器应当牢固、密封，发现破损、残缺、变形和物品变质、分解等情况时，应当立即进行安全处理。

⑤库房内不准设办公室、休息室，不准住人，不准用可燃材料搭建隔层。在库房或露天堆垛的防火间距内，不准堆放可燃物品和搭建货棚。

⑥库区和库房内要经常保持整洁。对散落的易燃、可燃物品和库区的杂草应当及时清除。用过的油棉纱、油抹布，沾油的工作服、手套等用品，必须放在库房外的安全地点，妥善保管或及时处理。

（2）装运管理

①装卸化学易燃物品，必须轻拿轻放，严防震动、撞击、重压、摩擦和倒置。不准使用能产生火花的工具，不准穿带钉子的鞋，并应当在可能产生静电的设备上，安装可靠的接地装置。

②进入易燃、可燃物品库区的蒸汽机车和内燃机车，必须装置防火罩，蒸汽机车要关闭风箱和送风器，并不得在库区停留。

③进入库区的汽车、拖拉机必须戴防火罩，且不准进入库房。进入库房的电瓶车、铲车，必须有防止打出火花的安全装置。运输易燃、可燃物品的车辆，一般应当将物品用苫布苫盖严密，随车人员不准在车上吸烟。

④对散落、渗漏在车辆上的化学易燃物品，必须及时清除干净。库房、站台、货场装卸作业结束后，应当彻底进行安全检查。

（3）电源管理

①库房内一般不宜安装电器设备。如果需要安装，应当严格按照有关电力设计技术规范和有关规定执行，并由正式电工进行安装和维修。

②储存化学易燃物品的库房，应当根据物品的性质，安装防爆、隔离或密封式的电器照明设备。

③各类库房的电线主线都应当架设在库房外，引进库房的电线必须装置在金属或硬质塑料套管内，电器线路和灯头应当安装在库房通道的上方，与堆垛保持安全距离。

④在库区及库房内使用电器机具时，必须严格执行安全操作规程。电线要架设在安全部位，免受物品的撞击、碰撞和车轮碾压。

⑤电器设备除经常检查外，每年至少应当进行两次绝缘摇测，发现可能引起打火、发热和绝缘不良等情况时，必须立即修理。禁止使用不合规格的保险装置，电器设备和电线

不准超过安全负荷。库房工作结束时，必须切断电源。

(4) 火源管理

①库区内严禁吸烟、用火，严禁放烟花、爆竹和信号弹。在生活区和维修工房安装和使用火炉，必须经仓库防火负责人批准。

②不准用易燃液体引火。火炉附近不准堆放木片、刨花、废纸等可燃物。不准靠近火炉烘烤衣物和其他可燃物。燃着的火炉应有人负责管理。从炉内取出的炽热灰烬，必须用水浇灭后倒在指定的安全地点。

(5) 消防设施

①在仓库区域内应布置消防设备和器材。消防设备包括：水塔、水泵、水池、消防供水管道、消防栓、消防车和消防泵等。消防器材包括：各类灭火器、沙箱、水桶、消防斧、钩等。

②仓库区域内应当按照《建筑设计防火规范》的规定，在消防器材设备附近严禁堆放其他物品。仓库应当装设消防通信、信号报警设备。

③消防器材设备应当有专人负责管理，定期检查维修，保持完整好用。寒冷季节要对消防储水池、消火栓、灭火机等消防设备采取防冻措施。

3. 仓库灭火

(1) 灭火方法

物质燃烧必须同时具备三个必要条件，即可燃物、助燃物和火源。根据这些基本条件，一切灭火措施都是为了破坏已经形成的燃烧条件，或终止燃烧的连锁反应而使火熄灭或把火势控制在一定范围内，最大限度地减少火灾损失。这就是灭火的基本原理。

根据这个原理灭火的方法有以下几种。

①冷却法：如用水扑灭一般固体物质的火灾，通过水来大量吸收热量，使燃烧物的温度迅速降低，最后使燃烧终止。

②窒息法：如用二氧化碳、氮气、水蒸气等来降低氧的浓度，使燃烧不能持续。

③隔离法：如用泡沫灭火剂灭火，通过产生的泡沫覆盖于燃烧体表面，在冷却作用的同时把可燃物同火焰和空气隔离开来，达到灭火的目的。

④化学抑制法：如用干粉灭火剂通过化学作用，破坏燃烧的链式反应，使燃烧终止。

⑤综合灭火法：根据情况，多种灭火方法同时使用。

(2) 常用的灭火器及使用方法

灭火器是一种轻便的灭火工具，它可以用于扑救初起火灾，控制蔓延。不同种类的灭火器，适用于不同物质的火灾，其结构和使用方法也各不相同。灭火器的种类较多，常用的主要有：干粉灭火器、二氧化碳灭火器、1211 灭火器、泡沫灭火器、清水灭火器和消防水桶及沙箱。

①干粉灭火器。干粉储压式灭火器（手提式和推车式）（见图 8－13、图 8－14）是以氮气为动力，将筒体内干粉压出。适宜于扑救石油产品、油漆、有机溶剂火灾。它能抑制燃烧的连锁反应而灭火。也适宜于扑灭液体、气体、电器火灾（干粉有 5 万伏以上的

电绝缘性能），有的还能扑救固体火灾。

【小看板】干粉灭火器不能扑救轻金属燃烧的火灾。

推车式干粉灭火器又叫干粉推车。干粉推车使用时，扳直阀门手柄对准火焰根部，使粉雾横扫重点火焰，注意切断火源，控制火焰蹿回，由近及远向前推进灭火。35～50 千克干粉推车有效射程为 8 米，时间为 20 秒；70 千克干粉推车有效射程为 9 米，时间为 25 秒。

图 8－13　MFZL－1 型手提干粉储压式灭火器

图 8－14　MFTZL35 型干粉推车式灭火器

②二氧化碳灭火器。二氧化碳灭火器都是以高压气瓶内储存的二氧化碳气体作为灭火剂进行灭火，二氧化碳灭火后不留痕迹，适宜于扑救贵重仪器设备、档案资料、计算机机箱内火灾。它不导电，适宜于扑救带电的低压电器设备和油类火灾，但不可用来扑救钾、钠、镁等物质的火灾。

③1211 灭火器。1211（二氟一氯一溴甲烷的代号，无色透明的不燃绝缘液体）灭火器是一种高效灭火剂。灭火时不污染物品，不留痕迹，适用于扑灭仪器、电器设备及文物、档案等贵重物品的初起火灾。它的灭火原理也是抑制燃烧的连锁反应，也适宜于扑救油类火灾。

【小看板】由于 1211 灭火器中含有的二氟一氯一溴甲烷对大气臭氧层具有破坏作用，在非必须使用场所一律不准配置 1211 灭火器。

④泡沫灭火器。目前主要是化学泡沫，将来要发展为空气泡沫。泡沫能覆盖在燃烧物

的表面，防止空气进入。它最适宜扑救液体火灾，不能扑救水溶性可燃、易燃液体的火灾（如醇、酯、醚、酮等物质）和电器火灾。

⑤清水灭火器。清水灭火器喷出的主要是水，作用与酸碱灭火器相同。它主要是冷却作用，只能扑救一般固体火灾（如竹木、纺织品等），不能扑救液体及电器火灾。

⑥消防水桶及沙箱的用途。消防水桶是轻便灭火器具，用来扑灭一般初起的火灾。但不能用于电器设备、易燃液体及遇水急剧氧化的物资的火灾。沙箱存放干燥的沙子，用于电器设备及液体燃料的初起火灾。

表 8-8　　常用灭火器的种类及其使用范围

灭火器种类	使用范围
干粉灭火器	扑救易燃液体、有机溶剂、可燃气体、电器设备等初起火灾
二氧化碳灭火器	扑救贵重仪器、档案资料、电器设备及其他忌水物资初起火灾
1211 灭火器	扑灭油类、仪器、电器设备及文物档案等贵重物品的初起火灾
泡沫灭火器	扑救油类、木材及一般货物的初起火灾
清水灭火器	扑救一般固体火灾（如竹木、纺织品等）
消防水桶及沙箱	扑灭一般初起的火灾

（3）禁止用水灭火的情况

①电器设备：水可以导电，电路如未切断，用水灭火有触电危险。

②忌水货物：如钾、钠、镁、铝粉、电石等，能与水发生化学反应，易引起爆炸。

③油类、酒精和其他轻于水的易燃液体：此类货物能浮于水面。用水灭火会扩大火灾面积，但面积不广、厚度不超过 3 厘米时，可用雾状水扑灭。

④粉末状固体：如用水灭火时，能随水流的冲击，造成粉尘的飞扬，扩大灾害，可用雾状水扑灭。

⑤已经高度灼热的物体：如金属铸件和某些矿物体，与水接触会爆炸伤人，不宜用水灭火。

⑥其他过水能使质量变化或怕水的物资：如仪器、机电设备、纸张等，非万不得已时，避免用水扑救，应用其他方法施救。

8.6.3　仓储安全作业

1. 仓库安全作业的内容

（1）人力安全操作基本要求

①人力操作仅限于轻负荷的作业，且尽可能采用人力机械作业。

②只在适合作业的安全环境下进行作业，不进行冒险作业和不安全环境的作业。

③作业人员按要求穿戴相应的安全防护用具，使用合适的作业工具。

④合理安排工间休息，避免人员带伤病作业。

⑤必须有专人在现场指挥和安全指导，严格按照安全规范进行作业指挥。

⑥作业场地必须具有合适的通风、照明、防滑、保暖等适合作业的条件。

（2）机械安全作业要求

①采用具有较高安全系数的作业设备、机械，且符合作业要求。

②所使用的设备具有良好的工况。

③设备作业要有专人进行指挥。

④载货移动设备上不得载人运行。

⑤移动吊车必须在停放稳定后方可作业。

（3）装卸搬运机械的作业安全应注意的问题

①要经常定期地对职工进行安全技术教育，从思想认识上提高其对安全技术的认识。

②组织职工不断学习安全操作规程，普及仓储作业技术知识。

（4）仓库储备物资保管保养作业的安全应注意的问题

①作业前要做好准备工作，检查所用工具是否完好。

②作业人员应根据危险特性的不同，穿戴相应的防护服装。

③作业时要轻吊稳放，防止撞击、摩擦和震动，不得饮食和吸烟。

④作业完毕后要根据危险品的性质和工作情况，及时洗手、洗脸、漱口或淋浴。

（5）仓库电器设备的安全应注意的问题

①电器设备在使用过程中应有可熔保险器和自动开关。

②电动工具必须有良好的绝缘装置，使用前必须使用保护性接地。

③高压线经过的地方，必须有安全措施和警告标志。

④电工操作时，必须严格遵守安全操作规程。

⑤高大建筑物和危险品库房，要有避雷装置。

（6）仓库建筑物和其他设施的安全应注意的问题

对于装有起重行车的大型库房、储备化工材料和危险物品的库房，都要经常检查维护，各种建筑物都得有防火的安全设施，并按国家规定的建筑安全标准和防火间距严格执行。

2. 库区的安全管理

库区的安全管理可以划分成几个环节，即仓储技术区、库房、货物保管、货物收发、货物装卸与搬运、货物运输、技术检查、修理和废弃物的处理等。

（1）仓储技术区的安全管理

仓储技术区是库区重地，应严格进行安全管理。技术区周围应设置高度大于2米的围墙，上置钢丝网，并设置电网或其他屏障。技术区内道路、桥梁、隧道等通道应畅通、平整。

（2）库房的安全管理

经常检查库房结构情况，对于地面裂缝、地基沉降、结构损坏，以及周围山体滑坡、塌方，或防水防潮层和排水沟堵塞等情况应及时维修和排除。

此外，库房钥匙应妥善保管，实行多方控制，严格遵守钥匙领取手续。对于存放易燃易爆、贵重货物的库房要严格执行两人分别掌管钥匙和两人同时进库的规定。有条件的库房应安装安全监控装置，并认真使用和管理。

（3）货物装卸与搬运中的安全管理

仓库机械应实行专人专机，建立岗位责任制，防止丢失和损坏，操作者应做到“会操作、会保养、会检查、会排除一般故障”。

根据货物尺寸、重量、形状来选用合理的装卸、搬运设备，严禁超高、超宽、超重、超速以及其他不规范操作。不能在库房内检修机械设备。在狭小通道、出入库房或接近货物时应减速鸣号。

3. 仓库的其他安全管理

（1）防台风

我国所濒临的西北太平洋是热带气旋生成最多的地区，年平均约有 30 个，其中 7 ~ 10 月份最多，其他月份较少。一般台风在登陆后会迅速地转为热带低气压或者温带低气压，风力减弱，但是仍然还会随气流向内陆移动。

台风在我国登陆的地点主要集中在华南、华东地区，而华北、东北极少。因此，华南、华东沿海地区的仓库，都会受到台风的危害。处在这些地区的仓库要高度重视防台风工作，避免对仓储造成严重的危害。对于台风，应做好以下几方面的预防措施。

①积极防范。台风并不是年年都在一个地区登陆，防台风工作是一项防范未然、有备无患的工作。企业要对员工，特别是领导干部进行防台风宣传和教育，促使其保持警惕、不能麻痹大意。

②全员参与。台风可能造成仓库的损害不仅是仓储物质，还包括仓库建筑、设备、设施、场地、树木，以及物料备料、办公设施等一切财产和生命安全，还会造成环境污染危害。防台风抗台风工作是所有员工的工作，需要全员参与。

③不断改善仓库条件。为了使防台风抗台风工作取得胜利，需要有较好的硬件设施和条件，提高仓库设施设备的抗风、防雨、排水、防水浸的能力；减少使用简易建筑，及时拆除危房危建和及时维修加固老旧建筑、围墙；提高仓库、货场的排水能力，注意协调仓库外围环境，避免对排水的阻碍；购置和妥善维修水泵等排水设备，备置堵水物料；牢固设置仓库、场地的绑扎固定绳桩。

（2）防汛

洪水和雨水虽然是一种自然现象，但时常会对货物的安全仓储带来不利影响。所以应认真做好仓库防汛工作。

①建立组织。汛期到来之前，要成立临时性的短期工作机构，在仓库领导者的领导下，具体组织防汛工作。

②积极防范。平时要加强宣传教育，提高职工对自然灾害的认识。在汛期职工轮流守

库，职能机构定员驻库值班，领导现场坐阵，以便在必要时统一指挥，积极组织抢救。

③加强联系。仓库防汛组织要主动争取上级主管部门的领导，并与气象站台联系了解汛情动态、预见汛情发展，克服盲目性，增强主动性。

除此之外，还要注意对陈旧的仓库改造排水设施，提高货位，新建仓库应考虑历年汛情的影响，使库场设施能抵御雨汛的影响。

（3）防雷

仓储企业应在每年雷雨季节来临之前，对防雷措施进行全面检查。主要应检查以下几个方面。

①建筑物维修或改造后是否改变了防雷装置的保护情况。

②有无因挖土、铺设管线或种植树木而挖断接地装置。

③各处外装导体有无开焊、锈蚀后截面过小而导致损坏折断等情况。

④接闪器有无因接受雷击而熔化或折断。

⑤避雷器磁套有无裂缝、碰伤、污染和烧伤等。

⑥引下线距地 2 米一段的绝缘保护处理有无破坏。

⑦支持物是否牢固，有无歪斜、松动。

⑧引下线与支持物的固定是否可靠。

⑨断接卡子有无接触不良。

⑩木结构接闪器支柱或支架有无腐蚀。

⑪接地装置周围土壤有无塌陷。

⑫测量全部接地装置的流散电流。

（4）防震

为搞好仓库防震，首先，在仓库建筑上要以储存物资的价值大小为依据，审视其建筑物的结构、质量状况，从保存物资的实际需要出发，合理使用物力财力，进行相应的加固。新建的仓库，特别是多层建筑，现代化立体仓库，更要结合当地地质结构类型，预见地震的可能性，在投资上予以考虑，做到有所准备。其次，在情报信息上，要密切注视毗邻地区及地震部门预测和预报资料。再次，在组织抢救上，要作充分的准备。当接到有关部门地震预报时，要建立必要的值班制度和相应的组织机构，当进入临震阶段时，仓库领导要通盘考虑，全面安排，合理分工，各负其责，做好宣传教育工作，动员职工全力以赴，做好防震工作。

【案例引导】

汶川炸药仓库遇险　济南铁军 5 小时移“火药桶”

2008 年 5 月 22 日，汶川大地震仍未完全停止。当晚，余震让一块 3 吨巨石自山顶滚下，砸向汶川县七盘沟窝竹头村一家民爆公司的仓库，那里有 52 吨炸药，14 万发雷管和

39 万米导火索。此仓库位于一个山谷中，四周山体坍塌，雷管库被砸出 2 个洞，炸药库被砸出 5 个洞，3 吨多的巨石穿透仓库屋顶砸到雷管上，如果再掉石块，可能会引发连锁爆炸。更严重的是，在火药库附近住着 4000 多居民，一旦发生爆炸，其威力可将周围三公里夷为平地，其冲击波可以到达汶川县城附近。

中央军委得知这一险情后，下令立即转移。23 日凌晨 2 点 40 分，济南军区某红军师接令后，派工兵专家连夜空降汶川。凌晨 5 点 30 分时，济南军区铁军炮兵团汪立宏带着 60 名官兵、15 台车，到仓库装炸药。约 3 个小时后，52 吨炸药顺利装车，每台车不允许装载超过 5 吨炸药，拉开车距，保证行驶时速在 30 公里以下，每台车的驾驶室里都有三人，除了驾驶员外还有工兵和路况观察员。

上午 9 点 25 分，汪立宏在 15 台装载炸药车队前指挥车队往茂县方向行进。尽管汶川至茂县的距离仅有 45 公里，但车队历时 5 个小时，终于于下午 2 点 25 分将 52 吨炸药安全转移到茂县的一个炸药库内。

（5）防静电

爆炸物和油品应采取防静电措施。静电安全防护应设相关技术人员专门管理，并配备必要的检测仪器，发现问题及时采取措施。所有防静电设施都应保持干净，防止化学腐蚀、油垢玷污和机械碰撞损坏。每年应对防静电设施进行 1 ~ 2 次的全面检查，测试应当在干燥的气候条件下进行。

【案例引导】

印度博帕尔农药厂毒气泄漏事故

1984 年 12 月 3 日零点刚过，印度博帕尔市农药厂储存有 40 吨剧毒性甲基异氰酸酯的 3 号储气罐温度迅速升高，保养工试图扳动手动减压阀（自动阀已坏）未成功，急忙报告厂长，厂长命 4 名工人头戴防毒面具进行处理，但毫无结果。温度在上升，这意味着罐内介质开始汽化。在该厂上班的 120 名工人惊恐万分，抛下工作，各奔家中。一名工人拉响了警报，但太晚了。随着惊天动地一声巨响，3 号罐阀门断裂，一股乳白色烟雾直冲天空。

一小时后，博帕尔市政府当局从巴哈拉特重型电器有限公司派来技术人员，他们成功地封闭了 3 号储罐，但罐内的甲基异氰酸酯已泄漏 25 吨，酿成了人类历史上最惨重的工业事故。事故致使 3859 人死亡，5 万人双目失明，10 万人终身残疾，20 万人中毒。

资料来源：国家安全生产监督管理局

思考题：

1. 有毒物品的储存保管中应注意哪些问题？

2. 有毒物品的储存保管中，如何保护工作人员的人身安全？

【课后思考】

1. 简述商品入库程序。
2. 简述入库过程中发现的问题及处理。
3. 简述商品分区分类的方法。
4. 简述商品堆码技术和方法。
5. 简述商品盘点的方法。
6. 简述商品出库的程序。
7. 仓库的防火工作应注意哪几方面？
8. 库区的安全管理有哪几个环节？

【案例分析】

日本资生堂公司的物流管理

一、资生堂物流发展史

资生堂是日本著名的化妆品生产企业。该企业创立于明治五年，昭和二年正式成立资生堂株式会社，主要经营范围包括化妆品、卫生用品、健康美容品，其中化妆品业务占全部经营业务的85%。生产工厂在日本分布于大船、挂川、板桥、沼津、大阪、茨木等地，销售网络遍布日本各大城市。除此之外，资生堂还在海外20多个地区建立了销售公司。

20世纪70年代初期，资生堂公司的生产与销售之间的矛盾越来越大，库存压力急剧增加。从经营管理上来看，销售预测必然是销售部门的职责，在销售预测的基础上，再形成销售和生产计划，这种计划必然体现销售部门的政策意图。但是，资生堂公司里有近1000多个品种，销售部门不可能制订出针对每个产品的销售计划，其结果使得生产销售计划十分粗略。同时，这种计划使生产部门感到非常困惑。因为，他们必须知道每个产品的实际生产数量，从而不会因为个别产品的过量生产产生较大的库存压力。生产部门不可能完全按照销售部门的计划来进行生产，而是根据本部门对市场的估计来制订生产计划，这样就不可避免地产生了双重计划和预测的问题，从而使库存偏差和商品不足等问题日益凸显。

1973年，资生堂公司企划部提出了“物流改进计划”，该计划所推动的不仅是物流硬件的改善，而且也是推动物流软件的完善。这主要体现通过物流信息的集约化，实现从产量调整到销售预测整个过程的一体化。

1975年，零售店的配送是由销售公司承担的，全国各地的销售公司从工厂进货后，均保存在仓库中，在接受零售店订货后，实行备货、包装和配送，也就是说商流与物流合为一体。但是，随着多品种化的发展，巨大的商品数量对原有的物流业务产生了相当大的负荷，销售公司所面临的是：在库管理或备货业务量增大的同时，因为商品品种的增加而提高库存，其结果是不仅物流运作管理人员不断增加，在库利息负担也不断增长，最终阻碍了销售额和经营效率的提高。

要改变这种状况，只有从根本上解决物流问题，真正实现商流和物流的分离。就此物流部提出了设立物流中心的构想。物流中心的目标表现在：一是由该中心统一承担各销售公司的物流业务；二是通过对物流业务的集约化，削减物流运作管理人员，使他们从事销售活动；三是通过在库集中管理来压缩库存。为此，资生堂公司建立了赤羽物流中心以谋求东京都内销售公司的经营效率化，并逐步向全国推广，使资生堂公司真正走上了现代物流运作管理的轨道。

赤羽物流中心是1976年3月正式成立的。当时主要统管东京都内9大销售公司中的4个公司的物流业务。物流中心运营的主要特征是：实现销售公司仓库的集约化，实行广域配送；通过集中大量的商品处理，实现出库、分拣等物流作业的机械化和自动化，达到人力资源的削减的目标，确立效率化的库存管理和物流信息系统。

二、赤羽物流中心的运作与管理

1. 赤羽物流中心的运作管理

从商品集中处理的效率来看，资生堂公司原来的物流作业流程是：各销售公司以箱式集中装货的形式进货，然后通过手工作业进行开包、分类和到指定地点保管，在接受零售店的订货后，作业人员按照各店铺订单取货，将商品放到拣货箱中，再发货。建立赤羽物流中心后，物流活动大大发挥了规模效益，在进货管理上，主要的A类产品以托盘为单位进货，B类和C类产品以小型货箱为单位进货。托盘商品以堆叠式货架形式保管（4层），小型货箱商品则按产品类别货架保管（3层），实行代码管理。在接到各零售店的订货时，各销售公司将本区域内的订单在计算机中进行汇总，并按产品类别发出具体发货指令。物流中心据此通过手工作业发货，一般发货是通过双层传送带进行，并按店铺分拣，即将所需商品放入各店铺的箱中发货，然后，按店铺进行商品检验。通过上述作业流程，不仅使原来的物流服务水准得以维持，而且大大削减了销售公司的材料费、人工费等各种费用，削减幅度达20%。

2. 赤羽物流中心的配送运作

原来由销售公司实行商品配送时，纸箱内装货形式很难大幅削减物流费用，而且从经营规模上看，资生堂当时已有2万多家零售店，大多数是连锁店，所以，只有实行从工厂到零售店的整合系统化作业才能有效地降低成本。这种系统化作业就是以箱式托盘为单位的货物配送系统，即以箱式托盘作为物流运送的工具，这样不仅销售公司能专心于顾客需求的了解和服务，而且物流中心也能通过标准化、规范化运作有效地降低成本。赤羽物流中心的箱式托盘是专为少量配送而开发的30公升的30B型，材料为聚丙烯，颜色分别为蓝色和黄色。这种货箱的侧面可以折叠，正因为如此，当配送车辆从零售店返回时，货盘的装载量能大大提高。此外，由于这种货箱的内部有10条沟沿，所以可以利用隔板将运输商品固定起来，防止因为颠簸、商品相互磕碰而造成商品损坏。到目前为止，资生堂公司大约有 12 万个箱式托盘，它们在发挥多种少量化物流中起到了积极的作用。

3. 赤羽物流中心的运作管理绩效

1977 年春天开始运转的赤羽物流中心，建立后取得了良好的效果，大大增加了出货量，并且由于其良好的管理流程和设备，使得人员得以削减，库存得以减少，大大降低了物流成本。

赤羽物流中心的巨大成功，进一步推动了资生堂公司物流运作管理的集约化发展。在这种背景下，资生堂公司又着手开始建立近畿物流中心，并为此建立了一个由资生堂物流常务管理者和相关部门领导所组成的“SD 委员会”，专门负责近畿物流中心的策划。

三、近畿物流中心的运作与管理

1. 近畿物流中心的运作管理

从近畿物流中心的物流作业流程来看，将用平托盘或箱式托盘运来的商品分别保管在平托盘自动化仓库和集装箱自动化仓库中，处理量较少的商品则保存在人工分拣区的周转架中，商品分拣则根据商品形状分为三种类型，分拣完成之后，进行商品检验、包装和按配送对象分货，最后实行配送。订货截止时间是每天下午的 5 点，夜间处理这些订货数据，第二天进行发货作业，第三天实行配送。近畿物流中心的配送范围主要包括日本近畿地区的 18 家销售公司以及 4200 家连锁店。

2. 近畿物流中心运作自动化

近畿物流中心以箱式托盘和平托盘为单位，将从大船和大阪工厂运送来的商品运入仓库，所有的箱式托盘按 T8 型的平托盘实行单元化，各种商品按照其容量分别保管在平托盘高层自动化仓库和箱式托盘立体自动仓库。平托盘高层自动仓库由 1950 个货架和 2 台巷道机组成，高度为 25 米；箱式托盘自动仓库有容纳 22320 个箱式托盘的能力，该仓库能实现 10 秒 1 个箱式托盘的出库速度，它们完全由计算机系统实现出入库的控制。

该中心的二层主要是备货系统，有 O 型自动备货系统、S 型自动备货装置和人工备货线。O 型自动备货系统主要是根据订单自动配货、全货架式的自动备货装置，装载能力大约为 150 千克，该系统分为 4 段、950 作业线的全货架管理，运作能力平均为 1 秒钟 1 件商品，出货频率较高的商品往往需要 2 条以上的流水线。当贴有零售店代码的物料作业箱经过 O 型自动备货装置时，计算机会根据指令按订单要求，将所需的商品放入到箱中。

手工备货主要针对的是处理较少的商品，大多通过人工来拣货。所有的备货作业结束后，箱式托盘被运输到一层的出货场，在那里有自动分拣装置将货物分进到 12 个方向，需要输入到自动分拣装置中的信息主要是通过光学读取的货物代码。

自动化程度极高的近畿物流中心自建立后取得了良好的效果。根据当初的目标，通过近畿物流中心集中化的物流作业，运输费将削减 6%，所有物流成本将减少 20%。

请总结资生堂两个物流中心的特点。

9 库存控制与管理技术

学习目标

- 了解传统库存控制技术；
- 掌握库存管理系统发展进程；
- 掌握 MRP 库存控制技术；
- 掌握 JIT 生产系统的特点；
- 掌握供应链环境下的库存管理模式。

库存控制，是指对制造业或服务业生产、经营全过程的各种物品、产成品以及其他资源进行管理和控制，使其储备保持在经济合理的水平上，是企业根据外界对库存的要求与订购的特点，预测、计划和执行的一种库存的行为，并对这种行为进行控制。它的重点在于确定如何订货、订购多少、何时订货等问题。传统的观念认为，仓库里的商品多，表明企业兴隆；现在则认为，零库存是最好的库存管理。库存多，占用资金多，利息负担加重。但是，如果过分降低库存，则会加大短缺成本，造成货源短缺。当库存管理控制不当时会导致库存的不足或过剩，前者将会错过销货机会，失去销售额，甚至失去客户，商誉下降，后者则会加大库存的持有成本。

库存控制与管理的方法从 20 世纪 40 年代的订货点法、60 年代的 MRP（物料需求计划）、70 年代的闭环 MRP、80 年代的 MRPⅡ（制造资源计划）、90 年代的 ERP（企业资源计划）逐渐走向成熟。

9.1 传统库存控制技术

9.1.1 经济订货批量（EOQ）控制模式

最优的库存控制应该是既能满足生产需要，保证生产正常进行，又最经济。经济订货批量（EOQ）即总库存成本最小时的每次订货数量。通常，年总库存成本的计算公式为：

年总库存成本 = 年采购成本 + 年订货成本 + 年保管成本 + 缺货成本

假设不允许缺货的条件下，年总库存成本 = 年采购成本 + 年订货成本 + 年保管成本，即：

$$TC = DP + \frac{DC}{Q} + \frac{QH}{2}$$

式中：TC——年总库存成本；

D——年需求总量；

P——单位商品的购置成本；

C——每次订货成本，元/次；

H——单位商品年保管成本，元/年（$H = PF$，F 为年仓储保管费用率）；

Q——批量或订货量。

经济订货批量就是使库存总成本达到最低的订货数量，它是通过平衡订货成本和保管成本两方面得到。其计算公式为：

$$经济订货批量\ EOQ = \sqrt{\frac{2CD}{H}} = \sqrt{\frac{2CD}{PF}}$$

此时的最低年总库存成本

$$TC = DP + H（EOQ）$$

$$年订货次数\ N = \frac{D}{EOQ} = \sqrt{\frac{DH}{2C}}$$

$$平均订货间隔周期\ T = 360/N = 360EOQ/D$$

经济订货批量与各成本间的关系如图 9－1 所示。

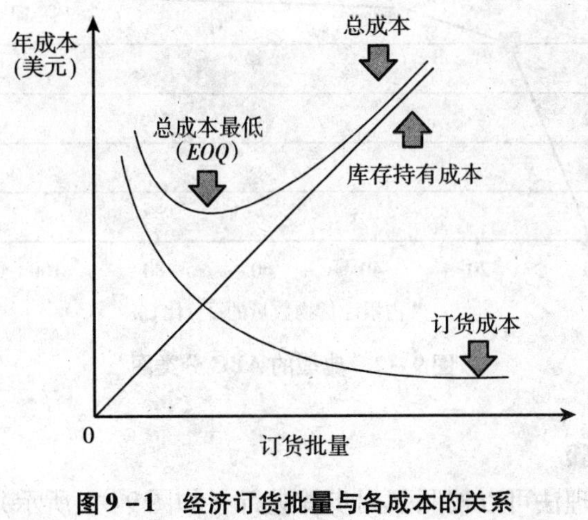

图 9－1　经济订货批量与各成本的关系

【例 9－1】某公司某商品年需求量为 2000 单位，单位商品的购买价格为 60 元，每次订货成本为 270 元，单位商品的年保管费为商品价格的 20%，求该商品的经济订货批量。

解：经济订货批量 $EOQ=\sqrt{2\times 270\times \frac{2000}{60\times 20\%}}=300$（单位）

9.1.2 ABC 分类管理模式

1. ABC 分类管理法原理

ABC 分类管理法又叫 ABC 分析法、ABC 库存控制技术。它是以某类库存物品品种数占总的物品品种数的百分比和该类物品金额占库存物品总金额的百分比大小为标准，将库存物品分为 A、B、C 三类，进行分级管理。ABC 分类管理法简单易行，效果显著，在现代库存管理中已被广泛应用。

20－80 原则是 ABC 分类的指导思想，所谓 20－80 原则，简单地说，就是 20% 的因素带来了 80% 的结果。如 20% 的客户提供了 80% 的订单；20% 的产品赢得了 80% 的利润；20% 的员工创造了 80% 的财富。当然，这里的 20% 和 80% 并不是绝对的，还可能是 25% 和 75% 等。它告诉人们，不同的因素在同一活动中起着不同的作用，在资源有限的情况下，注意力显然应该放在起着关键性作用的因素上。ABC 分类法正是在这种原则指导下，试图对库存物品进行分类，以找出占用大量资金的少数库存货物，并加强对它们的控制与管理，对那些占用少量资金的大多数货物，则实行较简单的控制与管理。

一般将价值比率为 65% ~80%、数量比率为 15% ~20% 的物品划为 A 类；将价值比率为 15% ~20%、数量比率为 30% ~40% 的物品划为 B 类；将价值比率为 5% ~15%、数量比率为 40% ~55% 的物品划为 C 类。如图 9－2 所示。

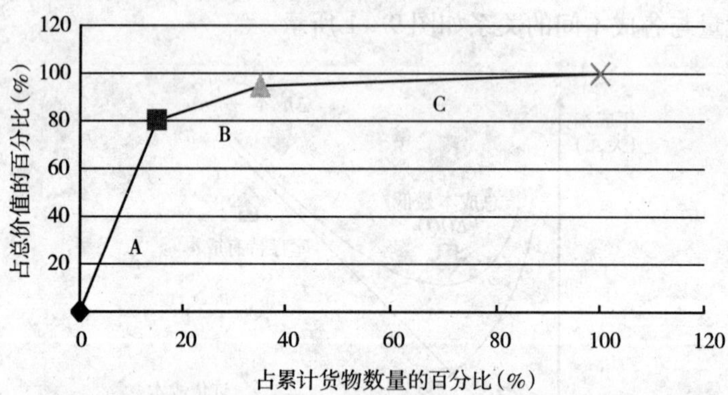

图 9－2　典型的 ABC 分类图

2. ABC 分类的步骤

采用 ABC 分类管理法可以按照下列步骤进行（如图 9－3 所示）：

（1）分析仓库所存货物的特征

包括：货物的价值、重要性以及保管要求上的差异等。

（2）收集有关的货物存储资料

包括各种货物的库存量、出库量和结存量。前两项应收集半年到一年的资料，后一项应收集盘点或分析时的最新资料。

（3）资料的整理和排序

将所收集的货物资料按价值（或重要性、保管难度等）进行排序。当货物品种较少时，以每一种库存货物为单元统计货物的价值，当种类较多时，可将库存货物采用按价值大小逐步递增的方法分类，分别计算出各范围内所包含的库存数量和价值。

（4）制作分析表

把前两步计算出的资料整理成表格形式，求出累计百分数。

（5）绘制分析图

根据表中统计数据绘制 ABC 分析图，再根据价值和数量比率的划分标准确定货物对应的种类。

（6）制定管理方法

根据货物的重要程度制定相应的库存管理方法。

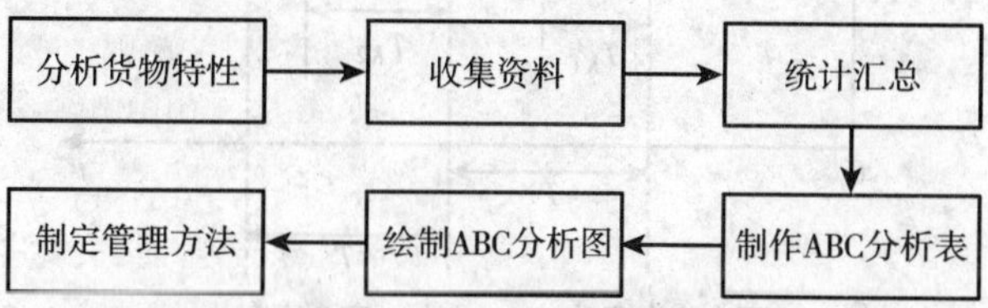

图 9－3　ABC 分类的步骤

3. ABC 类物品管理方法

ABC 三类物资重要程度各不相同，其中，A 类物资最重要，是主要矛盾；B 类物资次之；C 类物资再次之。这就为物资库存管理工作抓住重点、照顾一般提供了数量上的依据，便于针对种类物资分别进行控制。对 A 类物资要重点、严格控制。对 A 类物资的采购订货，必须尽量缩短供应间隔时间，选择最优的订购批量，在库存控制中应采取重点措施加强控制。对 B 类物资也应引起重视，适当控制。在采购中，其订货数量可适当照顾，与供应企业确定合理的生产批量以及选择合理的运输方式。对 C 类物资放宽控制或一般控制。由于品种繁多、资金占用又小，如果订货次数过于频繁，不仅工作量大，而且从经济效果上也没有必要。一般说来，根据供应条件，规定该物资的最大储备量和最小储备量，当储备量降低到最小时，一次订货到最大储备量，以后订购照此办理，不必重新计算。这样就有利于采购部门和仓库部门集中精力抓好 A 类和 B 类物资的采购和控制。

实行 ABC 重点控制模式的好处是，可以对物资控制做到重点与一般相结合，有利于建立正常的物资秩序，降低库存，节约仓库管理费用，加速资金周转，提高经济效益。同时，这种方法运用简便，易于推广，有利于简化控制工作。因此，这种库存管理方法往往并不是单独使用，而是作为进行库存管理时首先要做的一件事，将物品分类后，再针对不同的类别选取不同的库存控制模式。

9.1.3 定期库存控制模式

1. 原理

定期库存控制模式，又称为订货间隔期法，是以固定检查和订货周期为基础的库存控制法。它是基于时间的订货控制方法，基本原理是预先确定一个订货周期 T^* 和一个最高库存量 Q_{max}，周期性地检查库存，发出订货。订货批量的大小应使得订货后的名义库存量达到 Q_{max}。模型图如图 9－4 所示。

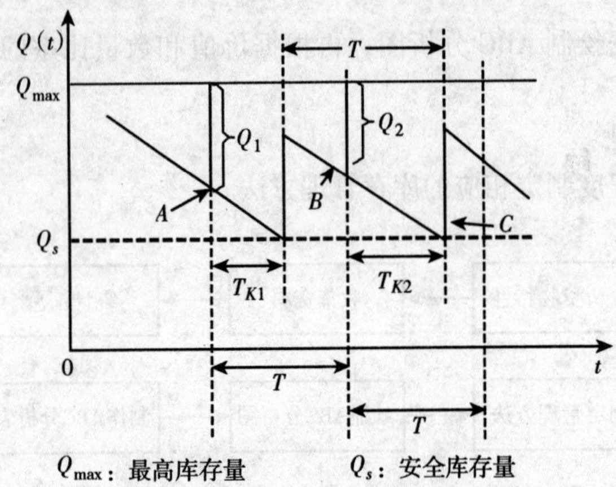

图 9－4 定期库存控制模型图

2. 计算步骤

（1）确定经济订货周期 T^*

$$Q^* = \sqrt{\frac{2C_0R}{C_1}} \qquad T^* = Q^*/R = \sqrt{\frac{2C_0R}{C_1R^2}} = \sqrt{\frac{2C_0}{C_1R}}$$

式中：R——每年的需求量；

C_0——每次订货成本；

$C_1 = V \times W$——每单位每年的仓储成本；

V——单位存货的价值；

W——按单位存货价值计算的每年持有成本（%）。

（2）确定最高库存量 Q_{max}

最高库存量取决于两个因素，即：①需求速率 R；②满足周期 $T + T_K$。

有
$$Q_{max} = D_{T+T_K} + Q_s$$
$$Q_{max} = \overline{D_{T+T_K}} + Q_s$$
$$= \overline{D_{T+T_K}} + \alpha\sigma_D$$

$$=\bar{R}\ (T+\bar{T}_K)\ +\alpha\sqrt{(T+\bar{T}_K)\ \sigma_R^2+\bar{R}^2\sigma_T^2}$$

式中：$\bar{R}$——平均需求速率；

σ_R——需求速率标准差；

$\bar{T}_K$——平均采购提前期；

T——订货周期 $=\sqrt{\dfrac{2C_0}{C_1R}}$；

σ_T——采购提前期标准差；

α——安全系数。

（3）确定订货量

$$Q_i = Q_{\max} - [(Q_{ki} - B_i) + I_i] = Q_{\max} - Q_{ki} - I_i + B_i$$

式中：Q_i——订货量；

$Q_{\max}$——最高库存量；

Q_{ki}——在库量；

B_i——未发货量；

I_i——在途量。

【例9-2】某公司为实施定期订货法策略，对某个商品的销售量进行分析，发现用户需求服从正态分布。过去九个月的销售量分别是：11、13、12、15、14、16、18、17、19（吨/月），如果组织资源进货，则订货提前期为1个月，一次订货费用为30元，1吨物资1个月的保管费用为1元。如果要求库存满足率达到90%，根据这些情况应当如何制定定期订货法策略。又在实施定期订货法策略后，第一次订货检查时，发现现有库存量为21吨，已订未到物资5吨，已经售出但尚未提货的物资3吨，问第一次订货时应该订多少？

已知：$\bar{R}$：平均需求速率=15；σ_R：需求速率标准差=1.8；$\bar{T}_K$：平均采购提前期=1；T：订货周期 $=\sqrt{\dfrac{2C_0}{C_1R}}=2$；$\sigma_T$：采购提前期标准差=0；$\alpha$：安全系数=1.28。

$$\begin{aligned}Q_{\max} &= \bar{R}(T+\bar{T}_K)+\alpha\cdot\sqrt{(T+\bar{T}_K)\sigma_R^2+\bar{R}^2\cdot\sigma_T^2}\\ &=15\times(2+1)+1.28\times\sqrt{(2+1)\times1.8^2+15^2\times0^2}\\ &=48.99\approx49(\text{吨})\end{aligned}$$

这种控制方式可以省去许多库存检查工作，在规定订货的时候检查库存，简化了工作。其缺点是如果某时期需求量突然增大，有时可能会发生缺货。所以，这种方式主要用于重要性较低的物资。

9.1.4 定量订货管理模式

1. 原理

所谓定量订货法是指当库存量下降到预定的最低库存量（订货点）时，按规定数量

（一般以经济批量为标准）进行订货补充的一种库存控制方法。

其原理是：预先确定一个订货点 Q_k 和一个订货批量 Q^*，随时检查库存，当库存量下降到订货点 Q_k时，就发出订货通知，订货批量为 Q^*。模型图如图 9－5 所示。

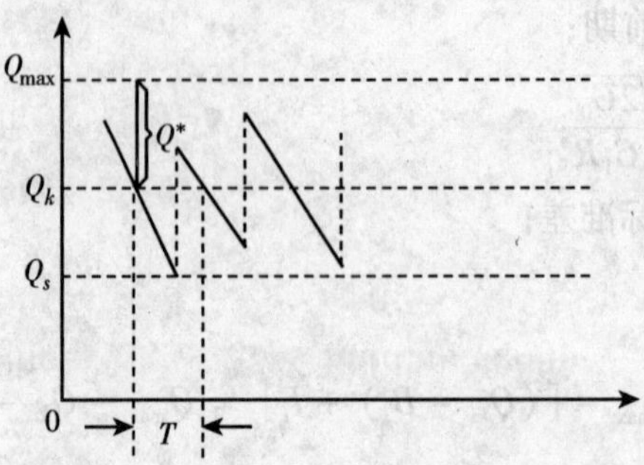

Q_{max}：最高库存量；　　Q_k：订货点（报警点）；　　Q_s：安全库存量

图 9－5　定量订货方式模型图

2. 计算步骤

（1）确定订货点

订货点的高低取决于两个因素，即：①需求速率 R；②订货周期 T_k。

有

$$Q_k = Q_L = R \cdot T_k + \text{保险裕量}$$

$$\begin{aligned} Q_k &= \bar{D}_L + Q_s \\ &= \bar{D}_L + \alpha\sigma_D \\ &= \bar{R} \cdot \bar{T}_K + \alpha \cdot \sqrt{\bar{T}_K \cdot \sigma_R^2 + \bar{R}^2 \cdot \sigma_T^2} \end{aligned}$$

式中：$\bar{R}$——平均需求速率；

σ_R——需求速率标准差；

$\bar{T}_K$——平均采购提前期；

σ_T——采购提前期标准差；

α——安全系数。

（2）确定订货批量

$$\text{单周期内的成本} = \text{保管费} + \text{订货费} + \text{存储费用}$$

$$TC = P \cdot R + \frac{R}{Q} \cdot C_0 + \frac{Q}{2} \cdot C_1$$

$$Q^* = \sqrt{\frac{2C_0R}{C_1}} \qquad T^* = Q^*/R = \sqrt{\frac{2C_0R}{C_1R^2}} = \sqrt{\frac{2C_0}{C_1R}}$$

式中：R——每年的需求量；

C_0——每次订货成本；

P——单位存货的价值；

$C_1 = P \times W$——每单位每年的仓储成本；

W——按单位存货价值计算的每年持有成本（%）。

【例9-3】某公司对某种商品的年需求量为3600吨，该商品每次订货成本为200元，购买费为100元/吨，存货费用为产品价值的25%，求该公司的经济订货批量。

$$Q^* = \sqrt{\frac{2C_0R}{C_1}} = \sqrt{\frac{2C_0R}{P \times W}} = \sqrt{\frac{2 \times 200 \times 3600}{100 \times 25\%}} = 240\text{（吨）}$$

3. 定量订货法和定期订货法的区别（如表9-1所示）

表9-1　定量订货法和定期订货法的区别

特　征	定量订货法	定期订货法
订货量	固　定	不断变化
订货时间	在库存量降到订货点时，订货间隔期变化	周期到来时，订货间隔期不变
库存检查	随时进行货物库存状况检查和记录	在订货周期到来时检查库存
库存大小	小	大
适用物资	A类货物，有时B类货物亦可采用	稳定的、可预测的需求且价值低、小批量的B类及C类货物
订货成本	较　高	较　低
订货种类	每个货物品种单独进行订货作业	多品种统一进行订货
缺货	缺货情况只是发生在已经订货但货物还未收到的提前订货期间内	在整个订货间隔内以及提前订货期间内均可能发生缺货

9.2 MRP与ERP库存控制方法

9.2.1 库存管理系统发展进程

1. MRP阶段

20世纪60年代初，计算机首次在库存管理中获得应用，这标志着制造业生产管理与传统生产方式发生了质的变革，这就是以库存控制为主，使库存管理符合生产计划要求的物料需求计划MRP（Material Requirements Planning）或称为基本MRP阶段。其基本原理是根据销售预测和订货情况制订主生产计划，再利用计算机将未来时段的产品需求按照产品结构分解为零部件需求计划，以作业指令提出采购部门所需购买的原材料，推动生产部门制造产品的部件及成品。基本MRP的主要缺陷是缺乏对完成计划所需的各种资源进行计划与保证的功能，也缺乏根据计划实施情况的反馈信息对计划进行调整的功能。因此，基本MRP主要应用于订购阶段，涉及的是企业与市场的界面，没有深入到企业生产管理的核心中去。

2. 闭环 MRP 阶段

20 世纪 70 年代后，基本 MRP 发展包括生产能力需求计划、车间作业计划和采购作业计划的闭环物料需求计划（Closed Loop MRP），也称为 MRP Ⅰ。其工作原理是一个“计划—实施—评估—反馈—计划”的封闭循环过程。闭环 MRP 使生产计划方面的诸多子系统得到了统一，解决了“在什么时候需要什么物料”这一基本问题。然而，闭环 MRP 仅仅涉及物流系统，这显然是不全面的，因为现代企业管理是系统管理，与物流密切相关的还有资金流、信息流。

3. MRPⅡ阶段

20 世纪 80 年代初发展形成了制造资源计划（Manufacturing Resources Planning），它与闭环 MRP 的本质区别在于其包括了财务管理和模拟能力，将企业的生产制造、财务会计、市场营销、工程管理、采购供应以及信息管理等各个部门纳入整体管理之中，成为整个企业的运作系统。MRPⅡ使企业管理水平达到了新的高度，它可明显改善库存管理、减少资金占用、提高资金周转次数、有效降低成本，从而大大提高了企业经济效益和市场竞争力。但 MRPⅡ仅能管理企业内部的物流、资金流和信息流，随着经济的全球化和信息化的发展，企业与外部环境的关系越来越密切，MRPⅡ已不能满足时代需要，于是新的管理哲理和软件——企业资源计划（Enterprise Resources Planning，ERP）应运而生。

4. ERP 阶段

ERP 把 MRPⅡ拓展为围绕市场需求而建立的企业内外部资源计划系统，即“供应链”管理思想，扩展了 MIS（Management Information System）、MRPⅡ的管理范围，将供应商和企业内部的采购、生产、销售以及客户紧密联系起来，可对供应链上的所有环节进行有效管理，实现对企业的动态控制和多种资源的集成与优化，以追求企业资源的合理高效利用。ERP 是 20 世纪 90 年代企业管理理论的最新成果，它打破了 MRPⅡ局限于传统制造业的陈旧观念和格局，把触角伸向各个行业，特别是金融业、通信业、高科技产业、零售业等，融合了离散型生产和流程型生产的特点，面向全球市场，协调企业各个管理部门更加灵活或“柔性”地开展业务活动，极大地提高了企业的竞争能力。

9.2.2 物料需求计划——MRP 库存控制技术

1. MRP 概述

MRP 为 Material Requirements Planning 的缩写，中文译为“物料需求计划”，是 20 世纪 60 年代由美国生产管理与计算机专家奥得佛·怀特首先提出来的，随后在美国及其他发达国家制造企业的物料采购中得到了广泛应用。MRP 是在订货点法计划基础上发展形成的一种新的库存计划与控制方法，是计算生产最终产品所用到的原材料、零件和组件的系统。由于现代工业产品的结构非常复杂，一个产品往往由若干种零件和部件组成，用手工方法不能在短期内确定出各种零件及相应的制造资源的需要量和需要时间，易造成大量的原材料库存，由此产生了 MRP 系统，它可以精确地确定各产品的组成件的需求数量与时间，实现低库存与高服务水平的并存，解决制造企业所关心的短缺与超储的矛盾，是一种保证既不出现短缺，又不积压库存的计划方法。

在企业中，物质资料的生产是将原材料转化为产品的过程。如果确定了产品生产的数量和出产时间，就可以按产品的结构确定构成产品的所有零件和部件的数量，并可按各种零件和部件的生产周期反推它们的出产时间和投入时间，相应地确定各种制造资源的需要数量和需要时间，使之围绕物料的转化过程来组织资源，实现按需要准时生产。

2. 基本的 MRP 的目标和原理

MRP 系统的主要目标在于控制库存水平，确定产品的生产优先顺序，满足交货期的要求，使生产系统的负荷达到均衡，即采购恰当数量的零部件，选择恰当的时间订货，保证计划生产和向客户提供所需的各种材料、部件和产品，计划交货的时间和生产负荷等。

基本的 MRP 是由主生产进度计划（Master Production Schedule，MPS）和主产品的层次结构逐层逐个地求出产品所有零部件的出产时间、出产数量。如果是自己加工，就形成了加工任务单。如果是向外采购，就形成了采购任务单。因此，MRP 的基本原理是：从最终产品的生产计划导出相关物料的需求量和需求时间；根据物料需求时间和生产（订货）周期确定其开始生产（订货）的时间。

MRP 的基本任务是编制零件的生产计划和采购计划。然而，要正确编制这些计划，首先必须落实产品的出产进度计划，即主生产进度计划，这是 MRP 展开的依据。MRP 还需要知道产品的零件结构，即物料清单（Bill of Materials，BOM），才能把主生产进度计划展开成零件计划。同时，还必须知道所需物料的库存数量才能准确计算出零件的采购数量。

由此可见，基本 MRP 的依据是：主生产进度计划（MPS）、物料清单（BOM）、库存信息。基本的 MRP 逻辑图如图 9－6 所示。

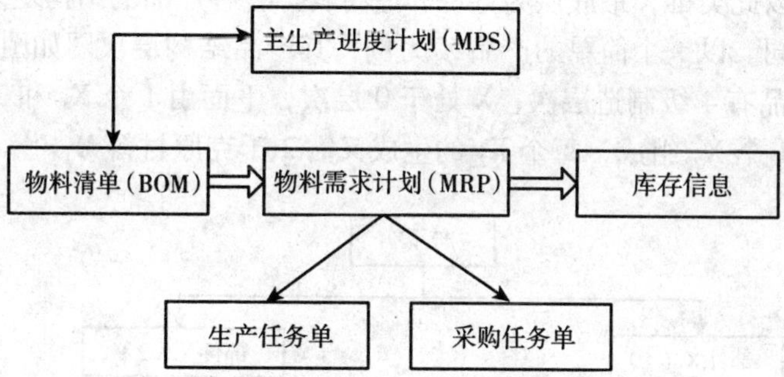

图 9－6　基本的 MRP 逻辑图

3. MRP 系统的运行

简单来说，MRP 的基本内容是编制零件的生产计划和采购计划。但是，要正确编制零件计划，必须掌握客户需求，然后落实产品生产的数量和生产的时间，再确定相应的所需材料的数量并采购。因此，MRP 的内容概括起来主要包括客户需求管理、产品生产计划、原材料计划以及库存记录。通过客户需求管理（包括客户订单管理及销售预测）得出客户需要什么以及需要多少；通过产品生产计划确定最终将要生产的产品的生产时间和数量，成为决定需要多少劳动力和设备以及需要多少原材料和资金的依据；通过原材料计划制订生产产品需要准备的原材料的具体情况。而在确定购买原材料之前，需要检查现有库存记录，并通过比较得出实际的购买量。

为实现这些任务，MRP 系统分为 MRP 的输入和 MRP 的输出两部分。

（1）MRP 的输入

①主生产进度计划（MPS）。主生产进度计划是 MRP 的主要输入，是确定每一具体的最终产品在每一具体时间段内生产数量的计划。这里的最终产品是指对于企业来说最终完成、要出厂的完成品，它要具体到产品的品种型号。这里的具体时间段，通常是以周为单位，在有些情况下也可以是日、旬、月。主生产进度计划详细规定生产什么、什么时间应该产出，它是独立需求计划。主生产进度计划根据客户合同和市场预测，把经营计划或生产大纲中的产品系列具体化，使之成为展开物料需求计划的主要依据，起到了从综合计划向具体计划过渡的作用。

②产品结构与物料清单（BOM）。MRP 系统要正确计算出物料需求的数量和时间，特别是相关需求物料的数量和时间，首先要让系统能够知道企业所制造产品的结构和所有要使用的物料。当然，这并不是最终的 BOM。为了便于计算机识别，必须把产品结构图转换成规范的数据格式，这种用规范的数据格式来描述产品结构的文件就是物料清单。它必须说明部件中各种物料需求的数量和相互之间的组成结构关系。

物料清单一般用树形结构表示，将组成最终产品的组件、部件、零件，按组装成品顺序合理地分解为若干个等级层次，每一层次表示制造最终产品过程中的一个阶段。通常，最高层为 0 层，代表最终产品项；1 层代表组成最终产品项的零部件；2 层为组成 1 层零部件的零部件；以此类推，最底层为零件和原材料。各种产品的结构复杂程度不同，产品结构的层数也不同。以一个简单的产品 X 为例，其产品结构层次图如图 9－7 所示。由图 9－7 可知，X 产品有 4 级制造层次，X 处于 0 层次，下面由 1 个 X_1 和 2 个 X_2 部件组成，X_2 由 2 个 X_{21} 和 1 个 X_{22} 组成，每个 X_{22} 的生成又需 2 千克原材料 M_1。

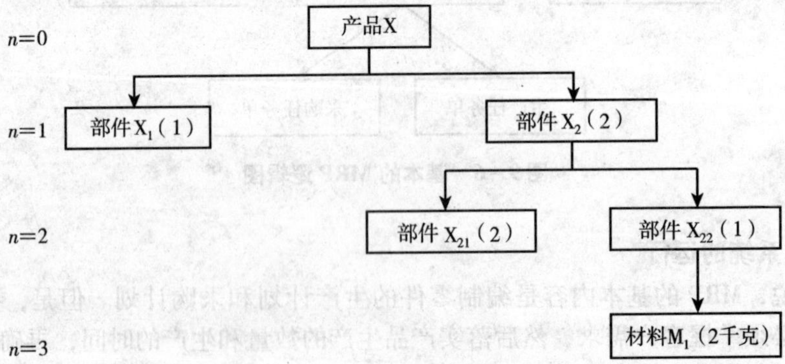

图 9－7　X 产品的产品结构层次图

【小看板】

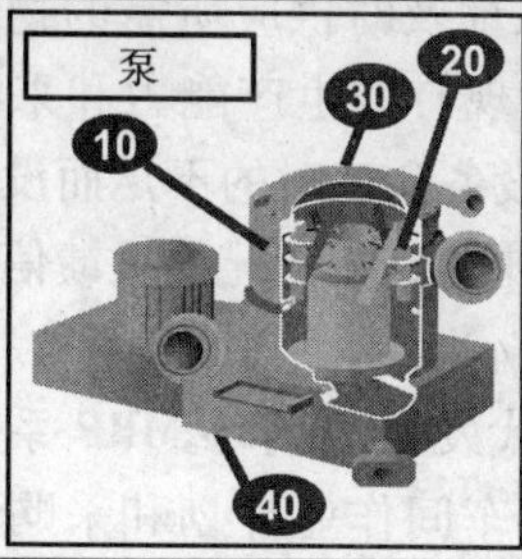

项目号	描述	物料号	数量	计量单位
10	蜗壳	A-E101	1	PC
20	轮	A-E201	1	PC
30	轴	A-E301	1	PC
40	支撑座	A-E401	2	PC

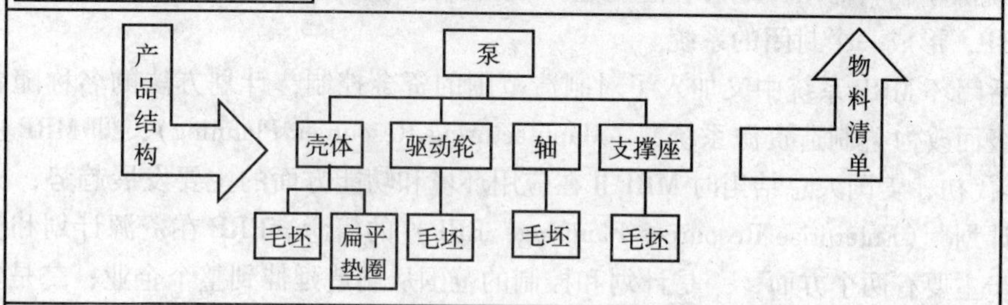

图 9－8　产品物料清单 BOM 示例

③库存信息。库存信息是保存企业所有产品、零部件、在制品、原材料等库存状态的数据，主要包括总需求量、当前库存量、计划入库量、订购批量、安全库存量、净需求量等信息。在 MRP 系统中，将产品、零部件、在制品、原材料等统称为“物料”或“项目”。

A. 总需求量：指主产品及其零部件的需要量。主产品需要量与主生产进度计划一致，零部件的总需要量根据主生产进度计划和主产品结构文件推算得出。

B. 库存量：指在企业仓库中每期期末库存物资的数量。

库存量＝本期期初库存量＋本期到货量－本期需要量

C. 计划入库量：指根据正在执行中的采购订单或生产订单，在未来某个时段物料将要入库或将要完成的数量。

D. 安全库存量：指为了预防需求或供应方面的不可预测的变化，在仓库中应经常保持的最低库存数量。

E. 订购批量：指计划在某个时段内向供应商订购或要求生产部门生产某种物料的数量。订购批量理论上等于净需求量。

F. 净需求量：指需要外界提供的物料数量。

净需求量＝总需求量－计划入库－现有库存量

（2）MRP 的输出

MRP 系统能够输出的信息较多，主要输出的信息有：订货数量与时间、是否需要改变所需产品的数量和时间、是否需要取消产品的需求、MRP 系统自身的状态等。

4. MRP 系统的发展

尽管 MRP 的目标之一是将库存保持在最低水平又能保证及时供应所需的物品，但是 MRP 仍存在一些缺陷，其主要缺陷是没有考虑到生产企业现有的生产能力和采购的有关条件的约束。因此，计算出来的物料需求的日期有可能因设备和工时的不足而没有能力生产，或者因原料的不足而无法生产。同时，它也缺乏根据计划实施情况的反馈信息对计划进行调整的功能。

正是为了解决以上问题，MRP 系统在 20 世纪 70 年代发展为闭环 MRP 系统。闭环 MRP 系统除了物料需求计划外，还将生产能力需求计划、车间作业计划和采购计划全部纳入 MRP，形成一个封闭的系统。

随后闭环 MRP 系统中又加入了对制造范围的资金控制，计划方法的名称随着控制对象的升级而改为“制造资源系统”（Manufacturing Resources Planning），即 MRPⅡ。20 世纪 90 年代初，美国人总结当时 MRPⅡ在应用环境和功能方面的主要发展趋势，提出“企业资源计划”（Enterprise Resources Planning，ERP）的概念。ERP 在资源计划和控制功能上的进步主要有两个方面，一是计划和控制的范围从制造延伸到整个企业；二是资源计划的原理和方法应用到非制造业。

9.2.3 MRPⅡ

1. MRPⅡ概述

MRPⅡ是 20 世纪 80 年代在 MRP 的推广和进一步发展的基础上产生的，它是从整体最优的角度出发，运用科学的方法对企业各种制造资源和生产、供应、销售、财务各环节进行有效地计划、组织和控制，使各个职能得以协调发展。在企业管理中，生产管理只是一个方面，所涉及的仅仅是物流，而与物流密切相关的还有资金流，是由财会人员管理的，造成了数据的重复录入与存储，甚至造成数据不一致。于是，把生产、销售、财务、采购等各个子系统集成为一个一体化系统，并将之称为制造资源计划系统，记为 MRPⅡ。

2. MRPⅡ系统的组成

①基础数据管理是指对企业生产经营活动中所涉及的各类数据进行定义，建立它们之间的关系，包括产品结构数据、工艺路线及工时定额数据、工作中心数据以及物料需求信息、成本信息等，并对这些数据进行集中管理与维护，这是 MRPⅡ的基础。

②库存管理是指对生产过程中涉及的材料库、标准件库、半成品库等的管理。

③经营计划管理子系统主要是销售与主生产进度计划管理的制订，一般分为若干子系统。

④主生产进度计划管理系统是根据企业的经营规划和生产规划自动编制主生产进度计划和相应的粗能力计划，进行平衡核算，模拟不同的主生产进度计划对生产资源及经济指标的影响，从中选择最佳的方案，同时具有调整与维护主生产进度计划的功能。

⑤物料管理是对库存的超储积压及资金占用进行分析，生成与下达采购单，并对采购单进行跟踪处理，到货验收入库，对供应商进行管理等。

⑥车间作业计划管理主要是执行由物料需求计划下达的计划，根据材料定额生成领料单或缺货清单，对领料、加工、交接、入库层层进行控制，并动态跟踪生产过程中计划执行过程，进行车间生产调度，反馈作业信息。

⑦成本核算与财务管理包括完成账务管理、应收账款及应付账款管理、固定资产管理、工资管理和成本管理等。

3. MRPⅡ与 MRP 的对比

与 MRP 相比 MRPⅡ的核心基本还是 MRP，但它的功能比 MRP 有很大进步。如果说 MRP 只是一个物料需求计划，MRPⅡ则是一个全面的全产管理系统，它进行了多方面的改进：一是在制订物料需求计划的同时，还制订出合适的能力需求计划，保证了物料需求与生产能力的平衡；二是将库存文件改为库存管理，不仅提供了库存状态的数据，而且进行了物料出入库登记、库存更新和库存统计工作等；三是对 MRP 执行的延伸，进入车间管理和物料采购计划时，增加了企业的年度生产计划功能、经营计划功能、财务计划功能、信息反馈功能等。

4. MRPⅡ的主要特点

MRPⅡ的基本思想是把企业作为一个有机的整体，从整体优化的角度出发，通过运用科学的方法，对企业的各种制造资源和产、供、销、财各个环节实行有效地计划、组织、控制和调整，使它们在生产经营过程中得以协调有序并充分地发挥作用。其最终目的是既要连续均衡地进行生产，又要根据实际情况，最大限度地降低各种物料的库存量，消除生产过程中一切无效的劳动和最终资源，进而提高企业的管理水平和经济效益。MRPⅡ的主要技术环节涉及经营规划、销售与运作计划、主生产进度计划、物料清单与物料需求计划、能力需求计划、车间作业管理、物料管理、库存管理与采购管理、产品成本管理、财务管理等。

MRPⅡ的主要特点有以下几点。

①适合制造业的生产管理特点。以生产计划和调度为核心，从生产计划入手，根据产品结构 BOM 表、材料消耗及工序、工时定额，把管理扩展到物料供应、生产能力平衡分析、库存管理、采购、销售和成本制造方面，形成一个反映生产全过程的闭环系统，解决人工管理相互脱节的问题。

②MRPⅡ是一种计划方法。分层次，由顶到底、由粗到细，优化目标管理与计划管理，每层供需平衡，保证计划实现性、可行性。

③数据共享性。MRPⅡ是 MIS 的一种，各部门依据相同的数据信息在统一的数据库支持下工作，做到数据共享。

④MRPⅡ是物流、信息流、资金流的统一。

⑤MRPⅡ将产品成本控制引入到管理系统，对投产前、中、后成本进行分析、控制。

⑥动态反馈性。跟踪和反映实际情况，管理人员依据反馈信息，进行分析、判断、调

整计划，保证生产。

当前，制造业的管理信息系统已发展到企业资源计划（ERP）阶段，MRPⅡ作为ERP的重要组成部分，首先要求企业从供应链管理的概念出发，根据内外环境的变化，调整其经营战略，同竞争对手的供应链展开激烈的市场博弈。另外，它还要致力于企业与供方和需方互信、互利、互助、互通合作伙伴关系的建立，体现精益生产和敏捷制造的精神，以有限的资源迎接无限的市场机遇。其最终目的是增强企业的竞争优势，以质量高、成本低、上市快、服务优的产品获取最大利润，在瞬息万变的环境变化中立于不败之地。

【小看板】MRPⅡ在我国的应用

20世纪80年代初期，我国机械行业率先开始推行MRPⅡ管理信息系统。早期引进软件的企业是沈阳第一机床厂，它以中德科技合作的形式，引进了德国工程师协会提供的INTEPS软件，实施了以MRP为中心的计算机辅助生产管理系统。这个项目的一期工程作为“六五”国家科技攻关成果通过鉴定，第二期工程企业又进行了大规模扩充，形成了以MRPⅡ为中心较全面的企业管理系统。沈阳鼓风机厂引进了IBM公司的COPICS软件，经过消化吸收，开发了适应本厂条件的MRPⅡ软件，沈阳鼓风机厂因此而成为国家863工程自动化技术领域CIMS主题第一批重点应用工厂之一。国内企业在实施CIMS系统（含MRPⅡ）过程中获得国际好评的首先是北京第一机床厂，该厂1995年先后获得总部设在美国的制造工程师学会（SME）的“工业领先奖”和联合国工业发展组（UNIDO）的“工业发展奖”。

20世纪80年代以来，国外几家著名的计算机公司，如IBM、HP、DEC、CDC、WANG等，都结合销售计算机产品推出了各种版本的MRPⅡ软件。进入90年代，又有不少国外的软件公司在我国设立了独资公司、代表处，有的通过代理商直接销售商品软件。比较有代表性的主要有SSA、Forthshift、EMS、Qad、SAP、CA、JDE、D&B等十余家。看到我国企业对MRPⅡ软件日益增长的需求，不少国外计算机公司的经营策略已转为只要采用计算机公司的硬件设备，什么软件都可以支持。

国内开发的MRPⅡ商品的软件，首推机械工业部北京自动化研究软件中心（利玛信息技术公司）开发的CAPMS软件包。北京开思、上海启明、天津中北、西安交大博通资讯等软件公司也都相继推出商品化软件等。联想集团、华为集团、深圳中国集装箱进出口公司等国内大中型企业，在引进国外的软件基础上，结合自身经验，也开发使用了商品软件，并取得了一定的成效。国家863/CIMS主题开发的CIMS/MRPⅡ应用软件也开始在企业中试行。到目前为止，已有20余种商品软件在我国市场上销售，这个数字的继续增长，给企业带来更多的选择余地，为MRPⅡ在我国普及创造了良好的条件。

CAPMS（Computer Aided Production Management System）是机械工业部北京自动化研究软件中心（利玛信息技术公司）在吸收国外MRPⅡ管理软件最新技术，并结合我国国情开发的先进、完善的商品化MRPⅡ系统。该系统具有以下几个特点：CAPMS

是一个闭环生产控制系统、全集成化系统、采用结构化模块化设计、采用先进的管理方法和优化算法。MRPⅡ通过这样一个综合性的系统实现对企业经营活动的全面控制和管理，我们可以通过图9－9CAPMS系统结构图对系统有一个大体了解。

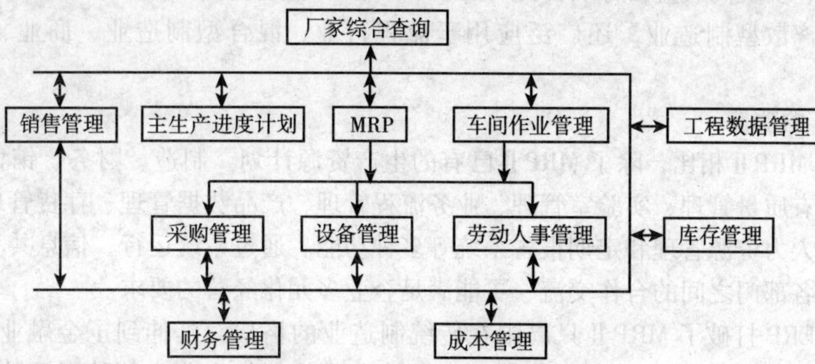

图9－9　CAPMS系统结构图

目前，我国采用各种软件推行MRPⅡ或MRP系统的企业数目增长很快，20多年来，已有近千家企业实施MRPⅡ管理信息系统。但从应用效果看，有的已经取得了实效，有的效果不明显，有的半途而废，呈现一种两头小中间大的橄榄形分布，其中“三资”企业应用效果较好，而国有企业应用效果较差，真正全面实施MRPⅡ系统并取得整体效益还需努力。

9.2.4　ERP系统

1. ERP概述

企业资源计划（Enterprise Resources Planning，ERP）是在MRPⅡ的基础上发展起来的一种现代管理模式。20世纪90年代以来，随着经济全球化进程的加快，社会消费水平、消费结构和消费市场发生了深刻的变革，产品呈现多样化、个性化、系统化和国际化特征，MRPⅡ系统已不能满足企业产品多元化的经营管理要求。随着网络技术的迅速发展和广泛应用，为了实现柔性生产、快速占领市场，企业必须转换经营模式、改变传统的管理方式，面向客户生产，注重产品的研究开发、质量控制、市场营销和售后服务等环节，将经营过程的所有参与者，如供应商、客户、制造商、分销商纳入一个紧密的供应链中。ERP正是在这样的市场环境中产生的。

2. ERP的基本思想

ERP的基本思想是，将企业的业务流程看做一个紧密相连的供应链，其中包括供应商、制造商、分销网络和客户等，并对此供应链上所有的环节进行有效的管理，将企业内部的业务流程按照供应链管理的要求进行重组，规划出几个相互协同作业的子系统，例如人力资源、市场销售、生产制造、质量控制、财务资金、工程技术、服务维护等，同时还要包括外部的供应商、分销商、融资、投资以及对竞争对手的了解和监视等管理。为了支持业务流程处理的自动化，还需要利用信息技术来实现对工作流程的管理，优化工作流程，进一步提高劳动生产率。通过加强企业间的合作，强调对市场需求快速反应，降低市场风险成本，实现高收益目标。由此可见，ERP 涉及管理的范围更广，管理的深度更深，它不但面向离散型制造业，还广泛应用于流程行业、混合型制造业、商业、服务业等行业。

3. ERP 的功能

ERP 与 MRPⅡ相比，除了 MRPⅡ已有的生产资源计划、制造、财务、销售、采购等功能外，还有质量管理、实验室管理、业务流程管理、产品数据管理、存货管理、分销与运输管理、人力资源管理和定期报告系统等多种功能。通过系统运行、信息共享和相互交流提高企业各部门之间的合作交流，更能满足企业多元化经营的要求。

总之，ERP 打破了 MRPⅡ只局限在传统制造业的格局，延伸到了金融业、通信业、零售业等行业，扩大了 ERP 的应用范围，它把企业外部与企业内部的资源整合在一起，优化了企业的管理，取得了最佳的经济效果。

4. ERP 应用的管理理念

(1) 管理思想的成熟

供应链管理作为 ERP 系统的指导思想，并不是一种孤立的理论。它是在波特的价值链、敏捷制造、麻省理工的精益生产方式、哈默的企业业务流程重组、戴明和朱兰的全面质量管理、E. 格德拉特的约束理论等一系列先进管理思想的基础上，借助互联网技术发展起来的。在 ERP 软件的精髓中，可以发现泰勒的科学管理理论、法约尔的一般行政管理理论、霍桑的人力资源方法、运筹学以及管理的定量方法。当然 ERP 的成熟不能看这个软件本身的管理思想是多么的流行，更主要的是看 ERP 本身蕴涵的管理理论是不是在实际中已经得到了运用，运用是否产生了效益。

(2) 功能深度的成熟

ERP 在功能上包含了 MRPⅡ系统中对制造环节的管理，并且延伸了功能子系统，开始把所有的制造场所、营销系统、财务系统紧密结合在一起，借以实现全球范围内的多工厂、多地点的跨国经营运作；ERP 还应该能满足企业实现"多品种小批量生产"和"大批量生产"两种情况或多种情况并存的混合型生产方式，满足企业多角化经营的需求；ERP 财务系统应能实时收到来自所有业务过程、分析系统和交叉功能子系统的信息，并执行监控功能，敏捷做出快速决策；ERP 还应该具有决策分析功能，诸如市场决策分析、产品线决策分析、投融资决策分析、风险分析、企业并购分析等。只有实现了企业业务功能深度的成熟，企业才能超越以物料需求为核心的生产经营管理范畴，能够更有效地安排自己的人、财、物、产、供、销，实现以客户为中心的经营战略。

(3) 管理广度的成熟

ERP 需要打破 MRPⅡ的传统制造业行业局限性，需要把触角伸向各行各业，真正体现 ERP 的应用范围扩展性，并逐渐形成针对行业的解决方案，满足不同行业业务的特殊需求，为企业应用 ERP 提高管理水平提供了更为广阔的空间。管理广度的成熟度完全可以用医药行业的“买药”和“看病”来描绘，不过在这里不是指几个产品，而是指产品的管理广度，一方面指 ERP 产品在通用性以及标准化方面，也就是说“卖药”；对于业务流程复杂，个性化需求的客户，则需要拿出“看病”的方案来满足客户的需求，只有具有如此管理广度的 ERP 才是成熟的。

（4）供应链扩展的成熟度

加入 WTO 后，中国市场已经成为国际市场的一部分，企业国内的竞争已经成为国际大环境的竞争。塑造一条业务关系紧密、经济利益相连、区域资源共享、整体优势互补的供应链可以极大地提升企业的“核心竞争力”以适应国际化大环境的竞争。此时的供应链的概念就由狭义的企业内部业务流程扩展为广义的全行业供应链及跨行业的供应链。成熟 ERP 的供应链在具体运用中就是从物料获取并加工成中间件或成品，再将成品送到消费者手中的一些企业和部门的供应链所构成的网络，来进行跨地区、跨行业经营，以更有效地向消费者提供产品和服务来完成单个企业不能承担的市场功能。这样，成熟 ERP 的管理范围亦相应地由企业的内部拓展到整个行业的原材料供应、成品加工、产品配送、商品流通环节以及价值转移给最终消费者。

9.3 JIT 库存控制

9.3.1 准时制——JIT 简介

传统的库存管理利用经济订货批量来决定库存量，而经济批量的确定本身就带有一定的假设性，因此存在着不合理的库存。为了减少库存浪费，需要确立一种消除浪费的理念，推行准时化、同步化，使各工序各环节在生产供应的数量上和时间上做到紧密结合，实现只在需要的时候、按需要的量、生产所需要的产品，降低闲置的库存，从而使 JIT 应运而生。

准时制或准时生产方式（Just In Time，JIT）是一种组织生产的新方式，是按照客户要求的时间、地点、需要的数量生产或提供其需要的产品或服务。准时制旨在消除无效劳动与浪费，实现企业资源优化配置，全面提高企业经济效益。它是由日本丰田公司首先提出来的。1973 年以后，这种方式对丰田公司渡过第一次能源危机起到了突出的作用，随后引起了其他国家生产企业的重视，并逐渐在欧洲和美国的日资企业及当地企业中推行开来，逐渐形成了一套包括从企业经营理念、管理原则到生产组织、计划与控制及作业管理、人力资源管理等在内的理论和方法体系。近年来，JIT 不仅作为一种生产方式，也作为一种物流模式在欧美物流界得到推行。

JIT 的基本思想是“只有在需要的时候，按需要的量，生产所需的产品”。其核心是追求一种无库存生产系统，或使库存达到最小。

JIT实行生产同步化，使工序间在制品库存接近于零，工序间不设置仓库，前一工序加工结束后，便立即转移到下一工序去，装配线与机械加工几乎同时进行，产品被一件件连续地生产出来。在制品库存的减少可使设备发生故障、次品及人员过剩等问题充分暴露，并针对问题提出解决方法，从而带来生产率的提高。

在原材料库存控制方面，若仅考虑价格与成本之间的关系，依照传统的库存控制策略就可能为赢得一定的价格折扣，而大量地购入物品。JIT在采购时不仅考虑价格与费用之间的关系，还考虑了许多非价格的因素，如与供应商建立良好的关系、利润分享且相互信赖，以减少由于价格的波动对企业带来的不利影响，选择能按质按时提供货物的供应商，保证JIT生产的有效运行。这样，JIT就有效地控制了原材料库存，从根本上降低了库存。

9.3.2 JIT生产系统的目标及特点

JIT的中心思想是消除一切无效劳动和浪费。

1. JIT的目标

（1）零废品

传统的生产管理中，一般企业只提出可允许的不合格品的百分数和可接受的质量水平。而JIT的目标是消除各种引起不合格品质的因素，在加工过程中，每一工序都力求达到最好水平。

（2）零库存

传统的生产系统中，在制品库存和产成品库存被视为资产，表明生产系统中已累计增值。而JIT则认为，任何库存都是浪费。库存是生产系统设计不合理、生产过程不协调、生产操作不规范的产物，必须予以清除。

（3）准结时间最少

准结时间长短与批量选择相关。如果准结时间接近于零，就意味着批量生产的优越性不复存在。确定经济批量的目的是使库存总费用最小，而库存总费用是由仓库保管费与准结（订货）费所决定的。批量大意味着库存量高，仓库保管费高；而批量小则库存量低，仓库保管费也低。但批量小必然增多准结次数，在一般情况下，准结费用也随之增加。如果准结时间趋于零，则准结成本也趋于零，就有可能采用极小批量。

2. JIT的特点

（1）JIT生产系统与传统物流系统的不同之处（如表9－2所示）

（2）生产流程化

传统生产系统是一种生产由前向后推动式的生产系统，即由原材料仓库向第一个生产程序供应原材料，把它们加工成在制品、半成品转入第一生产程序的在制品、半成品仓库，然后再由此仓库向第二生产程序供应半成品，进行深加工，如此向后推移，直到制成品转入产成品仓库，等待销售。在传统生产系统中，大量原材料、在制品、产成品的存在，必然导致生产费用的占用和浪费，而JIT生产系统则与此相反，是需求拉动产品的生产。因此，JIT生产系统也称为拉动式生产系统，企业以订单的要求为出发点，即要求企业由后向前全面安排生产，后一道生产程序决定前一道生产程序的内容，JIT 系统要求企业的产、供、销各环节紧密配合，大大降低了库存，从而降低成本，提高了生产的效率和效益。

表 9－2　JIT 系统与传统物流系统的比较

传统物流系统	JIT 系统
• 静态系统 • 管理的重点放在实现各个模块的操作标准上，同时严格地进行控制，以避免与标准产生任何偏差，如果满足了各种变量的设定值，那么系统就认为是成功的 • 不强调对系统的业绩进行改进，因而是消极系统	• 动态系统 • 强调在批量、准备时间、提前期、废品率、成本及质量方面的持续进取，全面地对整个生产过程进行分析，消除一切浪费，减少不必要的操作，降低库存，减少工件等待和移动时间 • 对于问题进行事前预防而不是事后检查 • 没有必须达到的标准，所有的业绩都是前进的过程而不是终点

这种拉动方式有助于在工序间实现前一工序的操作把下一工序作为顾客来对待，下一工序则是用用户的眼光来检查上一道工序传来的零件，而这恰恰是实行全面质量管理过程的有效前提。

（3）生产的均衡化

即将一周或一日的生产量按分秒时间进行平均，所有生产流程都按此来组织生产，这样一条流水线上每个作业环节上单位时间必须完成多少作业都有了标准定额，所在环节都按标准定额生产，因此要按此生产定额均衡地组织物质的供应，安排物品的流动。

（4）JIT 非常重视人的因素，强调全员授权参与管理

JIT 把企业员工看成是主动创新的主力，认为最了解管理中存在问题的是企业的一线员工，因而应当首先由他们提出解决问题的办法。为此，一般由上级提出目标和处理问题的原则，提供信息和培训，并对员工进行授权，各级员工在自己的权限内处理工作范围中的问题。

9.3.3　JIT 生产方式消除库存、改善物流的关键做法

1. 生产准备耗费与储存成本控制

传统观念是接受生产准备耗费或订购成本与储存成本为必然存在的。因而控制的方法是找到一个理想的储量，其成本之和为最低。与此相反，JIT 的观念认为这两类成本并不为既定的，可以寻求方法和采取措施使之下降，或者趋于零。它的实现是通过：

①引进先进的机器设备，计算机化的控制与操作已使得生产准备阶段所耗时间变得很短，从而使准备耗费大幅度下降。

②仅选择几个可靠的供应商，且与他们建立起长期的订购关系，采取业务仅由电话或

是传真的方式进行，由此采购费用大幅度下降。

③选定的供应商可按时、按量、按质将材料运到，因此企业的库存可以压低到极限，储存成本也可降低到最低水平。

2. 保证交货期

能否按期交货是衡量企业是否有能力满足顾客需求的关键标准之一。传统处理方式是由储存一定量的产成品来达到。然而，JIT 采用改善企业内部机制、大幅度缩短“提前期”的方式实现，这里的提前期是指顾客提出要货到拿到货物所需的时间。提前期缩短，企业面临市场变化的需求的能力也越高。JIT 在这方面的改革包括：

①降低生产准备时间以缩短提前期。

②提高材料、零部件和产成品的质量，消除生产废品及事后检验的时间耗费。

③改革生产过程的布局方式，由部门型或职能型转化为以产品为中心的生产布局方式，由此缩短了由原材料—零部件—产品转移过程的路途。

④库存方式由集中型转化为小而分布式，减少了库存空间和资金的占用。

3. 避免事故损失

JIT 的观念认为，正是由于允许存货的存在而掩盖了急需管理的问题，如同河里的石头，水深是看不见的，要解决问题必须让石头露出水面。JIT 的方法是：

①追求设备失灵为零的目标。强调全员参与设备的日常保养与维修。

②利用“看板管理法”保证生产过程物流畅通。

【小看板】看板管理：把工厂中潜在的问题或需要做的工作显现或写在一块显示板或表示板上，让任何工人一看板就知道出了何种问题或应采取何种措施。看板管理需借助一系列的手段来进行，比如告示板、带颜色的灯、带颜色的标记等，不同的方法表示不同的含义。

---

③从采购到内部生产进行全过程的全面的质量控制。

【案例分析】

ERP/MRP 成功案例

京凯公司是一家生产电子产品的公司，产品特点是多品种、大批量。在没有应用计算机管理系统之前，管理工作十分繁杂，管理人员经常加班仍不能满足企业的要求。

(1) 使用前的情况

①在没有使用计算机管理之前，PMC 部每次下生产计划都要由人工计算生产用料，

花费大量的时间清查现有库存，计算缺料等。

②材料品种多，进库、出库、调拨的频繁操作也使得仓库的管理工作量十分庞大，人工误差导致库存数量不准确也影响到生产发料。

③停工待料现象经常发生，因而也影响到生产交货的及时性。

④供应商的交货信息、客户的发货情况不能及时反馈到财务部门。

⑤各个部门各自为政，信息流通滞后，严重影响经营决策，整个企业的管理比较杂乱。

(2) 使用后的情况

公司于2002年年初开始实施软智ERP/MRP管理系统。实施后，PMC人员下一个生产计划由原来的2天变为十几秒钟，自动生成的生产发料单又快又准，材料仓库的进货可在第一时间自动补充生产缺料，使得生产得以及时顺利进行，管理人员再不用为下一个生产计划而忙得团团转，生产状况得到极大的改善。

库存管理体系建立后，加强了重点物资的管理，通过对库存超储、积压处理等功能的实施，减少了库存的积压，有效地控制了库存资金的占用。公司内多个库房准确的动态库存数据随时为生产计划提供有效的信息。

企业的销售、采购、客户、供应商、应收应付信息紧密地联系在一起了，通过采购订单自动生成的入库单入库后，入库信息即时反馈到采购部门和财务部门，通过销售订单自动生成的发货单发货后，发货信息即时反馈到销售部门和财务部门，有效地改善了原来信息严重滞后的情况，大大减轻了财务人员的工作强度，提高了工作效率。

通过基础工程数据的实施，使整个公司原来各部门分别组织数据、部门各自为政、相互独立的情况得到了全面的改善，企业的数据统一组织和管理，不再受部门分工界限的限制，达到了企业信息管理的规范化和标准化，信息的高度集成使企业的管理面貌焕然一新。

企业的销售、供应、生产计划与库存各个系统协同运行，通过实施物料需求计划功能，销售计划指导主生产进度计划，根据产品定额产生物料需求计划，对库存数据、采购合同进行平衡计算后，产生物资采购清单，有效地缩短了计划的编制周期，提高了物资采购的计划性、准确性，完全解决了生产缺料和库存物料积压过多这两个方面的矛盾，也消除了生产线停工待料的现象。

利用系统内质量监测数据档案，对原材料、半成品、成品等进行相关的质量分析。主管领导通过质量分析结果，找出影响质量的原因，提出短期或中期的质量改进措施，大大提高了产品的质量。

所有生产、经营信息的即时传送，使企业的决策层能随时掌握企业各方面的最新数据，系统不失时机地为经营决策提供有力的支持。

(3) 系统的经济效益

通过软智管理系统的实施，提高了生产计划的准确性和成本核算的可靠性，降低了物料储备和物料消耗，减少了在制品数量，缩短了生产周期；降低了储备资金、生产资金、成品资金及其他资金占用，节约了流动资金；降低了生产成本，加速了流动资金的周转，提高了单位产品的利税。

系统实施后，极大地提高了管理人员的工作效率。产品质量的提高赢得了客户的好评，大大提高了产品的市场占有率，取得了良好的经济效益。

思考：通过以上案例，总结ERP系统的作业。

9.4 供应链环境下的库存管理模式

9.4.1 供应商管理库存（VMI）模式

1. 供应商管理库存的定义

供应商管理库存（Vendor Managed Inventory，VMI）是一种战略伙伴之间的合作性策略，它以系统的、集成的管理思想进行库存管理，使供应链系统能够同步优化运行。在这种库存控制策略下，允许上游组织对下游组织的库存策略、订货策略进行计划和管理，在已经达成一致的目标框架下由供应商来管理库存。而且，在一种持续改进的环境中，目标框架也会经常性地被修改。供应商与客户企业之间实现信息交换、信息共享后，信息便代替了库存，拥有最佳的信息就可以达到最小的库存，大大降低缺货的概率，更好地改善客户满意度和销售状况。

VMI是由供应商替代需求方履行对需求方库存进行管理的职责。在VMI中，供应商不再根据订单交货，而是基于销售分析和需求方库存情况组织发货，二者的区别见图9－10。VMI一方面节约了需求方库存管理成本；另一方面使供应商能更好地掌握市场需求动向并根据实际的或预测的消费需求进行及时补货，因此体现了供需双方的一种合作性策略。在VMI中，供需双方共享销售和库存信息，对未来市场需求进行预测，增强了预测的准确性，在安全库存基础上减小了库存和运输风险，同时也缩短了基于订单的货物供给滞后时间。

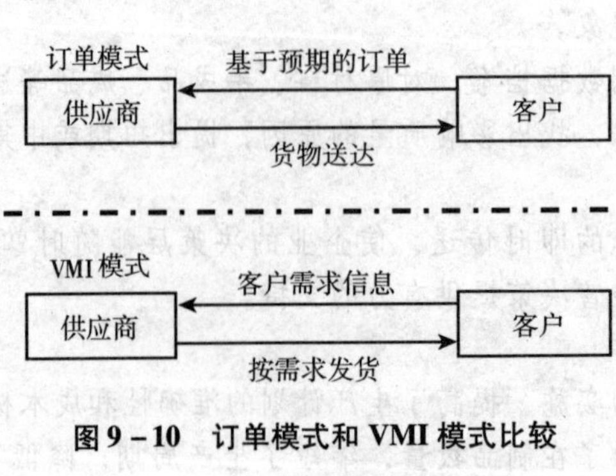

图9－10 订单模式和VMI模式比较

【小看板】在英文中，以下两个术语亦被用来表示 VMI——Continuous Replenishment (持续补货)、Supplier Managed Inventory (供应商管理库存)。

2. VMI 模型

在供应链管理中，VMI 模式的应用，将上游组织的库存从上游组织内部转移到下游组织，使下游组织有效地降低库存，甚至实行零库存，下游组织库存成本的转移，也使上游组织在竞争的市场环境中获得了市场份额，从而创造了更大的价值。可见，借助于 VMI，下游组织和上游组织通过分享信息和共同计划可以排除或减少存货的风险。在供应链体系中的 VMI，并不是要建立上游组织到下游组织的一对一的管理模式，存储于某个下游组织内的 VMI，作为上游组织和该组织的共享资源，可以辐射到周边的相关组织，因此，VMI 在供应链管理中具有集成化管理和营销的功能。VMI 模型如图 9－11 所示。

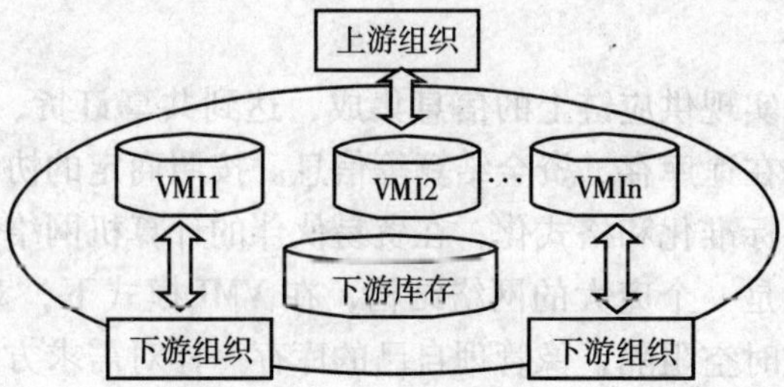

图 9－11　VMI 模型

3. VMI 的优点

对于供应链下级客户来说，采用 VMI 库存策略可以带来以下好处：

①降低库存水平；

②减少缺货发生；

③减少预测和购买活动；

④增加销售；

⑤满足客户提高服务质量的需要。

对于上级供应商来说，采用 VMI 策略也可以带来不少好处，表现在：

①明显地改善预测结果；

②减少退货的发生；

③便于供应商更好地掌握市场；

④协议中服务水平的改善；

⑤鼓励供应链环节协作运行终端客户（零售商）。

4. VMI 实施的具体内容

采用 VMI 管理策略要求建立企业战略联盟，并从组织上促进企业间的信息共享，在信息、库存和物流等方面进行系统管理。实施 VMI 主要包括如下内容：

（1）建立供应商和需求方合作协议

供应商与需求方本着自觉自愿的原则共同实施 VMI 策略。为了保证 VMI 实施的正常运行，双方应共同协商制订合作协议，确定订单处理的业务流程及库存控制的有关参数，如补充订货点、最低库存水平、安全库存水平、货物所有权、付款方式、信息传递方式等。

（2）权力转让和机构调整

在制订好合作协议之后，供需双方都要进行一定的机构调整以适应 VMI 的实施。供应商要扩大管理范围，或者说将库存管理业务流程延伸到需求方，对本企业的库存和需求方的库存进行集成管理。需求方可撤销库存管理机构，并将库存管理权转让给供应商。在具体实施中，根据双方制订的合作协议，需求方库存中的货物所有权可能归属于需求方，也可能归属于供应商。

（3）构建信息系统

充分利用信息技术实现供应链上的信息集成，达到共享订货、库存状态、缺货状况、生产计划、运输安排、在途库存、资金结算等信息。按照商定的协议将订单、提单、送货单、入库单等商业文件标准化和格式化，在贸易伙伴的计算机网络系统间进行数据交换和自动处理。供应链系统是一个庞大的网络结构，在 VMI 模式下，双方信息系统的构建和联通能保证供应商打破时空阻隔，像管理自己的库存一样对需求方库存进行管理。信息系统能及时准确地在供需方之间传递、共享信息，使双方共同对未来需求进行预测。因此，信息系统是 VMI 投入运行的基础，也是供需双方集成的基础。

（4）建立完备的物流系统

建立完备的物流系统，实现对储存、分销和运输货物的综合管理，使自动化系统、分销系统、存储系统和运输系统同步实现数字化管理。迅速反馈物流各个环节的信息，组织进货，指导仓储，为经营决策提供信息依据，有效地降低物流成本。

（5）为最终客户建档

为了有效地对库存进行管理，必须能够获得最终客户的有关信息。通过建立客户的信息库，跟踪客户购货行为，可掌握不同地区、不同时段、不同年龄和不同职业的客户需求变化的有关情况。供需双方应共建、共享最终客户信息并共同对市场需求进行预测。

（6）建立监督机制

VMI 是一个动态发展的过程，不同的合作伙伴在 VMI 策略实施中会遇到不同的问题，同一合作伙伴间的 VMI 在不同时期也会面临不同的挑战。为了保证 VMI 实施的顺利展开，有必要建立一个监督机制，对 VMI 的实施进行监督。例如：在顺境形势下，监督机构对供应商缺乏责任心或从本身利益出发滥用权力等行为进行监督，并按规定实施处罚。在逆境形势下，监督机构督促需求方与供应商一起出谋划策，共渡难关。监督机制能使 VMI

在发展中不断得到完善。

9.4.2 联合库存管理（JMI）模式

1. 联合库存管理的定义和理念

联合库存管理（Joint Managed Inventory，JMI）是一种基于协调中心的库存管理方法，是为了解决供应链体系中的“牛鞭效应”，提高供应链的同步化程度而提出的。

联合库存强调供应链节点企业同时参与，共同制订库存计划，使供应链管理过程中的每个库存管理者都能从相互之间的协调性来考虑问题，保证供应链相邻的两个节点之间的库存管理者对需求的预测水平保持一致，从而消除需求变异放大现象。任何相邻节点需求的确定都是供需双方协调的结果，库存管理不再是各自为政的独立运营过程，而是供需连接的纽带和协调中心。联合库存管理模型如图 9－12 所示。

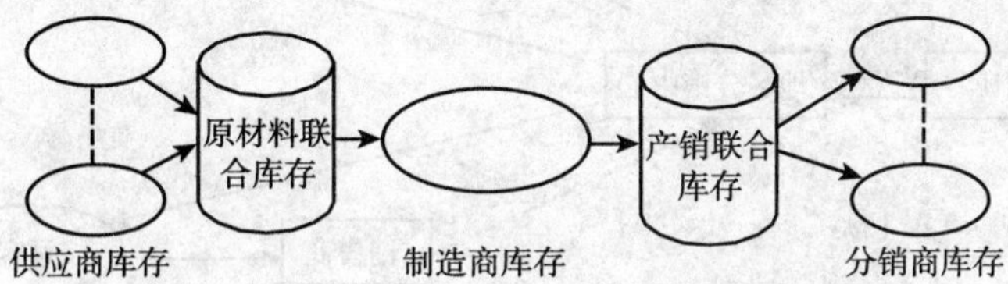

图 9－12 联合库存管理模型

VMI 是一种供应链集成化运作的决策代理模式，它把用户的库存决策权代理给供应商，由供应商代理分销商或批发商行使库存决策的权力。JMI 则是一种风险分担的库存管理模式。联合库存管理的思想可以从地区分销中心的联合库存功能谈起。地区分销中心体现了一种简单的联合库存管理思想。传统的分销模式是分销商根据市场需求直接向工厂订货，比如汽车分销商（或批发商）根据用户对车型、款式、颜色、价格等的不同需求，向汽车制造厂订的货，需要经过一段较长时间才能拿到，而顾客不想等待这么久的时间。因此，各个销售商不得不进行库存备货，这样，大量的库存将会使销售商难以承受，以至于破产。而采用地区分销中心，就大大降低了库存浪费的现象。图 9－13 为传统的分销模式，每个销售商直接向工厂订货，每个销售商都有自己的库存；而图 9－14 为有地区分销中心的销售模式，各个销售商只需要少量的库存，大量的库存由地区分销中心储备，也就是各个销售商把其库存的一部分交给地区分销中心管理，从而减轻了各个销售商的库存压力。分销中心就起到了联合库存管理的功能，分销中心既是一个商品的联合库存中心，同时也是需求信息的交流与传递枢纽。

2. 联合库存管理的优点

与传统的库存管理模式相比，JMI 具有以下几个方面的优点：

①JMI 为实现供应链的同步化提供了条件和保证。

②JMI 减少了供应链中需求变异放大现象，降低了诸多不确定性因素的影响，提高了

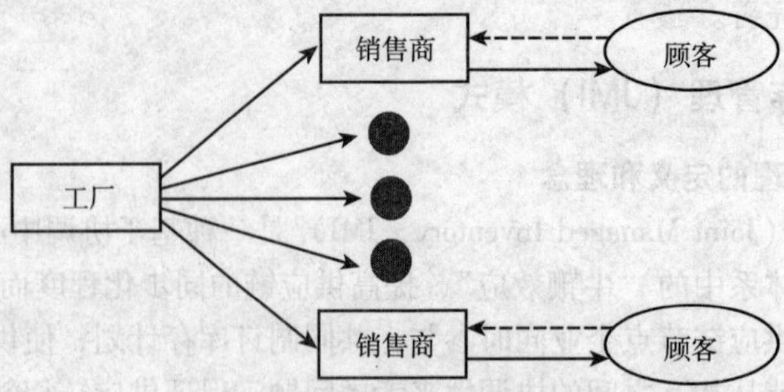

图 9－13　传统的分销模式

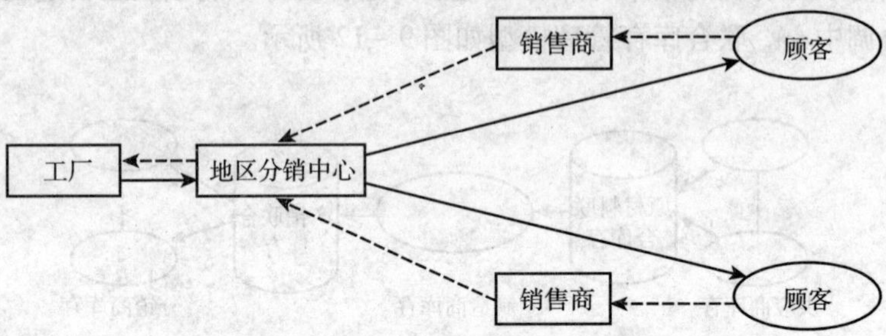

图 9－14　有地区分销中心的销售模式

供应链的稳定性。

③JMI 是供需双方的信息交流和协调的纽带，可以暴露供应链管理中的缺陷，为改进供应链管理水平提供了依据。

④JMI 为实现零库存管理、JIT 采购以及精细供应链管理创造了条件。

⑤JMI 进一步体现了供应链管理的资源共享和风险分担的原则。

为了发挥联合库存管理的作用，供需双方应从合作互利的精神出发，建立供需协调管理的机制，明确各自的目标和责任、建立合作沟通的渠道，为供应链联合库存管理策略提供有效的机制。

3. 联合库存管理的实施策略

联合库存管理作为一种合作创新管理模式，更多地体现在供需协调管理的机制上。因此，建立供应商与分销商的协调管理机制，将成为有效实施联合库存管理策略的前提。

在图 9－15 所示的协调管理机制中，可以进一步分析联合库存管理的实施方法。具体的实施方法如下：

（1）从以下几个方面建立供应链协调管理机制

①建立供应链共同愿景。供应链各方必须本着互惠互利的原则，建立共同的合作目标。为此，要理解供需双方在市场目标中的共同之处和冲突点，通过协商形成共同的共赢的愿景。

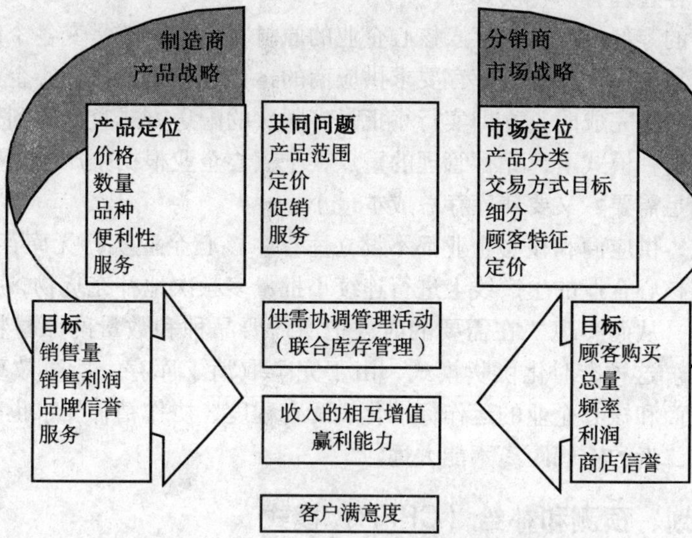

图9－15 供应商与分销商的协调管理机制

②建立联合库存的协调控制方法。联合库存管理中心需要对库存优化的方法进行明确确定，包括库存如何在多个需求商之间调节与分配，库存的最大量和最低库存水平、安全库存的确定、需求的预测等。

③建立利益的分配、激励机制。要有效运行基于协调中心的库存管理，必须建立一种公平的利益分配制度，并对参与协调库存管理中心的各个企业、各级供应部门进行有效的激励，增加协作性和协调性。

（2）建立信息沟通渠道

为了提高整个供应链的需求信息的一致性和稳定性，减少由于多重预测导致的需求信息扭曲，应增加供应链各方对需求信息获得的及时性和透明性。整个供应链通过构建库存管理网络系统，使所有的供应链信息与供应商的管理信息同步，提高供应链各方的协作效率，降低成本，提高质量。为此应建立一种信息沟通的渠道或系统，以保证需求信息在供应链中的畅通和准确性。要将条形码技术、扫描技术、POS系统和EDI集成起来，并且要充分利用Internet的优势，在供应链中建立畅通的信息沟通桥梁和联系纽带。

（3）发挥第三方物流系统的作用

实现联合库存可借助第三方物流（Third－Party Logistics，TPL）具体实施。把库存管理部分功能代理给第三方物流公司，使企业更加集中于自己的核心业务，增加了供应链的敏捷性和协调性，提高了服务水平和运作效率。

面向协调中心的第三方物流系统使供应链各方都取消了各自独立的库存，起到了供应商和用户之间联系的桥梁作用，为企业提供诸多好处。

（4）选择合适的联合库存管理模式

供应链联合库存管理有两种模式：

①各个供应商的零部件都直接存入核心企业的原材料库中，就是变各个供应商的分散库存为核心企业的集中库存。集中库存要求供应商的运作方式是：按核心企业的订单或订货看板组织生产，产品完成时，立即实行小批量多频次的配送方式直接送到核心企业的仓库中补充库存。在这种模式下，库存管理的重点在于核心企业根据生产的需要，保持合理的库存量，既要满足需要，又要使库存总成本最小。

②无库存模式，供应商和核心企业都不设立库存，核心企业实行无库存的生产方式。此时供应商直接向核心企业的生产线上进行连续小批量多频次地补充货物，并与之实行同步生产、同步供货，从而实现“在需要的时候把所需要品种和数量的原材料送到需要的地点”的操作模式。这种准时化供货模式，由于完全取消了库存，所以效率最高、成本最低。但是对供应商和核心企业的运作标准化、配合程度、协作精神要求也高，操作过程要求也严格，而且二者的空间距离不能太远。

9.4.3 协同规划、预测和补给（CPFR）模式

1. CPFR 产生

协同规划、预测和补给（Collaborative Planning, Forecasting and Replenishment, CPFR）是一种协同式的供应链库存管理技术，它能同时降低销售商的存货量，增加供应商的销售量。CPFR 的最大优势是能及时准确地预测由各项促销措施或异常变化带来的销售高峰和波动，从而使销售商和供应商都能做好充分的准备，赢得主动。CPFR 采取了双赢的原则，始终从全局的观点出发，制订统一的管理目标以及实施方案，以库存管理为核心，兼顾供应链上其他方面的管理。因此，CPFR 能在合作伙伴之间实现更加深入广泛的合作。

针对贸易伙伴的战略和投资能力不同、市场信息来源不同的特点，将 CPFR 构建成一个方案组，方案组通过确认贸易伙伴从事关键业务的能力来决定哪家公司主持核心业务活动。贸易伙伴可选用多种方案实现其业务过程。零售商和制造商从不同的角度收集不同层次的数据，通过反复交换数据和业务情报改善制订需求计划的能力，最后得到基于 POS 的消费者单一共享需求预测。这个单一共享需求计划可作为零售商和制造商品类管理活动的基础，也就是说，它能使供应链集成得以实现。以单一共享需求计划为基础能够发现和利用许多商业机会，优化供应链库存和改善客户服务，最终为供应链伙伴带来可观收益。

2. CPFR 的本质

CPFR 是现代企业供应链整合的发展概念，它应用一系列的流程与技术模型，使合作过程贯穿于供应链整个过程。通过共同管理业务过程和共享信息，来改善零售商和供应商的伙伴关系，提高预测的准确度，最终达到提高供应链效率、降低库存和提高客户满意度的目的。CPFR 更有利于实现伙伴间更广泛深入的合作，主要体现在以下几方面：

（1）协同（Collaborative）

从 CPFR 的基本思想看，供应链上、下游企业只有确立共同的目标，才能使双方的绩

效都得到提升，取得综合性的效益。如果零售商的所谓 JIT 是以牺牲一方，由对方持有较高存货为代价，则结果建立的不是一种双赢的局面，而是“我赢，你自己考虑如何赢”的状况。相反，CPFR 这种新型的合作关系要求双方长期承诺公开沟通、信息分享，从而确立其协同性的经营战略，尽管这种战略的实施必须建立在信任和承诺的基础上，但是这是买卖双方取得长远发展和良好绩效的唯一途径。

（2）规划（Planning）

1995 年沃尔玛与 Warner - Lambert 的 CFAR 为消费品行业实现双赢的供应链管理奠定了基础，此后当 VICS（Voluntary Inter-Industry Communications Standards Committee）委员会定义 CPFR 项目公开标准时，认为需要在已有的结构上增加“P”，即协作规划（品类、品牌、分类、关键品种等）以及协作财务（销量、订单满足率、定价、库存、安全库存、毛利等）。为了实现共同的目标，需要双方协同制订促销计划、库存政策变化计划、产品导入和终止计划以及仓储分类计划等。

（3）预测（Forecasting）

CPFR 强调买卖双方必须做出最终的协同预测，像季节因素和趋势管理信息等无论是对服装或相关品类的供应方还是销售方都是十分重要的，基于这类信息的共同预测能大大减少整个价值链体系的低效率、死库存，促进更好的产品销售，节约使用整个供应链的资源。与此同时，最终实现协同促销计划的关键是实现预测精度的提高。CPFR 所推动的协同预测还有一个特点是：它不仅关注供应链双方共同做出最终预测，同时也强调双方都应参与预测反馈信息的处理和预测模型的制订和修正，特别是如何处理预测数据的波动等问题。

销售商直接和最终消费者见面，他们可根据 POS 数据来推测消费者的需求，同时也和若干制造商有联系，并可了解他们的市场销售计划。制造商和若干销售商联系，并能了解他们的商业计划。在没有泄露各自商业机密的前提下，销售商和制造商可交换他们的信息和数据，来改善他们的市场预测能力，使最终的预测报告更为准确、可信。供应链节点企业则根据这个预测报告来制订各自的生产计划，从而使供应链管理得到集成。制造商和销售商集成系统模型如图 9 - 16 所示。

（4）补给（Replenishment）

销售预测必须利用时间序列预测和需求规划系统转化为订单预测，并且供应方的约束条件，如订单处理周期、前置期、订单最小量、商品单元以及零售商长期形成的购买习惯等，都需要供应链双方加以协商解决。根据 VICS 的 CPFR 指导原则，协同运输计划也被认为是补给的主要原因。此外，例外情况的出现也需要转化为存货的百分比、预测精度、安全库存水平、订单实现的比例、前置期以及订单批准的比例等。所有这些都需要在双方公认的计分卡基础上定期协同审核。潜在的分歧，如基本供应量、过度承诺等双方事先应及时加以解决。

3. CPFR 的实施

CPFR 可以划分成如图 9 - 17 所示的九个步骤来实现。

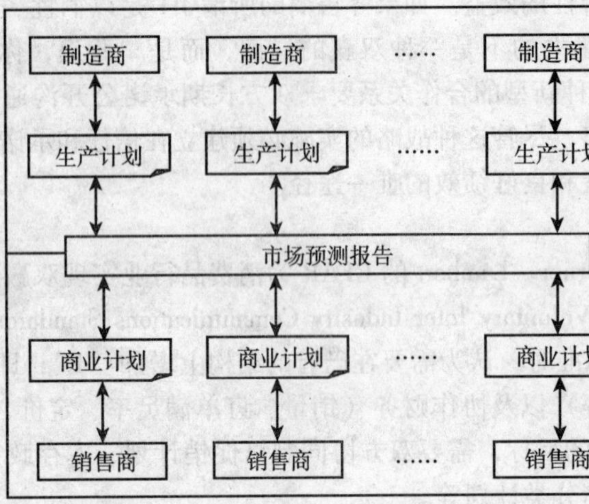

图 9－16　制造商和销售商集成系统模型

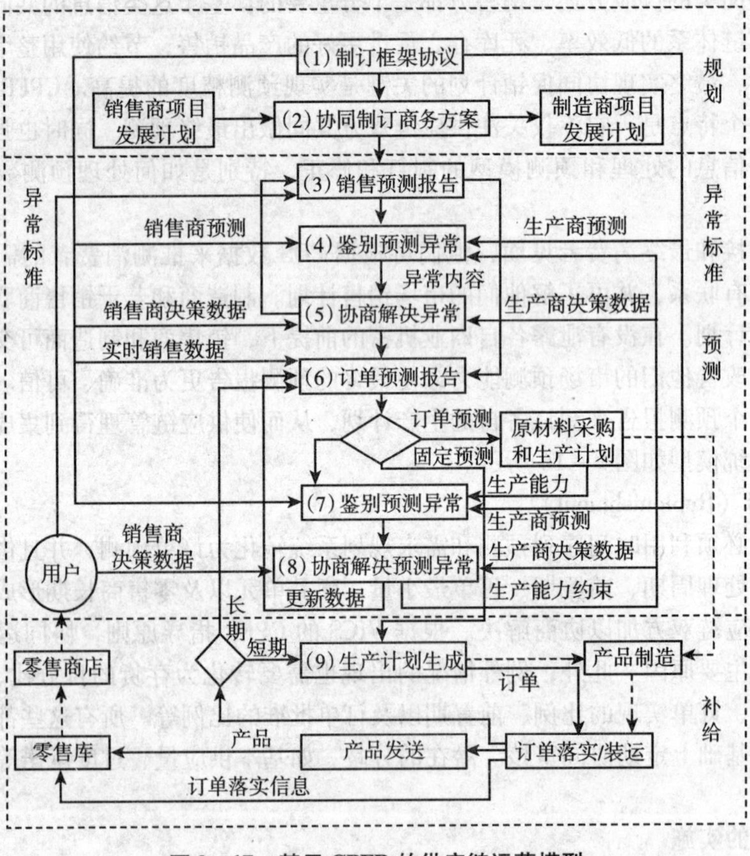

图 9－17　基于 CPFR 的供应链运营模型

（1）制订框架协议

框架协议的内容主要包括各方的期望值以及为保证成功所需的行动和资源、合作的目的、保密协议、资源使用的授权等，并明确规定各方的职责、绩效评估的方法，阐明各方为获得最大的收益而愿意加强合作以及为实现信息交换和风险共担而承担的义务等。

（2）协同制订商务方案

销售商和制造商根据各自企业的公司发展计划交换信息，以便共同制订商务发展计划。合作方首先要建立战略伙伴关系，确定好部门责任、目标以及策略，项目管理方面则包括每份订单的最少产品数、交货提前期等。此方案是今后预测的基石，便于供应链各部门及各组织间的交流与合作。

（3）销售预测报告

销售商或制造商根据实时销售数据、预计的事务等信息来制订销售预测报告，然后将此报告同另一方进行协商，双方也可各提出一份报告进行协商。

（4）鉴别预测异常

根据框架协议中规定的异常标准，对预测报告中的每一项目进行审核，最后得到异常项目表。

（5）协商解决异常

通过查询共享信息、电子邮件、电话交谈记录、会议记录等来解决异常项目，并对预测报告作相应变更。这种解决办法不但使预测报告更加准确，减少了风险，而且还加强了合作伙伴间的交流。

（6）订单预测报告

综合实时及历史销售数据（POS）、库存信息及其他信息来生成具体的订单预测报告。订单的实际数量要随时间变化，并反映库存情况。报告的短期部分用来产生生产指令，长期部分则用来规划。订单预测报告能使制造商及时安排生产能力，同时也让销售商感到制造商有能力及时发送产品。

（7）鉴别预测异常

确定哪些项目的预测超出了框架协议中规定的预测极限。

（8）协商解决预测异常

解决办法和第（5）步类似。

（9）生产计划生成

将预测的订单转化为具体的生产指令，对库存进行补给。指令生成可由制造商完成，也可由分销商完成，取决于他们的能力、资源等情况。

通过对欧美若干试验性项目的研究发现，CPFR 为制造商、销售商带来的效益也非常明显。在实施 CPFR 后，Warner - Lambert 公司零售商品满足率从 87% 增加到 98%，新增销售收入 800 万美元。由于 CPFR 巨大的潜在效益和市场前景，一些著名的企业软件商，如 SAP 等公司正在开发 CPFR 软件系统与从事相关的服务。

【课后思考】

1. 简述 ABC 分类管理法的原理和步骤。

2. 定量订货法和定期订货法的区别是什么？它们分别适用于什么情况下的库存控制？

3. 库存管理系统发展经历了哪几个阶段？

4. MRP 系统的输入和输出各有哪些？

5. 简述 MRPⅡ的主要特点。

6. 简述 JIT 生产方式消除库存、改善物流的关键做法。

7. 已知年需求量 D = 10000 件，日平均需求量 d = D/365 件，订购成本 S = 100 元/次，储存成本 H = 2.5 元/年，订货提前期 L = 10 天，产品单价 C = 25 元/件。求经济订货批量、订货点和年总成本。

8. 供应商管理库存与联合库存管理这两种库存控制技术的联系与区别是什么？

9. 某工厂每年以单位价 10 元购入 10000 单位的某种物品。每次订货的订购成本为 100 元，每单位每年的储存成本为 5 元。如订货提前期为 10 日，一年有 250 个工作日，求经济订货周期、最高库存量和年总成本是多少？

10. 产品 X 的物料清单示意图如下：

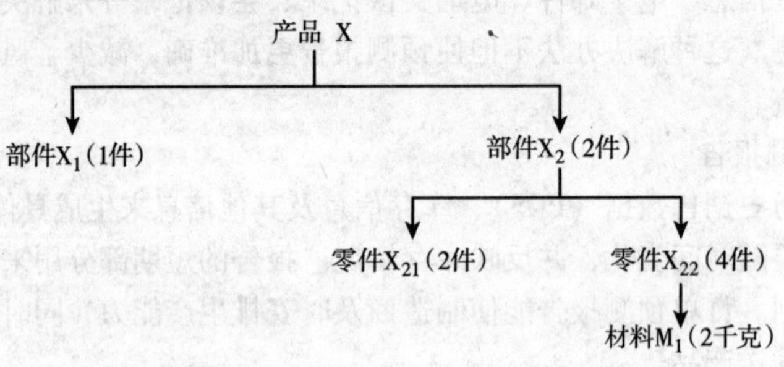

产品、零部件、材料的生产或采购提前期以及库存量参见表 9 - 3。

表 9 - 3　　产品、零部件和材料库存量和提前期

物料项目名称	计划期初库存量	提前时间（周）	附　注
产品 X	45 件	2	
部件 X_1	15 件	2	
部件 X_2	30 件	1	
零件 X_{21}	60 件	1	
零件 X_{22}	40 件	1	
材料 M_1	0 千克	2	在上一期期末前 2 周已发订单采购 600 千克

现根据客户订单，要求在第5周和第10周分别交货X产品100件，试编制物料需求计划。

【案例分析】

家乐福的VMI管理

家乐福公司和雀巢公司在确定了亲密伙伴关系的基础上，采用各种信息技术，由雀巢为家乐福管理它所生产产品的库存。雀巢为此专门引进了一套VMI信息管理系统，家乐福也及时为雀巢提供其产品销售的POS数据和库存情况，通过集成双方的管理信息系统，经由Internet/EDI交换信息，就能及时掌握客户的真实需求。为此，家乐福的订货业务情况为：

每天9:30以前，家乐福把货物售出与现有库存的信息用电子形式传送给雀巢公司；在9:30~10:30，雀巢公司将收到的数据合并至供应链管理SCM系统中，并产生预估的订货需求，系统将此需求量传输到后端的ERP系统中，依实际库存量计算出可行的订货量，产生建议订单；在10:30，雀巢公司再将该建议订单用电子形式传送给家乐福；在10:30~11:30，家乐福公司确认订单并对数量与产品项目进行必要的调整之后回传至雀巢公司；在11:00~11:30，雀巢公司依照确认后的订单进行拣货与出货，并按照订单规定的时间交货。家乐福与雀巢公司的VMI系统流程如图9-18所示。

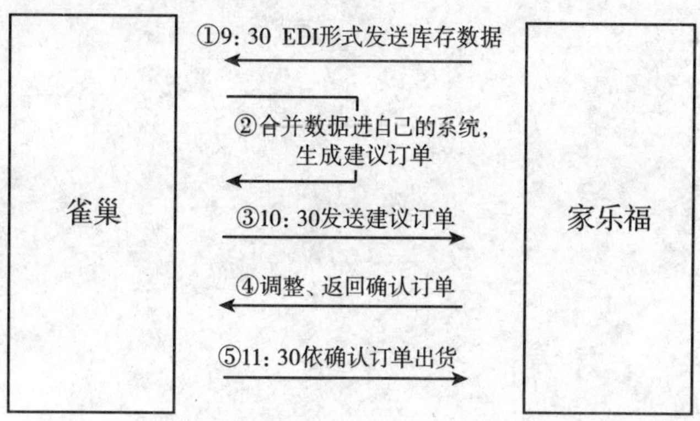

图9-18 家乐福与雀巢的VMI系统流程

经过半年的VMI实际运作后，雀巢公司对家乐福物流中心产品到货率由原来的80%左右提升至95%（超越目标值），家乐福配送中心对零售店铺产品到货率也由70%提升至90%左右，并仍在继续改善中。库存天数由原来的25天左右下降至15天以下，在订单修改方面也由60%~70%下降至现在的10%以下，每日销售额则上升了20%左右。而雀巢公司也从中受益匪浅。最大的收获是使雀巢公司容易掌握家乐福公司的销售资料和库存动态，以更好地进行市场需求预测和采取有效的库存补货计划，大大地解决了其卖得好的商品经常缺货，而不畅销的商品却有很多存货的问题，降低了成本。

家乐福与雀巢供应商管理库存集中体现了双方高度的合作意愿及行动，在实施供应商管理库存中，信息共享与信息透明很重要，供应商与零售商或客户之间都要有较好的合作精神，才能建立战略合作关系。

实施供应商管理库存系统，家乐福与雀巢达成目标一致，双方都明白各自的责任，达成了共同的框架协议，对其具体实施做出规定。

思考：通过以上案例，请总结实施 VMI 给企业带来的好处。

10 运输与仓储中的信息技术应用

学习目标

- 掌握条形码的组成与分类；
- 掌握射频识别系统的组成及其在物流中的应用；
- 掌握 GIS 和 GPS 在物流中的运用；
- 了解 TMS 和 WMS 的功能模块；
- 了解 ITS 的发展现状与未来。

10.1 条形码与 RFID 技术应用

10. 1. 1 条形码技术

条形码技术为我们提供了一种对流通中的物品进行标志和描述的方法，借助自动识别技术、POS 系统、EDI 等现代技术手段，企业可以随时了解有关产品在供应链上的位置，并及时做出反应。当今在欧美等发达国家兴起的有效客户反应（Efficient Consumer Response，ECR）、快速响应（Quick Response，QR）、自动连续补货计划（ACEP）等供应链管理策略，都离不开条形码技术的应用。条形码是实现 POS 系统、EDI、电子商务和供应链管理的技术基础，是物流管理现代化、提高企业管理水平和竞争能力的重要技术手段。

1. 条形码概述

条形码（Bar Code）是由美国的 N. T. Woodland 在 1949 年首先提出的。近年来，随着计算机应用的不断普及，条形码的应用得到了很大的发展。条形码是由宽度不同、反射率不同的条和空，按照一定的编码规则编制（码制）成的，用以表达一组数字或字母符号信息的图形标识符，即条形码是一组粗细不同，按照一定的规则安排间距的平行线条图形。

条形码每条黑线的宽窄不同，代表的数据、字符也不同。一般条形码的条和空分别由

1 ~4 个同一宽度的深浅颜色不同的模块组成。深色模块用 1 表示，浅色模块用 0 表示。在条形码中，表示数字的每个条形码字符，均由 2 个条和 2 个空构成，共 7 个模块，用二进制形式表示。以 EAN 条形码为例，数字 0 的二进制表示方式可以有 0001101、0100111 等多种。

2. 条形码组成

条形码是一组粗细不同，按照一定的规则安排间距的平行线条图形。常见的条形码是由反射率相差很大的黑条（简称条，Bar）和白条（简称空，Space）组成的（见图 10 -1）。

图 10 -1　条形码的组成

（1）静区

指条形码左右两端外侧与空的反射率相同的限定区域，是没有任何符号的白色区域，提示条形码阅读器开始扫描。

（2）起始符

指条形码符号的第一位字符，标志一个条形码符号的开始，阅读器确认此字符存在后开始处理扫描脉冲。

（3）数据符

指位于起始符后面的字符，标志一个条形码的值，其结构异于起始符，可允许双向扫描。

（4）终止符

指条形码符号的最后一个字符，标志着一个条形码符号的结束，阅读器确认该字符后停止处理。

3. 条形码的分类

条形码种类很多，达 40 余种，常见的也有 20 多种码制。按不同的方式可以分为不同的类型。

（1）按照排列方式可以分为一维条形码和二维条形码

一些常用的一维条形码如下所述。

① EAN 码。EAN 码是国际物品编码协会制定的一种商品用条形码，全球通用。EAN 码符有标准版 EAN -13 码（如图 10 -2 所示）和缩短版 EAN -8 码两种，我国的通用商品条形码与其等效。我们日常购买的商品包装上所印的条形码一般就是 EAN 码。

② UPC 码（如图 10 -3 所示）。UPC 码是美国统一代码委员会制定的一种商品用条形码，主要用于美国和加拿大地区，在美国进口的商品上可以看到。

9 787506 634649

图 10－2 EAN－13 码

0 78712 10106 3

图 10－3 UPC 码

③ 39 码。39 码是一种可表示数字、字母等信息的条形码，主要用于工业、图书及票证的自动化管理，目前使用极为广泛。

④ UCC/EAN－128 码（如图 10－4 所示）。这是目前可用的最完整的、高密度的、可靠的、应用灵活的字母数字型的一维条形码之一。它允许表示可变长度的数据，并且能将若干个信息编码在一个条形码符号中。编码时，应用识别码定义其后码的长度的意义，而信息码则是固定或可变长度的数字。我们可以根据需要采用条形码应用标志符的不同部分来表示需要的信息。

【小看板】UCC/EAN－128 码的结构如图 10－4 和表 10－1 所示。

(00) 3 5412345 123456789 2 (420) 1000

A B C D E F G

图 10－4 UCC/EAN－128 码

表 10－1 UCC/EAN－128 码的结构

代号	码 别	长度	说 明
A	应用识别码	18	00 代表其后之资料内容为运送容器序号，固定为 18 位数字
B	包装形态指示码	1	3 代表无定义的包装指示码
C	前置码与公司码	6～8	代表 EAN 前置码与公司码
D	自行编定序号	9	由公司指定序号
E	检查码	1	检查码
F	应用识别码		420 代表其后之资料内容为配送邮政码
G	配送邮政码		代表配送邮政码

一维条形码所携带的信息量有限，更多的信息只能依赖商品数据库的支持，这在一定程度上也限制了条形码的应用范围。在20世纪90年代发明了二维条形码。二维条形码除了具有一维条形码的优点外，同时还有信息量大、可靠性高，保密、防伪性强等优点。作为一种新的信息存储和传递技术，二维条形码现已应用在国防、公共安全、交通运输、医疗保健、工业、商业、金融、海关及政府管理等多个领域。

目前，二维条形码主要有PDF417码（Portable Data File 417）、Code 49码、Code 16K码、Data Matrix码、Maxi Code码等。这些二维条形码按结构又可分为堆叠式和矩阵式两种。

（2）按照使用范围可以分为商品条形码和物流条形码

我国的商品条形码采用国际标准的条形码为通用商品条形码。主板是由13位数字码及相应的条形码符号组成，也采用8位数字码及相应的条形码符号。

物流条形码是在物流过程中以商品为对象、以集合包装为单位使用的条形码。物流条形码是用在商品装卸、仓储、运输和配送过程中的识别符号，通常印在包装外箱上，用来识别商品种类及数量，亦可用于仓储批发业销售现场的扫描结账。

物流条形码和商品条形码的区别如表10－2所示。

表10－2　物流条形码和商品条形码的区别

	应用对象	包装形状	应用领域
商品条形码	向消费者销售的商品	单个商品包装	POS系统、补货、订货管理
物流条形码	物流过程中的商品	集体包装	运输、仓储等物流环节

4. 条形码技术的优点

条形码是迄今为止最经济实用的一种自动识别技术，具有以下几个方面的特点。

（1）采集数量大

利用传统的一维条形码一次可采集几十位字符的信息，二维条形码更可以携带数千个字符的信息，并具有一定的自动纠错能力。

（2）输入速度快

与键盘输入相比，条形码输入的速度是键盘输入的5倍，并且能实现即时数据输入。

（3）可靠性高

键盘输入数据出错率为三百分之一，利用光学字符识别技术出错率为万分之一，而采用条形码技术误码率低于百万分之一。

（4）自由度大

条形码通常只在一维方向上表达信息，而在同一条形码上所表示的信息完全相同并且连续，这样即使是标签有部分缺损，依然可以从正常部分输入正确的信息。

（5）灵活实用

条形码标识既可以作为一种识别手段单独使用，也可以与有关识别设备组成一个系统实现自动化识别，还可以和其他控制设备连接起来实现自动化管理。

（6）易于制作，可印刷，被称为“可印刷的计算机语言”

条形码标签易于制作，对印刷技术设备和材料无特殊要求。

（7）设备简单

条形码符号识别设备的结构简单，操作容易，无须专门训练。

5. 条形码在仓储中的应用

条形码仓库管理是条形码技术广泛应用和比较成熟的传统领域，不仅适用于商业商品库存管理，而且同样适用于工厂产品和原料库存管理。

（1）条形码在仓库管理系统中的应用

利用条形码技术对企业的物流信息进行采集跟踪的管理信息系统，通过针对生产制造业的物流跟踪，满足企业针对仓储运输等信息管理需求。条形码的编码和识别技术的应用解决了仓库信息管理中录入和采集数据的“瓶颈”问题，为仓库信息管理系统的应用提供了有力的技术支持。

① 货物库存管理。仓库管理系统根据货物的品名、型号、规格、产地、品牌、包装等划分货物品种，并且分配唯一的编码，也就是“货号”。分货号管理货物库存和管理货号的单件集合，并且应用于仓库的各种操作。

② 仓库库位管理。仓库分为若干个库房，每一库房分若干个库位。库房是仓库中独立和封闭的存货空间，库房内空间细划为库位，细分能够更加明确定义存货空间。仓库管理系统是按仓库的库位记录仓库货物库存，在产品入库时将库位条形码号与产品条形码号一一对应，在出库时按照库位货物的库存时间可以实现先进先出或批次管理。

③ 货物单件管理。采用产品标识条形码记录单件产品所经过的状态，实现对产品的跟踪管理。

④ 仓库业务管理。包括：出库、入库、盘库、月盘库、移库，不同业务以各自不同的方式进行，完成仓库的进、销、存管理。

⑤ 更加准确完成仓库出入库。仓库利用条形码采集货物单件信息，处理采集数据，建立仓库的入库、出库、移库、盘库数据。这样，使仓库操作完成更加准确。它能够根据货物单件库存为仓库货物出库提供库位信息，使仓库货物库存更加准确。

（2）条形码在仓储作业中的应用

条形码应用几乎出现在仓储配送作业流程中的所有环节，它的应用有利于实现库存管理自动化，合理控制库存量，实现仓库的进货、发货、运输中的装卸自动化管理。条形码作为数据、信息输入的重要手段，具有输入准确、速度快、信息量大的特点。下面我们简要阐述条形码在仓储配送管理中的应用情况。

① 订货：无论是企业向供应商订货，还是销售商向企业订货，都可以根据订货簿或货架牌进行订货。不管采用哪种订货方式，都可以用条形码扫描设备将订货簿或货架上的条形码输入。这种条形码包含了商品品名、品牌、产地、规格等信息。然后通过主机，利

用网络通知供应商或配送中心自己订货的品种、数量。这种订货方式比传统的手工订货效率高出数倍。

② 收货：当配送中心收到从供应商处发来的商品时，接货员就会在商品包装箱上贴一个条形码，作为该种商品对应仓库内相应货架的记录。同时，对商品外包装上的条形码进行扫描，将信息传到后台管理系统中，并使包装箱条形码与商品条形码形成一一对应。

③ 入库：应用条形码进行入库管理，商品到货后，通过条形码输入设备将商品基本信息输入计算机，告诉计算机系统哪种商品要入库、入多少。计算机系统根据预先确定的入库原则、商品库存数量，确定该种商品的存放位置。然后根据商品的数量发出条形码标签，这种条形码标签包含着该种商品的存放位置信息。然后在货箱上贴上标签，并将其放到输送机上。输送机识别货箱上的条形码后，将货箱放在指定的库位区。

④ 摆货：在人工摆货时，搬运工要把收到的货品摆放到仓库的货架上，在搬运商品之前，首先扫描包装箱上的条形码，计算机就会提示工人将商品放到事先分配的货位，搬运工将商品运到指定的货位后，再扫描货位条形码，以确认所找到的货位是否正确。这样，在商品从入库到搬运到货位存放整个过程中，条形码起到了相当重要的作用。商品以托盘为单位入库时，把到货清单输入计算机，就会得到按照托盘数发出的条形码标签。将条形码贴于托盘面向叉车的一侧，叉车前面安装有激光扫描器，叉车将托盘提起，并将其放置于计算机所指引的位置上。在各个托盘货位上装有传感器和发射显示装置、红外线发光装置和表明货区的发光图形牌。叉车驾驶员将托盘放置好后，通过叉车上装有的终端装置，将作业完成的信息传送到主计算机。这样，商品的货址就存入计算机中了。

⑤ 补货：查找商品的库存，确定是否需要进货或者货品是否占用太多库存，同样需要利用条形码来实现管理。另外，由于商品条形码和货架是一一对应的，也可通过检查货架达到补货的目的。条形码不仅仅在配送中心业务处理中发挥作用，配送中心的数据采集、经营管理同样离不开条形码。通过计算机对条形码的管理，对商品运营、库存数据的采集，可及时了解货架上商品的存量，从而进行合理的库存控制，将商品的库存量降到最低点；也可以做到及时补货，减少由于缺货造成的分店补货不及时，发生销售损失。

由于条形码和计算机技术的应用，大大提高了信息的传递速度和数据的准确性，从而可以做到实时物流跟踪，整个配送中心的运营状况、商品的库存量也会通过计算机及时反映到管理层和决策层。这样就可以进行有效的控制库存，缩短商品的流转周期。此外，由于采用条形码扫描代替原有的人工操作，避免了人为的错误，提高了数据的准确性，减少了配送中心由于管理不善而造成的损失。

10.1.2 RFID 技术

1. 射频识别系统基本概念

（1）射频识别

射频识别是运用无线电技术远距离识别动态或静态对象的技术，简称为 RFID（Radio Frequency Identification）。射频识别是一种较新的自动识别技术，由于其非接触阅读和远距离跟踪移动对象的性能，可以在制造业不宜使用条形码标签的环境下使用，还可广泛运用于其他各种领域，如店铺防盗系统、居室防盗系统、物品和库存的跟踪、自动收费、制造业流程管理、联运集装箱和空运货物跟踪、航运与铁路车辆跟踪等。

（2）射频识别系统

射频识别系统（Radio Frequency Identification System）是用能接收或发射无线电波的电子标签存储信息，标签与识读器之间利用静电耦合、感应耦合或微波能量进行非接触的双向通信（识读距离可以从十厘米到几十米），实现存储信息的识别和数据交换。其中，静电耦合系统常用于固定货物的巡检等；感应耦合系统，识读器天线发射的磁场无方向性，可以不考虑货物上射频标签位置和方向，常用于移动物品的识别、分拣；微波射频识别系统，识读微波方向性很强，一般用于高速移动物体，如运输车辆的识别等。

与条形码的自动识别技术相比，RFID 优势非常明显：不需要光源，甚至可以透过外部材料读取数据；使用寿命长，能在恶劣环境下工作；能够轻易嵌入或附着在不同形状、类型的产品上；读取距离更远；可以写入及存取数据，写入时间相比打印条形码更少；标签的内容可以动态改变；能够同时处理多个标签；标签的数据存取有密码保护，安全性更高；可以对 RFID 标签所附着的物体进行追踪定位。

2. 射频识别系统的构成

射频识别系统一般包括三个组件：

（1）标签（Tag）

由耦合元件及芯片组成，每个标签具有唯一的电子编码，附着在物体上标识目标对象。

（2）阅读器（Reader）

读取（有时还可以写入）标签信息的设备，可设计为手持式或固定式。

（3）天线（Antenna）

在标签和读取器间传递射频信号。

电子标签用以储存数字字母编码，当受到无线电射频信号照射时，能反射回携带有数字字母编码的无线电射频信号，供阅读器处理识别。在实际应用中，电子标签附着在待识别物体的表面。电子标签有各种形状和大小，植入皮下的动物跟踪标签的直径只有 1 厘米左右；标签可以做成螺丝钉状用来识别树木或木制品；做成信用卡用于对访问者的监控；商店内的商品上附着的防盗用的塑料标签也是 RF 标签。

阅读器又称为读出装置，可无接触地读取识别电子标签中所保存的电子数据，从而达到自动识别物体的目的，进一步通过计算机及计算机网络实现对物体识别信息的采集、处理及远程传送等管理功能。阅读器用以产生无线电射频信号并接收由电子标签反射回的无线电射频信号，经处理后获得标签的数据信息。

3. 射频识别系统的分类

根据射频系统完成的功能不同，可以粗略地把射频系统分成四种类型：EAS 系统、便携式数据采集系统、物流控制系统和定位系统。

（1）EAS 系统

EAS（Electronic Article Surveillance）系统是一种设置在需要控制物品出入的门口的 RFID 技术。这种技术的典型应用场合是商店、图书馆、数据中心等地方，当未授权的人从这些地方非法取出物品时，EAS 系统会发出警告。

应用 EAS 系统时，首先在物品上黏附 EAS 标签，当物品被正常购买或者合法移出时，在结算处通过一定的装置使 EAS 标签失活，物品就可以取走。物品经过装有 EAS 系统的门口时，EAS 装置能自动检测标签的活动性，发现活动性标签，EAS 系统会发出警告。EAS 技术的应用可以有效防止物品被盗。

（2）便携式数据采集系统

便携式数据采集系统是使用带有 RFID 阅读器的手持式采集器，RFID 可以阅读标签上的数据。这种系统具有比较大的灵活性，适用于不易安装固定式 RFID 系统的应用环境。手持式阅读器（数据输入终端）可以在读取数据的同时，通过无线电波数据传输方式（RFDC）实时地向计算机系统传输数据，也可以暂时将数据存储在阅读器中，成批地向主计算机系统传输数据。

（3）物流控制系统

在物流控制系统中，RFID 阅读器分散布置在给定的区域，并且阅读器直接与数据管理信息系统相连。信号发射机是移动的，一般安装在移动的物资、人员处。当物资、人员经过阅读器时，阅读器会自动扫描标签上的信息并把数据信息输入数据管理信息系统存储、分析、处理，达到控制物流的目的。

（4）定位系统

定位系统用于自动化加工系统中的定位以及对车辆、轮船等进行运行定位支持。阅读器放置在移动的车辆、轮船上或者自动化流水线中移动的物料、半成品、成品上，信号发射机嵌入到操作环境的地表下面。信号发射机上存储有位置识别信息，阅读器一般通过无线的方式或者有线的方式连接到主信息管理系统。

4. RFID 系统的应用

信息的准确性和及时性是物流及供应链管理的关键因素，对此 RFID 技术能够提供充分的保证。只需要在货物的外包装上安装电子标签，安装在工厂、配送中心、仓库及商场货架上的阅读器就能够自动记录物品在整个供应链中的流动——从生产线到最终消费者。RFID 在仓库中的应用系统有以下几种。

（1）货物的实时定位系统

在一些场合下，只需了解一件具体库存商品所存放的具体位置就足够了。但是，有一些公司想知道一天中所有存货的位置，而不只是当它们处于仓库时的位置或其他预先指定的位置，由此提出了实时定位系统的概念。安装 RFID，贴附于存货单元的充电标签通过安装在厂房和库房内的天线，以有规律的时间间隔如每隔几秒至每隔几小时间隔传送信号，识别者接收有用信号，辨认 RFID 作用范围内的存货位置，并将该信息输入中心数据库。因此，管理者可识别特定时间的所有存货的位置，实时制订仓储作业的计划，减少存货的搬运时间和距离。

（2）智能托盘系统

为高效解决生产的原材料在仓库中装卸、处理和跟踪问题而使用的以射频识别技术为核心的智能托盘系统，实现了对原材料流通相关信息的管理。系统组成中的射频识读器，安装在托盘进出仓库必经的通道口上方，每个托盘上都安装了射频标签，当叉车装载着托盘货物通过时，识读器使计算机了解哪个托盘货物已经通过。当托盘装满货物时，自动称重系统自动将装载货物的总重量与存储在计算机中的单个托盘重量进行比较，并获取差异，了解货物的实时信息。该系统日常需处理大量托盘货物，射频识别技术的应用则大大提高了效率，并保证原材料有关信息准确、可靠。

（3）通道控制系统

在汽车制造业的仓库，某公司创造性地使用射频识别技术“红、绿信号”系统，控制 3500 个仓库进出的包装箱。这些包装箱上固定着射频识别标签，在其途经的进出口处安装了射频识读器，识读器天线固定在上方。当包装箱通过天线所在处，标签装载的标识信息与主数据库信息进行比较，正确时绿色信号亮，包装箱可通过，如果不正确，则激活红色信号，同时将时间和日期记录在数据库中。该系统消除了以往采用纸张单证管理系统常出现的人为错误，排除了以往不堪重负的运输超负荷状况，建立了高速、有效和良好的信息输入途径，可在高速移动过程获取信息，大大节省了时间。同时，该系统采用射频标签还可使公司快速获得信息回馈，包括损坏信息、可能取消的订货信息，从而降低经营风险。

（4）配送过程中贵重物品的保护

保税仓库存储着价值昂贵的货物，为防止货物被盗，也为防止装着这些货物的托盘放错位置而导致交货延迟，该种仓库采用射频识别技术，保证叉车按正确设置的路线移动托盘，降低在非监控道路货物被盗的可能。公司建造了一个悬浮在上方的识读器，叉车装备了射频标签。沿途经过的详细资料通过射频联结从中央数据库下载到叉车，这些信息包含正确的装货位置，沿途安装的识读器提供正确的行驶路径。如果标签发现错误，叉车会被停止，由管理者重新设置交通路径，同时自动称重也实时提供监控信息。

【案例引导】

北京奥运广泛使用 RFID 技术

北京奥运会在食品安全保障体系、奥运宾馆、比赛场地、制造商、物流中心和医院的个人安全监控中，广泛采用了 RFID 技术。

北京奥运会门票史上首次采用了芯片嵌入技术 RFID。持票者进入比赛场馆时，只需在检票仪器上刷一下手中的门票即可。RFID 技术的应用提高了奥运门票的防伪能力与检票速度。另外，奥运门票还详细记录门票的购票时间、地点、何时入场、座位区域等信息，使奥运赛场的安全秩序管理更加方便。

France - Sino ASK AG 和清华同方 2005 年 9 月共同成立了 ASK - 同方公司，为奥运提供 RFID 嵌入式门票。北京奥运门票系统则由清华同方提供，包括 RFIDInlays、读卡设备以及软件与服务，ASK - 同方捐赠了 1000 多万张 RFID 嵌入式门票及 1000 余台查验设备。北京奥运会门票还应用了由清华大学、同方微电子公司共同研制的中国最小尺寸的 RFID 芯片，该芯片最小面积为 0.3 平方毫米，厚度最小为 50 微米，可嵌入纸张内，最远识别距离在 5 米左右。

每一张奥运门票内置一张电子芯片，芯片的序列号唯一，并与后台查验数据库的观众信息相关联。当持票者入场时，门票上的序列号将激活查验系统，调出观众的个人信息和照片，可以有效提高入场的速度。

10.2 EDI 技术

10.2.1 EDI 的概述

1. EDI 的概念及构成

EDI（Electronic Data Interchange）的中文意思是“电子数据交换”，开始于 20 世纪 60 年代。EDI 是指商业贸易伙伴之间，将按标准、协议规范化和格式化的经济信息通过电子数据网络，在单位的计算机系统之间进行自动交换和处理的方式。它是电子商业贸易的一种工具，将商业文件按统一的标准编制成计算机能识别和处理的数据格式，在计算机之间进行传输。国际标准化组织（ISO）于 1994 年确认了 EDI 的技术定义：将贸易（商业）或行政事务处理按照一个公认的标准变成结构化的事务处理或信息数据格式，从计算机到计算机的电子传输。

EDI 用于电子计算机之间商业信息的传递，包括日常咨询、计划、采购、到货通知、寻价、付款、财政报告等，还用于安全、行政、贸易伙伴、规格、合同、生产分销等信息交换。目前，人们正在开发适用于政府、保险、教育、娱乐、司法、保健和银行抵押业务等领域的 EDI 标准。由此可见，EDI 的应用远不止贸易事务，它可以广泛地应用到各个经济、行政等部门。

EDI 系统是由 EDI 标准、EDI 软硬件、通信网络三部分构成的。各部分说明见表 10 - 3。

表 10 - 3　　EDI 系统构成

<table>
<tr><th colspan="2">构成部分</th><th>内　容</th><th>说　明</th></tr>
<tr><td colspan="2" rowspan="2">EDI 标准</td><td>EDIFACT（联合国欧洲经济委员会颁布）</td><td rowspan="2">由各企业、各地区代表共同讨论、制订的电子数据交换共同标准，可以使各组织之间的不同文件格式，通过共同的标准，达到彼此之间文件交换的目的</td></tr>
<tr><td>ANSI X. 12（美国国家标准局制定）</td></tr>
<tr><td rowspan="6">EDI 软件及硬件</td><td rowspan="3">软件</td><td>转换软件</td><td>帮助用户将原有计算机系统的文件或数据库中的数据转换成翻译软件能够理解的平面文件，或是将从翻译软件接收来的平面文件转换成原计算机系统中的文件</td></tr>
<tr><td>翻译软件</td><td>将平面文件翻译成 EDI 标准格式，或将接收到的 EDI 标准格式翻译成平面文件</td></tr>
<tr><td>通信软件</td><td>将 EDI 标准格式的文件外层加上通信信封，再送到 EDI 系统交换中心的邮箱，或在 EDI 系统交换中心将接收到的文件取回</td></tr>
<tr><td rowspan="3">硬件</td><td>计算机</td><td>PC、工作站、小型机和主机等均可</td></tr>
<tr><td>调制解调器</td><td>利用电话线路进行通信的必要硬件</td></tr>
<tr><td>通信线路</td><td>常用电话线路，如有较高要求可租用专线（Leased Line）</td></tr>
<tr><td colspan="2" rowspan="2">通信网络</td><td>直接联系方式</td><td>适用于贸易伙伴数量较少的情况</td></tr>
<tr><td>网络联系方式</td><td>利用网络进行 EDI 数据的传递，适用于多用户模式</td></tr>
</table>

2. EDI 的特点

①EDI 是企业之间传输商业文件数据的一种形式，其适用对象是具有固定格式的业务联系的单位。

②EDI 所传输的资料是一般业务资料，如发票、订单等。

③EDI 所传输的文件数据采用共同的标准并具有固定格式，如联合国 EDIFACT 标准，这也是与一般的电子邮件（E - mail）的区别。

④EDI 由收送双方的计算机系统通过数据通信网络来直接传送、交换资料，尽量避免人工介入操作。

⑤EDI 与现有的一些通信手段如传真、电报、电子邮件（E - mail）等有很大的区别，后者需要人工的阅读判断处理才能进入计算机系统，需要人工将资料重复输入到计算机系统中，浪费人力资源，也容易发生错误。

10. 2. 2　EDI 在物流中的应用

1. EDI 的作用

（1）实现无纸贸易

采用EDI后，原来由人工进行的单据和票证的核计、入账、结算及收发等处理均由计算机来完成，基本取消了纸张信息。

（2）提高经营活动效率

通过建立企业间的数据交换网来实现票据处理、数据加工等事务作业的自动化、省力化、及时化和正确化，同时，有关销售信息和库存信息的共享，实现经营活动的效率化，大大提高经营活动的效率。

（3）提高数据传输的准确性

由于在数据传输过程中无须人工干预，避免人为错误，因而提高了信息的准确性。

（4）提高企业竞争能力

EDI作为开展电子贸易的一种信息化手段，快速提高信息传递速度，有利于快速捕捉市场信息，对客户做出快速响应，提高服务水平，降低贸易成本，提高经济效益，从而增强企业的市场竞争能力。

2. EDI在物流领域中的应用

EDI在物流领域中的应用具体表现在两个方面：第一，由于EDI利用网络来传输数据，而网络的互联性可以将原料组织、生产、销售、运输、装卸以及库存控制等物流链的各个环节紧密地衔接起来，形成一个动态的、实时的物流链信息网络化调控系统。因此，使用EDI可以实现产品的采购、生产、销售的集成化，使供、需双方建立一种以市场利益驱动为主导的战略伙伴关系。实施EDI战略涉及大量的投资和工作方式的改变，可能造就一定的市场壁垒，这将形成物流链协作关系的稳定性和持久性，增进物流服务者和最终用户之间的凝聚力，强化供给双方的实时互动性。第二，在物流活动中存在着大量的数据单证的传递任务，在物流链管理中引入EDI技术，实现群体集成化信息资源管理，每一单位所需采集的信息将不到总输入信息的1/3。它利用通信网络进行自动化交换，从而保证信息传递及时，并确保信息的有效性和一致性。

近年来，EDI在物流中被广泛应用。物流EDI的参与对象有货主（如生产厂家、贸易商、批发商、零售商等）、承运业主（如独立的物流承运企业等）、实际运送货物的交通运输企业、协助单位（政府有关部门、金融企业等）和其他的物流相关单位（如仓库业者、配送中心等）。物流EDI的框架结构如图10－5所示。

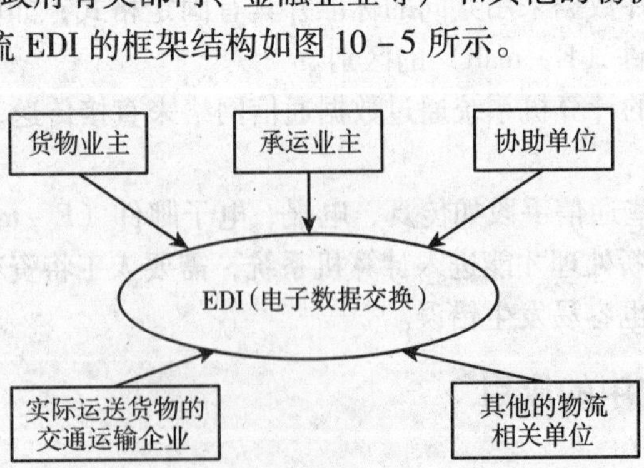

图10－5　物流EDI的框架结构

该物流模型的运作步骤如下：

①发送货物业主（如生产厂商或出口商）在接到订单后制订货物运送计划，并把运送货物清单及运送时间安排等信息通过 EDI 发送给物流运输业主和接收货物业主（如零售商或进口商），以便物流运输业主预先安排车辆调配计划，接收货物业主制订接收计划。

②发送货物业主依据顾客订单的要求和货物运送计划下达发货指令、分拣配货、打印出物流条形码的货物标签（即 SCM 标签）并贴在货物包装箱上，同时把运送货物品种、数量、包装等信息通过 EDI 发送给物流运输业主和接收货物业主。

③物流运输业主在向发送货物业主取货物时，利用车载扫描读数仪读取货物标签的物流条形码，并与先前收到的货物运输数据进行核对，确认运送货物。

④物流运输业主在物流中心对货物进行整理、集装、列出送货清单，并通过 EDI 向收货业主发送发货信息。在货物运送的同时进行货物跟踪管理，并在货物交给收货业主后，通过 EDI 向发送货物业主发送完成运送业务信息和运费的信息。

⑤收货业主在收货时，利用扫描读数仪读取货物标签的物流条形码，并与先前收到的运输数据核对，确认后开出收货发票，货物入库。同时，通过 EDI 向物流运输业主和发送货物业主发送收货确认信息。如果货物用于出口，则上述物流作业中，相应增加货物清关的有关手续，如商检、报关等。以商检为例，发送货物业主可通过 EDI 方式与商检部门进行产地证的电子单证传输，商检部门应用 EDI 单证审批系统对产地证进行审核签发。

3. 物流管理中应用 EDI 的效益

企业在物流管理应用 EDI 的效益主要取决于两个因素，一是企业的规模、贸易数量的大小；二是企业的应用层次，即企业的系统集成化与 EDI 的结合程度。

（1）初级效益（约占 EDI 全部收益的 10%）

企业只是进行 EDI 的简单应用，并不对组织结构、运作方式作任何调整。具体表现为电子文件的传输快于书面文件，企业因此能对相关事物做出迅速安排。

（2）次级收益（约占 EDI 全部收益的 20%）

EDI 和企业的电子数据处理（EDP）系统紧密结合，数据输入的次数大为降低，差错率降低，提高单证单据作业质量。在物流管理中应用 EDI 还可以简化工作程序和信息流，大量减少纸制单证、单据工作量，实现无纸化贸易。运用 EDI 已成为发展对外贸易及国际物流的关键内容。据统计，在纸质文件进行业务的情况下，一笔国际贸易业务中有 46 种不同的单证，它们要在 20 多个部门间进行流转，制备和处理这些文件所需要的人力和时间是可想而知的。

（3）三级收益（约占 EDI 全部收益的 30%）

企业着手从生产、服务、销售各方面全面优化 EDI 应用。EDI 的应用潜力被挖掘出来，使物流业务程序与贸易、运输和后勤等方面更加紧密的联系起来，满足便利性、快捷性、可靠性等要求。

（4）终极效益（约占 EDI 全部收益的 40%）

在这一应用层次上，它要求企业加强与贸易伙伴的合作，使整个价值链紧密结合，形成“无缝商业物流”（Seamless Business Logistics）。这样，EDI 全部效益中的 40% 就发挥出来，企业运用 EDI 进行物流管理达到了最高层次。

总之，应用 EDI 可大大降低物流全过程中的作业成本。

【案例引导】

中远公司 EDI 系统应用情况

上海中远国际货运有限公司是中远集团（COSCO）下属的从事货物运输代理的公司，是上海最大的货运一级代理公司之一。该公司主要负责中远集团长江内支线集装箱的货运代理，通过中转枢纽——上海港，使长江内支线与中远遍布全球的干线运输网络相连接，可真正体现其运输优势，各种进出口货物可直接抵达全球各地，做到一票到底、内地交货，为货主提供了极大的便利。公司有员工 400 多人，其中电脑部共 10 人。电脑部的员工不仅负责本公司信息系统的开发和维护工作，还要负责客户的信息系统维护工作，因此工作量是非常大的。公司的电脑部和其他部门如市场部等平行，归经理直接管理。

上海中远国际货运有限公司是国内较早引入 IBMRS6DOD \ AS/4aa 的企业，因此具有良好的计算机应用基础。在公司内部，其业务全部利用计算机处理。也就是说，从客户提交数据到公司签发提单给客户，全部采用计算机处理技术。

客户传统的订舱方式往往是采用传真和信件的方式来传递双方需要的大量数据，但是传统的传真和信件方式有如下几个特点：首先，货代公司收到传真或信件后，需要对如此大量的数据输入到公司的内部信息系统，这样就带来了很大的工作量，公司必须投入大量的人力来处理这些数据；其次，重新输入这些数据难免会出现差错，而这样的差错会引起公司与客户之间业务的纠纷，给公司带来不必要的麻烦和经济上的损失。

因此，从 1997 年初开始，上海中远货运有限公司开始采用电子订舱的方式逐步取代传统的传真和信件方式。公司采用两种电子订舱的方式。首先是开发应用系统：公司电脑部开发出应用程序，安装在客户端。客户只要使用该程序，通过 Modem 和电话线，将大量的数据传送给公司，这种应用程序的界面类似于 Internet 和 Web 形式，只是在功能上根据客户的要求和业务的实际需要进行了加强，其实际上是 EDI 的一种形式。其次是在 Internet 上建立公司的网址（www. coswfresh. com），开发基于 Internet 的 Web 页。在 Internet 上，Web 主要提供以下四个功能。

(1) 信息发布

公司在网上公布公司的各个航线，各航线的航期、运价等。

(2) 网上查询

根据公司在网上所发布的信息，客户就可以通过 Internet 来进行查询，从而可以比较不同货代公司的运价和航期。

(3) 网上订舱

客户可以通过 Internet 来实现订舱，从而取代传统的订舱方式。

(4) 订舱反馈

不管客户是通过何种途径进行订舱的，都可以通过 Internet 查询到货物的现状，跟踪其货物；通过电子订舱的客户还可以通过 Internet 得到公司的反馈，既快捷又方便。

如客户需要运输一批货物，出发地是苏州，目的地为芝加哥，货物可以走以下的路线：苏州—上海—长滩—芝加哥。客户可先将这批货物的有关数据告诉货代公司，如日期、目的地、品种、重量等，货代公司就为客户办理单证，包括订舱、运输、报关、收费等，然后给客户签发提单。提单相当于收据，具有法律效力。客户将提单寄到芝加哥，收货人可凭提单在芝加哥提货。

中远国际货运有限公司电子信息服务系统的内容与特点如下：

(1) 货运公报

船期更改等与货运有关的信息发布。

(2) 船期表

查询和下载自上海港出发的船期，其他地点船舶链接至中远集运网站船期表页。

(3) 运价

查询上海中远货运有限公司公布的从上海至世界各地的海运费、中转费、附加费和内陆运输人民币包干费用。

(4) 订舱

可直接输入货运订舱委托内容，并查询委托的受理信息（船名、航次、提单号等）及运费、流转情况等信息。

(5) 货物跟踪

目前提供按月提单号或箱号查询中远集装箱承运上海港进、出港信息（包括中转）委托货物。

中远公司电子信息服务系统的应用所带来的影响有：

(1) 企业形象的提升和企业竞争力的加强

通过采用新的信息技术，完善对客户的信息服务质量将成为取得竞争优势的必然选择。电子信息服务系统的应用，一方面使企业紧跟信息技术发展的时代潮流，从而不断地完善信息服务，取得竞争手段上的不断领先；另一方面提高了企业在客户中的形象，从而取得竞争优势。

(2) 工作量的减少和工作效率的提高

首先，电子信息服务系统的数据来源于客户的输入，既大大减少了本企业的数据输入量，又大大减少了数据的差错率，提高信息处理的准确性；其次，客户对于业务上的信息查询、货物跟踪等都可通过 Internet 来进行的，客户在和电脑打交道，而不是同市场人员打交道，这大大减少了企业市场部人员的工作量。因为，企业和客户之间 80% 的业务都是正常的，而只有 20% 的业务是需要人工干预的，这样正常的业务就交由电脑来处理，业务人员只处理少量必要的事情。

(3) 费用的减少

一方面电子信息服务系统采用电子单证和电子函件代替了大量的纸张单证，从而降低了传统的单证费用；另一方面电子信息服务系统的应用深入到企业的订舱、查询、广告等环节，从而减少了这些方面的费用。

(4) 客户满意度的提高

客户认为电子信息服务系统的使用，提高了他们的工作效率，减少了工作量，使他们能更快捷、更方便地了解货物的动态。

10.3 GIS 和 GPS 技术

物流运输业是推动国民经济快速发展必不可少的基础产业，尽管各类物流运输仓储企业在长期发展历程中已经积累了丰富的实践经验，但由于车辆等运输工具的动态信息的实时监控一直未得到解决，信息反馈不及时、不精确、不全面等问题导致了运力的大量浪费与运作成本的居高不下。面对当今客户日益增长的服务需求，物流运输企业必须采用新科技手段，运用 GPS、GIS 和 Internet 技术来武装自己，提高自身的服务质量与服务水平，才能自信地迎接来自各方的挑战，获得竞争优势。

10.3.1 GIS 技术

1. GIS 的概述

地理信息系统（Geographic Information Systems）产生于 20 世纪 70 年代中期，是集计算机科学、地理科学、测绘遥感科学、环境科学、城市科学、空间科学、信息科学和管理科学为一体的新兴边缘科学。这种集成以地理空间数据为基础，采用地理模型分析方法，适时地提供多种空间的和动态的地理信息，对信息的各种加工、处理过程的应用、融合和交叉渗透，并且实现各种信息的数字化的过程，具有数据采集、输入、编辑、存储、管理、空间分析、查询、输出和显示功能，为系统用户进行预测、监测、规划管理和决策提供科学依据。GIS 的定义各种各样，其中比较准确且被广泛接受的表述为：GIS 是一个能用于进行有效的搜集、储存、更新、处理、分析和显示所有形式的地理信息的计算机硬件、软件、地理数据和有关人员（用户）的有机集合。

进入 20 世纪 90 年代，随着地理信息产业的建立和数字化信息产品在全世界的普及，地理信息系统在全球得到了空前迅速的发展，广泛应用于各个领域，产生了巨大的经济和社会效益。将地理信息系统用于物流运输，可以实现对监控车辆的电子直观显示和该车辆所有相关信息的查询、分析，从而提供对监控车辆进行指挥、调度和优化企业运输资源的依据。

2. GIS 在物流环节中的作用

（1）空间可视化

信息系统是对现实世界的计算机模拟，而地理信息系统则突出了它对现实世界空间关系的模拟，使我们对于在空间中各事物的状态有一个非常直观的感受。无论是在屏幕上展示一幅可以无级缩放和信息查询的地图，还是展现一幅三维的地形模型，都使我们对现实世界空间关系的认识更为直观、具体。

地理信息系统的空间可视化功能还包括对空间分布的地物的属性信息的可视化，这一点是由地理信息系统的一个重要特征来保证的，即 GIS 实现了空间信息和属性信息的集成管理，并能够完善地建立二者之间的联系。例如，通过 GIS，物流配送调度指挥中心和驾驶员可以了解某一道路的路面情况、路面宽度及不同时段的交通流量等信息。

（2）空间导向

利用地理信息系统，我们不仅可以纵览研究区域的全局，还可以利用缩放和漫游等基本功能深入到我们更感兴趣的区域去研究。一个完善的地理信息系统提供了空间数据库功能，使我们可以按需要缩放和聚焦。在比例尺不断增大的同时，展现给用户的空间信息内容会不断更新。例如在浏览一个行政省全局时，只需要显示大的河流、省级公路铁路以及市县级行政分区图等全局信息，而随着比例尺的不断增大，就可以显示建筑物、桥梁、收费站、加油站等具体的空间地物。

地理信息系统的空间导向功能还可以从空间查询功能中得到体现。例如利用一张覆盖全省的电子地图，我们可以通过空间查询找到“加油站”，并即时将地图的显示范围缩放到所有“加油站”空间分布的范围内。

（3）空间思维

GIS 的空间数据库在存储各地物的空间描述信息的同时，还存储了地物之间的空间关系，这一特点为进行空间分析提供了基础。

GIS 的空间思维，就是利用 GIS 数据库中已经存储的信息，通过 GIS 工具（例如缓冲区分析、叠置分析）生成新信息。GIS 将许多空间分析工具集成起来，并提供二次开发工具，在进行空间分析时，用户将各种分析工具按所研究领域的专业模型组织成一个程序（即计算机可以识别和操作的思路），交由 GIS 完成，最后提供空间可视化的分析结果。GIS 的空间思维功能使我们能够揭示空间关系、空间分布模式和空间发展趋势等其他类型信息系统所无法完成的任务。

在物流运输领域，GIS 就是用来存储有关物流运输所涉及的地区的地理信息，这些信息是可以通过地理关系连接在一起的所有主题层集合。这个简单却非常有力和通用的概念，对于解决许多真实世界的问题具有无价的作用，这些问题包括：跟踪传输工具、记录计划的详细资料、存储地区的交通状况、模拟运输路线等。

（4）网络分析

对地理网络（如交通网络）、城市基础设施网络（如各种网线、电力线、电话线、供排水管线等）进行地理分析和模型化，是地理信息系统中网络分析功能的主要目的。网络分析是运筹学模型中的一个基本模型，它的根本目的是研究、筹划一项网络工程如何安排，并使其运行效果最好，如一定运输资源的最佳分配、从一地到另一地的运输费用最低等。在物流运输的监控和指挥调度中，通过 GIS 物流分析软件，可以为物流运输管理提供以下的分析模型：

①车辆路线模型。用于解决一个起始点、多个终点的货物运输中，如何降低物流作业费用，并保证服务质量的问题。包括决定使用多少辆车，每辆车的行驶线路等。

②物流调度模型。用于解决寻求最有效的分配货物路径问题，也就是物流网点分布问题。如将货物从 n 个仓库运往到 m 个商店，每个商店都有固定的需求量，因此要确定由哪个仓库提货送给哪个商店，使得运输代价最小。

③分配集合模型。根据各个要素的相似点把同一层上的所有或部分要素分为几个组，用以解决确定服务范围和销售市场范围等问题。如某一公司要设立 x 个分销点，要求这些分销点要覆盖某一地区，而且要使每个分销点的顾客数目大致相等。

④设施定位模型。用于确定一个或多个设施的位置。在物流系统中，仓库和运输线共同组成了物流网络，仓库处于网络的节点上，节点决定着路线，如何根据供求的实际需要并结合经济效益等原则，在既定区域内设立多少个仓库，每个仓库的位置、每个仓库的规模以及仓库之间的物流关系等，运用此模型均能得到解决。

10.3.2 GPS 技术

GPS（Global Positioning System）即全球定位系统技术，是通过人造卫星对地面上的目标进行测定并进行定位和导航的技术，其实际意义为导航卫星测时和测距。

1. GPS 技术的发展

美国于 20 世纪 70 年代开始研制 GPS，耗资 200 亿美元，于 1994 年全面建成，具有在海、陆、空进行全方位实时三维导航与定位能力。按最初设计，实用系统由 24 颗卫星组网。这些卫星分布在三个轨道平面上，对地球上任何一点，能同时有 6 ~9 颗卫星可供观测，可选择 4 颗最佳卫星进行定位，预期定位精度可达 10 米。目前，在地球上空已有 27 颗卫星（包括 3 颗备份卫星）在运行。

GPS 自问世以来，已充分显示了其在无线电导航和定位领域的霸主地位。最初 GPS 技术主要为军事服务，随着该技术向民用领域开放，目前，GPS 已被广泛用于航空和航海导航、大地测量、遥感、石油勘探、地震测量、野外救生、探险、森林防火、飞机播种、农田耕种、车辆自主导航、特种车辆（警车、银行车）导航和监控及机场和港口交通管理等领域。

现在已有专门提供电子地图服务的网站问世，使用者只要输入地址、交叉路口、重要地标指令，就可以得到指定地点附近的电子地图。有的汽车制造商还将 GPS 系统发展成卫星安全防护系统，车主若在车内遭挟持，通过车上的隐藏按钮可让服务中心进行监听、报警，将 GPS 系统的功能从单纯的指示道路提高到安全防护的层次。此外，GPS 还广泛运用于邮政、环保、海防，实现精确定位、追踪和紧急联系，确保人身财产安全。在ITS的项目开发建设中，尤其在车辆实时定位、动态监控、调度管理等领域，GPS成为智能交通系统的关键技术之一。

2. GPS的系统结构

GPS系统主要由以下三个部分组成：

①地面控制部分。由主控站（负责管理、协调整个地面控制系统的工作）、地面天线（在主控站的控制下，向卫星注入导航电文）、监测站（数据自动收集中心）和通信辅助系统（数据传输）组成。

②空间部分。由24颗卫星组成，分布在6个轨道平面上（GPS卫星星座）。

③GPS接收机和卫星天线（用户设备）。

地面主控站实施对GPS卫星的轨道控制及参数修正。GPS卫星网向地面发射两个频率的定位导航信息，其中包括两个定位码信号，即C/A码（供世界范围内的民用）及P码（只供美国军方使用）。GPS接收机接收GPS卫星信号进行解算，即可确定GPS接收机的位置。GPS接收机是被动式全天候定位导航设备，只接收不发射信号，故不受卫星系统和地面控制系统的控制，用户数量也不受限制。

3. GPS的定位原理

按照被定位的物体的运动状态，GPS分为静态定位和动态定位。

在静态定位中，按定位方式，又可分为单点定位和相对定位。单点定位就是根据一台接收机的观测数据来确定接收机位置的方式，可用于车船等的概略导航定位。相对定位（差分定位）是根据两台以上接收机的观测数据来确定观测点之间的相对位置的方法，它相对于单点定位要精确得多。这是由于GPS观测量中包含了卫星和接收机的时间差、大气对光速的影响、非直线路径效应等误差，在进行相对定位时大部分公共误差被抵消或削弱，因此定位精度将大大提高。

在定位观测过程中若接收机相对于地球表面运动，则称为动态定位，实际上动态定位较之于静态定位来说在智能交通领域有着更为广泛的应用。这是由于交通领域中大多是对运动着的车辆进行信息采集。动态定位的原理较之于静态定位只是深入了一步而已。在动态定位过程中实际上是运用了静态定位加上了速度测量仪的原理。在被观测的车辆运动过程中GPS定位系统相隔相等的时间内对车辆的信息进行采集，然后根据光速和间隔时间内车辆运动的路程就可以算出车辆的速度。当然这些都是接收机在很短时间内根据特定的程序就能计算出来的。

4. GPS的技术特点

（1）全球地面连续覆盖。由于GPS卫星的数目较多，且分布合理，所以地球上任何地点均可被至少4颗卫星同步观测到，从而保障了全球、全天候连续的定位。

（2）功能多，精度高。GPS可为各类用户连续地提供动态目标的位置、速度和时间信息。

（3）实时定位。利用全球定位系统，可以实时地确定运动目标的三维位置和速度。

(4) 定位精度高。

(5) 操作简便。GPS 测量的自动化程度很高，且接收机的重量较轻、体积较小，携带和搬运都很方便。

5. GPS 在物流运输中的应用

GPS 主要应用于车辆的定位和导航系统。GPS 定位导航系统与 GIS 的电子地图、无线电通信网络及计算机车辆管理信息系统相结合，可以实现车辆跟踪和交通管理等许多功能。

(1) 车辆定位系统

GPS 车辆定位系统在物流运输系统的应用如图 10－6 所示。

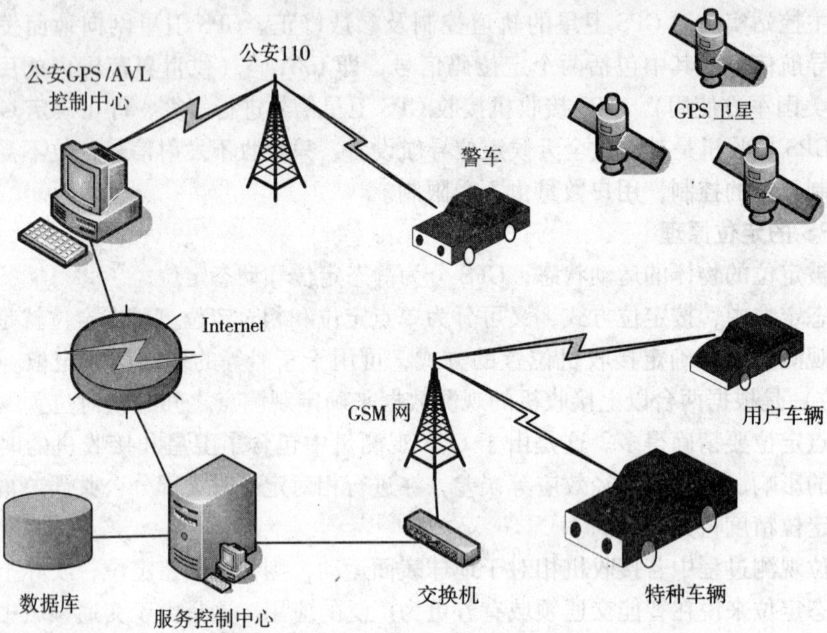

图 10－6 GPS 车辆定位系统在物流运输系统的应用示意图

服务控制中心通过广域网与邮电 GSM 短消息中心联网，通过分布式数据库技术实时更新车辆的信息并实时发布市区各路段交通流量信息。另外，一旦车辆发出遇劫、被盗等警情时，服务控制中心也可将车辆位置信息及警情信息通过广域网送 110 指挥中心，由公安部门出警。本系统可扩大到全省联网，形成真正意义上的广域系统，这时可用 DDN 专线和建立分控中心的方式进行管理。

定位系统的基本功能有：

①下载电子导航地图。

②各路段交通流量信息的接收与显示。

③监控中心可对车辆进行点名监视并可受理报警。

④与公安110联网，具备与公安110接警系统和与120、119相连，组成社会紧急系统。

⑤调度功能。配送中心可通过车载装置向车辆发送调度信息。

（2）车辆导航系统

车辆导航系统包括了路径选择模块、路径诱导单元、无线通信模块。路径选择是帮助司机在出发前或者路途中计划最优路径的过程。路径选择又可进一步划分为多车辆路径选择和单车辆路径选择。多车辆选择是为所有的可能具有不同的目的地的车辆在一个网络中选择路径，属于系统优化问题；而单车辆路径选择则只是为单个车辆计划一条从当前位置到达指定目的地的单条路径，属于用户优化问题。一般来讲，目前在实际使用过程中单车辆路径选择占有主导地位，这是因为司机在行路过程主要考虑的是自己最优，而不是全局最优。但是交管部门为了调度所有的车辆，需要考虑全局的利益，他们用得较多的是多车辆路径选择。

该系统集GPS定位技术、GSM通信技术、GIS地理信息显示技术和PDA技术为一体，能为车辆导航提供全面的服务。车辆通过车载导航设备接收GPS数据，在显示屏幕的地图上显示汽车在行驶中的位置以及到达目的地的方向和距离等。可以在公路网范围内定向选择最佳行驶路线，为司机提前提供信息，例如道路拐弯、道路拥挤程度、事故易发地等信息。

该系统有如下功能：

①地图浏览功能：主要指对电子地图数据进行操作的功能。

②信息查询功能：主要指对属性数据与图形数据的相互查询，如目标查询、范围查询、模糊查询等，为用户提供主要信息。

③路径分析功能：由用户输入起点和终点，由计算机软件计算最短行驶路线，并在地图窗口中予以显示，确定最终的行驶路线。

④导航定位功能：利用GPS和电子地图可以实时显示出车辆的实际位置，可以随目标移动而使目标始终保持在屏幕上。

（3）指挥调度系统

指挥调度系统主要是由车载信息采集系统、通信子系统、计算机网络子系统、调度平台子系统组成。后面的三个系统工作的基础就是信息采集系统中的信息采集。这时由于所有的调度程序都需要有原始信息采集，然后根据信息集中比较分析来调度指挥。而信息采集主要靠的是GPS的车辆定位技术。该系统由控制中心、通信系统、差分站和车载设备组成。各个部分的功能如下：

①控制中心分为数据处理部分和图形显示部分。

②差分站负责解算出GPS卫星的位置修正信息，并通过通信设备及时发送给车载设备处理，从而达到精确定位的目的。

③车载设备负责实时解算出车辆自身位置，并送给控制中心；同时，车载设备还处理中心发来的命令和司机给中心的请求。

(4) 紧急援助系统

该系统的功能实现和指挥调度功能近似。通过 GPS 定位和监控管理系统可以对遇有险情或发生事故的车辆进行紧急援助监控台的电子地图显示求助信息和报警目标，规划最优援助方案，并以报警声光提醒值班人员进行应急处理。从整体来说，自动车辆定位导航系统是智能运输中非常关键的部分，利用它们可以很好实现对交通运输系统整个过程的控制、交通信息服务、道路应急及多种信息服务。

汽车 GPS 导航、监控调度系统是 GPS 与 GIS、语音技术、操作系统、数据库、多媒体技术及多种测量技术等相结合的产物。采用已经成熟的 GPS 全球定位系统、GIS 地理信息系统和计算机网络通信与数据处理技术，对物流运输的车辆进行实时全程监控。在监控中心，通过车载单元传输回来的信息，在电子地图上进行准确地定位，GIS 地理信息系统对车辆信息及车辆所在区域的地理信息进行综合处理，然后对车辆进行远程调度，以达到综合调配公司运输能力、减少空车回放、降低物流运输成本、提高客户服务水平的目的。GPS、GIS 模式下的物流监控指挥系统如图 10－7 所示。

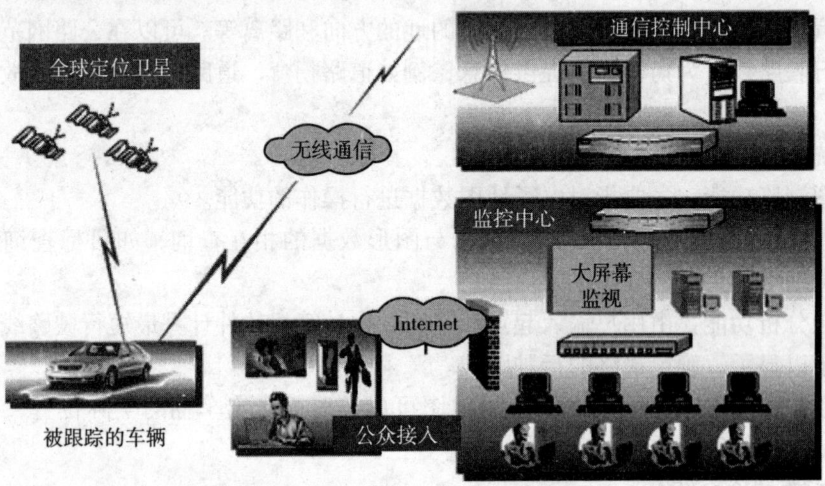

图 10－7　GPS、GIS 模式下的物流监控指挥系统

10.4　TMS 与 WMS

10.4.1　TMS 技术

1. TMS 概述

运输管理系统（Transportation Management System，TMS）是一套基于运输作业流程的

管理系统，该系统以系统管理、信息管理、运输作业、财务管理四大线索设计开发。系统管理是 TMS 系统的技术后台，起到支持系统高效运转的作用；信息管理是通过对企业的客户信息、车辆信息、人员信息、货物信息的管理，建立运输决策的知识库，也起到促进企业整体运营更加优化的作用；运输作业是该管理系统的核心，系统通过对运输任务的订单处理、调度配载、运输状态跟踪，确定任务的执行状况；财务管理是伴随着运输任务发生的应收应付费用，通过对应收应付费用的管理及运输任务对应的收支的核算，生成实时全面的统计报表，能够有效地促进运输决策。

TMS 主要用于管理产品（成品或半成品）的运输方式，根据路程、地点和路线确定的最佳运输途径，其优势是改善运输模式的效率，优化涉及的交通工具的数量；高效规划所有的运输方式；确定需要放入集装箱的产品的优先次序，提高产品装卸效率；计算各集装箱内产品的最佳部署，确定正确的重量、体积和可用的容积等。

TMS 系统具有以下特点：

①TMS 是基于网络环境开发的支持多网点、多机构、多功能作业的立体网络运输软件。

②TMS 是在全面衡量、分析、规范运输作业流程的基础上，运用现代物流管理方法和计算机技术设计的先进的、标准的运输软件。

③TMS 采用先进的软件技术实现计算机优化辅助作业，特别是对于快速发展中的运输企业，TMS 可以支持在网络机构庞大的运输体系中，协助管理人员进行资源分配、作业匹配、货物跟踪等操作。

④TMS 具有实用的报表统计功能，可以为企业决策提供实时更新的信息，大大简化了人员的工作量。

2. TMS 功能模块

运输管理信息系统的设计思想就在于对物流过程中的信息进行管理并进行存储、汇总、分析，从而得到物流企业及顾客所需要的经提炼的信息，为物流企业及顾客的生产经营服务。物流运输作业的全过程，一般可分为三个阶段，即业务受理、调度、过程管理。这三个阶段又分为八个环节：业务受理、计划调度、在途管理、客户服务、财务结算、决策支持、资源管理及系统管理等。图 10－8 显示了在物流运输管理中 TMS 的主要功能模块。

（1）业务受理

图 10－9 显示了第三方物流运输管理的业务受理流程。客户可通过三种方式来委托进行运输业务：直接受理、电话和传真、Internet 方式。订单输入后，通过管理部门的审核及价格谈判后，与客户签订合同，对于长期合作的企业，合同可在网上确认。合同确认后，即可收货并对货物进行审核确认，验收内容主要有货主、货物名称、规格、货物等级、包装质量、接收数量、破损数量、搁置数量、货物重量、货物体积等信息。货物验收合格后入库。一个车辆可有多个订单，一个订单也可由多个车辆来运输，订单的管理贯穿物流的整个流程。

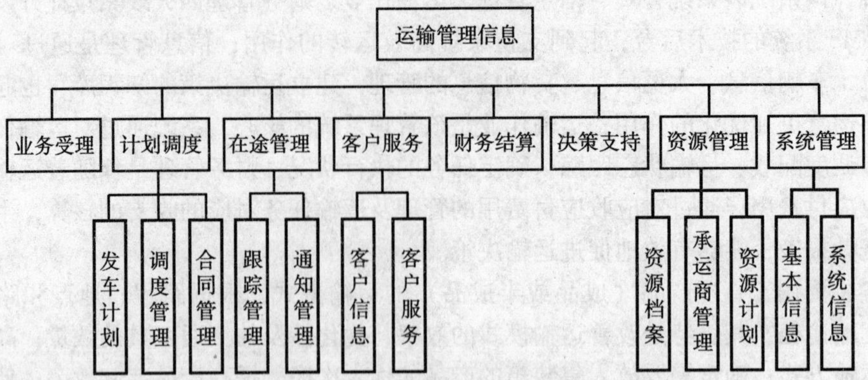

图 10－8　TMS 的主要功能模块

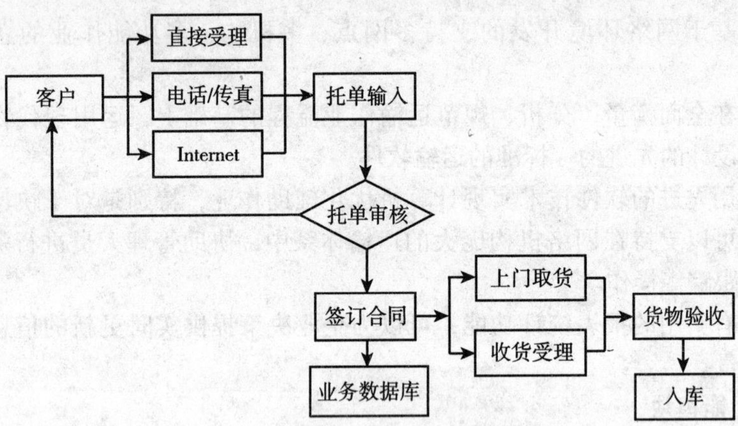

图 10－9　业务受理流程

（2）计划调度

图 10－10 显示了物流运输管理的计划调度流程。在接到运输指令后，首先查询运输资源，包括自有车辆、挂靠车辆及租用车辆，还包括公司的在途的车辆空闲资源。根据这些资源进行配载方案的选择，配载按经济性原则考虑，如顾客有特殊要求，系统按客户的个性化需求来设置。从运输成本及效率来考虑进行线路的优化选择。对自有车辆及挂靠车辆生成派车指令，对租用车辆生成运输合同。系统根据相关信息自动生成发车计划，并将此计划动态反馈到资源数据库，并组织车辆进行提货受理及上门送货受理。

（3）在途管理

图 10－11 显示了物流运输管理的在途管理流程。装车后，调度中心可对装有 GPS/GIS 的车辆进行实时跟踪管理，对未装有定位软件的车辆，要求司机定时向调度中心报告所处地理位置，并将结果反馈到企业门户网站。在车辆发运后，系统自动向收货方或本公

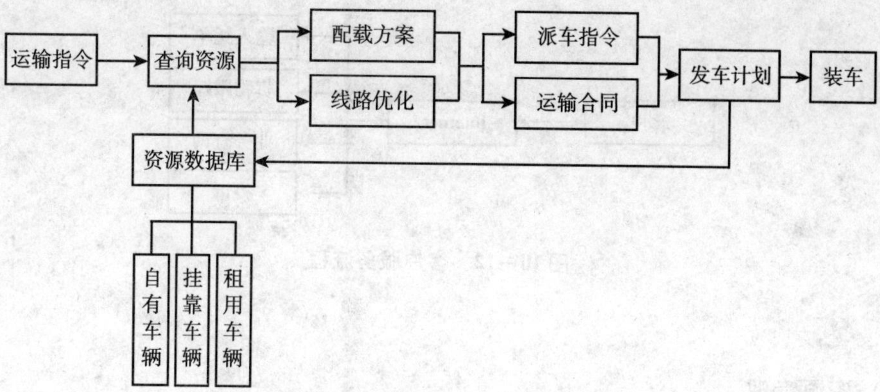

图 10－10　物流运输管理计划调度流程

司仓库发出入库信息，以便做好相应的入库准备工作。在入库后，入库信息会自动反映在Internet 上及财务结算系统中。

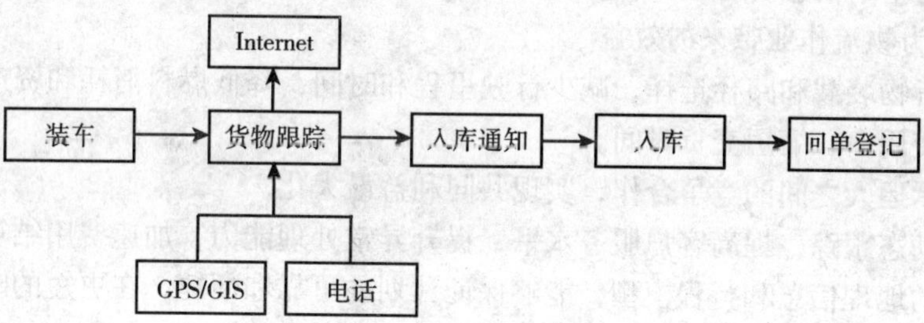

图 10－11　在途管理流程

（4）客户服务

图 10－12 显示了物流运输管理的客户服务流程。系统提供客户远程信息查询的服务，客户管理对相关客户进行授权。经授权的客户就可以通过互联网访问系统的网站入口，查询客户关心的数据信息。客户管理模块中最重要的是客户关系管理。通过对客户每月与企业之间的交易情况，对每个客户的统计信息进行汇总。客户对于以往的业务交易也有所掌握。对于运输过程中出现的质量问题，客户可通过互联网进行投诉，由专门的部门来进行处理，避免隐瞒及漏报的情况，同时，管理层也会采取相应的措施来加以改进，反馈的结果及时反映给客户。

（5）财务结算

该模块由财务结算部门操作管理，主要对客户的运输费、其他费用等进行结算处理。同时，对承运商作运费支出处理。

（6）决策支持

决策支持模块主要是对运输、财务等情况做统计分析，将结果提供给管理部门进行分

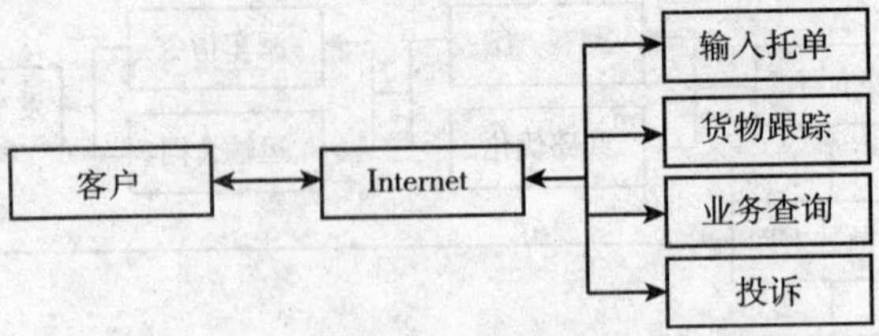

图 10－12　客户服务流程

析决策。

（7）资源管理

该模块主要是对自有车辆、挂靠车辆、驾驶员、承运商的资料及车辆使用状况进行管理，做到能及时查询资源的使用状况及信用档案。主要包括车辆档案管理、车辆业绩统计、驾驶员档案管理、驾驶员业绩统计、承运商档案及资源计划管理等。

（8）系统管理

主要是对基本信息的管理及各类用户权限设置、数据备份及历史查询的管理。

3. TMS 为物流作业带来的效益

①合理货物装载和路径选择，减少行驶里程和时间，降低燃料消耗和资产损耗，提高运输设备的使用率，缩短交货时间。

②支持承运人之间的竞争合作，实现共同利益最大化。

③运输动态跟踪，提高客户服务水平，提升异常处理能力，加速费用结算。

④精确的地理信息和行程模型，能够保证计划的可靠和便捷，在更短的时间内计划和监控运输作业，提供及时服务。

⑤利用无线通信进行资源监控能够提高准时、准确的运作率，通过实时的调度通信数据以提高决策能力。

10.4.2　WMS 技术

1. WMS 概述

仓储管理系统（Warehouse Management System，WMS）是用于管理仓库中货品、空间资源、设备资源等在仓库中的活动，是对货品的进货、检验、上架、出货及转仓、转储、盘点及其他库内作业的管理系统。在现代企业中，仓储不仅被看做是形成附加价值过程中的一部分，而且也是企业成功经营的一个关键，仓库管理系统为作为管理流通中心的仓库完成这些功能提供了支持和保证。

WMS 技术由条形码技术、无线通信技术、计算机系统和其他附属设备组成。将条形码技术和无线通信技术结合在一起使用，能及时获得准确的信息，这是成功的 WMS 的基础。简单地说，通过扫描仪读取条形码数据，经过无线通信，传送给计算机管理控制系统，由计算机管理控制系统进行信息处理并启动下一个作业。

WMS 有计划和执行两个功能：计划功能包括订货管理、运送计划、员工管理和仓库布局管理等；执行功能包括进货接收、分拣配货、发货运送等。图 10－13 是仓储管理系统构成图。

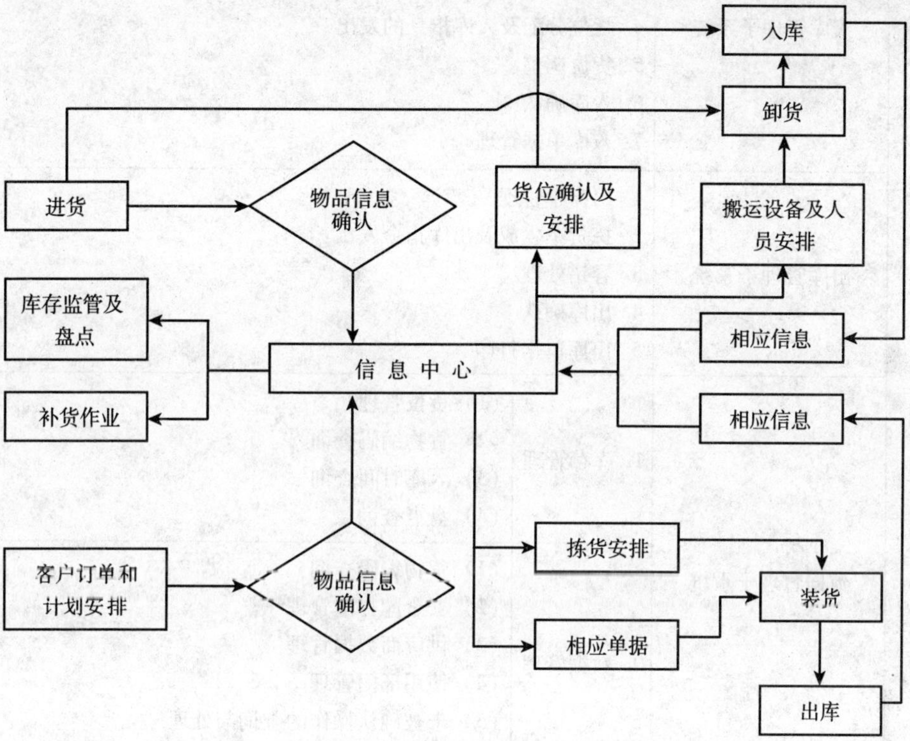

图 10－13 仓储管理系统构成图

仓储管理系统的构成要素包括空间、设备、物品、人员。管理控制技术就是针对仓储中心的设备、物品、人员与车辆的动态信息，即时进行掌握和监控，从而达到提升仓储作业与管理的质量、节省人力、降低成本的目的。

在整个仓储管理系统中，进货和出货是很关键的部分，因为它构成了仓储数量上的变化，同时也涉及信息及相应单据的输入与输出。对这两个流程的合理控制与安排，是后续工作能否顺利进行的关键。同时，先进、合理的控制技术，不仅可以避免在拣货、补货作业中的盲目性和低效率，使人员、设备的工作尽量简化；而且使得物品存放整齐有序，大大增加仓库空间的有效利用。另外，信息的适时、准确、全面取得不仅使得仓库监控和盘点工作更趋合理，而且为进一步地统筹和决策提供有力的数据支持。

2. WMS 构成

仓库管理系统由许多功能软件子系统组合构成，该系统的构成如表 10－4 所示。

表 10－4　　WMS 构成

系统	子系统	功能	细目
WMS	入库管理子系统	1. 入库单处理 2. 条形码管理 3. 货物托盘化和标准化 4. 货位分配及入库指令的发出 5. 货位调整 6. 入库确认 7. 入库单据管理	
	出库管理子系统	1. 出库单管理 2. 拣货单生成及出库指令发出 3. 容错处理 4. 出库确认 5. 出库单据打印	
	数据管理子系统	1. 库存管理	（1）货位管理 （2）货物编码查询 （3）入库时间查询 （4）盘点查询
		2. 数据管理	（1）货物编码查询 （2）安全库存量管理 （3）供应商数据管理 （4）使用部门管理 （5）未被确认操作的查询与处理 （6）数据库与实际记录不符的查询和处理
	系统管理子系统	1. 系统管理设置 2. 数据库备份 3. 系统通信管理 4. 系统使用管理	

3. WMS 的功能

不同类型的仓库如公共仓库、生产在线仓库和配送中心仓库等有不同结构的信息管理系统，但不同的仓库管理信息系统，都有如下基本功能。

（1）货物的识别和跟踪

在仓库信息管理系统中，跟踪功能是基本的重要功能，信息的跟踪可决定货物的流向。货物进入入库状态后，可以采用某种方法识别，并将正确的信息传给计算机；货物开始移动后，由计算机跟踪货物移动，从这一刻起到货物出库为止，所有货物的数量与位置必须与信息一一对应。

（2）出入库作业的信息管理

入库时，通过输入采购单号查询货物名称、内容及数量，检查是否符合采购内容并确定入库站台，然后由仓库管理人员指定卸货地点及摆放方式并将货物置于托盘上，由仓库管理人员检验后输入修正数据，并转入入库数据库，同时调整库存数据库。

（3）库存信息管理

库存信息管理包括库存数量控制和库存量规划，以减少因库存积压过多而造成的利润损失。它包括货物的分级分类、经济订购批量和订货时点确定，库存跟踪和库存盘点作业，使仓库具备按货物名称、货位、仓库、批号等数据分类查询功能和定期盘点或循环盘点时间的设定功能。

（4）绩效管理

仓库的赢利状况除各项经营策略的正确制订与实际计划的执行外，还需有良好的信息反馈作为政策、管理及实施方法修正的依据。绩效管理包括作业人员管理、客户关系管理、订单处理、仓库利用率评估、货物保管率评估和机械设备使用率评估等。

4. WMS 操作流程

以条形码技术和数据库技术为基础，仓库管理信息系统可实现仓库管理中货物的进货、出货、库存控制、点仓等管理功能，并能够通过互联网进行客户订单和查询管理，其基本操作流程见图 10－14。

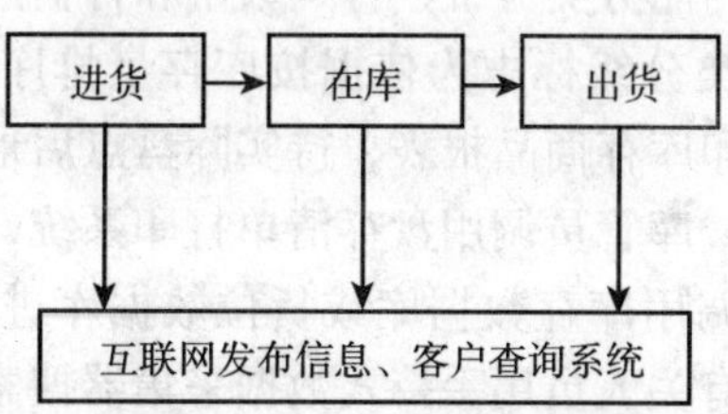

图 10－14 WMS 操作流程

（1）入库作业管理

入库作业系统包括预定进货数据处理系统和实际进货作业。预定进货数据处理为进货调度、人力资源组织及设备资源分配的依据。其基本数据有：预定进货日期、进货商品种类、数量、供应商预先通告的进货日期、商品品种及入库数量。

实际入库交货时，采购单号、厂商名称、商品名称、数量等都要被输入。输入采购单号可以用于查询进货商品的名称、数量和内容是否与采购单内容相符，并确定进货的月台，卸货点及方式应由仓库管理员决定。仓库管理员检验后将入库数据输入库存数据库。

货物入库后，对于需立即出库的商品，入库系统需具备待出库数据查询并连接派车及出货配送系统，当入库数据输入后应当立刻访问订单数据库，取出该商品待出库数据信息将其出货配送数据库，同时调整库存数据库。对于需要先上架入库再出库的商品，进货系统必须具备货位指定功能。当进货数据输入时即启动货位指定系统，根据货位数据库、产品明细数据库来计算商品所需的货位大小，根据商品特性和货位状况来确定最佳货位。

（2）出库作业管理

出库作业管理以客户为对象，涉及的作业包括从客户处取得订单、进行订单处理、仓库管理、从出库准备到将货物运送至客户手中为止的一系列作业。

①订单处理系统：主要包括客户询价、报价和接收订单、确认及输入。自动报价系统需输入的数据有：客户名称、查询商品的名称、规格等，然后系统根据这些数据调用产品明细数据库、客户交易此商品的历史数据库、此客户报价的历史数据、客户数据、厂商采购报价等，从而取得此商品的报价历史资料、数量折扣、客户以往交易及客户折扣、商品供应价等数据，再由系统按其所需净利润与运输成本、保管成本等来制订估价公式并计算销售价格，然后将打印报价单传递给客户，客户签署后即成为正式订单。

②销售分析及销售预测：主要包括销售分析、销售预测和商品管理。

销售分析的目的是为了使管理人员对销售现状能有全面的了解。通过输入销售日期、月份、年度、商品名称、商品类别、操作员名称、客户名称等，可以查询各种销售统计比较分析报表、商品成本利润分析表。根据不同的统计分析方法（时间序列分析、指数平滑法、多元回归分析等），销售预测分析系统可生成商品销售预测表、成本需求预测表、库存需求预测表、设备需求预测表等。

（3）库存控制

库存控制主要完成库存商品分类分级、订购数量和订货点的确定、库存跟踪管理及库存盘点等作业。商品可以分类分级标志为依据按库存量排序和分类，生成各种的排序报表。盘点作业系统是定期打印库存商品报表，待实际盘点后形成并打印盈亏报表、库存损失分析报表等。实际盘点前，库管员调用盘存清单打印系统，输入某类商品的名称、仓库货区、货位名称，系统自动调用库存数据库或货位数据库进行检索并将盘点清单打印出来。库管员根据此清单会同有关人员用手持式数据采集器搜索检查商品库存数据，然后将采集到的数据输入到中央数据库调整库存数据库的内容，最后盈亏报表、库存损失报表等结果由盘点打印系统打印出来。

10.5 ITS 技术

10.5.1 ITS 概述

1. 定义

日本、美国和西欧等发达国家为了解决共同所面临的交通问题，竞相投入大量资金和人力，开始大规模地进行道路交通运输智能化的研究试验。起初进行道路功能和车辆智能化的研究。随着研究的不断深入，系统功能扩展到道路交通运输的全过程及其有关服务部门，发展成为带动整个道路交通运输现代化的“智能运输系统”（ntelligent Transportation

System）。

所谓智能运输系统，就是通过采用先进的电子技术、信息技术、通信技术、传感技术、自动控制及系统工程等高新技术，对传统的交通运输系统及管理体制进行改造，从而形成一种信息化、智能化、社会化的新型现代交通系统。ITS 强调的是运输设备的系统性、信息交流的交互性以及服务的广泛性。

ITS 系统的功能包括以下几个主要方面：信息提供、安全服务、计收使用费和减少交通堵塞等。系统向道路管理者和用户提供的主要是道路交通情况的实时信息及相关的其他信息，如天气等；而安全服务的内容则有危险警告、人车事故预防、行车辅助等，它们通过不同的方式来帮助减少交通事故；费用收取主要是以电子方式自动地向用户收取道路使用费或车辆停放费等。当然，系统还可以根据人们的需要提供更多的服务。

由于 ITS 是将出行者、道路和交通运输工具三者作为一个整体系统来综合考虑，因此使交通运输基础设施得以发挥最大效能，车辆堵塞和交通拥挤得到有效解决，出行者的安全度和舒适度得到明显改善，并通过节约能源和保护环境使全社会获得巨大的社会经济效益。由于智能运输系统加速了交通运输进入信息时代的步伐，因而是 21 世纪现代化交通运输体系的重要发展方向；而其巨大的市场容量更决定了这是一项新兴的、大规模的国家产业，而且是 21 世纪全球最大的几项产业之一。

2. ITS 技术组成

ITS 是若干技术开发项目的集体表现。这些技术开发项目加强了道路、车辆和驾驶员三者之间的联系，因此提高了道路的安全性、工作效率、环境质量等。美国的交通工程师将这些开发的项目分为六类：①先进的交通管理系统（Advanced Traffic Management System，ATMS）；②先进的驾驶员信息系统（Advanced Driver Information System，ADIS）；③先进的车辆控制系统（Advanced Vehicle System，AVCS）；④营运车辆调度管理系统（Commercial Vehicle Operation/Management，CVOM）；⑤先进的公共交通系统（Advanced Public Transportation System，APTS）；⑥先进的乡村交通系统（ARTS）。

下面就四个重点技术做具体阐述。

①先进的交通管理系统（ATMS）。先进的交通管理系统依靠公路自身的智能，使路网中交通流的运行呈现最佳状态，并保证交通安全。日本建设省开发的“下一代公路系统”（Next Generation Highway System）和美国的自动高速公路系统均属于此类。自动高速公路是在路面上插入磁块或采用雷达等其他感应系统，形成一个无形的“导沟”，使汽车由电子设备控制其方向、速度及与前面车辆之间的距离，使汽车成组行驶。在路网中能根据交通流的变化，调节控制交通流量，最大限度地发挥路网的通行能力。

要立即找到交通运行中的问题，必须开发先进的探测技术，用于监视交通的传统技术是感应回路。目前，人们在使用感应回路进行测量的基础上开发并实验了先进的计算机算法，以提高预测交通拥挤事件的可能性。此外，人们还使用模式识别技术和相关技术以改进交通监视能力，当汽车经过感应回路时，探测器就把电压变化转化成能描述每辆汽车底盘特点的电压信号，逐次比较汽车经过位于公路沿途固定点的感应回路时的数字化模式

（或"识别标志"），在模式互相一致的地方，即可根据测得的汽车经过已知公路段（即探测器间的距离）的次数推断出道路的交通流量状况。

另一种监视交通流量的方法是使用装在汽车上的"标记"或脉冲转发器，脉冲转发器只能识别装有这种转发器的车辆。当贴有"标记"的车辆经过路边的阅读装置时，车辆的标记就被阅读并记录下来。这些信息经计算机主机迅速处理后，可用于评估道路交通运行状况。这些称为车辆自动识别系统的简单技术已被世界许多城市用于征收通行税。

②先进的驾驶员信息系统（ADIS）。先进的驾驶员信息系统是驾驶员（或旅客）通过前述 ATMS 中提供的有关交通、气候及道路状况等信息，依靠车载定位导航系统（GPS）、路侧通信及各种诱导可变标志等，使车辆始终行驶在最畅通和最短距离的路线上。目前，日、美、欧已开发了许多种自动导航或诱导系统，并竞相降低价格。

设计 ADIS 的目的，是向驾驶员提供道路通行中的问题信息，以及绕开这些问题路况可供选择的其他路线的实时信息。这些信息可以通过声频或视频方法在车内、道路沿途，甚至在私人住宅和商业区传递。告诉驾驶员"下游"运行中可能存在的危险，可以极大地提高道路交通的安全性。此外，给驾驶员提供足够的导航信息，便于车辆绕过发生交通问题的地区改道而行，这样可以大大减少交通拥挤和延误。

把导航系统装在车上是向驾驶员传送信息的较为先进的方法之一。这种系统利于数据存储技术（通常指光盘），以及向车内驾驶员显示数字化路线图和导航信息。这种视频信息可以扩大，配上声音合成导航指令，一般是通过安装在驾驶室仪表板上的电视监视器来显示，或者通过把"方向箭头"或简单的文本式报文投影到汽车挡风玻璃较低部位上的平视显示器来显示。这种装在汽车上的导航系统可使用安装在汽车上的方向和距离测量仪器，或者使用同卫星或道路脉冲转发器联系的地理定位系统进行全天监视，对车辆精确位置。

当通过 ADIS 确定的公里运行问题传送到操作中心的工作人员手里时，这种信息就可以格式化并重新转发到车内的微处理器上，在车辆和操作中心之间传送。双向实时信息的技术包括无线电信号配合使用的路旁广播系统。正在进行的研究还涉及用于确定最佳替代路线的计算机算法，与此相联系的是针对涉及人的问题的研究领域，如驾驶员怎样对选择路线的告示做出反应，以及怎样把这些告示最有效地传给驾驶员等。

③先进的车辆控制系统（AVCS）。先进的车辆控制系统或称智能汽车控制系统（IVCS）。它是汽车靠电子装置实现智能化，以其自身的智能和上述 ATMS 的智能相结合，在道路上安全、高速地行驶，而不发生碰撞等事故。它既可以借电耦组合在车队内行驶，又可以随时退出车队变换车道，并有防止各方向碰撞和预警等系统。日本在 1991 年组织实施的"超智能汽车系统"（Super Smart Highway System）就是其中之一。

AVCS 通过帮助驾驶员和使驾驶员任务自动化，提高道路的容量和安全性。其实施初期使用的技术是帮助驾驶员操作汽车的各系统，包括车辆过于接近某个物体时能自动启动的报警系统，遇到紧急情况时自动启动的刹车系统，以及在夜晚或恶劣天气中能提高驾驶员能见度的车上系统等。

先进的车辆管制系统还包括紧急情况的管理系统。这个系统旨在提高对突发交通事件的报告和响应能力，改善应急响应的资源配置，它包括以下两项。

一是紧急通告和人员安全。自动报告驾驶员和乘客的安全情况，还可为用户提供突发事件的初步信息，如机械故障或汽车抛锚。一旦发生交通事故，通告功能可报告事故的地点、性质和车辆碰撞的受损程度。

二是应急车辆管理。应急车辆管理系统将为公共安全机构提供车队管理、线路导航、信号优先信息。车队管理将提高确定事故车辆方位的能力。路线导航将以信号优先技术确定最佳的行车路线，以引导应急车辆尽快到达事故现场。

④商业车辆运营管理系统。商业车辆运营管理系统是ITS四个重点技术之一，包括营运车辆调度管理系统（CVOM）和先进的公共交通系统（APTS）。营运车辆调度管理系统是专为运输企业提高赢利而开发的智能运营管理技术，目的在于提高商业车辆、公共汽车和出租汽车的运营效率。企业的车辆调度中心通过卫星、路边中心站等装置，以及车辆自动定位、识别和称重设备，对运营车辆进行调度管理。公共交通系统的有效利用及运营管理系统采用各种智能技术促进运输业，特别是公共运输业的发展，如通过个人计算机、闭路电视等向公众就出行时间和方式、路线以及车次选择等提供咨询；在公共汽车站通过显示器向乘客提供车辆的实时运行信息等。

车辆—道路智能系统技术正被迅速用于提高车辆商业运营的效率和安全。车辆调度员和各商业车辆之间的数据通信网络正迅速成为许多运输车队的标准设备。这些网络经常使用卫星移动通信促进简单编码信息的双向传递，并连续监视在面积很大的区域内行驶的车辆的位置。这些通信网络连同车上的导航装置有助于选择合适路线。这可以在货物运输途中修改和更新路线的决定，调度员可以调整运货路线，以满足有时间要求的客户的需要。

车辆—道路智能系统技术也推广到了车辆商业运营的其他方面。车辆自动识别技术加上道路上给商业车辆称重并对它们进行分类的技术，目前也得以应用，它们可以使车辆因通过磅站或进口港造成的延误大大减少。作为在许多地区实行的示范项目的一部分，驾驶有识别标记的货车，可以通过传统的“瓶颈”路段而毫不延误。他们之所以能做到这一点，是因为所需的操作数据是自动处理的。

此外，负责长途汽车货运业务行政管理的机构也能从应用车辆—道路智能系统中得到好处。由于有计算机化记录系统，取得估计关税和估计商业运输安全问题所需数据的可能性增加了。车辆—道路智能系统技术用于车辆商业运营，可望在提高运输安全和效率的同时，大大降低费用。

10.5.2 应用ITS技术的意义

信息及通信技术极大地改变了现代社会的生产及消费方式。ITS技术也被期望能够对于高效、环保的物流系统的实现发挥作用。为此，货主、物流企业经营者、行政管理者必须分别从各自的立场出发，收集、处理、传播、分享物流相关信息。

货主的目标在于，按照销售情况进行生产和供给。在消费者需求不断进行激烈变化的时期，必须根据市场的销售结果确定能够销售的商品情况，而且需要尽可能地缩短保管、出库、运输的物流周期，使得各阶段的库存最小化是十分重要的。为了提高获利，必须要收集供应链各阶段的信息并加以有效地处理。

物流企业经营者所关心的问题是：以低成本、高效率地提供货主所要求的高质量的物流服务。过去，卡车企业以“实际运行率”（实际运行车日/总车日）、“实车率”（实车公里/运行车公里）、“实载率”（实载吨公里/能力吨公里）作为评价指标。为了提高这些评价指标，通过与货主的协作，重新配置生产、库存、配送的基地，对于运输需求进行调控。进一步的，不但通过自动配车系统规划系统获得了对于本企业的车辆、驾驶员的高效使用，而且通过与其他企业的协作，依托车辆定位技术的支持，获得寻车、寻货信息，推进共同配送。

行政方面也在追求信息化。首先，对于各种行政手续的电子化、标准化是紧迫的任务。目前，对于进出港口、进口出口、通关、检疫、保税运输、特殊车辆或危险品车辆的通行许可等，均需要对于多个机构提交一般文件、FAX 文件、电子邮件等。必须通过对于各系统在关于贸易及物流的 EDI 国际标准基础上的标准化改造，并相互连接再造一种数据共享体制。同时，行政方面也希望改造物流基础设施、提高管理效率，应用 ITS 技术可以将期望变为现实使这些业务的效率提高（见表 10－5）。

表 10－5　　ITS 在物流系统中的应用

	目的	评价指标	先进支持系统	信息内容	信息通信技术（＊：ITS 技术）
货主	适应制造、销售综合管理的物流系统	制造销售的补货时间，库存周转率，环境负荷	供应链管理，库存管理 ISO 14001	交易信息：订货信息，结算信息，未来商品需求 运输信息：货主信息，货物信息（危险品），车辆信息（特殊车辆），驾驶员信息，运费信息 运行信息：车辆位置信息，运行信息（速度、加减速、倒车、温度） 交通信息：道路拥挤信息，交通管制信息，气象信息，其他部门信息 行政管理信息：出入港信息，进出口信息，集装箱信息，通关信息，基础设施管理信息，环境信息，（优良）企业信息	自动识别：AVI＊，AEI＊，2 维条形码，IC 电子标签 自动检测：自动交通量检测＊，自动车辆称重＊，GPS＊，数字速度记录装置＊ 数据库服务：VICS＊，ATIS＊，数字地图 应用软件：需求预测方法，业务管理方法，配车计划方法＊，最有路径搜索方法＊，物流 EDI，防范技术 通信：数字播送，卫星通信，数字 MCA＊，移动电话（数据分组通信），DSRC＊，车内 LAN＊，互联网
物流企业	高效率地提供高质量的服务	实际运行率，实车率，实载率	自动配车计划、求车求货、共同配送		
行政管理	环境改善，提高安全性，促进贸易，提高通关等效率，基础设施管理	环境指标，事故率，各种手续费用，时间，基础设施管理状态	联合运输，先进物流中心，自动收费，事前通关，电子许可认证		

注：MCA：多信道接入（Multi Channel Access）；DSRC：专用短程通信（Dedicated Short Range Communication）；LAN：局域网（Local Area Network）。

10.5.3 ITS 的发展现状与未来

1. 发达国家的发展情况

北美、欧洲诸国及日本等西方国家在ITS的发展方面处于明显的领先地位，现从以下几个方面来分析。

(1) 政府的积极态度与有力支持

对于ITS的开发利用，有关部门均积极参与，并给予相当的财力支持。在美国，由联邦/州运输部作为主管部门，联邦公路局、立法机构及地方政府均有介入。政府的作用是对发展目标进行战略规划，如美国国会1991年通过了《陆上综合运输效率法》(ISTEA)，1997年又完善为《综合运输法》(ISTEA Ⅱ)，对如何采用先进技术以提高运输网络的效能做了相应规定；1996年初，联邦运输部对ITS的发展又提出了新的要求，“建立全国性的智能运输基础设施（ITI）以节省交通时间，减少伤亡事故，提高全国人民的生活质量”，具体规定出交通信息管理、紧急事故响应、旅行信息等九个子系统作为该计划的基本构成，明确了到2001年的发展目标。此外，政府也是资金的主要来源。美国政府每年对ITS都有专门的预算，如1997年、1998年分别为2.4亿美元和2.5亿美元，而日本仅在1995年政府就投入6.7亿美元，这为新兴的ITS的发展提供了重要的资金保证。

(2) 专职机构的领导与协调

作为一个行业，ITS要有专门的组织来负责有关业务的领导与协调，一般多为半官方的，或者是有政府背景的机构，如美国的“全美智能运输协会”，加拿大的“加拿大智能运输协会”，欧洲的欧盟、欧洲道路运输信息通信合作组织ERTICO和“欧洲ITS组织”，这些机构与政府关系密切，它们既有行业的组织协调职能，又作为政府的咨询部门帮助制定发展战略，制定和颁布行业标准，构筑行业发展的架构；在其内部也有所分工，设立不同的专业委员会或工作组分管相应的专业领域。

(3) 社会各界的广泛参与

由于ITS有较好的发展前景，在市场机制的推动下，除了专业性的研究机构和咨询公司外，大量的工业组织也纷纷介入，所涉及的行业较为广泛，从传统的汽车制造、机电加工到新兴的计算机、通信、信息、遥感等高科技领域。国际上一些著名的企业，如西门子、摩托罗拉、东芝等公司也加入有关产品的开发和研制，甚至软件巨头美国微软公司也开始关注并介入这个市场。有理由相信，ITS的发展前景是光明的。

(4) 产品的多样化

由于社会的广泛参与和市场的积极推动，ITS的服务功能越来越丰富和完善，产品也形式多样，使人们对交通运输的需求不断地得到满足，使运输网络的功效得到不断地提高。以下是几个比较有代表性的例子。

①万通卡（SMARTCARD)。其外形似银行的信用卡，作用似电话磁卡/IC卡。主要用于过路费、停车费、公共交通工具使用费等的计收。

②电子收费系统（ETC)。主要工作原理是，载有特定装置的车辆进入收费区后，收

费区的信号探测器发出扫描信号，检测并获取该车的有关信息，然后根据不同的方式进行计费，或是使用万通卡，或是中心账户计账。这大大的改善了通行情况，缓解了交通堵塞的局面。

③实时交通信息系统。系统所能提供的信息包括路况、交通拥挤情况、交通事故情况、交通管制、停车泊位等。目前比较著名的如日本的“车辆信息与通信系统”（VICS）、欧洲的“交通信息频道”（RDS－TMC）。

• 智能汽车。主要是在汽车上加入更多的电子控制系统，大大提高驾驶的安全性和效率。日本最近推出 ITS 的概念车 HSR—VI，该车既可以手动驾驶，也可以完全自动驾驶。在自动驾驶状态下，车载电脑搜集来自激光雷达、立体图像传感器、多用途通信系统以及交通管理方面发出的各种信息，以操纵汽车的行驶。

• 自动化公路系统（AHS）。美国伯克利加州大学“高级公路和交通研究计划”已经建成了未来可供无人驾驶的汽车行驶的公路原型，并在 1997 年 8 月进行了实用成果的演示。这种思路是通过提高现有道路的利用率，而不是修建更多道路的办法来满足交通对道路的需求。具体工作是开辟专用车道，利用专门敷设在路面下的磁体来引导汽车的行驶，并确定汽车在公路上的位置；用高效雷达来控制车速，并保持与其他车及障碍物的间距。汽车在其上自动行驶，全无人为干预。目前，汽车制造商们也在考虑给所生产的汽车装上计算机导航系统，以适应情况更加复杂的道路。

2. 中国的发展概况

中国的 ITS 基础工作早在 20 世纪 70 年代末已经开始，当时交通部公路科学研究所与北京市公安局合作，首次在中国进行了计算机控制交通信号的工程试验。20 世纪 80 年代国家科技攻关项目，首次在高等级公路上将计算机技术、通信技术和电子技术用于监视和管理交通系统。通过多年来的不断努力，在中国高等级公路建设的带动下，中国在智能运输系统的开发和应用方面也取得了相当大的进步，为今后智能运输系统的深入开发和应用打下了良好的基础。我国在 ITS 方面的开发和应用尚处于起步阶段，但已进行了一些有成效的基础性工作。

从行业管理的角度来看，为了协调全国的 ITS 应用，1999 年 11 月国家批准在交通部公路科学研究所组建国家智能运输系统工程技术研究中心（简称国家 ITS 中心）。该中心的任务是推进交通和运输领域 ITS 的工程应用及产业化，协助国家制定 ITS 领域的标准和规范，研究和开发 ITS 领域的新技术、新产品，并使之产业化。在国家科技部和交通部的支持下，国家 ITS 中心开始了“中国国家 ITS 体系框架的研究”和“国家 ITS 标准体系研究”。

在系统的实际开发和应用方面，我国也有了不少成果，在局部地区形成了 ITS 的雏形，或实现了 ITS 系统的部分功能。其中，最主要的是电子收费系统，全国已有不少省份或城市开始采用或试行这种先进的管理方式（如广东省的佛山市），提高了道路的通过能力，降低了空气污染。同样，在一些高等级公路上也出现了类似的收费系统；结合交通工程在新建的高速公路旁一般都埋设了光纤等信号传输线路，有些还安装了车辆探测装置和可变式信息显示装置，便于其后的交通控制、管理和服务。此外，在引进国外先进技术和产品的同时，我国也开始与外国的厂商建立合资企业，生产 ITS 产品。

在业务的对外交流方面，我国偏重与欧洲的发展。1995 年起就与欧盟的 RETICO 正式开始接触，进行各种合作，RETICO 也积极帮助中国在 ITS 领域开展工作，介绍欧洲的经验与技术。

3. 我国 ITS 未来发展的措施

很显然，对于人均占有耕地面积大大低于世界平均水平、经济尚处于发展阶段的中国来讲，修建更多道路的潜力有限，且道路网络的扩展会很快被以更高速度增长的交通量所淹没。因此，提高现有道路的使用效率是今后应重点关注的一个问题，而智能运输系统则是一个发展方向，可以从以下几个方面着手。

（1）观念、意识上的重视

首先，要使有关方面在思想观念上对发展 ITS 的重要性有所了解和认识，能够站在战略的高度来看待这个问题。我国新一届政府已经提出希望用增加包括交通在内的基础设施的建设等来拉动我国的经济发展。所以，可以说交通又一次面临着大发展的机遇。然而这一次的发展不能像以往那样，只是从量上进行简单的扩张，扩大交通运输网络的规模，而更重要的是要增加其质的发展。具体就是要提高科技含量，强化服务功能，更加适应社会发展的需求，也就是说交通的“可持续发展”应当建立在比扩大数量和规模意义更加广泛与深入的基础上。

根据国内外发展的情况，可以预计交通运输业今后仍将是一个重要的行业，在国民经济中占有相当的比重。因此无论从市场占有的角度，还是从保护民族工业的角度看，我们都必须及早采取行动，争取主动。

（2）建立、健全组织机构

ITS 是跨行业的多种技术的综合性产物，必须要有一个高层次的机构进行相关业务活动的领导与协调。可以参照国外经验，组建国家级的、半官方的组织来通盘考虑全面的工作，合理地调配各种可用资源。交通部作为 ITS 存在的基体——交通基础设施的主管部门，有条件也有义务在业务上进行更多的指导与关注。要结合我国的国情，使 ITS 事业稳步和有序地向前发展。

（3）超前开展工作

虽然我国 ITS 的整体水平还比较落后，市场远未得到开发，但当我们在比较有把握地预测到交通运输管理、服务体系的发展前景时，就要进行战略上的考虑，借鉴国外 ITS 发展过程中成功的经验，有针对性地开展基础工作。这包括在法律上明确和完善我国发展 ITS 的近期目标和长远规划；制定 ITS 体系的构架、发展的原则和对策；在技术上着手对 ITS 的标准、规范进行研究和规定；从运作上考虑资金的筹措、市场的开发以及“游戏规划”的制定（这主要指如何对引入国外先进技术和产品加以一定的限制，以保护民族工业的发展）。

一个重要的问题是标准，即 ITS 业界应广泛遵守的标准和规范。假若大家各行其是，系统间互不兼容、沟通，用户则会遇到不必要的麻烦，并造成投资的重复和管理的复杂。再如，交通实时信息的提供也应有统一的技术手段与规范。标准问题涵盖面很广，有许多的工作要做。

当然，从我国目前情况看，全面系统地开展 ITS 的开发应用似乎为时尚早，但基础性的、学术性的研究工作应该超前进行。另外，在条件比较成熟的情况下，可以进行一些试点工作，以取得经验。

(4) 立足自我，重视对外交流

吸取和借鉴他人的经验教训，是取得成功的一条捷径。虽然 ITS 的发展历史不长，但其对交通运输业来讲是一种质的飞跃，具有非常现实的应用价值和广阔的市场前景。我们应一方面积极地进行国际性的技术交流与合作，了解和掌握发达国家在这方面取得的成功经验和做法，同时也应考虑我国的经济发展水平和产业结构、资金来源、道路状况、交通特点等实际情况，进行全面认真的分析研究，制定出符合我国国情的发展战略，加快我国 ITS 业的发展。

【课后思考】

1. 条形码的概念和组成是什么？
2. 射频技术的概念及构成是什么？
3. 简述 RFID 系统的应用。
4. EDI 的概念及构成是什么？
5. 简述物流管理中应用 EDI 的效益。
6. 简述 GIS 和 GPS 在物流环节中的作用。
7. 简述 TMS 功能模块。
8. 简述 WMS 的功能。

【案例引导】

联华超市配送中心条形码解决方案

联华超市股份有限公司是当前国内连锁零售业的领军企业，总部设在上海，连锁门店已经扩张到全国各个区域。联华超市现有便利、标准门店、大卖场三种业态的门店 1000 多家，多种资产结构（自营、加盟、合资合作）并存。建有 2 个常温配送中心和 1 个生鲜配送中心。

一、企业对信息化的需求

联华超市结合国际的先进经验，充分考虑集团的实际情况，因地制宜，为便利店“量体裁衣”，设计了一套完整的解决方案，即利用现有的建筑物改建成物流中心，采用仓库管理系统（Warehouse Management System，WMS）实现整个配送中心的全计算机控制和管理，而在具体操作中实现半自动化，以货架形式来保管，以上海先达条码技术有限公司提供的无线数据终端进行实时物流操作，以自动化流水线来输送，以数字拣选系统（Datak System）来拣选。另外，在设备的选择方面也采取进口货与国产货合理搭配。这个方案既导入了先进的物流理念，提升了物流管理水平，又兼顾了联华便利店配送商品价值低、物流中心投资额有限的实际情况。在整个方案设计里，不求一步到位，不求设备的先进性，而是力求使合理的投入得到较高的回报。

二、配送中心应用信息化项目的作业流程

1. 进货入库

进货后，立即由WMS进行登记处理生成入库指示单，同时发出是否能入库的指示。如果仓库容量已满，无法入库时，系统将发出向附近仓库入库的指示。接到系统发出的入库指示后，工作人员将货物堆放在空托盘上，并用手持终端对该托盘的号码及进货品种、数量、保质期等数据进行进货登记输入。

在入库登记处理后，工作人员用手动叉车将货物搬运至入库品运载装置处。按下入库开始按钮，入库运载装置开始上升，将货物送上入库输送带。在货物传输过程中系统将对货物进行称重和检测，如不符合要求（例如超重、超长、超宽等），系统将指示其退出；符合要求的货物，方可输送至运载升降机。

根据输送带侧面安装的条形码阅读器，对托盘条形码确认，计算机将对托盘货物的保管和输送目的地发出指示，托盘升降机自动传输到所需楼层。当升降机到达指定楼层后，由各层的入库输送带自动搬运货物到入库区。

货物在下平台前，根据入库输送带侧面设置的条形码阅读器，将托盘号码输入计算机，并根据该托盘情况，对照货位情况，发出入库指示，然后由叉车从输送带上取下托盘。叉车作业者根据手持终端指示的货位号将托盘入库，经确认后，在库货位数将进行更新。

2. 商品拣选

当根据订单进行配货时，仓库管理系统（WMS）会发出出库指示，各层平台上设置的激光打印机根据指示打印出货单。在出库单上，货物根据拣选路径依次打印。这时，系统中的商店号码显示器显示出需要配送的商店号码，数据显示器显示出需要拣选的数量，同时工作人员在空笼车上的塑料袋里插好出库单，在黑板上写上楼层号和商店号，并将空笼车送到仓库。做好以上准备后，方可进行商品拣选工作。

工作人员在确认笼车在黑板上记载的商店号码与商店号码显示器显示的一致后，开始进行拣选工作。根据货位上数码显示器显示拣选的数量，依次进行拣选。数码显示器配备的指示灯可以显示三种不同颜色，分别对应箱、包、件三种不同的拣选单位，以满足各种拣选需求。当拣选作业结束后，按“完了”按钮。

各平台仓库分成17个拣选区域，区域内拣选结束后，区域拣选“完了”指示灯会自动闪亮，工作人员再按下区域拣选“完了”按钮，便可继续进行下一个区域的拣选工作。

当各个区域内所有拣选处理结束后，系统将自动显示出下一个商店的拣选数据。

3. 笼车出库

当全部区域拣选结束后，装有商品的笼车由笼车升降机送至一层。工作人员将不同商店分散在多台笼车上的商品归总分类，附上交货单，依照送货平台上显示器显示的商店号码将笼车送到等待中对应的运输车辆上。计算机配车系统将根据门店远近，合理安排配车路线。

4. 托盘回收

出货完成后，工作人员将空托盘堆放在各层的空托盘平台返回输送带上，然后由垂直升降机将空托盘传送至第一层，并由第一层进货区域的空托盘自动收集机收集起来，随后送到进货区域的平台上堆放整齐。

三、信息化项目的实施为企业带来了很大的生产效率和经济效益

联华超市充分运用信息化技术在上海建成了第一个大型智能化物流配送中心，第一个现代化生鲜加工配送中心，一上就是两个，总面积达56713米，条形码、扫描仪、铲车、计算机房、门店的计算机……组成了现代化信息物流系统，在具体的实际运作中收到了良好的经济效益和社会效益。例如，百货类配送，从门店发出要货指令到配货作业来完毕，以前要4小时以上，现在只要40分钟。生鲜类配送更加讲究效率，门店从网上发出要货指令后，配送中心会根据每个门店的要货时间和地点远近，自动安排生产次序，自动加工，自动包装。以一盒肉糜为例，从原料投入到包装完毕，整个过程不超过20分钟。

原来为集团便利门店配送的配送中心，场地狭小，科技含量低，人力资源浪费。每天的拆零商品在一万箱左右，单店商品拆零配置时间约需4分钟，人工分拣的拆零差错率达0.6%，而且每天只能配送200多家门店。

集团便利配送中心建成后，以其高效率、低差错率和人性化设计受到各界的好评。物流中心所有操作均由计算机中心的WPS管理，将库存信息与公司ERP系统连接，使采购、发货有据可依。新物流中心库存商品可达10万箱，每天拆零商品可达3万箱，商品周转期从原来的14天缩短到3.5天，库存积压资金大大降低；采用DPS方式取代人工拣选，使差错率减少到万分之一，配送时间从4分钟/店压缩到1.5分钟/店，每天可配送400多家门店，配送准确率、门店满意度等有了大幅提升，同时降低了物流成本在整个销售额中所占的比例，从而为集团的便利店业态的良好稳定发展奠定了坚实的基础。

11 特种货物的运输与储存

学习目标

- 掌握鲜活易腐品的保藏方法；
- 了解危险品的特性；
- 掌握危险品的运输与储存方法；
- 掌握仓储成本的构成及计算；
- 掌握油品仓库的管理；
- 了解超限货物运输的组织。

11.1 鲜活易腐品的运输与储存

鲜活易腐品是指在运输过程中，需要采取特殊措施（冷藏、保温、加温、通风、上水等），以防止鲜活货物腐烂变质或病残死亡，或托运人认为须按鲜活货物运输条件办理的货物，如肉、鱼、虾、蛋、瓜果、蔬菜、禽、畜、兽、蜜蜂、活鱼、鱼苗、花木秧苗等。运输鲜活易腐品需要用一些特殊的工具，并采用相应的运输方法。

11.1.1 鲜活易腐品运输的特点

1. 品类多，运距长，组织工作复杂

我国出产鲜活易腐品有几千种，性质各不相同，运距长，加之南北方气温相差大，不仅同一地区在不同季节需要不同的运输条件，就是在同一季节，当车辆行驶不同地区时，也要变换运输条件。在一次运送过程中，可能兼有冷藏、保温和加温三种运送方法。因此，鲜活易腐品的组织工作与普通货物相比要复杂得多。

2. 季节性强，运量波动大

鲜活易腐品大部分是季节性生产的农副产品，水果集中在第三、第四季度，南菜北运集中在第一、第四季度，水产品集中在春秋汛期。在收获季节，运量猛增；在淡季，运量大大降低。

3. 运送时间要求紧迫

大部分鲜活易腐品极易变质，要求以最短的时间、最快的速度及时运到，否则会影响到货物原来的质量。

4. 易受外界气温、湿度和卫生条件的影响

鲜活易腐品一般比较娇嫩，热了容易腐烂，冷了容易冻坏，干了容易干缩，碰破了以及卫生条件不好，容易被微生物侵蚀，使易腐货物腐烂变质，使活的动物病残死亡。

5. 某些鲜活易腐品须配备专门的运载设施

运输途中需要特殊照料的一些货物，如牲畜、家禽、蜜蜂、花木秧苗等的运输，需配备专用车辆和设备，沿途专门照料。

11.1.2 鲜活易腐品的运输组织

良好的运输组织工作，对保证鲜活易腐品的质量十分重要。鲜活易腐品运输的特殊性在于要求及时运达。因此，应充分发挥公路运输和航空运输快速、直达的特点，协调好仓储、配载、运送各环节。对鲜活易腐品的物流运输组织与管理的要点有下述几个。

①托运人托运鲜活易腐品，应当提供最长允许运输时限和运输注意事项，订妥舱位，按约定时间办理托运手续。

②政府规定需要进行检疫的鲜活易腐品，应当出具有关部门的检疫证明。包装要适合鲜活易腐品的特性，不致污染、损坏其他货物。客运班机不得装载有不良气味的鲜活易腐品。

③配载运送时，应对货物的质量、包装和温度要求进行认真的检查，包装要符合要求，温度要符合规定。应根据货物的种类、运送季节、运送距离和运送地方确定相应的运输服务方法，及时地组织适合的车辆予以装运。

④鲜活易腐品装车前，必须认真检查车辆及设备的完好状态，应注意清洗和消毒。装车时应根据不同货物的特点，确定其装载方法。如为保持冷冻货物的冷藏温度，要紧密堆垛；水果、蔬菜等需要通风散热的货物，必须在货件之间保留一定的空隙；怕压的货物必须在车内加隔板，分层装载。

⑤需要特殊照料的鲜活易腐品，应由托运人自备所需设施，必要时由托运人派人押运。

⑥鲜活易腐品在运输、仓储过程中，承运人因采取防护措施所发生的费用，由托运人或收货人支付。

【案例引导】

保障进京鲜活农产品及奥运物资运输

7月4日，交通运输部发出紧急通知，要求北京周边省（区、市）交通运输部门密切关注进京鲜活农产品及奥运物资运输需求，配合有关部门及时组织运力，确保物资运输；同时，组建应急保障车队，一旦发生运力紧张，立即组织开展抢运工作。

交通运输部要求有关部门切实贯彻落实鲜活农产品“绿色通道”政策，对在国家确定的“绿色通道”上行驶的整车合法运输鲜活农产品的车辆一律免收车辆通行费；沿线收费站及治超检测站等，对运输鲜活农产品的“绿色通道”车辆，持北京市运输管理部门和公安交通管理部门签发证明或持北京市公安交通管理部门通行证件、为北京运送生活食品和奥运物资的车辆，全力保障其快速通行。

11.1.3　鲜活易腐品保藏和运输的方法

1. 冷藏保藏和运输

鲜活易腐品运输中，除了少数部分确因途中照料或车辆不适造成死亡外，其中大多数都是因为发生腐烂所致。发生腐烂的原因，对于动物性食品来说，主要是微生物的作用；对于植物性食物来说，主要是呼吸作用所致。

冷藏方法是迄今最普遍、最有效的保藏食品的方法，其优点是：能很好地保持食物原有的品质，包括色、味、香、营养物质和维生素；保藏的时间长，能进行大量地保藏及运输。

冷藏货大致分为冷冻货和低温货两种。冷冻货是指货物在冻结状态下进行运输的货物，运输温度的范围一般在－20℃～－10℃。低温货是指货物在还未冻结或货物表面有一层薄薄的冻结层的状态下进行运输的货物，运输温度的范围一般在－1℃～16℃。

在运输过程中，冷冻货为了防止货物变质需要保持一定的温度，低温货为了维持货物的呼吸以保持其鲜度而需保持一定的温度，该温度称为运输温度。表11－1和表11－2所示的是一些具有代表性的冷货和低温货的运输温度。

表11－1　　**冷冻货的运输温度**　　（单位:℃）

货名	运输温度	货名	运输温度
鱼	－17.8～－15.0	虾	－17.8～－15.0
肉	－15.0～－13.3	黄油	－12.2～－11.1
蛋	－15.0～－13.3	浓缩果汁	－20

表11－2　　**低温货的运输温度**　　（单位:℃）

货名	运输温度	货名	运输温度
肉	－5～－1	梨	0.0～5.0
腊肠	－5～－1	葡萄	6.0～8.0
黄油	－0.6～0.6	菠萝	11.0以下
带壳鸡蛋	－1.7～15.0	橘子	2.0～10.0
苹果	－1.1～16.0	土豆	3.3～15.0

用冷藏方法来保藏鲜活易腐货物，还要注意温度、湿度、通风、卫生四个条件的关系，同时，因为微生物活动和呼吸作用都随着温度的升高而加强，必须保持连续冷藏。

2. 冷库的仓储管理

冷库是可以创造特定温度和相对湿度的条件，能够延长有机体的保鲜时间，在加工和储存食品、工业原料、生物制品以及医药等领域有着特定用途的一种特殊仓库。冷库的结构复杂、造价高、技术性强，对此类冷库的使用、维修和管理，必须认真执行有关规章制度。

冷库分为冷冻库和冷藏库，两者不能混用。库房在改变用途时，必须按照新的用途进行制冷能力、保冷材料、设施及设备改进，完全满足新的用途。

(1) 对冷库的管理要求

表11－3介绍了冷库的管理要求。

表11－3　冷库的管理要求

要求对象	具体管理要求
对冷库的要求	应具备可供商品随时进出的条件，并要经常打扫、清洁、消毒、晾干。冷库的外室、走廊、汽车月台及附属车间等场所，都要符合卫生要求，还应具有通风设备，以随时去除异味
对冷库设备的要求	冷藏库中的设备等一切用具都要符合卫生要求。所有手拉车都要保持干净，并将运输肉和鱼的手拉车区分开来，要定期对运输工具消毒
对入库食品的要求	必须新鲜、清洁、经过检查合格，如鱼类要冲洗干净，按种类和大小装盘；肉类及副产品要求修割干净、无毛、无血、无污染。食品在冷却过程中，库房温度保持在0℃～1℃。当肉内部温度达到0℃～4℃时冷却即为完成。食品冻结时，库温应保持设计要求的最低温度，当肉内部温度不高于冷藏间温度3℃时，冻结即告完成。食品到达前，应做好一切准备工作；到达后，双方必须根据发货单及卫生检查证，在冷库月台上进行交接验收，并立即组织入库。已经腐败变质、变色的肉类食品及经过雨淋或水浸过的食品不得入库
对仓库温度的要求	根据食品的自然属性和所需的温度、湿度选择库房，并力求保持库房的温湿度的稳定。对冻结物环境温度要保持在－18℃左右。库温只允许在短时间内有小的波动，在正常情况下温度波动不得超过1℃。在大批冷藏食品进库、出库过程中，昼夜温差不得超过4℃。冷却物冷藏间温度升温幅度不得超过±0.5℃，在进出库时温度升高不得超过3℃

(2) 冷库的合理使用和管理

冷库的使用应按设计要求，充分发挥其冻结、冷藏的能力，确保安全生产，保证产品质量，维护好冷库建筑结构。库房应设立专门机构和人员来管理，责任落实到人。

冷库的合理使用和管理要求如下。

①冷库内要保持清洁干净，地面、墙、顶侧、门框上无积水，结霜、挂冰随有随扫，

特别是在作业后，应及时清洁。制冷设备、管壁上的结霜、结冰也应及时清除，以提高制冷功能。

②按货物所需要的通风要求，进行通风换气。其目的是保持库内合适的氧气和湿度，冷库一般采用机械通风的方式进行通风换气，并要选择合适的时机。

③为减少冷耗，货物出入库作业应选择在气温较低的时间进行，如早晨、傍晚、夜间。出入库作业时，应集中仓库内的作业力量，尽可能缩短作业时间。要使装运车辆离库门最近，缩短货物露天搬运距离，避免隔车搬运。在货物出入库中出现库温升高较多时，应停止作业，封仓降温。出入库搬运应采用推车、叉车、运输带等机械搬运，采取托盘等成组作业，提高作业速度。作业中不得将货物散放在地坪上，避免货物、货盘冲击地坪、内墙、冷管等，吊机悬挂重量不得超过设计负荷。

④库内堆码严格按照仓库规章进行，选择合适货位，将长期储存的货物存放在库里端，存期短的货物存放在库门附近，易升温的货物接近冷风口或排管附近放置。货垛要求堆码整齐、稳固、间距合适。货垛不能堵塞或影响冷风的流动，避免出现冷风短路。堆码完毕在垛头上悬挂货垛牌。

⑤冷库必须注意合理使用仓容，提高仓库利用率。要不断总结改进堆垛方法，安全、合理地安排货位和堆存高度，在楼板允许的负荷下，提高每立方米的堆垛数量。并且要求堆垛牢固整齐，便于盘点、检查，进出仓方便。货垛与墙壁和排管应保持以下的距离。

- 距低温库顶棚：0.2 米
- 距高温库顶棚：0.3 米
- 距顶排管下侧：0.3 米
- 距顶排管横侧：0.2 米
- 距无排管的墙：0.2 米
- 距有排管的墙：0.4 米
- 距风道喷风口中心（下侧）：0.3 米
- 距冷风机周围：1.5 米

（3）冷库人员安全

①防止冻伤。进入仓库的人员，必须加以保温防护，穿戴手套、工作鞋。身体裸露部位不得接触冷库内的物品，包括货物、排管、货架、工作用具等。

②防止人员缺氧窒息。由于冷库特别是冷藏库内的植物和微生物的呼吸作用使二氧化碳浓度增加、氧气不足，易造成人员窒息。因此，人员在进入库房前，尤其是长期封闭的库房，要先进行通风，避免氧气不足。

③避免人员被封闭库内。库门应设专人开关，限制无关人员入库，应在门外悬挂告示牌。作业班需明确核查人数的责任承担人，在确定人员出库后，才能摘除告示牌。

④妥善使用设备。库内作业应使用抗冷设备，且进行必要的保温防护。不使用会发生低温损害的设备和用具。

3. 冷藏品仓储的质量管理

质量是企业的生命，没有产品的质量，企业的生产和经营不仅没有意义，而且还需要承担违约、赔偿等责任，只有提高和改进冷加工工艺、保证合理的冷藏温度、采用有效的管理方法，才能确保冷库商品的质量。

（1）温度控制

在正常生产情况下，冻结物冷藏库的温度应控制在设计温度±1.0℃的范围内，冷却物冷藏库的温度应控制在设计温度±0.5℃的范围内。货物在储库过程中，冻结物冷藏库的温升不超过4℃，冷却物冷藏库的温升不超过3℃。进入冻结物冷藏库的货物的温度不应高于冷藏库3℃。例如冷藏库温度为-17℃，则货物温度应在-14℃以下。

（2）分组管理

为保证冷库商品的质量，要采用分组管理的方法来管理库内商品。按照商品的品种、等级和用途等分批分垛储存，并按垛位编号填制卡片悬挂于货位明显地方。要有商品保管账目，正确记载库存货物的品种、数量、等级、质量、包装以及进出的动态变化，还要定期核对账目，出库一批清理一批，做到账货相符。要正确掌握商品储存安全期限，执行先进先出的制度。定期或不定期进行商品质量检查，如发现商品有霉烂、变质等现象时，应及时处理。

（3）特殊处理

有些商品（如家禽、鱼类、副食品等）在冷藏时，要求表面包冰衣。可在垛位表面喷水，但要防止水滴在地坪、墙和冷却设备上。冻肉在码垛后，可用水布或席子覆盖，在走廊或靠近冷藏门处的商品尤其应覆盖好，要求喷水结成3毫米厚的冰衣。在热流大的时候冰衣易融化，要注意保持一定的厚度。

11.2 危险品的运输与储存

11.2.1 危险品概述

1. 危险品概念及分类

危险品又称为危险化学品、危险货物。是指在流通中，由于本身具有的燃烧、爆炸、腐蚀、毒害及放射线等性能，或因摩擦、震动、撞击或温湿度等外界因素的影响，能够发生燃烧、爆炸或使人畜中毒、表皮灼伤，以致危及生命，造成财产损失等危险性的商品。在运输、装卸和储存过程中，由于危险品容易造成人身伤亡和财产毁损，是属于需要特别防护的一类货物。

危险品的特征就是危害性，但各种危险品的危害性具有不同的表现，根据危险品的首要危险特性可分为10大类，分别是：①爆炸品；②压缩气体和液化气体；③易燃液体；④易燃固体；⑤自燃物品；⑥遇湿易燃物品；⑦氧化剂和有机过氧化剂；⑧有毒品；⑨腐蚀品；⑩放射性物品。具体包括列入国家标准《危险货物品名表》（GB 12268—1990）和国务院经济贸易综合管理部门公布的剧毒化学品名录和其他危险化学品。危险品还包括未经彻底清洗盛装过危险品的空容器和包装物。

2. 危险品管理制度与法规

国家对危险品实施严格的管理，采取相应管理部门审批、发证、监督、检查的系列管理制度。包括经济贸易管理部门的经营审批，公安部门的通行证发证，质检部门的包装检验发证，环境保护部门的监督管理，铁路、民航、交通部门的运输管理，卫生行政部门的卫生监督，工商管理的经营管理等。对于政府部门依法实施的监督检查，危险化学单位不得拒绝、阻挠。

危险品管理采取依法管理的原则，严格根据法规的规定和国家标准实施管理。涉及危险品仓储和运输的管理法规有：《危险化学品安全管理条例》、《危险货物品名表》、《危险货物分类和品名编号》、各种运输方式的《危险货物运输规则》，以及环境保护法、消防法的相关规范和其他安全生产的法律和行政法规，涉及国家运输的危险货物还需要执行《国际海运危险货物规则》。

3. 危险品的分级、包装和标志

根据危险货物的危险程度，各类危险品划分为一级和二级危险品。危险性大的为一级危险品，危险性小的为二级危险品。危险品的分级在品名编号中由后3位数字的顺序号表示，顺序号小于500的为一级危险品，顺序号大于500的为二级危险品。

危险品的包装是危险品安全的保障，保护危险品不受损害和外界影响，保持危险品的使用价值，防止危险品对外界造成损害，避免发生重大危害事故。形状规则的包装方便作业和便于堆放储存；固定标准的包装确保危险品的单元数量限定。

危险品的包装要经过规定的性能试验和具有检验标志，具有足够的强度，没有损害和变形，封口严密等。包装使用与危险品不相忌的材料，按包装容器所注明的使用类别盛装危险品。

危险品的外包装上需要有明确、完整的标志，包括危险品的包装标志、储运图示标志、收发货标志，具体有包装容器的等级、编号、危险品的品名、收发货人、重量尺度、运输地点、操作指示、危险品的危险性质、等级的图示等。

4. 不同类别危险品的特性

（1）爆炸品

此类物品化学性质活泼，对机械力、电、热等很敏感。在外界作用下（如受热、撞击摩擦、震动或其他因素激发等），能发生剧烈的化学反应，瞬间产生大量的气体和热量，使周围压力急剧上升发生爆炸，对周围环境造成破坏。其特征有以下三个。

①爆炸性。这是一切爆炸品的主要特征。这类物质都具有化学不稳定性，在一定外因的作用下，能以很高的速度发生猛烈的氧化还原反应，同时产生大量的气体和热量，形成冲击波，对周围造成机械性破坏。

②吸湿性。很多爆炸品都具有较强的吸湿性，多数炸药随着水分含量的增加而降低爆

炸能力，甚至失去爆炸性。但这些物品的水分蒸发后，仍可恢复原来的爆炸性，吸湿和干燥的反复进行，会使药体硬化结块，降低质量。已结块的炸药，不得用铁制工具粉碎，以防发生爆炸。

③条件性。爆炸性是由其本身组成和性质决定的，但也要有必要的外界条件，如受热作用、机械作用、接触明火、日光的作用、金属的作用和强酸的作用等。

(2) 压缩气体和液化气体

本类物品系指压缩、液化或加压溶解的气体储存于耐压容器中。在具备一定的受热、撞击或剧烈震动的条件下，容器的内压力容易膨胀引起介质泄漏，甚至使容器破裂爆炸，从而导致燃烧、爆炸、中毒、窒息等事故。压缩气体和液化气体具有剧毒性、易燃性、助燃性、爆破性等特点。

(3) 易燃液体

凡在常温下以液体形状存在，遇火容易引起燃烧，其燃点在45℃以下的物质叫易燃液体，如豆油、花生油、乙醚、汽油、酒精等。其特性有：易燃性、挥发性、高度的流动扩散性、爆炸性、易与氧化性强酸及氧化剂作用。此外，多数易燃液体都有不同程度的毒性。

(4) 易燃固体

物质以固体形态存在，本身燃点较低，遇明火或受热、受撞击、摩擦、接触氧化剂或强酸后，发生剧烈的氧化反应，产生热量，达到该物质的燃点时，便迅速发生剧烈的燃烧，这类物质叫易燃固体物品。易燃固体的特性是燃烧性。

(5) 自燃物品

物质开始燃烧的最低温度称为该物质的燃烧点。燃烧点越低的物品越容易引起燃烧，危险性也越大。其特性有自燃性和条件性。

(6) 遇湿易燃物品

遇湿能分解产生可燃气体，并放出热量而引起燃烧或爆炸的物品叫遇湿易燃物品。其特性是遇湿后能发生剧烈的化学反应，放出可燃性气体，当达到其燃点时立即燃烧以致爆炸。

(7) 氧化剂和有机过氧化剂

这类物质具有强烈的氧化性，在不同条件下，遇酸、受热、受潮或接触有机物、还原剂即能分解放氧，发生氧化还原反应，引起燃烧。其特性有以下5方面。

①氧化性：就是具有较强的得电子能力。

②遇热分解：有遇热分解、燃烧、爆炸的危险。

③吸水性：大多数盐类都具有不同程度的吸水性。它们在潮湿环境里很容易从空气中吸收水分，甚至溶解、流失。

④化学敏感性：氧化剂与还原剂、有机物、易燃物等接触时，有的能立即发生不同程度的化学反应甚至爆炸、燃烧，或由外界因素的作用而引起的燃烧、爆炸等。

⑤遇酸分解：特别是碱性氧化剂，遇酸后能猛烈反应，引起燃烧或爆炸。氧化剂还有

其他的特性，如一定的毒性、腐蚀性，使人中毒与灼伤等。

(8) 有毒品

该类物品被误服、吸入或皮肤黏膜接触进入肌体后，积累到一定的量，能与体液或组织发生生物化学作用或生物物理学变化，扰乱或破坏肌体的正常生理功能，引起暂时性或持久性的病理状态，甚至危及生命。其特性为毒性、挥发性、燃烧性和溶解性等。

(9) 腐蚀品

该类物品能灼伤人体组织，并对金属等商品造成损坏。其散发的粉尘、烟雾、蒸气可强烈刺激眼睛和呼吸道，吸入会中毒，如无机酸性物品、有机酸性腐蚀物品、碱性腐蚀物品等。其特征有：腐蚀性、易燃性、氧化性、遇水分解性等。

(10) 放射性物品

该类物品能自发不断地放出人体感觉器官不能觉察到的射线（有α、β、γ、中子流四种类型)，具有不同的穿透能力，能杀伤细菌，破坏人体组织，人体长时间或大剂量照射，会引起伤残甚至死亡。该类物品中有些物品还具有易燃、毒害、腐蚀等性质。

11.2.2 危险品储存

1. 危险品仓库的类型

我国把危险品仓库按其隶属和使用性质分为甲、乙两类。甲类是那些商业仓储业、交通运输业、物资管理部门的危险品仓库，这类仓库往往储量大、品种复杂，且危险性较大。乙类是指那些企业自用的危险品仓库。

如按仓库规模，又可分为三级：库场面积大于9000平方米的为大型仓库，面积在550~9000平方米的为中型仓库，面积在550平方米以下的为小型仓库。

2. 危险品仓库的库区布局

危险品仓库由于其储存的货物具有危险性，故一般设在郊区的较空旷地带，且位于常年主导风的下风处，并避开交通干线。

危险品仓库库区布置应严格按照公安部颁布的《建筑设计防火规范》要求，设置防火安全距离。大、中型甲类仓库和大型乙类仓库与邻近居民点和公共设施的间距应大于150米；与企业、铁路线间距应大于100米；与公路间距应大于50米。在库区内，库房间防火间距根据货物特性取20~40米，小型仓库的防火间距在12~40米。易燃商品最好储存在地势较低的位置，桶装易燃液体应存放在库房内，对于危险品储罐的布置可参考有关油品储罐的要求。

3. 危险品的仓库管理

危险品仓库管理的一般要求同其他货物仓储管理相同。这里我们仅讨论危险品仓储管理中的一些特殊要求。

(1) 货物入库

仓库保管员应对货物按交通部颁发的《危险品运输规则》要求进行抽查，做好相应的记录，并在货物入库后的2天内应对其验收完毕。货物存放应按其性质分区、分类、分库存储。对于不符合危险品保管要求的应与货主联系拒收。

在入库验收方法上，主要是采用感官验收为主，仪器和理化验收为辅。在验收程序上，可按以下步骤进行。

①检验货物的在途运输情况，检查是否发生过混装。

②检查货物的外包装上是否沾有异物。

③对货物包装、封口和衬垫物进行验查，看包装标志与运单是否一致，容器封口是否严密，衬垫是否符合该危险品运输、保管的要求。

④货物本身质量的检查，看是否有变质、挥发、变色或成分不符等问题。

⑤提出对问题的处理意见，对属于当地的货物，以书面形式提出问题和改进措施，并退货。如为外地货物又无法退回的，且属一般问题不会造成危险的，可向货主提出整改意见，对于会影响库场安全的货物则应置于安全地点进行观察，待问题解决后方可入库。

(2) 货物保管

对于危险品货物应实行分类分堆存放，堆垛不宜过高，堆垛间应留有一定的间距，货堆与库壁间距要大于 0.7 米。对怕热、怕潮、怕冻物品应按气候变化及时采取密封、通风、降温和吸潮等措施。

应对危险品仓库实行定期检查制度，检查间距不宜超过 5 天；对检查中发现的问题应及时以“问题商品通知单”的形式上报仓库领导。仓库保管员需要保持仓库内的整洁，特别是对残余化学物品应随时清扫。对于残损、质次、储存久的货物应及时向有关单位联系催调。

(3) 货物出库

一次提货量超过 0.5 吨时，要发出场证，交运输员陪送出场。仓库保管员应按“先进先出”原则组织货物出库，并认真做好出库清点工作。

(4) 送货

车辆运送货时，应严格按危险品分类要求分别装运，对怕热怕冻的货物需按有关规定办理。

4. 危险品的储存方法

(1) 适当选择储存场所

储存危险品的仓库，应远离城市、工厂、居民区，并与交通要道、输电线路有一定安全距离。库房区与办公室及生活区应保持一定的安全距离，并应设在当地主导风向的下风处。危险性较大的爆炸品等库房应设在距生活区较远处；危险性相对较小的毒品库房可较靠近生活区。

储存危险品的库房，建筑材料、建筑形式和要求都应按有关部门的规定进行。如储存爆炸品的仓库必须是一级不燃材料，库容应较小，混凝土浇注，墙壁坚固。对一些受低温影响会发生结冻而胀裂包装的或发生质变的物品，冬季在北方地区必须存入暖库、保温库或地下库。各种危险品，一般都不宜在露天储存，只有少数包装条件较好、不怕日晒的酸碱类可以例外。

（2）严格执行分区分类储存

储存化学危险品时不仅要按其危险特性分区管理，还要按其理化性质适当安排储存条件。性能相互抵触的不可混存，要根据影响安全最主要的特性来确定分区分类。有许多具有相同危险特性的物品，因理化性质不同、消防方法不同，也必须分别储存。

（3）加强养护技术管理

①严格掌握入库验收。要根据其理化性质、危险特性、包装情况，分别制订验收比例。当地产品比例可小些，外地到货比例可加大；化学性稳定、包装条件完善的比例可小些。

验收内容包括包装情况、外部标志、有无变形、破损、锈蚀、雨淋、水湿、玷污等异状。质量检验可进行抽样检测，一般也可只作感官验收，即对物品外观、形态、色泽、气味、含杂质等进行比较，也可进行熔点、沸点、含水量检测。

②注意安全操作。铁桶、木桶堆高不超过二层，爆炸品和强腐蚀性液体，不允许用手搬运，不得背负肩扛；强腐蚀物品可用机械操作；麻袋装、塑编袋装、木箱装、木桶装无燃爆性的危险物品，可用各种机械操作，货垛可堆高 3 米；陶瓷坛装酸类物品可存放于露天货场，只准排放一层，有木框架可堆两层高。各类危险品的包装必须按标志直立放置；容器口朝上，不得倒置。

为方便堆码，走道要宽 1.5 米；使用机械的库房走道可留 2 米宽。货垛底垫高 15 ~ 30 厘米，货垛间隔与支道宽 0.9 ~ 1.0 米，外墙距 30 ~ 50 厘米，内墙距 20 厘米，柱距 20 ~ 30 厘米。

③在库检查。危险物品在储存期间应根据商品性质、包装条件、季节变化进行不同周期的定期检查。检查周期一般由半个月至 3 个月不等。遇特殊条件，如风、雨、雷、高温、寒流等，应进行临时检查。

④温、湿度管理。加强库房内温度、湿度的控制与调节，采取库房密封、通风、吸潮相结合的管理办法。对于电器设备，必须有防爆装置才准使用。

（4）消防安全

储存不同化学危险品的库房必须根据储存物品的特性，适当地配备消防器材。危险品库灭火材料，主要有水、泡沫灭火剂、干粉灭火剂、卤代烷类灭火剂、二氧化碳灭火剂和沙土。

5. 危险品的应急处理

危险品仓库内储存着大量的易燃、易爆或有毒的危险品，一旦发生事故，若不及时处理，就会给国家和人民造成巨大损失。因此，从事危险品储存的企业，应该使每一位员工熟练掌握如何处理危险品事故。

（1）应急措施

当发生危险品事故时，应该首先采取一些应急措施，以减少财产损失和人员伤害，具体内容如下：

①迅速撤离非必要人员，隔离危险品区并禁止人员进入；

②让人员离开低洼地，在上风口处停留；

③拨打救助电话，请求应急支援；

④如发生水污染，应及时通知有关单位采取措施。

（2）具体措施

现场人员要首先通过危险品标签、包装标志或依据货运票据、标签或包装箱上的名称确定危险品的名称，然后根据危险品事故的性质和处理要求采取相应处理措施（见表11－4）。

表11－4　　危险品事故处理措施

事故性质	处理措施
火灾	1. 小火——干化学剂、二氧化碳、喷射水或常规泡沫剂 2. 大火——喷射水、雾剂或常规泡沫剂 3. 如无危险，将容器移出火区 4. 面临火焰的容器，向各边洒冷水直至火焰完全熄灭 5. 对货区大面积火灾，使用无人操纵的水龙头支架或监控喷管；如不能采取此法，则应撤离火区
流溢或泄漏	1. 阻断引燃源，在危险区内禁止吸烟、出现火苗及火焰 2. 可燃物须远离溢出物 3. 切勿触及溢出物或在溢流区行走 4. 小量溢流——用沙或其他不燃的材料渗入溢流物中，将其放入容器内以便日后处理 5. 大量溢流——在液体溢流区远方构筑围堤防护，以备日后处理
人工急救	1. 将伤员移至空气新鲜处，请求派遣急救医护人员。伤员如已停止呼吸，应进行人工呼吸；如呼吸困难，应立即输氧 2. 如已触及危险品，立即用流动的水冲洗皮肤或眼睛至少15分钟 3. 脱下受污染的衣服、鞋，并加以隔离 4. 使伤员保持安静和体温正常

11.2.3　危险品运输

1. 危险品运输的特殊条件

（1）按一批办理运输的限制

危险品和非危险品，或配装互相抵触的危险品，都不能按一批组织托运，因其装卸作业、操作程序、车辆使用、装载要求、消防扑救方法、安全防护等要求各异。对允许配装的危险品和非危险品，在专用线内装卸时，可做一次托运。因为，这些危险品的装卸作业、消防方法及其他安全措施与非危险品的相同。

（2）品名

允许由铁路、水路、公路运输的危险品仅限于“危险物品名索引表”内列载的品名。品名索引表中未列载的危险品需提出鉴定审批。

（3）包装

危险品的包装必须符合《危险货物品名表》及《危险货物包装表》的规定。每种危险品应单独包装；属于同类且消防方法相同者，可混置于一件包装物内。包装应能防止雨雪、阳光、潮湿和杂物侵入，应杜绝因包装质劣而发生商品变质的现象，并避免运输中受碰撞和摩擦。防止危险品泄漏、挥发和污染设备及其他货物。

（4）标志

危险品包装上应有表明货物危险性的明显包装标志，标志必须符合 GB 190—1985 国家标准的规定。箱形包装的标志拴挂或制刷于包装两端或两侧的明显处；袋、捆类包装标志拴挂于包装明显的一面；桶形包装的标志应位于桶盖和桶身上；集装箱的危险品标志应粘贴于箱四面。

（5）到站

到站的营业范围必须是有办理危险品业务的。铁路营业站所标限营标记，有△危标志的，不办理危险品发到，标有△爆标记的不办理整车爆炸品及一级氧化剂发到。△标记内写明的为其不经办的业务；○标记内写明的才是其经办的业务。如营业站不办理危险货物的，可以到到站的专用线。

2. 危险品的托运

（1）运输计划的提报

要托运整车危险品，除按普通货物提报要车计划表的程序办理外，还应按照铁路营运限制规定，根据流向查清到站营运范围，以专业站点为基地，并应查明到站办理危险物品类项，结合待运物品类项，组织申报计划。

（2）货物运单的填写

危险品运单除按普通货物要求填写外，还应在货物名称栏内正确填写《危险货物品名索引表》内列载的品名编号。正确的填写方法是填记品名索引表所列名称及其编号，并在运单右上角用红色戳记标明类项。

托运《危险货物品名索引表》中没有列载的危险品时，应在托运前向发站提出经省（市）主管部门审查同意的“危险货物技术说明书”一式五份。发货站会同有关单位共同商定，认为符合要求时，承运人才受理承运。

托运进口原包装的危险品，需在货物运单上注明“进口原包装”字样。

（3）危险品的配装

在同一车船内装运两类以上不同性质的危险品，必须严格按照《危险货物配装表》规定办理。其基本要求如下：

①性质直接有抵触的危险品与普通物品，相互不得配装或必须隔离装载；

②相互作用能产生有害物质的，不得配装；

③一方发生危险后，能扩大危险的，不得配装；

④消防灭火方法不同的危险品，不得配装。

（4）车辆和车种的选择

①运输毒品类物品，应以毒品专用车为主；

②装运危险品一律使用棚车，不能“以敞代棚”，而且应门窗良好，不漏雨；

③装运一级易燃液体，不准使用全铁底板的棚车装运。

（5）危险品的托运

①办理危险品运输，必须在承运部门指定的车站、码头、泊位和规定时间进行；

②危险品的证明文件，托运时要连同运单一并提交给承运部门审核；

③运输受季节或气温条件限制的危险品，必须在核定的气温下组织运输；

④汽车、船舶装运易爆、易燃物品，应挂有规定的危险货物运输标志，严格遵守交通法令，按指定路线，限制速度，严禁超车和超速行驶；

⑤专运危险物的车辆，应固定司机和装卸班组，并在车底部装置接触地面的静电链；

⑥应按承运部门规定的品种，选派熟悉商品性能的人员随车押运；

⑦运送危险品，应优先安排，按时集中到港、站，减少在途或港、站内停留时间；

⑧装过易燃气体的空气瓶、空容器等，应按原装危险品的条件处理。

（6）可以按普通货物运输条件办理的危险品

①运单内注明含水率在50%以上的氧化剂；

②“危险货物品名索引表”内品名前注有＊符号者，货物包装每件净重不超过10千克，箱内每小件净重不超过0.5千克，托运人在货物运单上注明了“小包装化学物品”字样；

③成套货物的部分配件或货物的部分材料属于危险品，经托运人确认在运输中不致发生危险，应在货物运单上注明“不属危险货物”字样；

④以爆炸品保险箱装运的爆炸品，可按普通货物配装，按零担办理。

3. 危险品的接收

（1）查验货物运单及有关运输单证

验证工作的基本点，应认真执行车票同行，坚持先验单后作业。在作业现场持票员与货运员共同检查车体、封印，启封后共同组织作业。在作业同时要认真检查核对运单类项，如品名、件数、包装、托运人记载事项栏申明的事项，并注意检查所附的各种单证，如发货票、保险单、货物性质说明书等。

（2）检查车辆及商务检查

接收危险品，必须根据规定对车辆和施封进行检查。启封打开车门后，还要检查货物装载状况，检查有无湿损、污染和损坏。

（3）组织装卸劳力

接到卸车预报后，应立即通知作业班组做好准备。运输员应向装卸工人讲清货物性质，注意事项和消防方法。要保质、保量，不准无故压点。

（4）危险品的交接

危险品的交接主要是承运人向收货人交付货物。这是收货人对承运人运到的货物进行检查后，接收货物并交给仓库或指定单位的过程。交接完毕，表明承运人履行了运输合同的义务，其责任终了。

4. 专用线危险品的运输

专用线危险品的运输必须遵守国家对危险物品装卸运输有关标准和操作规程，严格贯彻“安全第一”的要求，按照危险品运输的程序做好以下工作：

（1）加强运输人员的培训

运输人员应掌握危险品的基本性质、包装方法、操作注意事项、消防方法、扑救方法等。

（2）加强对承办业务的管理

①认真检查核对实物品名、性质，做到单货一致；

②做到包装破漏不上站、不装车，运单填写要准确、完整；

③严格分区分类管理。坚持按类划分，以品名定台，不能混配、混装、混用。凡属货物性质抵触、消防方法不同的，不准进行混装作业。

（3）危险品分区分类堆垛

专用线站台的货物堆垛，应按以下标准堆放：

①垛高保持在 2 米以下；

②以行列堆放为主，间距合理，便于交接；

③货物应好坏区分，不准混码。

（4）车辆检查

铁路调配车辆应保持技术状态良好。车内不得残留酸、碱、煤渣、炭末等有机易燃品；装运腐蚀性物品，车内不得有稻草、油脂、木屑等物品。在组织装车前应认真核对单据，严格检查货位四周、边缘走道。凡属单货不符，无法确定核实的货物一律不准装车。

（5）危险品装车的特殊要求

①装车中必须轻拿轻放，严禁撞击、翻滚、拖拉；

②将货物紧密平稳地放在车内，防止蹿动翻坠；

③使用的工具，必须是不发生火花的工具，注意防腐蚀；

④装车完毕应及时关闭门窗并施封。对需要隔离、停止制动、禁止溜放或限速连挂的车辆，要在货物运单、车牌记事栏内分别注明，在车辆两侧插挂表示牌。

（6）危险品的卸车和交付

①接到到货预报或车站确报，按货物性质和站台分区分类管理的规定，指定摆车地点。接车时应检查车体，按运单所列认真核对无误后，准备卸车。

②卸前，向工人交代货物性质、操作规程以及卸车规定货位。毒品和腐蚀品要先开门

窗进行通风。卸后及时清点件数，办理有关商务事宜。

③危险品必须及时下站，不在站台停留。下站时，要与仓库或提货人员交接清楚。被污染的设备要及时清扫、洗刷和消毒。清除的残渣要及时妥善处理。

【案例引导】

DGM CHINA 成功因素分析

DGM（Dangerous Goods Management Ltd.）是总部设在荷兰阿姆斯特丹的专业危险品服务公司，它持有国际航空运输协会（IATA）及荷兰民航局颁发的特别执照，有资格提供有关危险品运输的任何特殊服务，包括咨询、危险品鉴定、代理运输、仓储、包装、准备文件、服务、办理豁免等，同时，它被授权 IATA 危险品操作培训。DGM 接受货主的委托，同时为鉴定结果承担法律责任，它在瑞士 ZURICH SCHADE 保险公司投的危险品意外事故险，在发生事故时，保险公司将承担赔偿责任，其年保费额为1750 万欧元。DGM 在全球范围内已自成体系，它采用最先进的技术与管理办法，为全球的危险品运输安全提供了可靠的保障，其成员现已分布在荷兰、丹麦、英国、挪威、比利时、意大利、西班牙、澳大利亚、新加坡、俄罗斯、美国、南非、中国等20 多个国家，30 多个城市。

DGM CHINA（Dangerous Goods Management（China）Ltd.）成立于 1996 年，总部设在北京，在天津设有办事处，在上海设立分公司，拥有国际危险品组织（DGM）在中国大陆地区的独家经营授权。DGM CHINA 成立 10 年来，业务量及利润均持续稳定增长。其服务的出运业务主要涉及的危险品有化学品、医药品、汽车、电池、磁性物质、化妆品等。1999 年已成为国际航空运输协会认证的培训学校，现已为中国各大航空公司、地面服务公司、民航管理部门培训危险品运输专业人员数百人。

DGM CHINA 的成功可以总结成以下三个方面：

1. 掌握充分的技术资料

DGM CHINA 的识别分类报告以当年版的 IATA DGR 为基本技术标准，并拥有英国、美国、德国、荷兰、比利时等国及国内的最新版有关各种化学品的中英文资料可供参考。同时，作为 DGM 全球网络的一员，可以利用 DGM 国际网络，及时获得最新技术信息并可查找到国内无法得到的技术资料。

2. 拥有标准的实验室

DGM CHINA 实验室为符合 IATA 规定的标准实验室，可做易燃液体、固体，自燃物品及遇水易燃物，氧化剂强弱的、腐蚀性强弱的某些纯净化学品的真伪辨别、判断以及磁场强度的测定。根据某些政府部门的检验，可以判断爆炸品、放射物品的分类，以及高压容器的制造标准。

3. 拥有专业的技术人员

DGM CHINA 拥有一批高素质、极富责任感的专业技术人员，他们不仅具有丰富的专业知识，同时熟悉航空运输及危险品空运的国际法规，操作严格按国际规范执行，竭诚为客户提供最优服务。

11.3 油品的储存管理

油品仓库是专用于接受、存储液体性的原油或成品油的仓库，由于油品的特殊性，并且具有一定毒性，因此属危险品，需要采用特殊的仓储方式。

11.3.1 油品的特性

1. 易燃烧

油品属有机物质，主要组成物质为碳氢化合物，遇火、受热以及与氧化剂接触时都有发生燃烧的危险，其危险性的大小与油品的闪点、自燃点有关，油品的闪点和自燃点越低，发生着火燃烧时的危险性越大。

2. 易爆炸

石油具有容易燃烧的特性，石油蒸气与空气混合，当达到一定混合比范围时，遇火即发生爆炸，因而具有很大的火灾危险性。

3. 易产生静电

石油是导电率极低的绝缘非极性物质。当它沿管道流动与管壁摩擦和在运输过程中与车、船的罐、舱壁冲击以及油流的喷射、冲击都会产生静电。静电电位高于4伏时，发生的静电火花达到了汽油蒸气点燃能量，就会使汽油着火爆炸。

4. 易蒸发、易扩散、易流淌

油品在一定温度和密度下容易蒸发。油品的蒸发特性，取决于液体的分子结构与温度。1千克汽油大约能蒸发0.4立方米的汽油蒸气，煤油、柴油的蒸发速度与温度、密度、蒸发面积、油品表面空气流动速度、油面承受的压力等因素有关。

油品蒸发的油气密度，除甲烷外都比空气大，蒸发出的气体可随风飘散扩展，无风时沿地面可扩散出50米以外，往往在储存场所的空间、地面弥漫飘荡，在低洼处积聚不散，这样就大大增加了火灾危险性。

油品液体密度均小于1，它可沿水面和地面流淌，能在坑洼地带积聚。油品流动扩散的强弱取决于油品本身的黏度，黏度低的油品流动性强，如有渗漏会很快向四周扩散。重质油品虽然黏度较高，但随温度的升高亦能增加其流动性。

5. 易受热膨胀

油品受热后，温度升高，体积膨胀，若容器灌装过满，管道输油后不及时排空，又无泄压装置，便会导致容器和管件的破坏；另外由于温度降低，体积收缩，容器内出现负压，也会使容器如油罐、油桶等，被大气压瘪变形以致损坏报废。

6. 易沸溢喷溅

重质或含水分的油品着火燃烧时，可能发生沸溢喷溅。燃烧的油品大量外溢，甚至从罐内猛烈喷出，形成巨大的火柱，可高达70~80米，火柱顺风向喷射距离可达120米左右，不仅会扩大火场的燃烧面积，而且严重威胁扑救人员的人身安全。

11.3.2 油品仓库的种类

1. 根据管理和业务关系的不同分类

（1）公共油库

公共油库是为社会或军事服务的，独立于油品生产和使用部门的企业或单位。它包括民用油库和军用油库两类，其中民用油库可以分为储备油库、中转油库和分配油库，军用油库可分为储备油库、供应油库和野战油库。在民用公共油库中，分配油库是直接面向用户的供油企业或部门，这类油库的特点是油品周转频繁，经营品种较多而每次发货量一般较小，往往有较多的桶装油供应用户。中转油库承担油品运输过程中的转储，它一般设在交通枢纽地区。储备油库是为储存后备油品而设立的，以保证油品市场的稳定。这类油库的特点是容量大，油品储存时间长，库存周转慢，品种比较单一，且往往建在隐蔽性、安全性较好的地方。设在机场、车站和港口的燃料供应公司是专为运输企业提供燃料的独立企业，其油库系公共服务性质。

（2）企业附属油库

企业附属油库是企业为满足自身生产需要而设置的储存设施。它可分为油田原油库、炼油厂油库、交通企业自备油库以及一些大型企业的附属油库等。

2. 根据建筑形式的不同分类

（1）地下油库

地下油库指其油罐内最高液面低于附近地面最低标高0.2米的油库。这种油库始于军事上的需要，以其较好的隐蔽性而可以防止敌方的攻击。在民用中，这种油库以其安全性好、占用地面少而越来越受到欢迎。地下油库的一种特殊形式是水下（水中）油库，比较典型的是在船舶基地或港口处利用废旧的大型油轮充当油库，这是一种投资省、不占用陆域的方法，也有沉油罐于水底，并在水面上设置作业平台的水下油库方式。

（2）地面油库

地面油库指其油罐底面等于或高于附近地面最低标高，且油罐的埋入深度小于其高度一半的油库。目前多数油库属此类，是分配和供应油库的主要形式，但其目标太大，不宜作储备性油库。

（3）半地下油库

半地下油库指其油罐底部埋入地下且深度不小于罐高一半，罐内液面不高于附近地面最低标高2米的油库。

（4）人工洞油库

油罐等主要设备设置在人工开挖的山洞内。

（5）水封石洞油库

利用稳定的地下水位，将油品直接封存于地下水位的岩体里开挖的人工洞中。

（6）水下油库

为了适应海上采油，将油库建设在水下。

（7）桶装油库

储存桶装油品的库房、敞棚或露天堆场。

3. 根据油库的总容量分类

根据总容量，油库一般可分为五个等级：Ⅰ级油库的库容量大于10万立方米；Ⅱ级油库的库容量为5万～10万立方米；Ⅲ级油库的库容量为3万～5万立方米；Ⅳ级油库的库容量为1万～3万立方米；Ⅴ级油库的库容量小于1万立方米。

11.3.3　油品仓库的布置和设施

为了保证油库安全，便于油库管理，各种设施应根据防火和工艺要求进行分区布置。即按照其作业要求分为：铁路收发区、水路收发区、储油区、油罐车作业区、桶装油发放区、辅助作业区、油库管理区以及污水处理区等几个部分。生活区要求设在库区以外，以利于油库的安全管理。

1. 铁路收发区

主要进行铁路油罐车的油品装卸作业。区内设施有铁路专用线、油品装卸栈桥、装卸油罐管、相应的油管线以及装卸油泵房等。铁路收发栈桥应布置在油库的边缘地带，不可与库内道路交叉，并与其他建筑物保持一定的距离。

2. 水路收发区

是向油船进行油品装卸作业的区域，其主要设施有码头、油船、装卸油臂和泵房等。

3. 储油区

为油品安全储存的区域，主要设施为油罐，此外还有用于防火、防静电和安全监视装备，以及降低油品损耗的设备。区内油罐的排列是：与装卸泵房较近处安排重质油罐，较远则布置轻质油罐。各油罐之间必须留有足够的安全距离。我国对罐区布置的规定如下：

①每组油罐总容量小于4万立方米。

②每组总容量为4万立方米的地面油罐组之间距离应大于两组间相邻油罐直径的1.5倍，但相邻安全疏散通道之间距离不应大于50米。

③一组总容量为1万立方米以上的地面油罐只允许排成1～2行，多于2行时应用消防通道或防火堤分开。

④小型油罐的储量不超过表11－5的规定时，可成组布置，但组内油罐不超过2行。

⑤在每组油罐内，必须用防火堤或防火墙再把油罐分隔成小于2万立方米的小组。

⑥从油罐壁至防火墙脚间距应大于邻近较大油罐直径的一半。

⑦每组油罐的防火堤外均应设置3.5米的消防车道，因此，油罐在消防堤内只能布2排。

表 11－5　　小型油罐成组布置限量

油光闪点（℃）	单罐最大容积（立方米）	一组最大储量（立方米）
≤45	50	300
>45	250	1500
≥120	500	3000

4. 油罐车作业区和桶装油发放区

是向用户直接供油的场所。这里，一般设有油罐车灌油间、灌桶间、桶装站台、桶装油库、油品调配间等，该区设在油库出入口附近、交通便利之处。

5. 辅助作业区

区内安置为油库生产配套的辅助设施，如锅炉房、配电间、机修间、化验室等。

油品仓库设施分为油品装卸设施、油品输送设施、油品储存设施、油库发放设施、油库自动化设施以及污水处理设施等。其中主要设施有以下几个。

1. 油品装卸设施

根据油质的轻黏程度不同，应采用不同的工艺设施。对于轻质油罐车，采用上装上卸的方法；对于黏质油多采用下装下卸的方式，可采用吸力较强的往复泵或齿轮泵，并设有加热设备。

2. 油品输送设施

油品输送设施是将油库内各种设施有机的组成一个工艺流程系统的装置，主要由管道和泵房构成。其中，管道分为单管系统、双管系统以及独立管道系统三种。

对于油罐数量较多、油品种类较广的油库，一般采用双管系统，并辅以单管系统或独立管道系统。在不影响油库正常作业的情况下，尽可能利用同一油泵输送几种性质接近的油品。

泵房由工艺系统、真空系统以及放空系统组成。工艺系统应能完成收油、发油、倒管、放空等作业。真空系统的作用是填充卸油罐管、抽吸油槽车底以及夏季装卸油品时克服气阻断流。该系统由真空罐、真空泵、气水分离器和管路系统组成。当用同一油管输送黏滞油品而未随管热件时，一般需设置放空系统，以防混油和冻结。放空系统由放空罐和油管系统组成。

3. 油品储存设施

油罐是最基本的储存设施，按其所使用的材料可分为金属油罐和非金属油罐。金属油罐使用较广，根据其形状可分为立式圆柱形、卧式圆柱形和特殊形状三种。非金属油罐有砖砌油罐、石砌油罐、钢筋混凝土油罐、耐油橡胶油罐以及塑料油罐等。

从技术角度看，立式圆柱油罐由罐体和附件组成。罐体可以分为罐底、罐壁和罐顶三部分。罐顶按其结构可分为无力矩式、梁柱式、套顶式、拱顶式和浮顶式多种。

4. 油库发放设施

油库发放设施，包括油品的加热和计量设施。由于许多油品具有高黏度、高凝固点的特性，在低温下黏度增加。为了降低这些油品输送时的黏度，提高其流动性，就需要加热。加热方法一般有以下几种。

（1）蒸汽直接加热

将饱和水蒸气直接通入被加热的油品。

（2）蒸汽间接加热

将水蒸气通入油罐中的管式加热器或罐车的加热套，使之升温并加热油品，蒸汽与油品不直接接触。

（3）热水垫层加热

依靠油品下面的热水垫层向油品传热。

（4）热油循环加热

从储油容器中不断抽出一部分油品，在容器外加热到低于闪点温度15℃～20℃，再用泵打回容器与冷油混合。

（5）加热

分电阻加热、感应加热和红外线加热三种。

为了正确测定和统计油品储量以及在收发油品时进行计量，需要设置油品计量设备。油品计量方法有体积重量法和体积法。对于小体积（如油桶）可以采用体积法直接用秤称重；对大型油罐，则用体积重量法，测出油品的体积、温度和容重，而后计算出重量。

11.3.4 油品仓库管理

油库属危险品仓库，故需要严格管理。在日常管理中应强调“以防为主”的方针，使任何作业均在安全情况下进行。油库管理主要涉及以下内容。

1. 生产管理

这包括从油品的入库、保管和出库整个过程的管理。除货物仓储管理中的一般要求外，还应注意油品管理的特殊要求。

在油品入库时，要对油品进行计量和化验，以证明其质量合格和数量相符。油品接卸时，要派专人巡视管线，谨防混、溢、跑、漏油情况的出现。桶装油品卸车时，严禁从车上摔下。若需沿滑板滚下时，应避免前后两桶的相撞。在油品从油桶向油罐倒装时，应注意防止桶罐间的撞击。

在油品保管期间，对油品接卸、转运时，应按其性质不同分组进行，实行按组专泵、专管。在输油完毕后，应及时用真空泵（或压缩空气）进行管道清扫。油品储存时，根据牌号和规格分开存放。对储油罐应尽可能保持较高的装满率，并且少倒罐，以防止氧化，减少蒸发。在夏季还需要采取降温措施。桶装油品在露天堆码时，如果采用卧放，应桶底相对，桶口置于上方，双行并列，一般堆放两层。立放时，桶口朝上。堆场地面高出周围地面0.2米，便于排水。油品库存应按照“先进先出”的原则进行，对于性质不稳定的油品应尽可能缩短储存期。在油品保存期内，要定期对油品进行化验，整装油品半年一次，散装油品三个月一次。

对于出库的油品要严格执行“四不发”规定，即油品变质不发，无合格证不发，对经调配加工过的油品无技术证明和使用说明的不发，车罐、船舶或其他容器内不洁净不发。在站台、码头上的待装油品应用油布遮盖，以防渗入雨水。

2. 降低油品损耗的措施

由于自然蒸发、各环节洒漏以及容器内黏附等原因，均会造成油品数量上的损失，这在油品储存中被看做为“自然损耗”。油品仓储管理的主要任务之一就是尽可能减少这类油耗。降低油品损耗的主要措施如下所述。

①加强对储油、输油设备容器的定期检查、维修和保养，做到不渗不漏不跑油，如发现渗漏容器应立即将其倒空。

②严格按操作规程进行，控制安全容量，做到不溢油、不洒漏。

③合理安排油罐的使用，尽量减少倒罐，以减少蒸发损失。

④发展直达运输的散装业务，尽量减少中间的装卸、搬运环节。

⑤对地面油罐可采取一些措施来降低热辐射造成的蒸发。如在油罐表面涂刷强发光涂料，向罐顶洒水等。

⑥油库建立损耗指标计划和统计制度，制订鼓励降低损耗的措施，以保证降低损耗指标的落实。

11.4 超限货物运输管理

11.4.1 超限货物概述

1. 超限货物的概念

超限货物是指货物外形尺寸和重量超过常规（指超长、超宽、超重、超高）车辆、船舶装载规定的大型货物。

公路货物运输中的超限货物是指符合下列条件之一的货物：

（1）长度在14米以上或宽度在3.5米以上或高度在3米以上的货物。

（2）重量在2吨以上的单件货物或不可解体的成组（捆）货物。

铁路超限货物是指符合下列条件之一的货物：

（1）货物装车后，在平直线路上停留时，货物的高度和宽度有任何部位超过机车车辆限界或特定区段装载限界者（以下简称超限），均为超限货物。

（2）在平直线路上停留虽不超限，但行经半径为300米的曲线线路时，货物的内侧或外侧的计算宽度（已经减去曲线水平加宽量36毫米）仍然超限的，亦为超限货物。

2. 超限货物的特点

一般来说，超限货物有如下特点：

①装载后车与货的总重量超过所经路线桥涵、地下通道的限载标准。

②货物宽度超过车辆界限。

③载货车辆最小转弯半径大于所经路线设计弯道半径。

④装载总高度超过5米；通过电气化铁路平交道口时，装载总高度超过4.2米；通过无轨电车线路时，装载总高度超过4米；通过立交桥和人行过街天桥时，装载总高度超过桥下净空限制高度。

3. 超限货物的类型

超限货物同样是一个总称，包括不同种类，有的是超高货物，有的是超长货物，有的则是超重、超宽货物，这些货物对运输工具、运输组织的要求各异。为了保证运输安全和管理的需要，一些运输方式有必要根据超限货物的主要特性进行分类。

如我国公路运输主管部门现行规定，公路超限货物（即大型物件，简称大件）按其外形尺寸和重量分成四级，具体见表11-6。

表11-6 大型物件分组

大型物件级别	重量（吨）	长度（米）	宽度（米）	高度（米）
一	40~（100）	14~（20）	3.5~（4）	3~（3.5）
二	100~（180）	20~（25）	4~（4.5）	3.5~（4）
三	180~（300）	25~（40）	4.5~（5.5）	4~（5）
四	300以上	40以上	5.5以上	5以上

注："括号数"表示该项参数不包括括号内数值。

货物的重量和外廓尺寸中，有一项达到表中所列参数，即为该级别的超限货物；货物同时在外廓尺寸和重量达到两种以上等级时，按高限级别确定超限等级。

超限货物重量指货物的毛重，即货物的净重加上包装和支撑材料后的总重，它是配备运输车辆的重要依据，一般以生产厂家提供的货物技术资料所标明的重量为参考数据。

根据铁道部1979年12月29日发布实施的《铁路超限货物运输》中第2条规定：铁路超限货物由线路中心线起分为左侧、右侧和两侧超限并按其超限部位和超限程度划分为下列等级：

（1）上部超限

由轨面起高度（以下简称高度）超过3600毫米有任何部位超限者，按其超限程度划分为一级、二级和超级。

（2）中部超限

在高度自1250~3600毫米，有任何部位超限者，按其超限程度划分为一级、二级和超级。

（3）下部超限

在高度自150~1250毫米，有任何部位超限者，按其超限程度划分为二级和超级。

（4）其他超限

对装载通过或到达特定装载限界区段（简称特定区段，下同）内各站的货物，虽没有超出机车车辆限界，但超出特定区段的装载限界时，亦应视为超限货物。超限等级应当按照下列规定办理：

①对超出特定区段装载限界，还没有超出一级超限限界的，按照一级超限办理。

②对超出一级超限限界的，应根据超出限界程度确定超限等级。

4. 超限货物运输的特殊性

基于超限货物的特点，其运输组织与一般货物运输应有所不同。

（1）特殊装载要求

超限货物运输对车辆和装载有特殊要求，一般情况下超重货物装载在超重型挂车上，用超重型牵引车牵引，而这种起重型车组是非常规的特种车组，车组装上超限货物后，往往重量和外形尺寸大大超过普通汽车、列车，因此，超重型挂车和牵引车都是用高强度钢材和大负荷轮胎制成，价格昂贵。

（2）特殊运输条件

超限货物运输条件有特殊要求，途经道路和空中设施必须满足所运货物车载负荷和外形储存的通行需要。道路要有足够的宽度、净空以及良好的曲度。桥涵要有足够的承载能力。这些要求在一般道路上往往难以满足，必须事先进行勘测，运前要对道路相关设施进行改造，如排除地空障碍、加固桥涵等，运输中采取一定的组织技术措施，采取分段封闭交通，大件车组才能顺利通行。

（3）特殊安全要求

超限货物一般均为国家重点工程的关键设备，因此超限货物运输必须确保安全，万无一失。其运输可说是一项系统工程，要根据有关运输企业的申请报告，组织有关部门、单位对运输路线进行勘察筛选；对地空障碍进行排除；对超过设计荷载的桥涵进行加固；指定运输护送方案；在运输中，进行现场的调度，搞好全程护送，协调处理发生的问题；所运大件价值高，运输难度大，牵涉面广，所以受到各级政府和领导、有关部门、有关单位和企业的高度重视。

11.4.2 超限货物运输的组织与管理

1. 公路运输超限货物的管理规定

中华人民共和国交通部令 2000 年第 2 号《超限运输车辆行驶公路管理规定》第 4 条规定：超限运输车辆行驶公路的管理工作实行“统一管理、分级负责、方便运输、保障畅通”的原则。国务院交通主管部门主管全国超限运输车辆行驶公路的管理工作。县级以上地方人民政府交通主管部门主管本行政区域内超限运输车辆行驶公路的管理工作。超限运输车辆行驶公路的具体行政管理工作，由县级以上地方人民政府交通主管部门设置的公路管理机构负责。第 5 条规定：在公路上行驶的车辆的轴载质量应当符合《公路工程技术标准》的要求。对有限定荷载要求的公路和桥梁，超限运输车辆不得行驶。

在公路超限货物的运输车辆行驶上公路前，其承运人应根据具体情况分别依照下列规定的期限提出申请：

①对于车货总重量在40000千克以下，但其车货总高度、长度及宽度超过第3条第（一）、（二）、（三）项规定的超限运输，承运人应在起运前15日提出书面申请。

②对于车货总重量在40000千克以上（不含40000千克）、集装箱车货总重量在46000千克以上（含46000千克），100000千克以下的超限运输，承运人应在起运前1个月提出书面申请。

③对于车货总重量在100000千克（不含100000千克）以上的超限运输，承运人应在起运前3个月提出书面申请。

2. 铁路运输超限货物的管理规定

《铁路超限货物运输》第2章第5条规定：在超限货物的受理和承运中，发货人托运超限货物时，除按一般货运手续办理外，还应提供下列资料：

①托运超限货物说明书、货物外形的三视图，并须以“+”号标明货物重心位置。

②自轮运转的超限货物，应有自重、轴数、轴距、固定轴距、长度、转向架中心销间距离、制动机形式，以及限制条件。

③必要时，应附有计划装载、加固计算根据的图样和说明。

对超限的大型设备，发货人应在设计的同时考虑装载加固和运送条件。必要时，应采取改变包装和拆解货体等措施，尽可能地降低超限程度。

另外，还应该向发货站提供以下资料：

①货物外形尺寸图。

②应以“+”符号注明货物重心位置及其有关尺寸。

③货物支撑面的长度和宽度。

④计划装载，加固方案。

3. 组织超限货物运输业务的有关规范

依据超限货物运输的特殊性，其组织工作环节主要包括办理托运、理货、验道、制订运输方案、签订运输合同、线路运输工作组织以及运输统计与结算等项。

（1）办理托运

由大型物件托运人（单位）向已取得大型物件运输经营资格的运输业户或其代理人办理托运，托运人必须在（托）运单上如实填写大型物件的名称、规格、件数、件重、起运日期、收发货人详细地址及运输过程中的注意事项。凡未按上述要求办理托运或运单填写不明确，由此发生运输事故的，由托运人承担全部责任。

（2）理货

理货是大件运输企业对货物的几何形状、重量和重心位置事先进行了解，取得可靠数据和图样资料的工作过程。通过理货工作分析，可为确定超限货物级别及运输形式、查验道路以及制订运输方案提供依据。

理货工作的主要内容包括：调查大型物件的几何形状和重量、调查大型物件的重心位置和质量分布情况、查明货物承载位置及装卸方式、查看特殊大型物件的有关技术经济资料，以及完成书面形式的理货报告。

(3) 验道

验道工作的主要内容包括：查验运输沿线全部道路的路面、路基、纵向坡度、横向坡度及弯道超高处的横坡坡度、道路的竖曲线半径、通道宽度及弯道半径，查验沿线桥梁涵洞、高空障碍，查看装卸货现场、倒载转运现场，了解沿线地理环境及气候情况。根据上述查验结果预测作业时间，编制运行路线图，完成验道报告。

(4) 制订运输方案

在充分研究、分析理货报告及验道报告基础上，制订安全可靠、可行的运输方案。其主要内容包括：配备牵引车、挂车组及附件，配备动力机组及压载块，确定限定最高车速，制定运行技术措施，配备辅助车辆，制订货物装卸与捆扎加固方案，制订和验算运输技术方案，完成运输方案书面文件。

(5) 签订运输合同

根据托运方填写的委托运输文件及承运方进行理货分析、验道、制订运输方案的结果，承托双方签订书面形式的运输合同，其主要内容包括：明确托运与承运甲乙方、大型物件数据及运输车辆数据、运输起讫地点、运距与运输时间，明确合同生效时间、承托双方应负责任、有关法律手续及运费结算方式、付款方式等。

(6) 线路运输工作组织

线路运输工作组织包括：建立临时性的大件运输工作领导小组负责实施运输方案，执行运输合同和相应对外联系。领导小组下设行车、机务、安全、后勤生活、材料供应等工作小组及工作岗位，并组织相关工作岗位责任制，组织大型物件运输工作所需牵引车驾驶员、挂车操作员、修理工、装卸工、工具材料员、技术人员及安全员等，依照运输工作岗位责任及整体要求认真操作、协调工作，保证大件运输工作全面、准确完成。

(7) 运输统计与结算

运输统计指完成公路大型物件运输工作各项技术经济指标统计，运输结算即完成运输工作后按运输合同有关规定结算运费及相关费用。

【课后思考】

1. 鲜活易腐品运输的特点有哪些？
2. 冷藏品仓储的质量管理需要注意哪几方面？
3. 危险品的定义是什么？如何分类？
4. 危险品在储存中应注意哪些环节？
5. 油品有什么特性？
6. 油品仓库设施有哪些？

7. 简述超限货物的概念和特点。

8. 组织超限货物运输业务有何规范和要求?

【案例分析】

黄岛油库“8·12”特大火灾事故

1. 事故概况

黄岛油库区始建于1973年，胜利油田开采出的原油经东（营）黄（岛）长管输线输送到黄岛油库后，由青岛港务局油码头装船运往各地。黄岛油库原油储存能力76万立方米，成品油储存能力约6万立方米，是我国三大海港输油专用码头之一。

1989年，石油天然气总公司管道局胜利输油公司黄岛油库老罐区爆炸起火，大火前后共燃烧104小时，烧掉原油4万多立方米，占地250亩的老罐区和生产区的设施全部烧毁，这起事故造成直接经济损失3540万元。在灭火抢险中，10辆消防车被烧毁，19人牺牲，100多人受伤。其中公安消防人员牺牲14人，负伤85人。

8月12日9时55分，2.3万立方米原油储量的5号混凝土油罐突然爆炸起火。到下午2时35分，青岛地区西北风，风力增至4级以上，几百米高的火焰向东南方向倾斜。燃烧了4个多小时，5号罐里的原油随着轻油馏分的蒸发燃烧，形成速度大约每小时1.5米，温度为150℃~300℃的热波向油层下部传递。当热波传至油罐底部的水层时，罐底部的积水、原油中的乳化水以及灭火时泡沫中的水汽化，使原油猛烈沸溢，喷向空中，散落四周地面。下午3时左右，喷溅的油火点燃了位于东南方向相距5号油罐37米处的另一座相同结构的4号油罐顶部的泄漏油气层，引起爆炸。炸飞的4号罐顶混凝土碎块将相邻30米处的1号、2号和3号金属油罐顶部震裂，造成油气外漏。约1分钟后，5号罐喷溅的油火又先后点燃了3号、2号和1号油罐的外漏油气，引起爆燃，整个老罐区陷入一片火海。失控的外溢原油像火山喷发出的岩浆，在地面上四处流淌。大火分成三股，一部分油火翻过5号罐北侧1米高的矮墙，进入储油规模为30万立方米全套引进日本工艺装备的新罐区金属罐四周。另一部分油火沿着地下管沟流淌，汇同输油管网外溢原油形成地下火网。还有一部分油火向北，从生产区的消防泵房一直烧到车库、化验室和锅炉房，向东从变电站一直引烧到装船泵房、计量站、加热炉。火海席卷整个生产区，东路、北路的两路油火汇合成一路，烧过油库1号大门，沿着新港公路向位于低处的黄岛油港烧去。大火殃及青岛化工进出口黄岛分公司、航务二公司、黄岛商检局、管道局仓库和建港指挥部仓库等单位。18时左右，部分外溢原油沿着地面管沟，低洼路面流入胶州湾。大约600吨油水在胶州湾海面形成几条十几海里长、几百米宽的污染带，造成胶州湾有史以来最严重的海洋污染。

青岛市全力投入灭火战斗，党政军民一万余人全力以赴抢险救灾，山东省各地市、胜利油田、齐鲁石化公司的公安消防部门、青岛市公安消防支队及部分企业消防队，共出动消防干警1000多人，消防车147辆。黄岛区组织了几千人的抢救突击队，出动各种船只10艘。

在国务院的统一组织下，全国各地紧急调运了153吨泡沫灭火液及干粉。北海舰队也派出消防救生船和水上飞机、直升飞机参与灭火，抢运伤员。

2. 事故原因及分析

根据当时的气象情况和有关人员的证词，经过深入调查和科学论证，得出黄岛油库特大火灾事故的直接原因是非金属油罐本身存在着缺陷，因此库区遭受对地雷击，产生了感应火花而引爆油气。根据是：

①8月12日9时55分左右，有6人从不同地点目击，5号油罐起火前，在该区域有对地雷击。

②中国科学院空间中心测得，当时该地区曾有过二三次落地雷，最大一次电流104安培。

③5号油罐的罐体结构及罐顶设施随着使用年限的延长，预制板裂缝和保护层脱落，使钢筋外露。罐顶部防感应雷屏蔽网连接处均用铁卡压固。油品取样孔采用九层铁丝网覆盖。5号罐体中钢筋及金属部件的电气连接不可靠的地方颇多，均有因感应电压而产生火花放电的可能性。

④根据电气原理，50~60米以外的天空或地面雷感应，可使电气设施100~200毫米的间隙放电。从5号油罐的金属间隙看，在周围几百米内有对地的雷击时，只要有几百伏的感应电压就可以产生火花放电。

⑤5号油罐自8月12日凌晨2时起到9时55分起火时，一直在进油，共输入1.5万立方米原油。与此同时，必然向罐顶周围排放同等体积的油气，使罐外顶部形成一层达到爆炸极限范围的油气层。此外，根据油气分层原理，罐内大部分空间的油气虽处于爆炸上限，但由于油气分布不均匀，通气孔及罐体裂缝处的油气浓度较低，仍处于爆炸极限范围。

除上述直接原因之外，要从更深层次分析事故原因，吸取事故教训，防患于未然。

(1) 黄岛油库区储油规模过大，生产布局不合理

黄岛面积仅5.33平方公里，却有黄岛油库和青岛港务局油港两家油库区分布在不到1.5平方公里的坡地上。早在1975年就形成了34.1万立方米的储油规模。但1983年以来，国家有关部门先后下达指标和投资，使黄岛储油规模达到出事前的76万立方米，从而形成油库区相连、罐群密集的布局。黄岛油库老罐区5座油罐建在半山坡上，输油生产区建在近邻的山脚下。这种设计只考虑利用自然高度差输油节省电力，而忽视了消防安全要求，影响对油罐的观察巡视。而且一旦发生爆炸火灾，首先殃及生产区，必遭灭顶之灾。这不仅给黄岛油库区的自身安全留下长期隐患，还对胶州湾的安全构成了永久性的威胁。

(2) 混凝土油罐先天不足，固有缺陷不易整改

黄岛油库4号、5号混凝土油罐始建于1973年。当时我国缺乏钢材，是在战备思想

指导下，边设计、边施工、边投产的产物。这种混凝土油罐内部钢筋错综复杂，透光孔、油气呼吸孔、消防管线等金属部件布满罐顶。在使用一定年限以后，混凝土保护层脱落，钢筋外露，在钢筋的捆绑处，间断处易受雷电感应，极易产生放电火花；如遇周围油气在爆炸极限内，则会引起爆炸。混凝土油罐体极不严密，随着使用年限的延长，罐顶预制拱板产生裂缝，形成纵横交错的油气外泄孔隙。混凝土油罐多为常压油罐，罐顶因受承压能力的限制，需设通气孔泄压，通气孔直通大气，在罐顶周围经常散发油气，形成油气层，是一种潜在的危险因素。

(3) 混凝土油罐只重储油功能，大多数因陋就简，忽视消防安全和防雷避雷设计，安全系数低，极易遭雷击

黄岛油库4号混凝土油罐遭雷击起火后，为了吸取教训，分别在4号、5号混凝土油罐四周各架了4座30米高的避雷针，罐顶部装设了防感应雷屏蔽网，因油罐正处在使用状态，网格连接处无法进行焊接，均用铁卡压接。这次勘察发现，大多数压固点锈蚀严重。经测量一个大火烧过的压固点，电阻值高达1.56欧姆，远远大于0.03欧姆规定值。

(4) 消防设计错误，设施落后，力量不足，管理工作跟不上

黄岛油库是消防重点保卫单位，实施以油罐上装设固定式消防设施为主，两辆泡沫消防车、一辆水罐车为辅的消防备战体系。5号混凝土油罐的消防系统，为一台每小时流量900吨、压力8千克的泡沫泵和装在罐顶上的4排共计20个泡沫自动发生器。这次事故发生时，油库消防队冲到罐边，用了不到10分钟，刚刚爆燃的原油火势不大，淡蓝色的火焰在油面上跳跃，这是及时组织灭火施救的好时机。然而装设在罐顶上的消防设施因平时检查维护困难，不能定期做性能喷射试验，事到临头时不能使用。油库自身的泡沫消防车救急不救火，开上去的一辆泡沫消防车面对不太大的火势，也是杯水车薪，无济于事。库区油罐间的消防通道是路面狭窄、坎坷不平的山坡道，且为无环形道路，消防车没有掉头回旋余地，阻碍了集中优势使用消防车抢险灭火的可能性。

(5) 油库安全生产管理存在不少漏洞

原石油部1988年3月5日发布了《石油与天然气钻井、开发、储运防火防爆安全管理规定》，而黄岛油库上级主管单位——胜利输油公司并没有将该规定下发给黄岛油库。这次事故发生前的几小时雷雨期间，油库一直在输油，外泄的油气加剧了雷击起火的危险性。油库1号、2号、3号金属油罐设计时，是5000立方米，而在施工阶段，仅凭胜利油田一位领导的个人意志，就在原设计罐址上改建成1万立方米的罐。这样，实际罐间距只有11.3米，远远小于安全防火规定间距33米。青岛市公安局十几年来曾4次下达火险隐患通知书，要求限期整改，停用中间的2号罐。但直到这次事故发生时，始终没有停用2号罐。此外，对职工要求不严格，工人劳动纪律松弛，违纪现象时有发生。8月12日上午雷雨时，值班消防人员无人在岗位上巡查，而是在室内打扑克、看电视。事故发生时，自救能力差，配合协助公安消防灭火不得力。

3. 吸取事故教训，采取防范措施

这次事故作为改进油库区安全生产的可以借鉴的反面教材，应从以下几方面采取

措施。

①各类油品企业及其上级部门必须认真贯彻“安全第一，预防为主”的方针，各级领导在指导思想上、工作安排上和资金使用上要把防雷、防爆、防火工作放在头等重要位置，要建立健全针对性强、防范措施可行、确实解决问题的规章制度。

②对油品储运建设工程项目进行决策时，应当对包括社会环境、安全消防在内的各种因素进行全面论证和评价，要坚决实行安全、卫生设施与主体工程同时设计、同时施工、同时投产的制度。切不可只顾生产，不要安全。

③充实和完善《石油设计规范》和《石油天然气钻井、开发、储运防火防爆安全管理规定》，严格保证工程质量，把隐患消灭在投产之前。

④逐步淘汰非金属油罐，今后不再建造此类油罐。对尚在使用的非金属油罐，研究和采取较可靠的防范措施。提高对感应雷电的屏蔽能力，减少油气泄漏。同时，组织力量对其进行技术鉴定，明确规定大修周期和报废年限，划分危险等级，分期分批停用报废。

⑤研究改进现有油库区防雷，防火，防地震，防污染系统；采用新技术、高技术，建立自动检测报警联防网络，提高油库自防自救能力。

⑥强化职工安全意识，克服麻痹思想。对随时可能发生的重大爆炸火灾事故，增强应变能力，制订必要的消防、抢救、疏散、撤离的安全预案，提高事故应急能力。

思考：总结油品储运中需注意的问题。

参考文献

[1] 罗纳德·H. 巴罗. 企业物流管理：供应链的规划、组织和控制 [M]. 北京：机械工业出版社，2002.

[2] 方佚. 公司物流管理 [M]. 北京：中国民族大学出版社，2003.

[3] 黄远新. 物流运输管理 [M]. 成都：四川大学出版社，2006.

[4] 缪六莹. 物流运输管理实务 [M]. 成都：四川人民出版社，2002.

[5] 阎子刚. 物流运输管理实务 [M]. 北京：高等教育出版社，2006.

[6] 张理. 现代物流运输管理 [M]. 北京：中国水利水电出版社，2005.

[7] 宋杨. 运输与配送管理 [M]. 大连：大连理工大学出版社，2006.

[8] 张远昌. 物流运输与配送管理 [M]. 北京：中国纺织出版社，2004.

[9] 徐天亮. 运输与配送 [M]. 北京：中国物资出版社，2002.

[10] 陈利秋，李培亮. 物流管理操典 [M]. 广州：广东经济出版社，2002.

[11] 刘南. 现代运输管理 [M]. 北京：高等教育出版社，2006.

[12] 周江雄，庞燕. 国际货物运输与保险 [M]. 长沙：国防科技大学出版社，2006.

[13] 王述英. 物流运输组织与管理 [M]. 北京：电子工业出版社，2006.

[14] 江少文. 运输实务 [M]. 北京：中国时代经济出版社，2006.

[15] 孙志红. 运输组织技术 [M]. 北京：人民交通出版社，2003.

[16] 王蓓彬. 现代仓储管理 [M]. 北京：人民交通出版社，2003.

[17] 赵涛. 仓储经营管理 [M]. 北京：北京工业大学出版社，2004.

[18] 张三省. 仓储与运输物流学 [M]. 广州：中山大学出版社，2007.

[19] 真虹，张婕姝. 物流企业仓储管理与实务 [M]. 北京：中国物资出版社，2003.

[20] 周云霞. 仓储管理实务 [M]. 北京：电子工业出版社，2007.

[21] 高钧. 仓储管理 [M]. 南京：东南大学出版社，2006.

[22] 储学俭. 物流配送中心与仓储管理 [M]. 北京：电子工业出版社，2006.

[23] 江少文. 现代仓储管理实务 [M]. 北京：中国铁道出版社，2006.

[24] 王煜洲. 现代仓储与配送运作管理 [M]. 成都：南京财经大学出版社，2006.

[25] 李雪松，张理. 现代物流作业管理 [M]. 北京：北京大学出版社，2004.

[26] 翟光明. 仓储实务 [M]. 北京：中国财政经济出版社，2002.